뿌리민족의 혼(魂)

업그레이드 시대 역사의 동선

뿌리민족의 혼(魂)
업그레이드 시대 역사의 동선

ⓒ 오경, 2016

1판 1쇄 인쇄__2016년 03월 30일
1판 1쇄 발행__2016년 04월 10일

지은이__오경
펴낸이__이종엽
펴낸곳__글모아출판
　　　　등록__제324-2005-42호

공급처__(주)글로벌콘텐츠출판그룹
　　　　대표__홍정표
　　　　이사__양정섭
　　　　편집__노경민 송은주　**디자인**__김미미　**기획·마케팅**__노경민　**경영지원**__안선영
　　　　주소__서울특별시 강동구 천중로 196 정일빌딩 401호
　　　　전화__02) 488-3280　**팩스**__02) 488-3281
　　　　홈페이지__http://www.gcbook.co.kr
　　　　이메일__edit@gcbook.co.kr

값 20,000원
ISBN 978-89-94626-42-0 03100

뿌리민족의 혼

업그레이드 시대 역사의 동선

오 경 지음

글모아출판

차 례

―일러두기―

육생량: 입으로 섭취하여 육을 성장시키며, 육생편의를 위해 만들어내는 물리적인 도구와 선천적으로 주어지는 것들이다.

정신량: "덕 되게 사니 득이 되더라"는 선순환의 질량. 귀로 청취하여 축척하는 보이지 않는 후천적 창출기관으로 육생량을 인생량으로 연결시키는 교가다.

인생량: 하나 되어 나가는 사랑행위를 통해 행복을 구가하는 차원. 선천적 육생은 만족, 후천적 인생은 행복이다. 사랑을 한다고 하나 행복하지 못하면 다시 생각해 볼 일이다.

프롤로그

역사책이 결코 아니다. 그렇다고 판타지 물도 아니다. 한민족 역사의 동선을 살펴 삶의 궤적을 보자는 것이다. 분명 업그레이드 시대의 적합한 대안을 찾을 수 있을 테니 말이다. 문제는 고조선 그 이전 시대의 증빙할만한 사료가 드러나지 않아 단일민족국가 고조선마저도 의견이 분분하다는 것이다. 과연 뿌리 없는 민족이 가능한 것일까. 분명 줄기가 번식했을 텐데 유물·유적이 시원치 않아 위서니 진서니 말도 많은 판국에 그 이상의 것을 논해본들 왕따나 당하지 않을지 모르겠다. 언어의 발달이 문명의 진화이기도 한 만큼 상고사 기술 역시 신화적일 수밖에 없다. 언어와 문명은 불가분의 관계다. 인류의 문헌이 전해지지 않는 선사시대로 거슬러 올라갈수록 소통수단이 미흡했을 것이고 그만큼 토템과 샤머니즘이 크게 자리했을 것이다.

인류의 진화나 인간의 일생이나 별반 다르지 않다. 이를테면 육체의 성숙기를 통해 정신의 숙성기를 맞이하듯이, 나를 위한 어린 시절을 거쳐 너를 위한 성인 인생시절을 맞이하고 있지 않은가. 육이 성숙하는 만큼 뇌의 용량도 커질 터, 생각의 차원도 그만큼 무르익는다 할 것이다. 물론, 성인 시절을 맞이하기까지 입으로 육생량(肉生量)을 섭취하는 만큼 눈과 귀로는 정신량(情神量)을 흡수시켜야 한다. 무엇을 보고 듣느냐에 따라 행위가 달리 나타나는 법, 이는 소통의 질량이자 언어의 질량이다.

한편, 기록은 의식을 파악하는 데 있어 단서를 제공한다지만, 남겨지지 않은 부분은 어쩔 도리가 없는 것인가. 삶에 밴 부분에 대해 일언반구 없어 하는 소리다. 보이는 선천적 육생량이나 보이지 않는 후천적 정신량이나 언어표현의 능력에 따라 달리 주어지고 있지만, 육생량은 지식으로 개발하는 차원이고 정신량은 지혜로 창출하는 부분이라는 것이다. 상상의 나래도 보고, 듣고, 아는 한도 내에서 펼치듯이, 몰라서 못하고 잊지 않은가.

고조선은 더 이상 물러서지 않겠다는 한(韓)민족의 결연한 의지를 드러낸 마지노선이었다. 패망하자 동북아시아의 판도는 대륙, 반도, 열도의 삼국체재로 바뀌었다. 뿐만 아니라 부여, 옥저, 동예, 삼한(마한·진한·변한) 등의 열국시대가 열렸는데, 이는 민족분열 시기를 뜻하는 것일까. 그리고 이어진 고구려, 백제, 신라, 가야의 사국시대는 고구려, 백제, 신라의 삼국시대를 열어가기 위한 과정이었다. 세상은 천지인(天地人) 세 개의 차원으로 나뉘어 불려지는 이름이니만치 상중하(上中下) 수직관계 속에서 3·3·3 법칙으로 수평관계를 공유해 나가야 하는데 이를 위해 주어진 차원이 삼원화체재다. 3·4각으로 이루어진 피라미드와 인간사에 주어진 3각 관계도 수직을 통해 수평을 유지해 나가고자 함에 있듯이, 삼국시대는 하나 되는 해법을 찾기 위해 주어진 시간이었다는 것이다.

이윽고 신라, 발해로 이어지는 이원화체제 남북국시대를 맞이하였다. 내 앞의 인연이 내 모습이라고 하지 않았나. 네 속에 내가 있고, 내 속에 네가 자리하기에 "나하기 나름에 달리 나타나는" 작용반작용의 법칙 상대성원리를 바탕으로 덕으로써 일원화체제를 이루어야 했던 시대이었다. 하나 된 민족국가를 위해서라도 '갑이라는 운용주체'와 '을이라는 활동주체'의 대립행위가 뚜렷이 나타남에 따라 상호모순을 적대적 혹은 상호보완적으로 바라보는 혜안을 키워야 하는 시대이기도 했었다는 것이다. "덕 되게 사니 득이 되더라"는 상호상생 선순환법으로 일원화체제를 이룩할 것인가. "해 하니 독이 되더라"는 반쪽반생 힘의 논리로 이룩할 것인가. 이에 대한 민족적 과제가 주어진 시기가 바로 남북국시대였다.

≪고통은 어디에서 비롯되는 것일까. 어려움이 찾아드는 이유가 어디에 있겠느냐는 것이다. 신이 주는 벌일까. 그럴 일은 절대로 없다. 앞에서 벌어지는 일을 바르게 처리 못해 겪는 일이다. 도와주기 위해 찾는 자는 없다. 있다한다면 자기 명(名)내기 위한 자 일뿐이다. 도움 받기 위해 찾는 자가 활동주체요, 맞이하는 자가 운용주체다. 이때 하나 되기 위한 정신량을 누가 마련하여 이끌어야 하는 것일까.≫ 나의 일이자, 너의 일이며, 동북아 삼국관계의 일이다.

핵심키워드는 외세의 침략과 속국의 역사가 시작된 '고려시대'부터다. 비록 압록강·두만강 안쪽 깊숙한 곳까지 대륙에 예속되었지만 1천 년 만에 민족의 숙원이었던 하나 된 민족국가를 이루었다. 문제는 한민족 고유의 정신량 덕을 잊고 육생량 힘으로 굴복시킨 건국이라는 데 있었다. 한편 반도와 대륙은 불가분의 관계로써 대륙의 롤 모델로 자리하고 있다. 때문에 반도의 정세가 불안하면 대륙의 정세도 불안해지며, 여파가 열도에까지 전해지기도 한다.

한편, 단일민족국가 고조선의 붕괴로 시작된 열국시대부터 하나 된 민족국가 고려를 건국하기까지 1천 년 동안 외세의 침략은 있을지언정 속국의 개념은 없었다. 운용주체가 활동주체 육생량 힘에 의지하면 정신량 덕이 무엇인지 모른다. 그 바람에 대륙세력 여진과 거란의 침략에 이은 몽골항쟁으로 국력을 소진해 버려야 했다. 말기에는 해양세력 왜구의 노략질로까지 이어졌으니 자닝한 고려 474년의 세월이 아니었나. 마침내 대륙과 압록강·두만강을 경계로 조선시대를 열었으니 민족의 한을 풀었다고 할 것인가. 그만큼 완전한 반도에서 한(韓)민족이 하나로 살아가게 된 분명한 이유가 있었다는 것이다.

고려가 하나 된 민족국가를 이루고 살아가는 기간이었다면, 조선은 결속의 단계였다고 할 수 있다. 당대 나름의 대륙의 문명을 받아드렸다고 하지만 대륙이 롤 모델로 삼아야 하는 것이 반도인데 오히려 그 반대로 하고 있으니 문제가 심히 드러날 수밖에 없다. 뭉치면 죽고 흩어지면 사는 민족답게 붕당의 골이 깊어지자 해양세력과 임진왜란을 치렀다. 탈진한 상태다. 대륙세력과의 병자호란은 치욕만 남겼다. 하나 되었건만 조선 518년 동안 오히려 붕당으로 결속되지 못한 비겁한 하나 되기를 갈망한 1천 년, 하나 된 1천 년, 그만 2천 년을 허비하고 말았다. 결국 대한제국의 수의를 입어야 했다. 널리 세상을 이롭게 할 때 홍익의 대안이 창출되는 법이라 물갈이 경술국치로 인해 왕족정치도 막을 내렸다. 그들이 물러가자 민주·공산 이원화체제가 움트면서 밭갈이 동족상잔 6.25를 치러야 했다(전반적인 내용은 경술국치와 동족상잔 6.25 이후의 삶을 부각시키고자 하는 데 있다). 다시 하나에서 둘로 분리되자 베이비부머가 태어났다. 물갈고 밭갈고 태어난 세대가 아닌가. 이윽고 업그레이드 시대를 맞이하였다. 은수저를 물려받기에 이르렀다.

왜 하나로 뭉치면 죽고 열국으로 흩어지면 사는 민족일까. 둘이면 다정다감하다. 조율도 가능하다. 셋이면 배가 산으로 간다. 그래서 그런 것일까. 남북국 시대까지만 하더라도 속국의 개념은 없었다. '홍익인간 이화세계'는 감히 세상을 널리 이롭게 살아온 민족이나 내걸 수 있는 캐치프레이즈다.

한민족은 인류의 시원이자 운용주체 천손민족이다. 선천적 육생량 지식을 토대로 육생논리를 펼치는 활동주체 민족이 아니라는 것이다. 후천적 지혜를 바탕으로 하나 되어 살아가야 할 운용주체 민족이라는 것이다. 우두머리 지도자 민족이라는 것이다. 활동주체야 운용주체 하기 나름이라 별문제 없다고 하겠지만 우두머리는 운용주체인지라 모이면 자기주장 일색일 터이니 파벌이 일지 않을 수 없다. 의기투합하여 하나 되어 나가는 대안을 마련한다면 활동주체도 하나 되어 나갈 텐데. 이를 마련코자 열국부터 시작하여 4국에서 3국에서 2국에서 하나 된 민족국가를 이루었었다. 정신량 지혜의 덕이 아닌 육생량 지식의 힘으로 굴복시켜 왔으니 마련해 본들 육생안(案)일 수밖에 없지 않은가. 다시 둘로 갈라서야 했다.

흩어지면 죽고 뭉치면 사는 대안을 마련할 때까지 주어지는 시련은 운용주체 민족이 풀어나가야 할 숙제다. 육생 넘어 인생이다. 지혜를 잃으면 지식이 득세한다. 덕을 잃으면 힘을 앞세운다. 하나 되지 못하는 이유다. 육생 물질량만 업그레이드시킨 결과가 작금에 드러나고 있지 않은가.

I. 고조선

　태고(太古)적 천지가 뒤축을 흔들어 놓는 바람에 몸통(대륙)에서 천손의 흔적이 사라지는 일은 어쩔 수 없는 노릇이다. 하지만 인류 문명에 이바지한 문자가 발명됨에 따라 역사의 기록이 시작된 상고시대에 이르러서도 문서는 물론이요, 흔적조차 미미한 걸 보아하니 천손들이 몸통에서 어지간히도 살아왔던 모양이다. 7천 년 전 선천시대에 전해지는 문헌이 있다 하더라도 신화적일 수밖에 없으니 여기에서는 아예 접어두자. 후천시대에서 들어서면서부터 고조선 건국에서 패망까지 전해진 문헌이라고 해봐야 환인시대(7대)에서 환웅시대(18대)를 거쳐 2333년에 단군(47대)이 건국한 고조선조차도 신화적 해석이 다인데, 들춰내 본들 에둘러 표현한 방편을 바르게 해석하지 못하면 그만 아닌가. 후대에 찬술된 도가의 문헌조차 선대의 유명인을 견강부회하여 서술하는 경향이 많다 하여 신뢰하려 들지 않는데 말이다. 게다가 진서니 위서니 저마다 자신들의 논리에 놀아나는 통에, 왜! 해가 돋는 땅으로 쫓기듯이 들어와야 했는지에 대해서는 전혀 모르고 있지 않은가. 도(道)와 덕(德)으로 살아온 천손민족(天孫民族)의 위대하고 거룩한 삶의 열정이 어찌 조작이나 위서로 가능했으리라 생각하는지 모르겠다.

  오늘날까지도 도(道)라 하면 특정한 이들만 닦으며 살아가야 하는 특별한 그 무엇으로만 생각하는 것을 보아하니 반만 년 이상을 닦아온 도에 대해서 모르는 모양이다. 가뜩이나 덕은 도의 근본임에도 불구하고 도를 닦아온 민족조차 도를 모르니 덕 된 삶을 바로 알고 있을 리가 만무다. 종파(宗派)나 도파(道派)에서 이르길, 보이지 않는 본질을 탐구하는 형이상학을 철학이라 하여 심종(心宗)이라 하고, 보이는 물질을 탐구하는 형이하학을 과학이라 하고 교종(教宗)이라 말하고 있다. 어떠한 바도 정해진바가 없는 심종은 이미 정해진 교종의 길라잡이로서의 행보를 멈춰서는 안 될 일이라, 이를 위해서라도 도를 구해야 했던 것이었다. 유의할 점은 이를 밝힌답시고 이해하지 못할 난해한 언어를 구사하면 오히려 분별을 흩뜨리므로, 자칫 신종(神宗)을 구복(求福)으로 부각시킬는지도 모른다는 점이다.

  양의 기운이 넘쳐 나는 업그레이드 시대를 맞이하여 육생(肉生)을 위한 과학을 우선시하는 바람에 정신(精神)량의 부재로 삶의 질이 저하됐다는 사실조차 모르고 살아가고 있지 않은가. 신종(神宗)은 심종(心宗)과 교종(教宗)으로 분리되었으며, 자연의 섭리로서의 신종은 합일의 구심점일 뿐만 아니라, 육생(肉生)과 인생(人生) 차원으로 나뉜 삶의 합일 대안을 마련할 수 있다. 분명한 것은 육 건사를 위해 입으로 먹는 육생량 해결 없이는 귀로 먼저 정신량을 받아드리는 삶을 살아갈 수 없다는 점이다.

누군가의 입에서 시작되었는지는 모르겠으나 허리 이상의 학(學)을 형이상학이라 하고, 허리 이하의 학(學)을 형이하학이 아니냐는 우스갯소리를 하는데, 이도 역시나 운용주체 지도자 민족이기에 가능한 말이다. 1안의 육생(肉生) 지식 과학은 2안의 인생(人生) 지혜 철학이 뒤받쳐 줄 때 빛나기 마련이고 보면, 육생 없는 인생은 있을 수 없듯, 철학 없는 과학도 있을 수 없는 일이다. 이렇듯 합일(合一)은 운용의 주체가 되는 상체(上體)가 활동의 주체인 하체(下體)를 이끌 때서나 가능한 것처럼 말이다. 그러고 보면 정신과 육신은 반드시 하나 되어 나가야 하는 것이므로, 어디까지나 신종 하나에서 분리된 두 개의 심종과 교종을 다시 하나로 묶어야 한다는 소리다. 육을 가진 모든 생명체는 음이라는 운용주체와 양이라는 활동주체로 나뉨에 따라 닦았던 도는 하나 되어 살아가기 위함에 있었다. 그래서 도(道)는 말 그대로 길이다. 너는 너의 길, 나는 나의 길이라고 말을 하지만, 나를 위한 육생 넘어 너를 위한 인생이 기다리듯, 하나 되어 살아가기 위한 대안 마련을 위한 것에 있었다. 그리하여 '덕(德) 되게 사니 득(得)이 되더라'는 만사소통법은 IT강국을 부르짖는 업그레이드 시대 즈음에 정립될 부분이라고 하겠는데, 춥고 배고픈 이들에게 당장 필요한 것이 옷과 밥이듯, 2안의 인생의 인프라 구축은 1안의 육생의 인프라 구축이 되고서나 가능하기 때문이다.

"고조선(古朝鮮, B.C. 2333~108)은 한민족 최초의 고대국가로 일컬어지고 있다." 그런데 성벽, 궁전, 도시 등의 유적이 발견되지 않았고, 고조선 고유의 유물로 볼 수 있는 것조차 발견되지 않았다. 게다가 건국과 관련된 단군신화는 후천시대에 일어난 사건을 신화적으로 정리한 것뿐이고, 연대와 강역 등에 대해 많은 논란을 빚고 있다. 그렇지만 일반적으로 청동기 문명을 기반으로 했기 때문에 만주 및 한반도 서북부에 존속하였던 고대 국가였다는 점을 다들 믿어 의심치 않고 있다.

한민족을 천손민족이라 일컫고 있다. 왜일까. 누군가는 뿌리민족이라고도 하는데 이유가 어디에 있을까. 인류의 시원이라 그런 것일까. 삶의 터전을 보아하니 3면이 바다로 둘러싸인 반도인 데다가 압록강·두만강을 경계로 길이는 3천리 둘레는 7천리에 해 돋는 동쪽 끝에 위치해 있다. 생각해볼 문제는 3 : 7의 비율을 드러내 보이고 있다는 점이다. 우연일까.

작금엔 해양세력 민주 대한(大韓)과 대륙세력 공산 조선(朝鮮)으로 이념을 달리하고 있지만, 한(韓)과 조선(朝鮮)의 단어는 여전히 쓰이고 있다. 단일민족국가 고조선 패망 이후 하나 된 민족국가 고려 건국에 이르기까지 1천 년의 세월이 흘렀으며, 조선을 거쳐 몰락에 이르기까지도 1천 년의 세월이 흘렀다. 그것도 이웃 일본에 의해 1897년 대한제국의 수의로 갈아입고 13년 만에 체결된 한일강제병합 조약(1910)이 바로 그것인데, 뿌리민족의 혼을 잃어버린 대가로써 지울 수 없는 치욕의 역사다. 왜인들이 제2차 세계대전에 패망하여 본국으로 돌아가자 1950년 동족상잔 6.25를 치르고 또다시 남·북은 보이는 이념의 선이, 동·서는 보이지 않는 지역감정의 선이 처지고 말았다. 결국 열국 아닌 열국시대를 맞이했다. 이러한 분통터질 일들을 규명하려 들지는 않고 천손의 우수성만을 거론하려 든다면 그 무엇도 해결할 수 없음을 알아야 한다.

"고조선의 국호는 원래 조선이었다"고 한다.

≪삼국유사≫에서는 위만이 찬탈한 조선(위만조선)과 구분 짓기 위해, 또 1932년에 태조 이성계가 건국한 조선과 구분하기 위해 고조선이라 부른다는 것이다. ≪제왕운기≫에서는 고조선의 군주에 따라 둘로 나누어, 단군이 다스린 조선(단군조선)을 전 조선, 기자가 다스린 조선(기자조선)을 후 조선으로 구분하여 불렀다는 기록이 있으며, 이런 시각은 조선왕조까지 이어져 전 조선과 후 조선이라는 명칭이 사용되었다고 한다.

조선(朝鮮)의 어원에 대해서는 여러 가지 설이 존재하나 명확하게 밝혀진 것은 없고 가장 오래된 설로는 ≪사기집해≫에 인용된 위나라의 장안(張晏)의 견해로써, 조선에는 습수(濕㵎), 열수(洌水), 산수(汕水) 세 개의 강이 합쳐 열수가 되었으며, 낙랑(樂浪)과 조선이라는 말은 이 강들의 이름에서 나온 것이라 하였다. 신채호(1880~1936)는 조선의 어원이 숙신(肅愼)에서 나온 것이라 하고 원래 명칭이 주신(珠愼)이라 주장하였으며, 고조선의 초기 도읍인 아사달(阿斯達)을 한역한 것이 조선이라는 견해도 있다. 게다가 조선(朝鮮)의 글자 뜻을 그대로 해석하여 "땅이 동쪽에 있어 아침 해가 선명하다는 지재동표(地在東表)와 조일선명(朝日鮮明)"이라는 의미에서 나온 것이라는 주장도 있다.

분명 말은 이유가 있어 만들어지고 문자와 주석도 그에 따라 붙기 마련이다. 증명되지 않는 기록은 입장과 처지에 따라 판이한 해석이 나오기 마련이며, 누구한테는 맞기도 하고 틀릴 수도 있는 문제가 벌어진다는 것은 자기 셈법에 불과해서 그렇다는 것이다. 필자가 집필하는 원고도 마찬가지다. 한편, 조선의 국호는 인류의 시원 뿌리민족에 의해 개칭된 것이므로, 1안의 힘의 논리 육생질량으로써가 아니라 2안의 정신질량이 첨가된 인생질량으로써 그 의미를 찾아보자는 것이다. 해서 고조선(古朝鮮)의 고(古)는 몸통, 조선(朝鮮)은 뿌리(根), 그리하여 고조선은 뿌리와 몸통을 함께 아우르는 말이라는 것이 필자의 견해다. 따라서 몸통대륙 고(古)는 해가 중천에 뜬 곳이며, 뿌리반도 조선(朝鮮)은 본래 해 돋는 땅이었기에 자연스레 생성된 문자가 아닐까 싶다. 그리하여 서양은 해 지는 가지에 위치하고 있는 것이 아닐까. 인류 진화 또한 해 지는 서쪽에서 비롯되어, 해가 중천에 뜬 중쪽에서 머물다가, 해 돋는 동쪽 끝까지 들어왔다고 할 수 있는데, 반도는 대자연의 기운이 운집한 곳인 만큼 인류의 시원 뿌리민족이 살아가고 있다는 것이다.

육을 가진 모든 생명체가 물로 번식하지만 인간은 육생 넘어 인생을 살아가야 하므로, 육 건사를 위해 육의 생명체를 기르고 재배해왔다. 가지권의 서양은 활동주체로서 육생량을 담당하고, 뿌리는 운용주체로서 정신량을 담당하여 훗날 육생량과 정신량의 교류는 몸통에서 이루어지게 되어 있다는 것이다. 이처럼 인간세상은 서쪽 가지, 중쪽 몸통, 동쪽 뿌리 3단계 3체제로 나뉘어 진화해 왔는데 중요한 사실은 육생 넘어 인생은 뿌리에서 비롯되어야 한다는 것이다. 가지의 영양공급은 뿌리의 몫인바, 정신량으로 뿌리가 안정을 취할 때 자연스럽게 몸통·가지도 안정을 취할 수 있다. 그래서 서양은 힘을 위시하고 동양은 도와 덕을 중요시 하는 모양이다. 제 아무리 정신량이 배재된 육생량을 업그레이드시킨다 해도 육 편의를 위한 물질이자 소통의 방편에 불과하므로, 사람답게 살아가는 에너지를 가미치 못하자 피의 역사만 자리한 것이었다.

　화합과 소통은 합일(合一)을 뜻하는 바이지만 합일은 사랑으로 비롯되나니, 행복하고자 한다면 육생량에 정신량을 합일시켜야 한다. 19세기 서세동점으로 말미암아 조선은 대한제국의 수의를 갈아입어야 했지만, 나름 육생교류의 물꼬를 트기 시작하였다. 한편 고조선 패망 이후 동북아는 급변하여 대륙, 반도, 열도로 이어지는 삼국체제를 형성하기에 이르렀으며 그로부터 서양은 가지, 대륙이 몸통, 반도는 뿌리, 열도는 보호막 두둑으로 자리하였다. 이를 받아드린다면 뿌리, 몸통, 두둑으로 이어지는 동북아 삼국의 핵심주역이 바로 뿌리임을 알 수 있지만 뿌리·몸통·가지·두둑의 뜻을 모르면 궤변일 수밖에 없다. 하지만 단일민족국가 고조선 패망 직후 열국시대가 시작되었으니 대내외적인 시달림은 물론이고, 안타까운 일은 뿌리민족의 혼까지 점차 희석되어 가는 것이다.
　물론 역사의 흐름은 다양한 관점에서 바라봐야 한다. 하나로 만들어 가기 위한 것이 아니라, 하나 되어 살아가야 하기 때문이다. 그리하여 조화롭지 못한 부분은 필요 없음을 뜻하는 바이자 어울리지 못한다는 것인데, 어울리지 못해 필요치 않은 부분은 역사 속으로 사라졌다.
　이처럼 뿌리민족의 동선은 조화를 이루지 못할 때마다 궤적을 달리해 나갔으니, 역사라고 해서 자연의 섭리를 거스를 수 있겠는가. 필요하기에 있는 것이고, 필요치 않기에 없는 것이다. 나 하기 나름에 달리 나타나는 법칙을 거스르면 힘의 논리가 득세할 수밖에 없다. 뿌리는 정신량이요 가지는 육생량이듯 우리 민족의 재원은 지식 넘어 지혜이다. 이런 연유로 대륙세력 몸통과 해양세력 두둑열도 사이에 반도뿌리가 위치해 있다. 외형상으로 작은 반도일 테지만 기운은 대륙세력과 해양세력을 덮고도 남음이 있는데 문제는 고유의 삶을 잃어버린 바람에 자신들이 누구인지 모르고 살아간다는 것이다.

일제강점기와 동족상잔 6.25를 치르고 난 후에 민족 얼을 고취하고자 나름의 방책을 강구해온 모양인데 쉽지는 않은 듯하다. 고조선의 삶조차 드러나지 않는 판국에 그 이전의 삶을 어찌 알겠으며, 패망 이후 2천 년 동안 팔방으로 분열된 뿌리반도에서 육생량에 놀아난 세월뿐인지라, 드러났다고 해도 육생의 발자취일 뿐이다. 얼속에 잠재된 민족의 혼을 드러내려 한다면, 하나 된 민족국가를 이루어 왔던 고려·조선 1천 년 만에 민주·공산 이념으로 갈라서야만 했던 슬픈 역사의 비애를 알아야 한다. 이를 모른다면 공염불이 될 터이고, 힘에 숨겨진 역사 속에는 민족혼은 있을 수 없다. 오직 얼로 위장된 육생살이 모순만 남아 있을 뿐이다.

민주주의 모순을 알고 있을까. 공산주의 모순을 알고 있느냐는 것이다. 육생량과 더불어 힘으로 민주이념을 추구해온 서양가지에서조차 모른다면 공산이념이 대세인 대륙몸통에서라도 알고 있어야 하는데, 적대적인 관계라서 그러는 모양이다. 세계 유일한 분단국가라는 닉네임이 붙었다는 것은 아마도 민주·공산 두 이념의 모순을 온 천하에 드러내야 한다는 의미에서가 아닐까. 정녕 이로움이 넘쳐나는 뿌리의 역사였더라면 이로움이 넘쳐나는 사회가 되었을 텐데, 모양새를 보아하니 위로는 대륙세력 몸통의 눈치를 살피랴, 아래로는 해양세력 두둑의 잦은 침탈로 심기 편할 날이 없었으니 모순을 바로 알 리가 없다. 더구나 대륙세력과 해양세력의 수평을 유지해 나가야 할 반도의 입장인데도 불구하고 주눅이든 세월이나 탓하고 사대주의나 운운하는데 육생량과 정신량의 분별이 바로 설지나 모르겠다.

☾ 잃어버린 주체성

혼적만으로는 안 된단다. 심증만으로는 더욱 안 된단다. 물증이 될 만한 역사적 증빙자료가 꼭 있어야 한단다. 뿌리만을 위한 역사가 아니라 뿌리와 몸통이 하나로 이어지는 역사이기 때문에 그럴 수밖에 없다는 것이다. 사실 이를 증명할 변변한 자료 하나 없이 뿌리민족의 얼이 어떻고, 광활한 몸통대륙에서의 삶이 어떠했었다고 떠들어 본들 콧방귀조차 뀌지 않을 터, 어찌할 방도가 없다. 타박을 해본들, 진짜였다고 아쉬움을 내비친들 득이 되지 않는다면 어찌해볼 도리가 없다는 것이다. 위대했던 지난날의 영광을 되찾는 길밖에는... 더구나 동서 2만 리 남북 5만 리보다도 더 광범위하게 살아왔건만 혼적조차 미미하다는 것은 분명 역사의 뒤안길에 남겨질 만한 발자취가 없어서 그런 것이 아닐까 싶다.

어느 날 갑자기 하늘에서 뚝 떨어져 건국한 고조선이 아니라고 믿어 의심치 않는다면, 삶의 혼적이야 미미할지언정 가슴 깊은 곳에서 우러나오는 민족의 심연은 감출 수 있는 그 무엇이 아닌데 말이다. 눈물 많고, 정 많고, 동정심 많아 그저 아리랑의 슬픈 사연만을 품고 살아가는 민족이어서는 아니 된다는 것이다. 만휘군상(萬彙群象)자체가 소통의 방편인지라 역시 바르게 알고 쓰는 자가 주인이다. 늘 방편은 거기에 있다. 수단은 아는 만큼 부리는 것이다.

단지 누굴 위해 어떻게 부릴 것이냐는 누구한테 무얼 배웠느냐에 따라 달리 나타나는 부분이다. 쓰는 자의 몫이라는 것이다.

상호 수평을 유지해 나가야 하는 민족답게 아량을 베풀 때에는 한이 없다가 아니다 싶을 땐 버럭 불뚝 성질을 드러내곤 하는데, 그땐 이미 너를 내 뜻대로 해볼 요량으로 성깔을 부렸던 것이었다. 인류의 시원이라 뿌리에서 살아가고 있는 것이 아닌가, 뿌리가 뿌리만을 위한 삶을 살아간다면, 가지·몸통·두둑으로부터 받아야하는 겁박은 필연이다. 어울림을 잊은 모진 세월만큼이나 뿌리는 열국이라는 미명하에 이념마저도 팔방으로 찢겨져야 했던 것이었다. 지도자가 저리도 많은데 어이해야 하나 되어 나아갈 길을 찾을까.

그야말로 인(人)의 핵심주체들이 모여 사는 곳이라, 그 기갈은 분명 지도자들에게서나 느껴지는 그 무엇이겠지만, 신선의 후예라 내 뜻대로 해보려는 기갈은 있었을 지라도 성깔은 없었다. 너를 내 뜻대로 할 수 없을 때마다 부리기 시작한 성깔로 인해 하나 되는 법을 잊어버리면서 뿌리로 들어온 것이었다. 이는 이로움의 재원을 잃었기 때문이고, 도처에 자리한 지도자들이 사통팔달의 뿌리가 사분오열되었으니 하나 된 민족국가를 이루기 위한 여정은 시작되었다. 열국은 사국시대와 삼국시대를 통해 남북국시대를 열어가는 듯싶더니 1천 년 만에 하나 된 민족국가 고려를 건국하기에 이르렀다. 비록 정신량 덕에 의해서가 아니라 육생량 힘으로 이루었지만 뿌리민족의 쾌거가 아닐 수 없다.

뿌리가 흔들리면 몸통도 따라 흔들리는 법, 고려·조선 하나 된 민족국가로 살아온 1천 년의 세월은 동북아 삼국이 어울려 살아가야 하는 기간이기도 했었다. 자닝했던 고려 5백 년, 붕당으로 어지러웠던 조선 5백 년의 앞에 남북이념과 동서지역갈등의 암운이 드리웠다. 나 하기 나름에 달리 나타는 상대성원리는 자연의 섭리다. 유일하게 이 법칙을 깨우친 민족이었건만, 정신량을 잊고 육생량을 추구하는 바람에 피의 역사가 자리했던 것이었다. 몸통에서 소수의 운용주체 민족이 다수의 활동주체 민족과 더불어 살아올 수 있었던 것은 덕으로 살았기에 가능했었다. 사실, 소수가 다수에게 힘으로 대적했다간 피멍들어야 할 터이니, 언제나 소수 지혜의 정신량이 다수 지식의 육생량을 우위를 점하기 마련인데, 실상의 고조선의 건국은 몸통에서 더 이상 물러나지 않겠다는 마지노선이었다. 육생의 힘으로 살아가는 민족에게 힘으로 대적했으니 밀릴 수밖에 없었다. 혹여 뿌리가 몸통에 종속되어 살아오지 않았냐는 생각할는지도 모르겠으나 뿌리가 몸통에 종속되는 일은 없다. 만약에 있다고 한다면 운용주체 삶을 살아가지 못할 때마다 받아야 하는 표적 정도일 게다. 뿌리는 하드(hard)로서 몸통·가지의 일을 할 수도 있으나 소프트(soft)인 몸통·가지는 뿌리의 일을 할 수 없다.

신토불이는 주어진 토양에 맞추어 살아가야 하는 뿌리를 위해 만들어진 말이다. 내 뜻에 응하지 않는 너를 타박하기보다 네 뜻을 먼저 받아드리지 못하는 자신을 먼저 뒤돌아봐야 한다는 소리다. 막히어 부딪치는 일들을 작용반작용의 법칙 인생방정식으로 풀어나갔던 민족이었다. 내 뜻대로 안될 때 드러나는 성깔만 다스려 왔다면 마지노선은 없었을 터이고, 이념과 지역갈등의 수렁에 빠진 채 변변한 증빙자료 하나 드러나지 않는 대륙을 뒤지며 가슴 아파하지도 않을 것이다. 아마도 일찌감치 부끄러운 뿌리민족의 역사를 대자연이 감추어 버렸는지 모를 일이다. 그렇다 하더라도 이제는 밝힐 때이지 아니한가. 양의 기운이 차오른 시대에 음의 기운 정신량을 채워나가지 못하면 뿌리·몸통 고난의 행군을 다시 해야 할 테니 말이다. 물증이 없어 증명이 안 되는 문헌들이야 그렇다고 치자. 그래서 뿌리민족의 발자취가 미미하게나마 곳곳에 남겨지게 된 과정도 그렇다고 치자. 이로 인해 위서라고 말할 수도, 뿌리민족의 모습을 **빼닮은** 민족이 살아간 흔적이라 말할 수도 있다. 하지만 오늘날 동북공정으로 인해 화두가 된 고조선의 주된 의미만이라도 새겨봐야 할 것이 아닌가. 거룩하고 위대했던 인류시원의 역사가 몸통에 남아 있기를 바란다면, 이로움의 표상이었던 천손민족 성정(性情) 그대로를 뿌리에 되살려야 할 것이다.

육생량이 넘쳐나는 업그레이드 시대다. 그런데도 여전히 동물처럼 먹고살기 위해 혈안인 데다가, 업그레이드 시대의 진정성을 외면하고 해대는 짓거리가 고작 왕년에 잘나갔다고 동네 양아치처럼 떠들고 있지 아니한가. 그러다가 왕따라도 당하는 날엔 어찌할 것인가. 히말라야 산맥을 경계로 곤륜 산맥을 넘어 톈산 산맥을 지나 바이칼 호수에 이르기까지 살아왔던 것은 조화를 이루었기에 가능했었다. 그야말로 세상을 널리 이롭게 살아온 홍익인간 시대를 되찾고자 고조선을 건국했었던 것이었다. 아울러 운용주체 고유의 삶을 활동주체 육생량에서만 찾을 생각이라면 흔적이 미미하게 드러나는 원인에 접근조차 하지 못할 것이다, 가뜩이나 신화적인 요소가 대부분이라 누가 믿으려고나 하겠는가.

더구나 공허한 메아리뿐인 공자(B.C. 551~479)와 맹자(B.C. 372~289)의 이상을 멀뚱멀뚱 쳐다보는 실정이라, 실제적인 삶을 추구해나가는 홍익인간 이념을 그리 몰아서는 안 될 일이다. 관념적이고 사변적이지 않다. 실질적이고 현실적이면서도 인정에 얽매이지도 않는다. 그렇다고 공리주의 허상을 표방하는 것도 아니다. 사랑을 통해 행복을 영위하자는 것이다. 사랑을 받지 못해 불행한 것이 아니라, 하지 못해 불행한 것이다. 소통하지 못해 불행해 진다는 것이다. 사랑과 소통은 불가분의 관계로써 받고자 하고, 하고자 한다면 이로움의 재원을 소지해야 한다. 어느 날 갑자기 어려움이라는 불한당이 아무런 이유도 없이 쳐들어온 것일까. 신이 나만 미워해 주는 벌일까. 그건 아니다. 바로 내 앞에서 벌어지는 일을 처리하지 못해 벌어진 일이다. 소통하지 못해 벌어지는 일이다. 하나 되어 나가지 못해 벌어지는 일이라는 소리다. 내 앞의 인연은 나 하기 나름인데 다들 내 뜻대로 해보려다 사달이 난다는 사실을 알아야 한다. 사랑은 행복을 위한 것이므로 행복하지 못한 사랑은 되돌아볼 일이라, 이처럼 작용반작용의 법칙 상대성원리는 자유의지주의라고 해야 할 것이다. 참견과 간섭이 배제된다면 나름의 꿈을 이루어 나갈 수 있을 텐데, 도태되지 않으려면, 물러서지 않으려면 육생량이건 정신량이건 걸맞은 이로움의 재원을 찾아서 채워야 한다. 몸통에서 뿌리의 역사를 찾으려 한다면 먼저 대자연이 이렇다 할 흔적을 세상 밖으로 드러내 놓지 않은 이유부터 먼저 밝혀내야 하지 않을까. 물론, 위대했던 뿌리의 역사를 찾아내는 것처럼 보람찬 일은 없을 것이다. 이보다 민족적 자긍심을 되살릴 수 있는 일은 없을 테니까 말이다.

무엇보다 세상을 널리 이롭게 해온 정신량이 뿌리의 자원이라는 사실을 인지한다면, 육생량에 꺼둘리어온 삶은 이로울 수 없었기에 몸통대륙에서 살아온 정신량의 역사가 육생량의 역사에 묻혔다는 사실을 알 수 있지 않을까.

지워져버린 역사를 들춰내는 일은 그다지 어렵지 않지만, 족적이 들추어지는 만큼 드러나는 치부를 감당치 못할 터이니, 이것이 더 큰 문제를 일으키지 않을까 싶다. 잃어버린 주체성을 자세히 알면 슬픔이요 모르면 기쁨이다. 육생물질문명에 뿌리의 혼이 희석되는 형국이라 정치, 경제, 사회, 문화, 예술 등은 물론, 문제는 교육까지도 육생량에 매달리면서 얼을 운운하며 정신량을 찾으려하는 모양이다.

예절(禮節)과 인성(人性)은 엄연히 다르다. 예절은 에티켓(Etiquette), 매너(manners)와 같은 기초예절이다. 하지만 인성은 정신량이 부가된 차원, 즉 사랑을 위해 해야만 하는 기본덕목으로써, 행복을 위해 반드시 갖추어야 하는 것이 인성이다. 이처럼 사랑은 행복의 알곡을 채워야 하는 껍데기라고 한다면 행복은 알곡으로서 불가분의 관계다. 육생량과 정신량 그리고 뿌리와 몸통은 떼래야 뗄 수 없는 관계인 것처럼, 예절과 인성 또한 떼래야 뗄 수 없는 관계다. 그리하여 육생량의 발원지는 활동주체의 가지이며, 인생량 정신문화 발원지는 운용주체의 뿌리다. 동서양이 하나 되는 시점은 바로 양의 기운이 넘쳐나는 시점인데, 이때 몸통은 육생량과 정신량의 교역의 장소로 변모한다. 찬란한 뿌리문화의 유산을 되살리는 일은 육생량을 들춰보는 데 있는 것이 아니라 훼손시킨 정신량을 복원시키는 데 있다. 뿌리의 혼이 단절된 마당에 얼이라고 해봐야 고작 힘의 논리가 가미된 보이는 육생량뿐인데 주체성에 혼선을 빚지 않을 수 없다. 하나를 가르치면 열을 깨우치는 민족이기에 소통부재의 대안을 마련하고자 해 돋는 땅 뿌리로 들어왔다. 육생량은 소프트이자 부분이요 정신량은 하드이자 전체라고 할 수 있기 때문에 전문직에 종사하면 부분의 운용주체로서, 전체를 주관하는 운용주체 앞에서는 활동주체일 뿐이다.

"고조선은 B.C. 2333년 무렵에 중국의 요동과 한반도 서북부지역에 단군왕검이 세운 천손민족 최초의 고대국가다." "위만이 집권한 이후 강력한 고대국가로 성장했으나 B.C. 108년에 한나라(B.C. 206~A.D. 220)에게 멸망하였다"는 기록이 있다. 건국이념으로 홍익인간을 천명한 이후에 뿌리찬탈의 역사가 시작된 부분이라 할 수 있기에 매우 중요한 대목이다. 고조선 건국과 관련된 사건들도 신화적인 해석이 전부인 마당에 세상을 널리 이롭게 살아온 환인·환국 시대를 어찌 설명할 것인가. 그래서 어쩔 수 없는 노릇이라고 치자. 고조선 건국마저도 그리 치부해서는 아니 된다. 혹자는 환빠(환단고기를 믿는 이들을 폄하하는 말)를 거론하며 ≪환단고기≫, ≪부도지≫, ≪단기고사≫ 등은 위서가 확실하니 한국사 유물유적에 손을 대지 말라는 둥, 역사학자의 논문을 인용하지 말라는 둥, 심지어는 중국 사료에까지 손을 대지 말라고 한다. 하기야 고조선 건국하기까지의 증빙자료 하나 없다. 그렇다고 고조선 없는 상고사가 있을 법한 일인가. 굴절된 민족성 복원을 위해서라도 증명은 하긴 해야 할 것인데, 왜 그런 것인지는 몰라도 문득 '채반이 용수가 되게 우긴다'는 속담이 생각나는 것일까. 가당치도 않은 의견을 끝까지 주장하기 때문일까. 보이는 육생량 유물 유적군도 유적군이지만, 도와 덕으로 살아온 보이지 않는 정신량을 설명을 해야 하는데 모르기에 설명할 방도가 없지 않은가. 증명은 홍익인간의 삶을 살아가는 일이다.

≪삼국유사≫에는 단군왕검의 탄생기록과 패망의 언급만 있을 뿐, 건국 이전의 사항에 대해서는 전무하다. ≪삼국사기≫〈신라본기〉에는 신라가 고조선을 계승한 것으로 명시된 것이 전부다. 이도 견강부회인가. 뿌리민족 가치를 알 수 있는 핵심자료 하나 변변치

않은 마당에, 고조선 시대가 최대의 전성기였다는 둥 대륙의 지배자였다는 둥의 이해하지 못할 소리만 해대는데 통에 환빠라는 소리를 듣는다. 왜 홍익인간이 건국이념이어야 했겠는가?

중국이 대륙세력이고 핵심몸통인 이유는 다른 데 있지 않다. 동·서 중간에 위치한 중쪽이자 해가 중천에 떠있기 때문인데, 대낮은 그만큼 활동행위를 왕성케 하므로 육생량과 정신량의 교역의 장소라는 점이다. 그리고 5개의 해안선과 14개의 국경선과 이웃해 있다. 의미하는 바가 무엇일까. 더군다나 다민족 국가다. 하나 된 민족국가를 중시하므로, 핵심몸통 대륙에 살면 자연발생적으로 중국인이라는 사고가 자리한다. 가외몸통 소련의 경우도 마찬가지다. 핵심몸통과 가지를 잇는 국가를 살펴보면 남쪽으로는 베트남, 라오스, 미얀마, 남서쪽으론 히말라야 산맥을 경계로 인도, 부탄, 네팔, 파키스탄, 곤륜 산맥을 넘어 아프가니스탄 북쪽으로는 텐산 산맥을 경계로 타지키스탄, 키르기스스탄, 카자흐스탄, 러시아, 몽골과 접해 있으며 남쪽으론 뿌리반도와 경계를 이루고 있다.

한편, 고조선 패망 원인을 준왕(?)이 연나라(B.C. 11세기~222) 위만(?)에게 왕위를 찬탈 당했기 때문이라고 말하고 있다. 그렇다면 그 지경까지 몰린 이유가 분명히 있을 것이 아닌가. 이에 대한 진위여부도 사실 막막하다. 운용주체 지휘권을 박탈당할 즈음에 무너지기 시작한 몸통의 질서, 삼천리 금수강산 한반도는 유배지와 다름없다 하겠으니, 고조선의 건국은 더 이상 물러서지 않겠다고 결연한 의지를 드러낸 마지노선이었다.

스스로 자멸하든, 위만조선이 한나라에게 멸망하든 정신량을 잃고 육생량으로 버팅기기에 들어간 고조선의 멸망은 예견된 일이었다. 그 마지노선을 방편으로 정신량 부활의 선으로 거듭나야 했으나 운용주체 민족이 활동주체 민족이 되어 버렸으니 시간이 문제였었다. 시간이 문제라는 소리는 멸망을 의미하는 것이 아니다. 반도뿌리에서 열국시대를 열어가야 할 시간이 다가왔음을 말하는 것이다. 뿌리민족 몸통대륙의 수난의 역사를 밝혀내기만 한다면 환국 시대의 거룩함은 물론, 어떠한 삶을 살아가야 하는지도 자연스럽게 드러날 터인데, 육생량에 머물러 막혔으니 정신량을 마련하여 오롯이 하나 되어 살아가는 길 밖에는 없다.

"위만조선은, B.C. 195년 한나라의 제후인 연왕(燕王) 노관(B.C. 256~194)이 흉노(B.C. 4세기~A.D. 1세기)로 망명한 사건이 일어나자, 연나라 지역은 큰 혼란에 휩싸이고, 그곳에 살던 많은 사람들이 고조선 지역으로 망명하였다. 위만(?)은 이들 무리 1천여 명을 이끌고 고조선으로 들어왔다. 준왕은 위만을 신임하여 박사(博士)라는 관직을 주고 서쪽 1백 리 땅을 통치하게 하는 한편, 변방의 수비 임무를 맡겼다. 그러나 위만은 B.C. 194년 한나라가 침입하여 온다는 구실을 허위로 내세우고, 수도인 왕검성(王儉城)에 입성하여 준왕을 몰아내고 왕이 되었다. 패배한 준왕은 뱃길로 한반도 남부로 가서 한왕(韓王)이 되었다"는 것이다. 이때부터 일반적으로 고조선을 위만조선이라고 부른다는 기록이다. 그러니까, 고조선의 마지막 왕이었던 준왕이 연나라의 위만을 신임한 결과, 왕검성에 위만이 입성하여 준왕을 폐위시키고 왕이 되었다는 것인데, 사랑행위의 대가가 파멸이라면 결국 자기무덤을 팠다는 소리가 아닌가. 물론 해 돋는 땅으로의 귀양시기가 다다랐기 때문이기도 하겠지만, 나 하기 나름에 달리 나타나는 작용반작용의 법칙 인생방정식에 대입하여 이유를 찾아보자. 그저 목숨 부지를 위해 들어온 것인지 아니면 도와달라고 들어온 것인지에 대한 상황은 사뭇 다르다.

목숨 부지를 위해 들어 온 것이라면 정국이 안정되면 돌아갈 이들일지도 모르니 풍습대로 살아갈 여건만 마련해주면 그만 아니겠는가. 문제는 도와 달라고 들어왔을 때다. 이미 고조선은 정신량을 잃고 육생량에 의지해온 터인데다가, 눈물과 인정과 동정심으로 절대분별의 차원은 잊었을 터이고, 온정주의 정책을 썼다면 어쩔 수 없는 일이다. 그렇다면 어떻게 도울 것이냐에 대한 문제가 대두되는데, 내 방식대로 돕는 것이야 말로 힘이 가미된 육생논리 반쪽반생행위인지라 도와주고 뺨 맞았다는 소리를 이 때문에 듣곤 한다. 상호 이로웠다면 뺨을 맞을 리가 만무다. 검증 없이 허물없다고 가까이두면 얕잡을 터이고, 어설프게 뻐기다가 호구라도 잡히는 날에는 오히려 방망이 들고 설쳐야 하는데, 그러다가 홍두깨 맞고 도망가는 꼴을 보이기 십상이다.

덕을 저버리는 순간 정신량도 사장되므로 분별력도 육생 힘에 의지하기 마련이다. 그러다가 자칫 내 계산방식은 나를 위한 방식이라는 사실조차 잃어버린다. 네 계산방식 또한 너를 위한 것일 터이니, 통해보자 들고 오는 조건도 나 보다는 너를 위한 것에 있다는 사실이다. 소통은 상호상생의 조건이 합의될 때 이루어지는 법이므로, 힘이 가미된 일방적인 소통은 치우친 반쪽반생으로서 누구에게도 이롭지 못하다. 언제나 운용주체의 도움이 간절한 활동주체인지라, 조율은 운용주체의 몫이다. 도와 달라 찾아온 네 뜻을 부합시켜 하나 되어 나가지 못하는 교류는 반드시 상충되기 마련인데, 오늘날의 갑을관계나 노사분규의 원인도 여기에서 찾아볼 수 있다.

한편 "위만의 출신을 연나라로 보기도 하고, 고조선 계 유민"으로 보기도 하는데, 문제는 어디 출신이라는 것에 있지 않다. 거기에 빠지면 부분만 보이고 물러서면 전체가 보이듯이, 언어가 틀리고, 문화가 틀리고, 풍습이 틀리기 때문에 하나 되어 살아가야 하는 것이지, 하나 된 민족국가를 이루어 살아가자는 것이 아니다. 예나 지금이나 뿌리세포는 변함없지만, 무엇보다 핵심몸통의 한족(漢族)을 비롯한 소수민족 모두 뿌리세포이기에 가능했던 일이었다. 아니었다면 가능이나 했겠느냐는 것이다. 몸통의 소수민족은 1949년 중화인민공화국 건국시기에 400여 개의 민족 명칭이 존재하였다. 3번째 밀레니엄 시대를 훌쩍 뛰어넘은 2천 년대 오늘날에는 한족 이외에 55개의 민족만이 공인되었으며, 몇몇 종족집단은 아직 민족귀속이 정해지지 않은 상태로 있다. 몸통에서 태어나 호흡을 같이하고 살아가는 것도 한 형제이기에 하나로 귀속되는 것이다. 단지 해야 할 일들이 각기 다르기 때문에 언어와 생활풍습에 차이를 보이는 것뿐이고 뿌리에서 살아가거나, 뿌리의 기운을 직접 받으며 살아가야 하는 핵심몸통과 가외몸통, 그리고 두둑도 뿌리줄기세포이니 한 형제다.

☾ 지구촌의 큰 어른들

고조선 시대에 이르러 삶의 터전이 밑둥치 부분으로 확연히 줄어든 것은 이로움의 자원을 잊어버려서이다. 무엇보다 뿌리의 자원은 육생량에 있는 것이 아니라 정신량 있음을 강조하는 바인데, 육생량에 정신량을 가미시킬 때 상호상생을 일으키듯 화합이든,

합의든 둘이 하나 되어 나가는 인생량을 대변하는 것이 정신량이다. 그리고 지혜는 너를 위하고자 할 때나 발휘되는 정신량의 소산이며, 나를 우선할 때는 지식적 생각에 의존하기 마련이다. 기껏 인연을 만들어서 내 뜻대로 해보려다 충돌을 일으키는 것도 나를 위한 생각이 일으키는 행위다. 육생량은 나를 위한 것이고 정신량은 너를 위한 것이므로, 운용주체가 활동주체와 힘으로 부딪쳐 본들 득이 될 것은 없다. 물론 소속단체나 국가의 이익이 우선이다. 그러나 하나 되지 못한 결과는 빤하다. 이롭게 하면 덤으로 주어지는 게 득일진대, 너라는 인연보다 너를 통해 들어오는 육생량을 우선하게 되면 종례에는 등을 돌리게 된다.

육생량 지식으로 총칼을 만들지만 정신량 지혜에 앞에서는 총칼이 녹아드는 법이라고 하니, 병 주고 약 주는 참으로 희한한 모순이다. 물론 입으로 먹고 육을 건사시킨 다음에서야 귀로 들어 정신량을 높이려 들겠지만, 1안 지식 육생량이 앞서 움직이는 만큼이나 2안 정신량이 뒤를 받쳐주지 못하면 오히려 그 총칼에 휘둘려야 한다는 것이다. '나를 위할 때와 너를 위할 때'를 분별치 못하면 육생량 앞에 정신량이 주눅 들어 살아가야 하는 법이다. 무슨 말인고 하면, 연나라 위만에게 왕검성에서 쫓겨난 고조선의 준왕은 뱃길로 뿌리의 남부로 자리를 옮겨 한왕이 되었다는 점을 말하려는 것이다. 본연의 삶을 잊은 대가가 민족분열이라는 것인데, 나를 위한 육생량을 너를 위한 정신량으로 오인하여 벌어진 일이다. 이에 대한 분별력을 고쳐시키고자 작금의 민족분열, 즉 민주·공산 두 이념의 모순을 들춰내기 위해 벌어진 일이라고 한다면, 당시 열국으로의 분열은 하나 되기 위한 이념을 곧추세우기 위한 것에 있었다고 하겠다.

본연의 삶을 잊은 대가가 유배지에서 팔도로 분열된 열국으로부터 시작인지라 핵심몸통은 대륙, 가외몸통이 소련이라는 사실을 알리조차 없으며, 열도가 뿌리보호막 두둑으로 자리하고 있다는 사실도 알 리 없다. 몸통 또한 하·상·주(B.C. 2070~256) 시대만 하더라도 신화적인 요소가 태반 아닌가. 그 이전 시대라고 해봐야 삼황오제(신화의 제왕들로 3명의 황(皇)과 5명의 제(帝)를 말한다)라는 신화적 인물인데도 불구하고 단대공정을 통해 역사로 둔갑하고 있다. 이보다도 먼 시대의 몸통대륙 고대문명은 황화문명과 장강문명 두 갈래로 나뉘었다는 주장이다. 물론 인더스 문명, 이집트 문명, 메소포타미아 문명, 그리고 황하문명은 세계 4대 문명 중에 하나라고 말을 한다. 무엇보다 황하문명이 지금까지 영속하는 유일한 문명이라고 주장해왔는데, 이보다 2천여 년 앞선 유물유적이 요하 부근에서 발견되자 빛을 바라고 있다. 요하는 오랑캐 땅 동이(東夷)의 영역으로서, 요하문명(홍산문명)은 황하문명보다 먼저 일으킨 고대국가라는 소리다. 그렇다면 뿌리문명의 시원이라는 추론인데, 자칫 만주지방에 국한시킬까 염려스럽다. 고조선(B.C. 2333~109)건국은 하·상·주보다 3백여 년이나 앞섰다. 이에 앞서 자리한 환국시대는 환웅시대 넘어 환인시대로부터 이어져 왔다고 한다. 또한 몸통의 춘추전국시대(B.C. 771~221)와 오호십육국시대(A.D. 304~439) 그리고 오대십국시대(A.D. 907~960)를 비추어 보더라도 뿌리가 분열을 일으킬 때 몸통도 분열이 일어났다는 사실에 입각하여 볼 때 뿌리가 하나 되면 몸통도 하나 된다는 것이다.

'덕 되게 사니 득이 되더라'는 상호상생의 소통의 법이다. 하나 되어 나가는 정신량을 공급하지 않으면 상호 성장발육이 늦을 수밖에 없다. 이를테면 황하와 장강 두 갈래로 문명이 자리하기에 앞서 홍산문명이 자리했음을 볼 때, 이미 삶의 질량은 뿌리와 몸통으로 바뀌었다고 할 수 있다. 이때부터 인류의 시원 뿌리민족이 하나 되어 나가는 정신량 공급이 시원치 않을 때마다 겁박 혹은 겁탈을 받기 시작했다고 할 것이다. 신화적인 역사 앞에서는 모든 상황이 추상적일 수밖에 없다. "세상을 널리 이롭게 하라"는 뿌리민족의 염원이지만 인류의 숙원사업이기도 한바, 이제는 깨어나야 할 때가 아닌가. 어느 민족이 더 우수한가를 가려보자고 하는 말이 아니다. 몸통에서 태어난 한 형제이기 때문에 저마다 소임을 다하고 있느냐를 보자는 것이다.

몸통의 롤 모델(Role model)이 뿌리다. 물론 농도는 몸통보다는 옅지만 두둑도 마찬가지라, 뿌리의 분열은 곧 몸통·두둑의 분열이었다. 정신량 없이는 양양상충에 휘말릴 수밖에 없는 몸통·두둑의 입장이라고 한다면, 육생량 없이는 음음상극에서 헤어날 길이 없는 뿌리다. 양양상충 현상은 육생량에 피해를 가져오지만 시간이 흐를수록 기세는 점차 누그러지게 된다. 하지만 속으로 곪아 터지는 음음상극 현상은 육생량의 피해는 극미하지만 응고되면 용해가 쉽지 않다. 그만큼 정신량이 쏠려 치우치기라도 하는 날에는 피해는 걷잡을 수 없이 커진다는 것이다. 또 활동주체가 흔들리면 운용주체가 잡아주지만 운용주체가 흔들리면 활동주체가 잡아 줄 수 있을까.

한편, B.C. 3200년경 나일 강 하류에서는 시작된 이집트 문명과 티그리스 강과 유프라테스 강을 중심으로 B.C. 3500년경에 시작된 메소포타미아 문명이 인류최초의 문명이라고 하는데 과연 그럴까. 현존하는 육생량으로 비추어볼 때 아마도 그렇다는 것일 뿐이다.

B.C. 3300년경 인더스 강과 파키스탄과 인도 북서쪽에 걸쳐있는 가가 하라크 강 사이에서는 인더스 문명이 번성했다. 인류 진화의 루트는 해 지는 서쪽(가지) 끝에서 시작되어, 해가 중천에 뜬 중쪽(몸통)에 머물다가, 해 돋는 땅(뿌리) 동쪽 끝으로 들어왔다. 혹자는 환인, 환웅, 단검으로 이어진 현 인류 최초의 문명은 황하 강 중상류의 기상(起床)에서 시작하여 요하의 홍산문명으로 찬란한 역사의 꽃을 피웠다고 하는 이들도 적지 않다, 육생 넘어 인생에 필요한 것이 정신량이다. 이는 곧 하나 되어 살아가기 위함으로서 가지를 거쳐 몸통에서 머물다가 뿌리로 들어왔다는 것은 정신질량을 높여 왔다는 뜻이다.

아울러 나를 위한 인간에서 너를 위한 사람으로 승화되기 위한 신세계가 반드시 필요하다. 물론, 보이는 아름다움도 아름다움이 겠지만 보이지 않는 정신량을 추구해야 하는 곳이 뿌리인 만큼, 육생화합을 이룬 몸통에서 인생화합을 꽃피우고자한 문화가 바로 홍익인간 세상이었다.

물론, 몸통·가지도 그에 상응한 삶을 살아가려 하겠지만 육생량을 꽃피워야 하는 만큼의 정신량이 뒤쳐질 수밖에 없다. 그렇다면 정신량이 힘으로는 육생량을 어찌하지 못한다는 것을 알 수 있는데, 이롭게 살아가지 않으며 주변국으로부터 겁박이라는 표적을 받으며 살아갈 수밖에 없다는 것이다. 이 정도면 천여 번이 넘는 외세의 침입이 뜻하는 바를 알 수 있지 않을까. 반면 진화의 최상단이 뿌리라면 그 민족은 그야말로 인류의 큰 어른이라 아니할 수 없다. 그렇다고 해서 좋아해야 할 일만은 아니다. 정신줄을 놓는 바람에 하극상이 발생했기 때문이다. 있을 수도 없고, 일어나서는 안 되는 일이 하극상이라 하지만, 본분을 잃으면 언제든지 일어날 수 있는 일이 또한 하극상이다. 나 하기 나름에 달리 나타나는 작용반작용의 법칙에 의하면, 일으킨 활동주체보다 일으키게 만든 운용주체의 잘못이 크다는 답이 나온다. 물론 사제지간이라면 때론 따끔한 회초리가 방편이 되기도 하겠지만 이는 사제의 합의를 이룬 상태일 때 가능하다. 그리고 합의는 조건과 조건이 맞아야 가능한 일이며, 언제나 아쉬워하는 활동주체가 합의하고자 육생량의 조건을 가지고 오며, 운용주체는 정신량의 조건을 가지고 그를 맞이한다. 하극상은 이로움의 자원이 고갈되면 일어난다. 운용주체란 육생량이건 정신량이건 기본금 사주(四柱)를 더 많이 받아온 자들을 가리키는 소리다. 왜 너보다 내가 더 많이 받아가지고 태어난 것일까. 전생에 많은 공덕을 쌓았기 때문일까. 그것도 아니라면 내가 뭔가 특별하기 때문일까. 이생에서의 호사는 웬 말이며, 치사는 웬 말인가. 무엇을 잘했다고 누려야 하느냐는 것이다. 업그레이드 시대의 한류열풍의 진정성을 어디에서 찾아봐야 할까. 기실 힘으로만 나댄다거나 입으로만 나불대는 이로운 자는 없다. 정신량 지혜는 육생량 지식의 힘과 하나 되어 나갈 수 있으나, 힘으로는 힘을 어찌하지 못한다. 이롭게 살아가야 하는 업그레이드 시대를 맞이하여 에코세대 전후로 저마다의 재능의 방편을 부여받았다. 그로인해 몸통을 통해 가지까지 열광의 도가니가 되어가고 있다. 받아온 육생행위에 머무를 것인가. 정신량을 부여하여 하나 되어 나갈 것인가. 사달은 바르게 쓰지 못해 나고 있다.

이쯤에서 잠시 환빠가 되어보자. 단군조선(檀君朝鮮) 이전에 환웅(桓雄)이 다스리던 '배달(倍達)', '신시(神市)'가 있었고, 신시 이전에는 환인(桓因)이 다스리던 환국(桓國)이 있었다고 위서라고 말하는 ≪환단고기≫에 기록되어 있다. 한편 ≪삼국유사≫의 가장 오래된 판본인 〈정덕임신본〉에는 환인(桓因)이 환국(桓国)으로 표기되어 있기 때문에, 조선 중기 이후의 사찬 역사서들 중 일부에 단군신화의 해당 구절이 환국(桓國)으로 표기되는 경우가 있었다고 한다. 그러니까 이는 있기는 있으되 믿을 수 없다는 것이 아닌가. 입증할만한 진서를 제출하라는 소리인데, 이미 우리 민족 가슴속에 자리하고 있지 아니한가. 보이는 육생량은 껍데기이요 보이지 않는 정신량은 알맹이인데, 여전히 육생량에 매달리니 사대주의를 아니 논할 수 없다. 환국의 군주 명칭은 환인이며, 1대 안파견(安巴堅) 환인에서~7대 지위리(智爲利) 환인에 이르기까지 '파나류 산 아래 천해(天海) 동쪽 땅'에서 살았으며, 그 땅의 넓이가 남북 5만 리 동서 2만 리에 12연방국에 이른다고, ≪환단고기≫ 〈삼성기〉 하편에 기술되었다.

환국(桓國)의 환인(桓因)에 이어 신시(神市)를 건국한 군주의 명칭은 환웅(桓雄)으로써, 1대 거발한(居發桓) 환웅에서~18대 거불단(居弗壇) 환웅에 이르기까지, 고조선 이전의 만주와 한반도를 중심으로 자리 잡은 배달(倍達)국이었다고, ≪삼성기≫의 〈신시역대기〉와 ≪태백일사≫ 〈신시본기〉에서 서술해 놓았다. 그리고 환웅(桓雄)의 신시(神市)에 이어 고조선(古朝鮮)을 건국한 군주의 명칭이 단군(檀君)으로서, 1대 단군왕검(王儉)에서부터~47대 단군(檀君) 고열가(古列加)에 이르기까지 이어져 왔으며, 건국이념으로 내세운 홍익인간은 작금의 교육이념으로까지 제정되었다. 그리고 모든 언어는 문화와 풍습에 따라 만들어지고 있다. 네게 이로워야 내게도 이롭다는 이치가 '하늘은 스스로 돕는 자를 돕는다'는 것인바, 이는 '세상을 널리 이롭게 하라'고 가르치는 홍익인간에서 비롯되어진 말이다.

소수의 뿌리민족이 이치대로 널리 이로운 삶을 살아왔기에 다수의 몸통민족과 어우러질 수 있었다. 그야말로 정신량으로 육생량을 매만질 수 있었기에 가능한 일이었다는 것이다. 육생량을 추구하는 활동주체로 살아간다면 이치대로의 삶은 한낱 꿈에 불과할 뿐만 아니라 활동주체 민족에게 주눅이 드는 건 지극히 당연한 이치가 아닐까. 또 그에 상응한 대가가 힘으로 한 발짝씩 뒤로 밀려나는 일이고보면, 더 이상 밀리지 않겠다고 결연한 의지를 드러내보이며 건국한 고조선임을 믿어 의심치 않으리라. 무엇보다 이치대로 널리 세상을 이롭게 살아온 운용주체 민족이라, 옛 영광을 재현키 위해 홍익인간을 건국이념으로 삼았던 것이었고, 이는 감히 대자연을 닮은 민족이 아니고서는 흉내조차 내지 못할 인류구원을 열망한 슬로건이 아닐 수 없다.

행하고자 해도 방법을 모르면 행할 수 없는 것이 소통행위이듯, 모르면 결코 표현할 수 없는 것이 언어다. 모르기에 못하는 것이다. 알면 누가 추구하려 들지 않겠는가. 문제는 육생량에 부대끼어 건국이념을 바르게 정립시킬 지도자 한 사람을 배출시키지 못하여 말만 있고 실재하지 못했다는 것이다. 이 때문인가. 널리 세상을 이롭게 하고 싶은데, 어떻게 해야 세상을 이롭게 하는 것인지 몰라서 못하는 이들이 부지기수니 말이다. 착하게 살면 복 받는다하여 착하게 살았는데, 그렇게 살수록 더 어려워지는 이유를 모르는 민초들은 어찌 해야 한단 말인가. 남을 돕고 사는데 오히려 고통뿐이라면 도대체 무엇을 어찌 하며 살아가라는 말인가. 하라고 해서 했고, 하지 말라고 해서 하지 않았다. 서라고 하면 서고, 앉으라고 하면 앉았다. 그리고 전장에 나가 싸우다 죽으라면 죽었다. 그랬더니 그 결과가 이 모양 이 꼴이라면 이는 누구의 책임인가. 시키는 대로 살아온 민초들에게 전심을 다하지 못한 결과라고 말하는 지도자는 없으리라. 힘으로 군림해온 시대에 진정한 지도자가 과연 있기나 했었단 말인가. 힘을 앞세운 육생행위가 전부일진대 있었다한들 치우쳐 행한 일일 수밖에 없었다고 하겠으니 홍익인간이 말로만 전해 내려올 수밖에 없지 않은가.

분명한 사실은 뿌리민족의 지도자가 몸통·가지의 지도자라는 것이다. 하나 된 민족국가를 이룬 고려시대부터 육생량으로 주눅들은 세월만큼이나 눈치로 일관하다 고개 숙여 사대의 예를 올리는 것이 전부였는데, 이를 어찌 알까. 운용의 정신량은 활동의 육생량 그 중심에 서기 위해 쉼 없이 인생살이 에너지를 생산한다. 육생량은 정신량의 토대가 되기 위해 개척에 여념이 없다. 사실 문제는 육생량 개척을 위한 육생교육이 전부인지라, 이때 생겨나는 정신량이 인생량의 에너지원으로 생각한다는 점이다. 무엇을 추구하느냐에 따라 사상과 이념이 달리 나타나듯이 역사, 풍습, 문화, 사회, 예술 전반에 잘 나타나있듯이, 육생량을 우선해야했던 만큼이나 정신량도 육생에 맞추어질 수밖에 없다. 따라서 인생 정신량도 무엇인지 모를 수밖에 없다는 것이다. 이를 찾기 위해 도(道)를 닦아왔고 또 닦고 있다. 그래서 서양의 정신량과 동양의 정신량의 차이를 음과 양, 안과 밖, 내면과 외면, 지혜와 지식 등으로 나누어 분별은 가능했었다. 문제는 어떻게 혼화해 나가야 하는지를 모른다는 데 있다. 왜 모를까. 그것은 아마도 뿌리의 안(內)과 가지의 밖(外)을 연결해주는 몸통차원을 생각지 못해서가 아닐까. 이를테면 A와 B를 혼화시킬 비커(Beaker) 말이다.

뿌리와 가지에서 분리된 질량을 인정하지 않는데 몸통의 질량을 인정하겠느냐마는, 여하튼 뿌리의 정신질량과 가지의 육생질량을 담고 있는 몸통의 질량은 비커와 같은 교역의 장소라는 점이다. 따라서 몸통 비커는 상생의 에너지원을 뿌리로부터 공급받을 때 본연의 가치를 다하게 되어 있다. 이 때문에 뿌리민족을 하나로 이끌 지도자야말로 인류의 지도자가 아닐 수 없다고 말한 것이다. 사방 팔방으로 뻗은 뿌리의 촉수가 정신량을 흡수할 때 그 힘은 자연 배가되지만, 제각각 다른 질량을 흡수한다면 사분오열은 따 놓은 당상 사통팔달은 힘들다. 작금도 몸통·가지 팔방으로 뻗어나간 촉수가 이로움의 질량을 찾지 못해 설명한 딸깍발이 신세 면치 못하고 있다. 이로움의 질량을 찾을 때 힘은 배가되지만 육생량에 의지해 온 터라 맥없이 무너져야 했으니 변변히 내세울만한 역사는 없다고 말한 것이었다.

　운용주체의 소임을 잃고 활동주체로 대신하다가 '이치대로', '널리 세상을 이롭게 하자'는 홍익인간 이화세계를 천명할 때에는 이미 활동주체 민족에게 심하게 시달린 후다. 그래도 역시나 나보다도 너를 우선해 온 민족답게 인류구원을 열망해 왔다. 그러니 이쯤에서라도 육생량은 무엇이며, 정신량이 무엇이고, 추구해 나가는 인생 그 삶의 표본은 어디에 있는 것인가를 한번쯤 생각해 볼 시간을 가져봐야 하지 않을까. 지식 다음에 지혜이듯, 육생 넘어 인생인데 말이다.

　치우치지 않아 바르다고 말하는 정(正)의 질량은, 치우쳐 그르다고 말하는 모든 사(邪)의 질량이 나와야 정립되는 바라, 치우쳤다는 육생의 사가 전부인 세상에서는 바르다는 정이 나와도 육생의 사다. 물론 정신량마저도 육생량일수도 있으니 심히 고려해 봐야 할 문제다. 게다가 이제야 육생량에 정신량을 거론하는 형편인지라 이치대로가 뜻하는 정을 알려한다면 치우쳐 벗어난 사의 모순 행위를 보기만 하면 된다. 그리고 이는 바로 앞에서 벌어지고 있는 일이거나, 나를 찾은 너로 인해 벌어지는 일이기도 하므로, 참과 거짓이 결정되는 등식 인생방정식이 성립되었다. 치우친 육생량에서 정신량을 첨가해 이치대로의 행로를 되찾기 위한 방식이라는 것인데, 작용반작용의 법칙을 통해 모순을 찾았다면 하나 되어 살아가는 일만 남았으니, 하나 되어 살아가는 삶을 인생살이라고 한다. 즉 인생은 합의하에 하나 된 차원의 삶을 살아가는 것을 말한다. 화합이든, 합의든, 동참할 때 가능한 일이고 보면 필요한 요소는 정신량이며 이를 인성(人性)이라고 할 수 있고 예절과는 사뭇 다르다고 앞서 밝힌바 있다. 그리고 육생에 치우쳤다는 개념을 모른다면 인생의 바르다는 개념도 세울 수 없을 터, 그래도 굳이 있다고 말한다면 자기 논리에 따른 그 무엇이 아닐까 싶다.

육생량을 오직 힘에 의지해 구해야 했던 시대는 정신량까지도 힘에 의존하려 들었을 터이니 피로 얼룩지지 않을 수 없었다. 물론 입으로 먹고 육을 건사시킨 다음에서야 귀로 정신량을 채우려고 하듯이, 힘의 논리는 그렇게 자리하여 육생살이 모순을 합리화시켜 나갔었다.

언제나 모순은 육생량에 정신량이 다하지 못한 만큼 발생하므로 인간사 치우친 육생에서부터 시작하여, 합당한 항로를 찾아들어가기 위해 필요한 것이 정신량이며, 이치의 항로를 찾아 들어설 때부터가 인생의 시발점이다. 아마도 1안의 육생의 인프라가 구축될 즈음이면 모순도 웬만큼 불거져 나온 상태가 아닐까. 물론 새로운 모순들이 불거져 나오는 것은 마찬가지일 터이지만, 기실 표현과 행위만 달리할 뿐이지 크게 다르지는 않을 것이라는 소리다. 업그레이드 시대는 분명 너를 위해 육생량을 소비해야 하는 시대이자 양의 기운이 차오른 시대이므로, 빈다거나 기도해서 구할 것이라곤 아무것도 없는 시대다.

무엇보다 기독교와 유불선이 적대적인 관계를 드러내는 시국에 천부경이 이슈화되고 있다. 우연일까. 아니라면 이유가 있을 텐데 말이다. 그리고 하나 되는 시기임에도 불구하고 신앙은 왜 하나 되어 나가지 못하는 것일까. 종파마다 예언자가 다르기 때문이거나 혹은 잘못 해석된 경(經)들로 인해 그런 것이 아닐까. 마찬가지다. 천여 번이 넘는 외세의 침략기간은 천형의 세월로서 이에 굴하지 않고 살아온 민족이라 떠벌여서는 곤란하다. 뿌리의 위상은 이로움을 함께 해 나갈 때 자연스레 떨쳐지는 것으로서 침략만을 물리쳤다고 해서 위상을 회복했다고 말하면 곤란하다. 더군다나 물리쳤다는 사실에 안주해버렸기 때문에 침략해올 수밖에 없었던 활동주체만의 이유에는 관심을 두지 않았다. 엇갈린 행보조차 알지 못했을 터이니 진정한 자유와 해방을 바로 알 리 없다.

◖ 표적

정신량을 부가하기 전의 인간은 지극히 이기적이다. 생각차원은 언제나 자기 자신을 우선할 터, 득이 될 성 싶은 곳부터 찾아다니게 되어있다. 남녀지간의 사랑행위는 더하면 더했지 덜하진 않는다. 선남선녀 조건이야 유유상종이겠지만 그러나 득이 될 성 싶어야 만나려 한다는 것이다. 득 될 성 싶을 때에는 적극적으로 만남을 부추기는데 이때 묘하게 자리하는 감정이 사랑이다. 그러니까 사랑의 감정은 이로울 법한 이에게 느끼는 감정이므로, 사랑처럼 이기적인 감정행위는 없다고 할 것이다. 그렇다면 인연은 이기와 이기가 만나 맺어진다는 것이 아닌가. 그래서 사랑은 행복하기 위해 하는 것이므로 사랑을 한다고 하나 행복하지 못하면 달리 생각해 볼 일이다. 사랑을 받는다는 것은 득이 될 질량을 많이 가지고 있다는 뜻이요, 사랑을 받지 못한다는 것은 득이 될 질량이 상대적으로 부족하다는 것이다.

이처럼 사랑의 의미는 득 보기 위함이고, 결별의 의미는 별 볼 일이 없어서다. 좋아서 만나는 것도 좋은 것을 가지고 있기 때문이요, 싫어진다는 것은 별 볼 일 없기 때문이다. 좋다 싫다도 득이 되느냐 되지 않느냐에 따라 나타나는 지극히 자연발생적인 현상이다. 득이 되는데 어느 누가 헤어지려 하겠는가. 그러고 보면 싫어지거나 미워진다는 것은 득 되지 않음에 있다하겠으니, 그렇다면 상호 득이 되고 덕이 되는 삶이 무엇인지 아는 일만 남았다. 육생량이건 정신량이건 좀 더 많이 받아온 자가 운용주체임을 앞서 밝힌바와 같이 활동주체는 언제나 필요한 부분을 채우기 위해 찾아나서는 이들이다. 그리고 1안의 육생량보다 2안의 정신량을 받아온 자가 운용주체다.

그러고 보면 운용주체도 이기요 활동주체도 이기인데, 어찌해야 이기와 이기가 하나 되어 나갈 수 있는 것일까. 이 행위를 바로하지 못해 싸우고, 충돌하고, 부딪치며 살아가는 것이 아닌가. 바르다는 행위도 그르다는 행위도 이에 비롯된다. 아울러 하나 되어 살아간다는 것은 합의를 이루어 나가는 바라, 이는 운용주체가 해야 할 일로서 쓰는 법을 배워야 한다. 왜 운용주체이겠는가.

세상은 세 개의 차원으로 나뉘어서 불러지는 이름이다. 천지인, 상중하 등으로 분리되어 3차원이 자리한 것처럼, 지(地)가 천·인 (天·人)의 중심을 잡아나가야 하듯이, 중(中)이 상·하(上·下)의 구심점이 되어줄 때 하나 된 차원으로 살아갈 수 있다. 다시 말해 지(地)라는 몸통비커에 천(天)의 뿌리의 정신량과 인(人)의 가지의 육생량을 혼화시키기 위해 몸통·가지는 활동주체로, 뿌리는 운용주체로 나누였기에 본래 악연(惡緣)도 없었고 가연(佳緣)도 없었다.

이롭다 싶을 때 만났다. 그리고 이롭지 않다 싶을 때 떠났다. 살펴보면 모두 제 득 보자고 하는 행위가 아닌가. 소통의 원리는 먼저주고 후에 받는 것에 있음으로, 불통 또한 받으려고만 하거나 챙기려고만 할 때 생긴다. 소통은 상호상생이요 불통은 반족반생이라 어찌하든 불통 땐 크건 작건 상호 표적을 주고받게 된다. 기쁨과 슬픔도 그로 인해 받는 표적이지만, 나 하기 나름에 따라 달리 나타나는 사항이다. 네가 나를 왜 찾아 왔겠는가. 아쉬워서다. 왜 아쉬운가에 대한 부분은 네 몫이니 내가 관여할 바가 아니다. 아쉬워서 찾아온 네 부탁을 들어줄 것이냐 말 것이냐를 선택해야 하는 일이 내 몫이다. 아쉬워서 찾아온 이에게 나름의 아쉬움을 채워줬다면 내게도 이로움이 되는 행위라, 상호 상처받는 일은 없다. 그나마 아쉬움조차 채워주지 못한다면 미련을 표출하기 마련인데, 바로 나를 찾은 인연들이 남기고 가는 미련이 화(火)의 때이고, 이러한 화의 때가 쌓이고 폭발하면서 밀려드는 것이 어려움이다. 타박마저도 화의 때인지라 반쪽반생조차 어려운 지경에까지 몰린다. 누가 손해 보는 짓을 하겠는가. 득이 되는데 누가 떠나려 하겠는가 말이다.

언제나 그렇듯 부딪침은 가려운 부분을 긁어주지 못할 때마다 일어나는 일이고 보면 그에 상응한 책임은 운용주체에게 있다고 할 것이다. 더구나 육생량의 운용주체보다 정신량의 운용주체가 우위라 책임을 통감해야 할 것이며, 아쉬움을 채우지 못할 때마다 해대는 표적질, 이는 해코지가 아니다. 아쉬움을 채우지 못한 미련을 남기는 것뿐이다.

만물은 소통의 방편이다. 일체(一切)의 현상마저도 하나 되어 나가고자 함에 일어나고 있음이라, 내게 더 많이 주었다는 것은 네 것을 더 준 거와 진배없다. 득 될까 싶어 찾은 것은 이미 준 것을 찾으러 간 것이라 해도 무방하다. 삶이 이롭지 못한 것은 덕(德)을 잊었기 때문이요, 이치에서 벗어난 행로는 도(道)를 잃고 살아갈 때 이는 현상이다. 분명 무익함을 통해 진보를 배운다면 이로움을 통해 사랑을 배운다. 하지만 무익함이 무엇인지 모른다면 진보하기 어렵듯, 이로움을 모른다면 사랑하며 살아가기 힘들다는 것인데, 그렇다면 행복을 포기해야 한다는 소리가 아닌가. 또한 육생량에서 느끼는 것은 만족이요, 정신량이 부가된 인생량에서 느끼게 되는 것이 행복이다. 다를 ♂(남) ♀(여) 쾌락이나 자연풍광에서 잠시나마 여유를 찾곤 할 때마다 행복하다고 말하는데, 행복은 육생량, 그러니까 자연 속에 있다거나, 물질 속에 있다거나, ♂ ♀ 쾌락에 있지 않다. 육생량은 어디까지나 나를 위한 것이므로, 선천적 방편에 머물러 만족한 것일 뿐이다. 사랑을 통해 영위해 나가는 것이야말로 행복이다. 내 앞에 온 너와 하나 되어 나갈 때 느끼는 황홀경이라 하겠으니 ♂ ♀ 쾌락과는 질이 다르다. 선천적 육생량의 만족은 나를 위한 것이요, 후천적 정신량의 행복은 너를 위한 것이므로, 세 개의 차원으로 나누어진 세상사 상생의 고리는 먼저 갚고 후에 받는 것이다. 아울러 만족은 혼자만으로도 얼마든지 느낄 수 있지만 행복은 어림도 없는 일이다. 물론 육을 건사시키고 나서나 정신량을 거론하는 것처럼, 선천적 육생의 만족을 느끼지 못하고서는 후천적 인생의 행복을 바로 알지 못한다. 육생량이 정신량을 위한 조건이라면 만족 또한 행복의 조건이 아닐 수 없는데, 이를 위해 해야 할 일은 정신량은 반드시 육생량을 위한 삶을 살아가야 한다는 것이다. 언제나 운용주체는 전체를 주관하고 활동주체는 부분을 관장해 나가는 데 있어, 상호상생의 조율은 운용주체의 몫인 것이다.

한편, 적대적 관계는 상호 동등한 입장일 때 드러내지만 사실상 대립구도는 상호 진화발전을 위한 것에 있다. 노사관계도 이와 같은 맥락이기는 하나 갑을관계로써 부분의 활동주체를 전체인 운용주체가 채워나갈 때 노사는 합의일체가 된다. 운용주체 회사가 간판을 걸어 놓았기에 활동주체가 찾아간 것이다. 이때 운용주체인 CEO는 나름 면접을 보았을 터이고, 활동주체는 나름의 소신을 밝혔을 터이니 상호 합의하에 직장을 꾸려나간다. 사실상 찾아오면 도와주겠다는 것이 간판의 의미 아닌가. 그리고 직장은 운용주체의 전체와 활동주체의 부분을 혼화시켜 하나 되어 나가는 소통의 장소 비커다.

그러나 과연 현실은 그러할까. 그렇지 못하기에 쟁의가 발생하고 있다. 인간은 그 무엇과도 비교할 수 없는 만큼 평등하지만 받아온 사주 육생량으로 하여금 상·중·하 행의 차원이 달리 주어지기에 비커와도 같은 중간 계층에서 제 역할을 다하지 못하면 상하의 공조체제는 무너지게 되므로, 노사관계야 말로 상호보완적인 관계다. 득이 되면 기업은 이미 득이 된 바라, 뜻한 바에 미치지 못하면 적대적이 되어 표적을 주고받곤 한다. 과연 도와주기 위해 찾는 인연이 있기라도 하는 것일까.

제 명(名) 내고자 하는 이들이 대부분인데, 기실 실패와 사기도 이로 인해 당하게 되는 것이다. 세상에는 공짜가 없는 법이다. 이를 바란다면 상응한 대가를 치러야 하므로, 상대성으로 풀어나가는 인생방정식은 너와 나의 행복을 위해 주어진 방식이지, 내 만족을 위한 방식이 아니다. 갈망하는 그 무엇을 채우기 위해 오고간다. 맞이하는 운용주체가 아쉬움을 채워주지 못한다면 누가 채워주겠는가. 부분의 갈증을 전체가 해소시켜주지 못하면 닦달할 수밖에 없다. 천지인, 상중하, 뿌리몸통가지는 하나 되어 나가기 위한 차원이므로, 천상뿌리가 지중몸통에 정신량을 부여치 못하면 인하가지에서 자연발생적으로 양양상충을 일으키므로, 피의 바람이 잘날이 없는 지구촌의 문제점을 되짚어 볼 일이다.

"불행은 이유 없이 어느 날 갑자기 찾아들지 않는다. 신이 미워해서 내린 벌이 아니라는 것이다. 내 앞의 일을 해결치 못한 화의 때가 쌓여 폭발한 것이다." 개개인이 작용반작용의 법칙을 이해하지 못하면 비렁뱅이 신세 면치 못할 것이요, 사회가 분별하지 못하면 만백성이 도탄에 빠질 것이며, 국가가 분별치 못하면 속국신세 면하기 어렵다. 그렇다면 천여 번이 넘는 외세의 침략을 어떻게 생각해야 할까.

제 잘난 목소리만 키운 덕택에 작은 반도를 운운하며 약소국을 자초한 것은 아닌가. 겁박과 겁탈은 정신량을 잊고 받아야 했던 표적이라는 사실에 접근조차 못하고 있어 하는 소리다. 더군다나 하나 된 민족국가 고려시대부터 사대의 예를 충실히 갖춰 왔던 터라 뿌리의 지도력은 밖으론 눈 큰 토끼요 안으론 종이호랑이였으니 지도력은 산으로 가버리고 말았다.

겁박과 침탈의 이유를 선천적 육생량에서 찾으려들지만 않았어도 천지운행의 방향타를 놓칠 리 없고, 인류구원을 열망한 배가 산으로 향할 리도 없었다. 진보해야 하는 역사이나 멈춘 지 오래됐으며, 후천적 정신량 마련을 위해 닦아야 했던 도를 퇴색시키는 판국에 덕 된 삶을 어찌 알고 민족적 자긍심을 거론하는지 모르겠다. 식자층에서 미래는 과거와 현재의 연장선이라고 정확히 집어 말하고 있지만, 향로를 잃어버린 덕택에 헬조선(Hell朝鮮)이 되어버리고 말았는데 자존감이 있기나 할까. 우리 민족의 정(情)이야말로 세상을 이롭게 살아온 데서 묻어나오는 삶의 향기가 분명할진대, 이치대로 모두에게 이로운 사항인지에 대해서는 검토해 볼 부분이다. 도를 닦아왔던 것은 덕을 추구하기 위함이었으며, 선천적 육생량을 추구하는 민족이야 힘을 우선하는 만큼 전체가 아닌 부분의 삶을 살아가도 무방하다. 후천적 정신량을 바탕으로 인생을 살아가야 하는 민족은 부분의 삶에 국한되면 부딪치게 되어있다.

활동주체 육생은 소프트 부분을 관장하며 운용주체 인생은 하드의 전제를 주관하므로, 부분행위에 치우쳐서는 off(끝장날 판)가 될 터이니 아니 된다. 전체가 부분행위가 전부인 마냥 매달릴 때마다 부딪침의 표적이 주어지는 건 on(새로운 시작)을 위한 것에 있다. 이때 남 탓으로 일관하느냐 아니면 내 안에서 승화시키느냐에 따라 삶의 질이 달리 나타난다. 한편 덕(德)이 윤리강령의 운용주체라면

도(道)는 행동강령으로서의 활동주체다. 떼래야 뗄 수 없는 사이라는 것인데, 너와 내가 만나 우리가 되어 살아갈 수 있는 대안을 여기서 마련할 수 있지 않을까. 그리고 정신량의 법(法)이 운용주체라면 육생량의 술(術)은 활동주체다. 육생 넘어 인생이라 했듯이 도술 넘어 도법이다. 선천적 육생량의 도술(道術)에 머물면 인생량 도법(道法)에까지는 이르지 못한다. 예서부터는 정신량을 첨가하여 내가 만들어 가야 할 후천적 차원인 것이다. 어려워지는 가장 큰 원인이 받아온 육생량 사주의 자리에 올라서고 난 후부터인데, 그 넘어서의 법 즉 후천적 행위의 질량을 알지 못해서다.

천지인 상중하가 하나 되기 위해 대자연의 근본을 섬기며 살아온 민족이다. 육생량을 구하고자 형상에 빌고 절하는 일은 없었다. 어리석게도 전체가 부분행위에 매달려오는 동안 비나리 신세를 면치 못했던 것이었다. 더구나 세상을 널리 이롭게 하라는 가르침에도 불구하고 선천적 육생량의 술(術)에 놀아나 후천적 정신량의 법(法)이 무엇인지 모른다.

무엇보다 가지에서는 기도를 통해 사랑만족법을 배웠으며, 몸통은 도를 통해 사랑의 질량을 찾는 듯 했으나 대다수가 다음 생을 위해 닦는가 하면, 뿌리에서의 사랑은 행복을 영위하기 위한 것이므로, 닦는다는 의미는 술 넘어서의 법을 찾기 위함에 있었다. 안타깝게도 수행 중에 주어지는 술(術)에 머물러 법에까지는 도달하지 못하였다. 술은 받아온 육생량이다. 이 육생량의 술을 정신량의 법으로 아는 통에 한결같이 자기 술에 취해 살아가고 있다.

흔적조차 미미한 역사의 진리를 밝히는데 있어서 견해 차이는 어쩔 수 없는 노릇이다. 물론 상고시대의 터전이었던 몸통, 그것도 밑둥치 부분이라고 할 수 있는 만주에서의 삶조차 믿지 않으려 하는데, 절묘하게 음양화합이 이루어진 해 돋는 땅 뿌리로 귀양살이 온 이유를 알려고나 할까. 양의 기운이 차오른 시대는 후천적 정신량 창출을 위해 선천적 육생량이 개척된 시대다. 가지에서 1안의 육생 인프라를 구축하자 뿌리가 발돋움했으며, 대륙세력 몸통이 기지개를 폈을 때, 해양세력 두둑의 성장은 멈췄다. 대륙과 해양세력의 교두보로서의 뿌리반도의 삶을 부각시킬 때가 다가왔다는 것이다.

한편, 몸통은 육생경제를 이룰 즈음에 동북공정을 실시하여 뿌리의 역사까지도 몸통의 역사로 편입시키려 드는 이유가 어디에 있을까. 보이는 육생량이야 그렇다 치고 보이지 않는 그 무엇에 대한 바람이 있을 것이 아닌가. 고구려의 역사나 거론해 가지고서는 민족혼 복원은 어림도 없다. 그 전에 몸통은 이미 역사학자, 고고학자, 천문학자까지 동원하여 실시한 단대공정을 통해 신화적 요소가 다분한 하·상·주(夏·商·周) 시대의 역사 연대표를 마무리 지었다고 한다. 보다 중요한 사실은 중화문명의 시원을 캐는 계획의 일환으로 탐원공정을 실시하고 있다는 점이다. 이는 중국문명의 기원을 추적해 동북아 전체를 중국사에 편입코자하는 의도가 다분히 숨어있다고 말한다.

인류의 역사는 가지에서 비롯되어 몸통에서 머물다가 뿌리로 들어왔다. 그러나 2천 년 전 머물다 들어온 육생의 흔적조차 미미할진대, 5천 년 그 이상 시대의 유물유적이 발견되면 이유 불문하고 몸통역사로의 편입은 빠하지 아니한가. 하지만 유물유적은 보이는 육생량인 관계로 변질되면 원형대로 복구가 불가능하다. 보이지 않는 정신량은 그렇지 않다. 문제라고 한다면 계승 발전시키지 못한 것이겠지만 정신량을 들춰내기만 한다면 그리 어려운 문제만은 아니다. 육생량을 추구해온 활동주체 민족이 남긴 것이 유물유적이라면 세상을 널리 이롭게 살아온 운용주체 민족이 남긴 것은 정신량이다. 남겼다는 것은 삶 속에 배어 있음을 뜻한다.

제아무리 찬란한 문화가 어떻다고 떠들어본들 유물유적이 어떠하다고 뽐내본들 정신량이 그 뒤를 받쳐주지 못하면 그만 아닌가. 모순의 역사는 육생문물을 받쳐주지 못하는 정신량의 부재로 되풀이 되고 있다. 물론 진화의 사이클은 분명하게 일렁이겠지만 진화의 질량은 육생량에 맞추어진 것이 아니라 정신량에 맞추어져 있다. 찬란히 꽃피운 육생문화가 하루아침에 뒤바뀌는 일도 하나 되어 나가지 못해서다. 참으로 아이러니한 일은 찬란한 육생문화의 꽃을 피우고 역사 속으로 사라진 일이다. 왜 그런 것일까. 선천적 육생문화의 꽃을 피우고 사라지는 이유를 어디에서 찾아봐야 하느냐는 것이다. 아마도 후천적 정신량이 다하지 못하면 어쩔 수 없어서 그런 모양인데, 돌이켜보면 역사가 바뀌고 문화가 바뀌는 것은 정신량 부재로 일어난 현상이었다. 육생문화의 정점에 다다른 만큼의 정신량도 함께 했다면 하나 되어 나갔을 텐데, 분열은 곧 파국인지라, 못다 한 정신량을 채우기 위해 새로운 육생문화가 자리해야 했던 것이다. 이는 누구의 책임이냐면 후천적 정신량을 주관하는 운용주체의 책임이다. 선천적 몸통의 역사와 유물유적의 흔적이 비추어짐에 따라 못다 이룬 후천적 정신량에 대해 분명하게 통감해야 한다.

그렇다고 뿌리의 역사가 몸통에 귀속되는 일은 없다. 작금에 통일적 다민족국가론을 무차별 적용하여 몸통역사에 편입시키려고 한다지만 육생을 우선하는 몸통의 역사와 정신량을 우선해 온 뿌리의 역사와는 엄연히 다르다. 만에 하나 정신량을 배제하고 육생량에서 혼적을 찾으려 한다면 귀속될지도 모른다. 게다가 현재 몸통은 육생문화가 만개하는 시점이라 하나 되기 위한 정신량을 가장 필요로 할 때이다. 단대공정이든, 탐험공정이든, 동북공정이든 육생의 역사를 몸통이 찾아 나서면 뿌리에선 인생의 역사 정신량을 되찾아야 한다. 왜 하필이면 양의 기운이 차오른 시대에 벌리겠는가. 뿌리를 독려해 음의 기운을 불러일으키기 위해서다.

동북공정을 통해 고구려 역사의 편입시키려 든다는 것은 한마디로 고조선은 개뿔이 되었다는 것이 아닌가. 멸망 원인에 대해서는 별 다른 말이나 이의가 없다. 뿌리의 주체성을 찾기 위해 필요한 사항은 멸망 원인에 대한 부분이지, 누구에 의해 몇 년에 멸망했다는 사실이 중요한 것이 아니다. ≪삼국유사≫에 고조선은 "B.C. 2333년에 개국하여 1908년만인 B.C. 425년에 멸망했다"고 했으며, 위서라 일컫는 ≪단군세기≫에는 "북부여의 해모수에 의해 B.C. 238년에 멸망했다"고 나온다. 그렇다면 이 시기부터가 제후들이 각기 독립하여 뿌리 열국시대가 펼쳐진 때가 아닌가. "위만이 B.C. 198년에 위만조선을 건국했으나 한나라의 침공으로 B.C. 108년에 멸망했다"는 기록이다. 상고시대는 정신량을 찾기 위해 육생의 힘을 앞세운 치우친 세상이다.

증빙된 자료에 의해 배우고 익히면 사고의 영역이 한 곳에 머물기 십상이다. 더군다나 입장과 처지만을 가르치려 들기에 전체를 보는 눈을 가지기 힘들어 저것은 맞고 이것은 틀리다는 결론을 함부로 내지 말아야 한다. 부분을 아울러야 하는 전체이므로 결론은 물론 선택까지도 신중해야 하는 법이다. 그렇다고 중립을 취하라는 것은 아니다. 상대성의 원리 인생방정식을 대입해 봐야 하지 않겠느냐는 것이다. 중도란 그리고 중립이란, 사실 문지방에 한쪽 발만 들여놓은 상태이지 않은가. 맞으면 들어갈 테고 빗나가면 들어가지 않을 테니, 주체를 잃은 행위는 누구에게도 이롭지 못하다. 그리고 상기 내용은 변변한 증빙자료 하나 없이 서술한 것이므로 순수 필자의 논리임을 밝혀둔다. 하지만 단일민족국가 고조선 패망 이후 열국으로 분열된 뿌리에서 하나 된 민족국가 고려를 건국을 하기에 이르기까지 하나 되어 가는 과정을 몸소 체험해야 했다. 왜 그래야만 했을까. 그리고 드디어 1천여 년 만에 하나 된 민족국가를 건국했는데, 그 원동력은 어디에서 나온 것일까. 하지만 고려·조선의 1천 년이 흐르고 또 다시 분단의 역사를 맞이하고 말았다. 도대체 어떠한 삶을 살았기에 한 맺힌 역사를 또 써내려가야 한단 말인가. 딱하게도 2천 년이 흐른 지금 유사한 상황이 벌어지고 있다.

2. 한사군과 동북공정

한사군(漢四郡)은 B.C. 108년에 위만조선이 한(漢)나라에게 멸망하자 무제(武帝. B.C. 156~87)가 고조선(古朝鮮) 통치를 위해 설치한 4개의 군현을 말한다. 고조선에는 낙랑군(樂浪郡), 진번군(眞蕃郡), 임둔군(臨屯郡) 3군을 설치했으며, 예맥(濊貊)의 땅에 현도군(玄菟郡)을 설치해 4군을 이루었다.

한편 동북공정은, '동북변강역사여현상계열연구공정(東北邊疆歷史與現狀系列研究工程)'의 줄임말로, 중국 동북부지역의 역사와 현황에 관련하여 2002년 초부터 2006년까지 5년간 추진한 프로젝트다. 중국 사회과학원 소속 변강사지연구중심(邊疆史地研究中心)에서는 2007년 이후 지금까지도 실시하고 있다.

시대적으로는 고조선사, 북부여사, 고구려사, 발해사를 비롯해 현대에 이르기까지 중국의 동북지역뿐만 아니라 한반도 일부지역에서 일어난 일들까지 중국역사로 편입시키려는 프로젝트다. 중국 학계는 동족상잔 6.25가 끝나고 한반도의 고대사를 비롯해서 고구려사까지 인정했었다. 그런데 하필이면 통일적 다민족국가론을 1988 서울올림픽 전후로 내세워 동북공정을 실시해야만 했는가. 사실 이 문제는 1안의 육생량만으로는 답을 구할 수 없다. 보이는 육생량은 힘의 논리가 다분하여 늘 보이지 않는 정신량을 원하고 있다. 양의 기운이 차오른 시대에 1안의 육생의 인프라를 가지에서 구축하였다. 뿌리는 발돋움했으며 대륙세력 몸통이 기지개를 폈고 해양세력 두둑의 성장은 멈췄다고 앞선 장에서 밝힌바 있다. 이를테면 몸통대륙은 비커(교역의 장소)의 역할을 할 때이므로 두둑의 성장은 거기에서 멈출 수밖에 없다는 것이다.

두둑강점기와 동족상잔 6.25를 치르고 뿌리는 육생경제를 위해 해양세력 두둑을 통해 가지의 육생량을 받아드렸었다. 무엇보다 업그레이드 시대는 뿌리에 육생량이 채워진 시점인바 몸통의 기지개를 틔워야 했으며 그때부터 몸통 대륙세력과 교역량을 점차 늘려갔으니 해양세력 두둑의 성장은 머무를 수밖에 없다. 몸통의 장족의 발전은 이미 예견된 일이기도 하니 동북공정은 그야말로 육생량에 머물지 말라는 표적이 아닐까. 몸통은 가지의 육생문화가 만개할 무렵 반드시 뿌리의 정신문화가 뒤따라야 하므로 자극을 가하는 중이다. 따라서 미흡한 육생의 흔적을 들춰가며 우수성을 내세워 본들 반발만 살 뿐이다. 설령 뚜렷하게 흔적이 남아 있다 한들 인정이나 하려할까.

속국의 개념은 여전할 텐데 지금에도 당장 시급한 것이 정신량이다. 추상적이라고 할런지 모르나, 나를 위한 육생은 너를 위한 인생에 있듯이 매 순간 상황이 발생하는 것은 하나 되기 위한 것에 있다. 육생의 역사를 들춘다는 것은 다하지 못한 인생의 역사를 써 내려가기 위한 것이다.

육생량에 정신량을 첨가시킬 시점이 다다르자 으름장을 놓는다고 해야 할까. 육생문명이 만개하고 나면 혼란은 자동 발생적이다. 정신량 부재로 하나 되지 못할 때 사회불안은 이루 말할 수 없는데 상대적으로 벌어지는 일이다. 이 시기를 혹자는 과도기라 말하기도 하지만 절대 육생량 부족으로 일렁이는 물살이 아니다. 정신량을 부추기는 물살로써 하나 되어 나가지 못해 받는 표적이다. 이처럼 주고받는 표적의 빌미는 분명 육생량이 제공하지만 원인은 정신량의 결여로 비롯된다. 그래서 대안은 1안의 육생량으로서가 아니라 2안의 정신량으로서 바라볼 때 마련할 수 있다.

한편, 현재 중국 땅에 거주하는 모든 민족은 광의적 중국인에 속하며 그들 민족의 역사마저 중국역사의 한 페이지로 간주하려는 정책을 시도하고 있다. 이러다간 뿌리의 단군마저 몸통의 후예로 둔갑시킬는지도 모르지만 민족혼을 찾지 못하면 당할 수밖에 없지 않은가. 통일적 다민족국가론이란 소수민족으로 이루어진 몸통은, 몸통을 이루는 모든 민족과 영토의 역사를 모두 중국 몸통사의 영역에 포함시키기 위한 정책을 말한다. 서남공정과 서북공정 또한 동북공정과 마찬가지로 시대적 영토 확장 정책이 아닐 수 없으며, 탐원공정은 그야말로 역사적 영토 확장 정책이라고 말할 수 있다.

양의 기운이 차오른 업그레이드 시대는 하나 되어 나가야 하는 시대다. 1991년 12월 가외몸통 소련이 붕괴되었고 1992년 8월 핵심몸통 중국과 수교하였다. 깨지고 합치고, 우연으로 벌어지는 일일까. 뿌리가 기지개를 틔우자 날갯짓 하는가 싶더니 어느덧 핵심 몸통은 소임(비커)을 위해 통일적 다민족국가론을 부르짖고 나섰다. 지극히 당연한 행위가 아니겠는가. 뿌리는 이에 발맞추어 정신량을 마련해야 하는 이유는 뿌리와 몸통은 불가분의 관계로서 몸통은 뿌리하기 나름이기 때문이다. 문제는 남북은 이념으로, 동서는 지역갈등으로 사분오열되어있다는 것에 있다. 당면과제를 해결한다면 정신량 공급은 이루어진다고 할 것이요, 그렇지 않으면 속국신세를 면하지 못할 것이라, 동북아는 몸통중동보다 더하면 더했지 덜하진 않을 것이다.

이를 위해 남북관계는 가지·몸통의 회자되어 도마 위에 오르고, 동서는 지역갈등의 양극화로 심하게 몸살을 앓을 텐데, 이게 어디 육생량 부족으로 일어나는 일인가. 선천적 육생량으로 1안의 인프라를 구축했다면 후천적 2안의 인프라 정신량을 마련하여 하나 되어 살아가는 일만 남았다. 몸통이 하나 되기 위해 부르짖는 통일적 다민족국가론은 음의 기운 정신량 없이 양의 기운 육생량만으론 어림없음을 스스로 안다.

하나 되어 나가는 시대를 맞이하여 몸통은 하나 되기를 갈망하는데 뿌리는 헛지랄만 하는 듯하다. 모든 1차적 육생행위는 2차 인생행위를 위한 수단일 뿐이다. 두둑강점기와 동족상잔 6.25는 하나 되지 못해 받아야했던 시련이었으며 기적처럼 단기간 내에 1안의 육생경제를 일으킬 수 있었던 것은 2안의 정신량 창출을 위한 것에 있었다. 이내 한류열풍이 몸통에 부는 듯싶더니 가지권에까지 미치는 영향은 실로 대단하다. 반도라는 보잘 것 없는 작은 땅덩어리에 고집과 독선으로 돌돌뭉친 민족이 살아가고 있다. 내 뜻만 받아주면 탓하지 않으리라고 부르짖고 살아온 민족에게 웬 호사란 말인가. 유독 이북 공산진영보다 이남 민주진영에 특혜를 주는 이유가 무엇이냐는 것이다. 부자세습을 책망하고 공산정책을 지적하겠지만 그렇다면 이남 민주진영의 모든 정책이 잘 이루어져서 그렇다고 할 것인가.

선천적 육생량 사주는 받아온 것이다. 왜 너보다 내게 더 주었을까를 심히 생각해 본 이들이 몇이나 될까. 주었으니까 받아왔으니까 이룰 수 있었던 것이므로, 후천적 인생량으로 행복하지 않으면 표적 받는 일은 당연하다. 나를 위해 육생을 살아왔다면 너를 위한 인생을 살아가는 일만 남았다. 이를 위한 정신량 마련은 뿌리의 몫이라는 것이다. 한편, 몸통과의 수교가 이루어지고부터 여행을 방편삼아 구석구석 돌아다닌 것은 한때는 우리의 영토였다는 분명한 이유도 있지만 이는 1안이고, 2안으로는 몸통 기지개를 틔우기 위한 일이었다.

상대성은 자연발생적인 현상이다. 나 하기 나름에 달리 나타나는 현상을 말함인데, IT강국을 부르짖고 글로벌 코리아를 부르짖어 본들 가외몸통이 붕괴될 때 핵심몸통이 통일적 다민족국가론을 외쳐대는 이유를 모른다면 도로아미타불이다. 이를테면 가외몸통이 가지의 육생량을 실어 나른다면 핵심몸통은 뿌리의 정신량을 실어 나른다고 해야 할까. 여하튼 몸통은 비커로서 혼화의 장소인 만큼 육생량과 정신량의 교역의 장소라는 것이다. 한편 가외몸통 소련의 국경선은 지구를 반 바퀴나 돌 수 있는 6만km 달하였으며 3/2가 해안선이었다. 육상국경은 아프가니스탄, 중화인민공화국, 체코슬로바키아, 핀란드, 헝가리, 이란, 몽골, 조선민주주의인민공화국, 노르웨이, 폴란드, 루마니아, 터키와 접하였었다.

해상국경은 베링 해협, 미국의 알래스카와 마주보았으며, 소야 해협을 두고 일본의 홋카이도와 접해 있었다. 북극해를 두고 덴마크의 그린란드 및 캐나다와 접하였다. 가외몸통 소련이 붕괴된 이후에 15개의 독립국가로 분리되었다. 한편 핵심몸통 중국은 압록강을 경계로 하였고, 가외몸통 소련은 두만강을 경계로 하였다. 이는 곧 뿌리의 밑동부분이라고 할 수 있는데, 핵심의 화합과 가외의 분열이 뜻하는 바가 무엇일까.

물론 15개로 분리된 독립국의 입장에선 분명한 화합이라 하겠지만 가외몸통으로 봐선 분열이 아닐 수 없다. 그러나 뿌리는 이미 동서와 남북으로 사분오열된 상태인지라, 분열의 모순을 이미 체험 중에 있다. 그리고 하나 된 민족국가 고려·조선의 1천 년 동안에 결속의 정신량을 마련치 못하여 민주와 공산이념으로 다시 갈리고 말았다. 민초들은 모른다. 단지 이산의 고통만을 안고 살아갈 뿐이다. 동서 갈등은 고집과 독선의 세월이 쌓아올린 아집의 장벽을 허물기만 한다면 정신량 마련은 시간문제다. 내 앞에서 벌어지는 일들이 내가 풀어나가야 하는 공부이듯이, 몸통에서 벌어지는 일 또한 뿌리의 공부가 아닐 수 없다. 하나가 되었더라도 결속시킬 정신량이 부재라면, 독립국가연합도 하나 되어 나갈 정신량이 부재라면 사달이 날 수밖에 없다.

한편 1980년 가외몸통 모스크바에서 올림픽을 치르고 나자 1988년 뿌리 서울에서 올림픽을 치렀으며 2008년 핵심몸통 북경에서 올림픽을 치렀다. 즉 가외몸통에서 육생경제의 정점을 찍자, 그 뒤를 이어 뿌리에서 찍었으며, 이후 가외몸통은 정신량 부재로 해체

되면서 핵심몸통이 육생경제의 정점을 찍고 있다는 것이다. 1안을 이루었다는 것은 2안을 기다린다는 것인데, 이처럼 역사가 바뀌는 일은 육생량에 의해서가 아니라 정신량에 의한 일이다. 물론 이념이나 사상도 정신량에 맞추어져 있다. 허나 육생량을 추구하는 활동주체에게는 육생의 비중이 좀 더 크게 작용할 것이요, 정신량을 추구하는 운용주체에게는 인생의 비중이 더 많이 자리할 것인데, 교역의 장소에서 만큼은 육생과 인생이 혼합되는 만큼 이상만 자리하기 십상이다. 이는 곧 될 듯하나 될 수 없음을 뜻하는 바라 여행은 방편이고 유커(游客)가 찾아오는 가장 큰 이유 중에 하나가 정신량을 구하기 위해서라는 사실을 받아드릴까.

그들의 호주머니만 노릴 심산이라면 호된 역풍에 큰 홍역을 치를 것은 빤한 일, 이리되면 어찌할 것인가. 그리고 현실을 직시해보자. 1912년 중화민국을 거쳐 1949년 사화주의 중화인민공화국체제 이후에 육생의 안위를 맛보았다. 우리 민족도 별반 다를 바 없지만 육생량에 눈이 멀고 나밖에 모르는 상태에서 문명대국으로 치닫기 위한 행보를 시작했다는 점에 주목해야 한다. 갓 깨어나 정신량이 지극히 부족한 상태인데다가 돈과 권력이 맞물려 돌아가고 있으니 부패할 수밖에 없다고 하겠지만, 몸통의 롤 모델이 뿌리인 만큼 뿌리의 혼란이 아닐 수 없다는 것이다.

육생량으로 말미암아 숱한 모순이 쌓여가는 시점에 동북공정을 실시하는 건 분명 몸통의 위상을 드러내기 위해서다. 뿐만 아니라 중화인민공화국 건국이후 서남공정, 서북공정, 중국고대문명 탐험공정, 하상주 단대공정을 비롯해 청사 편찬과 청사 연구라는 가장 큰 문화 사업을 벌이는 것도 분명 세계질서를 주도하기 위한 것이다. 더군다나 교역의 장소가 아닌가. 그만한 몸통의 위상을 들어내고자 하는 일은 당연지사, 문제는 정신량이다.

한반도 면적의 43배 그리고 22개의 성과 4개의 직할시 5개의 자치구 2개의 특별 행정구로 나뉜 핵심몸통 중국은 한족(漢族)이 일으킨 어느 국가보다 거대한 만큼 절실한 것은 정신문화다. 민주와 공산도 1안의 육생의 인프라를 구축수단에 불과하므로 정신량이라고 해봐야 활동주체의 육생논리 이념뿐이라 2안의 인생살이 정신의 인프라를 구축한 곳이 아직은 없다. 검증할 수 있는 지식만을 인정하겠다는 실증주의나, 현실을 있는 그대로 받아드리겠다는 사실주의나, 배알도 없는 사대주의나, 자가당착에 빠진 국수주의나 기실 보이는 육생량을 우선하다 보면 어쩔 수 없는 일인가보다.

육생량을 추구할 때의 이념과 사상은 동적(動的) 활동량에 쏠릴 수밖에 없다. 쏠리어 부딪침이 잦을 때서나 정적(靜的) 정신량에 관심을 갖게 되는데, 이때는 이미 육생량에 멈추어있을 때다. 그래서 다들 육생을 살아가면서 인생을 살아가는 것으로 알고 있는 것일까. 그것은 아마도 인간이라서 인생을 영위하는 것으로 아는 모양인데 절대로 그렇지 않다. 육생만족과 인생행복은 누굴 위해 사느냐에 따라 달리 느끼는 부분이다. 싸우고, 부딪치고, 충돌하는 일이 왜 벌어지는 것일까. 게다가 육생량을 추구하는 활동주체일수록 문제해결을 육생량으로 해결하려 드는데, 바로 그 육생량으로 말미암아 벌어진다는 사실을 모르기 때문이다.

세계질서도 육생량에서 멈추었다. 육생을 알면 인생을 알 텐데 이를 모르니 정신량을 어찌 마련하여 세계질서를 잡아나갈 수 있겠느냐는 것이다. 그렇다고 볼 때 2천 년 전 한나라가 위만조선을 멸망시키고 고조선 영토에 4군을 설치한 일이나, 업그레이드 시대에 공산진영 이북을 등지고 실시하는 동북공정이나 상황은 별반 다르지 않다. 물론 1안의 육생량으로 볼 때 환장할 노릇이겠지만 2안의 정신량으로서는 안타까운 시간만 속절없이 흐르고 있다. 어느새 동아시아 기원을 바꾸려고 뿌리의 역사소개를 하는데 있어서 고대사 부분을 삭제하고, 아리랑을 비롯한 전통문화와 풍습을 몸통의 무형문화유산으로 등재했다고 한다. 때리니 맞았는데 되 때리려 하니 육생의 몸집이 너무 거대하다. 모든 공정이 거대 몸통을 위한 것이라고 한다면 육생량으로 비빌 때라곤 없다.

육생논리가 전부인 육생발전국가에서 진보한 행복국가는 정신량이 주입된 인생사회로서, 이거야말로 거대국가가 아니겠는가. 정신량 뿌리에서 육생량으로 국민의 욕망을 맞추려하는데 어림도 없다. 신앙이든, 종교든, 개인중심이든, 사회중심이든 정신량이 다하지 못하는 것을 보면 역시 믿음은 결속을 위한 것이다. 네 뜻을 받아드릴 때 굳건해 지는 것이 믿음이다. 그리고 결속은 나보다 너를 위할 때 다져짐을 알 수 있다. 종파나 분파의 원인도 하나 되어 나가지 못함인데, 믿음이나 결속을 위한 정신량은 빈다거나 기도로 구할 수 있는 그 무엇이 아니라는 것이다. 때마침 두둑마저도 한반도남부경영론을 들먹이는 걸 보면 몸통·두둑의 중심은 뿌리임을 알 수 있는 대목인바, 타박만 해선 곤란하다.

고조선이 패망하면서 뿌리·몸통·두둑으로 이어지는 동북아 삼국의 실체가 드러나자 뿌리는 열국시대를 맞이하였다. 하나의 몸통에서 뿌리와 두둑 셋으로 분리된 것은, 세 개의 차원으로 나뉜 세상을 하나의 차원으로 연합하기 위함에 있다고 해야 할까? 삼각관계는 인간관계를 가로막는 장애요인이지만 이를 풀어내기만 한다면 못 오를 곳이 없다. 이를테면 뿌리·몸통이 하나 되어 갈 때 두둑도 따라오기 마련이라, 대안은 뿌리가 마련해야 하는 것이므로, 하나 되는 방안을 모색하기 위해 주어진 방편이 바로 열국시대였다는 것이다. 육생량을 추구하던 시대에는 필요악의 힘의 논리를 때론 앞세워야 했던 터라 상대성원리를 묵살해 버렸다. 지금도 다를 바 없지만 가진 자, 있는 자, 권력자 앞에서는 정과 사가 뒤바뀌는 판국이라 제아무리 자기하기 나름이라 해도 힘 앞에서는 어쩔 도리가 없었다. 하지만 뿌리의 열국은 다르다. 그래도 널리 세상을 이롭게 살아온 민족답게 나 하기 나름에 달리 나타나는 작용 반작용의 법칙을 힘으로 으르렁거리는 모순 속에서 찾지 않을까 싶었는데 역시였다. 무엇보다 열국에서 사국으로 다시 삼국에서 남북국시대까지를 힘이 아니라 덕으로써 이루었다면 하나 된 민족국가 고려·조선시대의 외우내환은 없었을 것이다.

덕을 잃고 힘으로 건국한 고려는 하나 된 민족국가였었다. 그래서 정신량에 목말라 하는 몸통·두둑에게 시달리지 않을 수 없었다. 결국 이루긴 이루었는데 힘으로 이룬 것이라 육생 그 힘을 앞세우는 민족에게는 어찌 해볼 재간이 없어 힘에 의해 무릎 꿇어야 했었다는 것이다. 왜! 하나 된 민족국가를 이루어 살아갈 때마다 열강의 표적이 되어야 하는가. 이리될 것이라면 분단국가일 때 대안을 마련해야 했는데, 운용주체의 고집과 독선이 그만 윽박지르는 목소리만 키워왔으니 하나 되고나서 표적을 받는 것이다. 그리고 보면 작금의 분단이 예사롭지 않다. 뜻하는 바가 무엇일까. 분명 통일은 정신량을 위한 것에 있지 육생량을 위한 것에 있지 않음으로 동서 갈등의 요인도 정신량 부재로 따른 일이다.

한편, 힘이 가미된 육생행위는 나를 위한 생각차원에서 벌이는 일이요, 이로움이 가미된 인생행위는 너를 위한 마음차원에서 하는 행위로서, 너와 나는 정신량으로 차원을 달리해 나갈 수 있다는 것이다. 이쯤에서 생각과 마음에 관해 잠시 논해보자. 하나같이 생각과 마음을 하나로 여기는데 그 둘은 별개다. 생각은 자기 자신을 위해 움직이는 본능차원이자 활동주체 육생의 근원지이며, 마음은 너를 위할 때만이 쓰이는 에너지로써(지혜) 운용주체 인생량의 발원지라고 하겠다.

당연히 인간과 동물의 차이도 마음이 있고 없음이다. 동물은 육과 자기 주체생각 두 개 차원으로 구성되었고 나를 위한 본능으로 살아가야 하기 때문에 사회구성이 힘들다. 영혼은 존재하지 않는다. 인간은 육과 자기 주체(에고)와 마음에너지 세 개 차원으로 구성되었다. 너를 위하고자 할 때만 쓰이는 마음이 있는 관계로 무리지어 사회를 구성하였으며, 에고(자기 주체)는 영혼이자 불멸이다. 그렇다면 인간만이 영혼과 마음을 가지고 있다는 것인데, 마음은 육(肉)이나 장기(臟器)가 아닌 에너지 그 자체이므로 죽으면 자연 소멸된다. 즉 동물은 생각차원 육생이 전부라는 것이다. 하지만 인간은 생각과 마음 둘 다 공존하는 관계로 단순한 듯하나 단순하지 않고, 복잡한 듯하나 복잡하지 않다.

물론, 마음이 없다면 육 건사를 위한 육생이라는 단순한 삶을 살아가겠지만 그 너머의 인생을 살아가야 하는 관계로 복잡 미묘하다. 나를 위한 생각차원 너머에는 너를 향한 마음이 기다리고 있기에 인간에게 정신량을 필요로 하는 이유를 여기서 찾아볼 수 있다. 널리 세상을 이롭게 하는 질량이 곧 마음이므로 본능차원 너머 절대분별의 삶을 살아가야 하는 것이 인간이다. 덕 되게 사니 득이 되더라는 상호상생의 법칙 상대성원리를 위해서라도 덕이 되는 사항에 대한 분별이 반드시 뒤따라야 한다. 사랑은 행복하기 위해 하는 것이라고 했듯이, 사랑을 한다고는 하나 행복하지 못하면 사랑 행위를 달리 해나가야 하는데 이를 위해 필요한 것이 분별이다. 욕심은 생각의 발로인지라, 자기 욕심으로 늘 저지레를 떨고서는 자기 마음이 그랬다고 핑계대기 일쑤니 되물어보고 싶다. 마음을 한 번이라도 써 본적이 있느냐고 말이다. 비워야 할 것은 마음이 아니라 자기밖에 모르는 생각이다.

또한 본능과 분별을 일깨우기 위해 입으로는 육생량을 섭취하고 귀로는 정신량을 청취한다. 물론 언어발달의 차이겠지만, 절대분별로 하나 되기 위해 사회생활하는 인간과 본능차원으로 자연에서 육생살이하는 동물과의 차이는 이루 말 할 수 없다. 동물처럼 입으로 먹고 육만 건사시키는 삶은 육생이요, 귀로 먹고 정신량까지 채우는 삶은 인생이다. 입으로 1차 유상의 물질을 섭취하고 육을 건사시킨 후 2차 귀로 흡수하게 되는 무상의 에너지는 누구를 위할 것이냐에 따라 생각에 머물기도 하고 마음으로 넘어와 정신량으로 순화하기도 한다. 이렇듯 육 건사 행위는 나를 위한 본능차원의 행위라 이기적이며, 정신적 행위는 절대분별의 차원이므로 지극히 이타적이다. 이처럼 나를 위한 본능차원 생각과 너를 위한 분별차원 마음과 함께 하는 인간은 객체이나 개인주체의 삶을 살아가고 있다. 마음이 생성되지 않은 동물들의 소통행위는 지극히 미흡한 만큼 생각마저도 덜 성숙하여 본능적 종족번식 행위가 전부라 할 수 있다.

이렇듯 육생을 살아가는 동물보다 마음 하나를 더 가지고 있으면서도 고작 제 먹고 살기 위해 하는 짓거리가 철밥통 지키는 일이라면 충돌은 불가피하다. 이럴수록 행위의 질량 분별력만 떨어뜨리는데, 사랑 자체를 육생만족 수단으로만 여기려는 것도 이 때문이다. 육생량은 육생만족, 정신량은 인생행복을 느끼는 차원임에도 불구하고, 만족과 행복을 동일시하려 한다면, 행복하기 위해 사랑이라는 껍데기에 덕의 알곡을 채워 넣는 일은 육생 넘어 인생을 살아갈 때에서나 이해할는지 모르겠다. 인생량에서 멀어질수록 내 뜻에 따라야 한다는 오만과 독선으로 기싸움을 해대다가 엉겨 붙는다. 원인은 찾아온 이에게 있는 것이 아니라 맞이하는 이에게 있다. 도와 달라고 찾아온 이의 잘못이 아니라는 것이다. 그 뜻을 헤아리지 못한 이의 잘못이 큰 것으로 이기와 이기의 만남에 있어서는 늘 있는 일이다.

물론 이타야 하나 된 차원 인생논리를 써내려 갈 테지만, 육생논리는 이기라서 이별, 슬픔, 실의, 낙담, 좌절, 고통 등등의 일을 겪는 후에나 이타를 생각하는 법이다. 이때 자칫 성격까지 육성(肉性)에 머물렀다면 인성(人性)조차 부딪침을 조장하는 것으로 받아드리기 쉽다. 육생의 이기가 빚어낸 모순은 자기궤변(詭辯)이므로, 진화의 과정을 보려한다면 한 시대를 풍미한 논리를 찾아보면 된다. 궤변은 궤변이고 논리는 논리일 뿐이다. 허나 시대를 풍자한 논리들로 인해 진리가 태동하므로, 진보를 원한다면 자기논리는 자기계산법이라는 사실부터 깨달아야 한다. 바르지 않은 행위를 모르고서는 바르다는 행위를 알 수 없듯, 이로운 삶을 살아가고자 한다면 이롭지 않은 행위부터 알아야 하는 것처럼 말이다. 이렇듯 바르다는 정(正)의 시대 구현은 치우쳤다는 사(邪)의 행위를 알아야 가능한 일인데, 육성에 빠지면 육생을 모르듯이 인생을 알려 한다면 육성을 바라보는 인성부터 길러야 한다. 육성에 정신량이 가미된 상태가 인성이라고 하겠으니 아마 그때 즈음이면 인생을 바라보게 되므로 이상향을 동경해온 육성, 그로인해 쌓아올린 자기만의 왕국, 이때의 허상과 진상을 볼 수 있느냐는 육생의 모순을 아느냐에 달린 문제다.

　한마디로 육생이 무엇인지 모른다면 인생을 알 리 없다는 것이며 육성과 인성의 분별도 가능치 않다는 것이다. 그러고 보면 하나 되기 위해 육생과 인생을 분별 짓고 육성과 인성을 논하여 왔다. 인성은 사실 상대방의 처한 입장을 받아드리기 위한 수단인지라, 입으로만 나불대고 행위가 따르지 않으면 그만 아닌가. 품성은 하나 되기 위한 것에 있다. 때리고 달래고, 찌르고 막는 모(矛)와 순(盾)을 이해하지 못하면 옳고 그름을 논할 수나 있을까. 나를 위한다면 그르다 할 것이고, 너를 위한다면 옳다고 할 것인데 때론 바르다는 행위를 모르기에 바르다는 생각으로 하는 행위가 바른 것이 되겠지만, 상호 득이 되지 않는다면 바르지 않은 행위가 된다. 잘해보려 했으나 상충을 쳤다면 행위가 바르지 않았다고 할 것이요, 언제나 그렇듯 잘해보려는 행위는 더 잘해보려는 행위 앞에서는 사장되었다. 물론 자기 이익만 챙기려 하는 것이 이기적인 것이기도 하겠지만, 운용주체는 전체로서의 이타이고 활동주체는 부분으로서의 이기라고 하는 것이므로, 인간이기에 이기적이라는 소리는 그만큼 부족하기에 듣는 소리다.

　번뇌와 망상도 내 앞의 인연과 말하는 순간부터 시작된다고나 할까. 그래서 말만 잘하면 공짜라는 말이 생겨난 모양이다. 천　냥

빚도 갚을 수 있으니 말이다. 물론 행동까지 일치되면 금상첨화이 겠지만 말만 앞서다보면 신용을 잃고 곤욕을 치르니 누굴 탓할 일 도 없다. 득이 될까 싶어 찾아온 이에게 득이 됨이 없었다면 관계 는 어찌되는 것일까. 네가 내 곁을 떠난 것도 득이 되지 않아서다. '어떻게 쓸 것인가.' '어떻게 할 것인가'는 불신, 불행, 불통시대에 주어진 숙제인지라, '덕 되게 사니 득이 되더라', '해 하니 독이 되 어 오더라'라는 작용반작용의 법칙을 풀 때에나 삶의 고통은 멀어 질 것이라고 말한다. 고통은 없을 때 느끼는 것일까. 아니면 있어 서 느끼는 것일까. 이도 맞고 저도 맞는 말이라면 분명 있다가 없 을 때 느끼는 것이라고 할진대, 그렇다면 쓰는 법을 배워야 하는 것이 않은가.

언제나 하층은 중층을 찾기 마련이고 중층은 상층을 찾기 마련 이다. 덜 가진 자가 더 가진 자를 찾아가는 건 순환의 이치다. 육생 량이나 정신량이냐를 분별을 해야겠지만 활동주체가 운용주체를 찾아가는 것은 비겁하지도 비굴하지도 않은 것이다. 단지 운용주 체가 활동주체에게 매달릴 때 들어먹는 소리라는 것이다. 정신량 을 잃어버린 육생살이 인간은 집보다는 집값을 중히 여길 때서부 터 직장은 한낱 먹고살기 위한 수단으로 생각할 텐데, 이쯤 되면 득이 되지 않은 곳을 누가 찾으려고나 할까.

정신량이 육생량을 찾을 때는 이미 소임을 잃은 때다. 즉 너를 위한 인생의 원칙을 위해 나를 위한 육생의 변칙을 구사한 것이었 어야 하지만 머물러 집착했기에 문제가 심각해졌다는 것이다.

양의 기운이 차오른 시대, 즉 변칙의 시대는 가고 음의 기운 충 만한 원칙의 시대가 도래했음에도 불구하고 하는 짓거리가 고작 밥그릇 싸움뿐인데, 동북공정의 진정성을 어찌 알겠는가. 조만간에 한류의 역풍은 물론 육생경제마저 몸통에게 따라잡힐 형국인데, 비굴함으로 뻐기려고만 든다면 패망 직전의 고조선과 별반 다르지 않음을 알 리 없다. 행의 현장인 사회를 전쟁터로 비유하고, 다문화가정이 콩가루 집안인 것처럼 쳐다보니 이보다 인종차별이 심한 나라가 또 어디에 있을까. 푸념과 타박에 길들어져 배운 게 도둑질이라고 하질 않나, 목구멍을 포도청에 비유하여 비겁함을 정당화하려 들지 않나, 그러니 어찌 있는 것을 바로 쓰지 못해 어려워졌다는 사실을 알 리 있겠는가. 인연을 맞이할 줄 몰라 궁지에 몰렸다는 사실을 알리 있겠느냐 말이다. 각자무치(角者無齒)이나 각자도생(各自圖生)해야 하므로, 윈-윈 하지 못한다면 불신만 쌓일 테니 하나 되기 어렵다. 다시 말해 뿔 달린 소는 날카로운 이빨이 없고, 이빨이 날카로운 호랑이는 뿔이 없으며, 날개 달린 새는 다리가 두 개이고, 날 수 없는 고양이는 다리가 네 개라는 소리다. 하나로 어우러진 삶은 제각기 주어진 조건에 맞추어 살아갈 때 스스로 일어나는 것이라고 말하고 있다. 소통과 상생에 있어서도 마찬가지다. 네 음률에 내가 맞추어야 들어갈 때 하모니를 이루듯이, 네 조건에 내가 맞추어야 소통이 원활해지는 법이다. 물론 밀고 당기는 협상이 있어야 하겠지만 이는 누가 운용주체이냐에 따라 달리 나타나는 부분이다.

연나라 위만(衛滿)이 한나라에 쫓겨 1천여 명의 무리를 이끌고 고조선의 준왕(準王)에게 거두어 줄 것을 요청했을 때와 작금과 비교해보자. 왜 밀려나야 했는가. 왜 마지노선이 무너져야 했는가. 그리고 오늘날까지 어떠한 삶을 살아왔는가. 분명 육생량으론 어림도 없다. 하나 된 민족국가를 이루었을 때에는 사대의 예를 갖추어야 했으니 정신량 마련은 어림도 없다. 국가든 개인이든 선천적 육생량은 어디까지나 소통의 방편일진대, 소통은 자신이 만들어 나가야 하는 후천적 사랑의 차원이므로 원-원을 위해서라도 각자도생을 바로 알아야 한다. 육생안(案)을 방편으로 만나는 데까지가 선천적 행위다. 만나서 하나 되어 나가는 일이 후천적 인생안(案)이므로 사달은 하나 되어 나가지 못할 때 일어나는데 이는 표적이다. 분명 인생에 다다른 사람은 내 안에서 승화시킬 터이고, 육생에 머문 인간은 남 탓이나 해댈 터이니 앙금은 나 하기 나름이다.

좋아서 만난다는 것은 득이 될 성싶어 좋았다는 소리가 아닐까. 애당초 득이 될 것 같지 않다면 만나지도 않았겠지만, 좋아할 리도 없다. 문제는 떠날 때의 일이다. 득보기 위해 만남이 이루어졌다면 헤어짐은 득 되지 않을 때 일어나며, 떠나는 이들이 아픈 표적을 간혹 남긴다. 이때의 책임량은 떠나는 활동주체보다도 보내는 운용주체가 더 크다. 이러한 일들은 나와 너 사이는 물론 나와 이웃, 나와 사회, 나와 국가, 그리고 이웃과 이웃, 이웃과 사회, 사회와 국가 그리고 국가와 국가 간에서 벌어지고 있다. 방편이 아쉬움을 찾아다니지 않는다. 아쉬움이 방편을 찾아다닐 뿐이다. 덕을 잊은 운용주체가 육생량으로 군림하려 든다면 반드시 그 방편으로 지배당할 터이니 상대적으로 주고받은 표적을 음미해 봐야 할 것이다. 지혜는 운용주체의 자원이고 힘은 활동주체의 재원이다. 아쉬워서 찾아간 힘이 먼저 상충을 치는 일은 없다. 맞이하는 지혜가 지혜롭지 못할 때 상충치는 법이다.

흔히 말하는 갑을관계에서 잘 나타난다. 그렇다면 갑이라는 운용주체는 누구이고 을이라는 활동주체는 누구인가. 소임이 다른 만큼 얼굴이 다르고 체형이 다르다. 아쉬워서 찾아가는 이들이야 아쉬운 부분을 채우기 위한 활동주체이고, 맞이하는 이들이야 전체의 부분을 채워야 하는 운용주체다. 부분은 육생량이고 전체는 정신량이라고 하겠으니 화합하지 못한 책임은 맞이하는 이들에게 있다. 핏줄이 다른 것은 달리 주어지는 조건 때문이요 조건은 소임을 뜻하는 바라, 민족마다 씨족마다의 기본으로 주어진 선천적 육생량은 세 개의 차원으로 나뉜 세상의 질서를 유지해 나가기 위한 수단으로 자리한다.

상·중·하는 질서의 차이일 뿐 살아가는 데서는 평등하다곤 하지만 나 하기 나름에 달린 사항이다. 좋을 때는 내 소관 나쁠 때는 네 책임으로 떠미는 상층으로 하여금 중층이 코피나면 하층에선 피똥을 싼다. 더군다나 운용주체인 상층에서 하층의 일을 하려 한다면 벌거벗고 살아가는 꼴과 별반 다름없다. 이는 오래가지 못한다는 소린데, 하층은 상층의 일을 하고 싶어도 할 수 없다는 사실을 알기나 할까. 화합의 질량은 상층으로부터 시작되는 것이기에 구할 수 없다면 튀는 불똥을 맞을 수밖에 없지 않은가. 화합은 운용주체 사랑으로 맺어지며 그 사랑을 행복을 위한 존중의 꽃이자 상생의 꽃으로 피어난다. 인간은 사랑받기 위해 태어났다고 말하지만 나 하기 나름에 달린 사항이다. 먼저 받고 나중에 주는 법은 없다. 사랑할 줄 모르면 사랑받을 줄도 모른다. 있다고 한다면 아마 선천적 힘이 가미된 월권행위라 그 결과는 불 보듯 빤하다.

☾ 뿌리에서 살아간다는 것

열국시대는 고조선 패망 이후 하나 된 민족국가를 이루기 위해 시작해야 했었다. 혹자는 패망이 아니라 분열이라고도 하고 본래 단일민족국가였냐고 묻곤 하는데, 소수의 민족이 다수의 민족과 광범위한 몸통대륙에서 어울려 살아갈 수 있었던 것은 단일 사상을 가지고 있었기에 가능한 일이었다. 뿐만 아니라 인류 시원의 종(種)은 변종하지 않는데다가 사상까지 하나였으니 운용주체 단일민족국가였었다. 물론 고조선을 건국하기에까지 수많은 민족과 혼혈을 이루었고 이후에도 이루었겠지만 3대면 희석되는 이치에다가 사상까지도 단일이었으니 혼화는 있으되 혼화되지 않았다는 필자의 견해다. 한편 단일사상 홍익인간을 잊고부터는 쫓기듯 살아가는 민족이 되고 말았으니 바쁘게 허둥대는 일은 여전하다. '바쁘다 바빠'와 '빨리빨리'는 입에 달고 살아가는 이유와 덤벙대거나 설쳐대는 이유도 다른 데 있지 않다.

단일사상을 잊고부터 시작된 버릇이었으며 패망과 분열도 다르지 않을 터, 고유이념을 저버린 대가다. 뿌리에서의 열국은 그야말로 사상의 분열을 뜻하는 바라, 이 때문에 고려·조선을 단일민족국가로 표기하지 않았다. 고유의 이념까지도 하나가 될 때 비로소 단일민족이라 말할 수 있는데 피부색이 다르고, 언어가 다르고, 습관이 다르다 하더라도 이념이 같으면 얼마든지 하나 되어 살아갈 수 있어서다. 단일민족일지언정 이념이 다르면 하나 되어 살아가기 어렵다. 작금이 어떠한가.

추상적이고 공상적이며 현실성이 없어 보이겠지만 열국시대부터 시작해야 했던 원인을 1안으로서가 아니라 2안으로서 나름 세

가지로 분석해 보았다는데 그 첫 번째가 뿌리민족 고유이념을 되찾기 위함이 아닐까 싶다. 두 번째로는 운용주체와 활동주체의 분별을 두기 위함이 아닐까 싶으며, 세 번째가 이를 통해 뿌리·몸통·가지로 이어지는 하나 된 세상의 대안마련을 위한 것에 있었던 것이 아니었을까. 게다나 몸통·가지의 기운이 뿌리에 함축되면서 구획되어진 팔도만큼이나 존재했던 열국은 사통팔달을 위한 것이었는데, 그만큼 사상이 다를 수밖에 없었다.

한편, 육생량을 주도할 정신량이 부재할 땐 힘으로 부딪쳐 피를 부른 곳이 안타깝게도 뿌리였다. 널리 세상을 이롭게 하면 사통팔달하는 곳이 될 것이요, 이롭지 못하면 사분오열하는 곳이 될 것인데, 끊임없이 변방의 침입까지 받아야 했으니 저마다 자기 계산법이 난무한 곳이 되고 말았다. 열국만큼이나 사상과 이념이 다양하여 셋 이상만 모이면 좌충우돌 풍비박산일 수밖에 없었다. 지도자의 면면은 깊고도 넓은데 어찌해서 하나 되지 못하는 것일까. 사통팔달은커녕 사분오열의 원인을 예서 찾아봐야 한다. 그렇다면 몸통이나 두둑이나 가지와의 관계에 있어서도 매마찬가지 아니겠는가. 사상이 다르고 이념이 달라 피를 부르는 것은 사람답게 살아가고자 하는 열망 때문인데 요 모양 요 꼴을 면치 못한다면 모두 모순밖에 없었다는 것이 된다. 정신량이 운용주체에게 없다면 활동주체에게 있을 턱이 없다. 모르니 매달리고 그래서 좁아지는 것이고, 네 탓으로 일관하니 그래서 얇아지는 것이다. 이때는 가르치는 운용주체까지도 모른다는 것이다. 깊고 넓은 면면함이 얇고 좁은 모순 덩어리로 변모하는 이유가 뭘까. 선천적 육생량의 고갈 때문일까. 아니면 후천적 정신량의 부재로 일어나는 일일까. 쓰지 못해 사달이 난다. 우연이란 말처럼 무책임한 말이 없다. 그렇다고 꼭 필연을 강조하는 것은 아니다. 핑계 없는 무덤이 없다곤 하지만 세상만사는 이유지 핑계가 아니다. 물론 궁극은 행복을 위한 것이겠지만, 행위를 통해 합의점을 도출하지 못한다면 어느 한쪽은 분명 괴로워할 것이고, 그렇다면 실상의 괴로움은 사랑하지 못해 받는 고통이라는 것이다. 하늘 아래 어느 것도 새것이 없다. 완전한 것도 없다. 헌것을 질타하려는 것이 아니다. 불완전함을 타박하려는 것도 아니다. 뿌리의 열국은 새로움과 완전함을 찾아 나선 인류의 희망호였기에 하는 소리다.

북부여(B.C. 2세기~A.D. 494)의 멸망이 고구려의 예속을 위한 것이라면, 대자연이 백두지축 뒤흔들어 발해(B.C. 698~926)를 멸망시킨 이유는 인류의 희망 지혜(智慧)를 되살리기 위한 것에 있었다. 뿌리와 몸통을 경계하는 백두산 폭발로 천지에 물이 고이자, 뿌리로 들어 온지 어언 1천 년 만에 하나 된 민족국가 고려를 건국하기에 이르렀다.

그 인류의 희망호가 2천여 년 간의 동방의 항해를 마치면서 업그레이드 시대를 맞이했다. 우연도 이런 우연히 있을까. 역사는 분명 만들어 나가는 것이다. 허나 정신량이 시대의 흐름에 부합치 못하면 퇴행한다. 그 시점에서 사라진다거나 멈춘다는 것을 말한다. 시대의 흐름이란 선천적 육생문화를 개척하는 만큼 후천적 정신량을 마련해 나가는 일인데, 선천적 역사는 육생량하기 나름이지만 후천적 인생문화를 위한 것에 있다. 만물이 하나 되어 나가지 못하면 변이를 일으켜 사라지듯이 육생량을 추구하는 힘의 논리는 덕으로 살아갈 때 순화된다. 하지만 그 누구도 덕이 무엇인지 모른다. 삶도 받아온 육생량을 쓰기 나름에 달리 나타나는데 역사도 마찬가지 아닌가. 하나 되지 못하면 왕따 당할 터이고, 왕따는 그야 말로 핍박인지라 이를 해결하지 못하면 도태된다. 정의로움을 백 날 입으로 부르짖어본들 정의를 모르는데 구현이 되기라도 할까. 정신량이 배재된 육생정의라도 일으켜 줄 이가 나타난다면 얼마나 좋으련만 사회분위기가 조성되지 않으면 어림없다.

활동의 이기는 절대로 손해 보는 행위를 하지 않는다. 득이라는 생각이 들 때 정의라 말하는 것도 부르짖는 것인데, 이 분위기를 국가가 조성하지 못하면 기업에서라도 조성해 나가야 한다. 기업 은 홍보를 위해 방송매체에 기하학적인 돈을 쏟아 부으면서 이 분 위기를 조성하는 일이 PR효과가 적을 것으로 아는 모양이다. 양의 기운이 차오르는 시대는 음의 기운을 갈망하고 있다. 음의 기운은 본래 음의 기운 혹은 운용주체를 뜻하지만, 나 하기 나름에 달리 나타나는 기운을 뜻하기도 한다. 그래서 정의는 분위기 나름에 달 리 나타나는 바인데, 이러한 사회분위기를 조성하는 기업이야말로 정신량이 충만한 인생기업으로서 흔들리지 않는다. 정의로움도 네 가 잘되고 내가 잘된다면 더 말할 나위 없다. 정의도 상호상생이 다. 반쪽반생은 하나마나한 짓이므로 정의로울 수 없다. 무엇보다 내가 손해 본다면 정의로울 수가 없다. 목숨을 바쳐 생명을 구한다 는 것은 의(義)로운 일일뿐이지 결코 정의(正義)로운 일이 아닌 것이 다. 정의로운 일은 누구나 할 수 있는 일이어야 한다.

한편, 열국에서 항해를 시작한 인류의 희망호가 나 하기 나름에 달리 나타는 업그레이드 시대의 항구에 가까스로 도착하자, 가지 의 육생문화가 뿌리에서 꽃을 피워 몸통은 세계 정신량의 중심지 가 되었다. 당장이라도 뿌리의 질량을 가져다 써야 할 때라는 것인데, 몸집만큼이나 제스처도 만만치 않은 곳이 몸통이다. 그리해서 벌어지는 일련의 상황은 역사를 왜곡하는 듯싶지만 실상은 뿌리 본연의 삶을 살아가고 있는지를 물어보는 중이라 할 수 있을 것이다. 뿌리민족이 뿌리에서 뿌리의 삶을 살아간다면 있을 수 없는 일이 왜곡이다. 몸통 스스로도 육생량만으론 거대몸통사회를 지탱하기 어렵다는 사실을 안다. 정신량은 몸통에서 창출할 수 있는 그 무엇이 아니라는 사실도 잘 안다. 뿌리 또한 육생량이라면 모를까. 정신량을 몸통에게 종용할 수 있는 그 무엇이 아니라는 것도 잘 안다. 그래서 몸통의 모든 공정은 독려이자 종용이라 볼 수 있다. 뿌리의 분열이 몸통의 분열이듯, 뿌리의 독심(篤心)이 곧 몸통의 독심일진대, 뿌리의 도리를 모르는 이상 뿌리사회로 향하는 시선이 결코 고울 수는 없다. 이리되지 않으려는 몸통의 몸부림은 A급 쓰나미일 텐데, 아마 이쯤 되면 뿌리의 육생방파제는 있으나 마나한 것이다.

밀레니엄 시대에 기성의 중심이었던 베이비붐 세대가 은퇴하면서 귀농을 자처하는 이유가 어디에 있겠는가. 기대가 크면 실망이 크듯, 말도 많고 탈도 많은 세대다. IMF에다가 중산층을 무너뜨리고 문민정부 운운하다 조퇴니 명퇴니 각종 신종어를 만들어 놓곤 뿌리 구석구석에 숨어들었다. 그렇다고 저 푸른 초원 위에 그림 같은 집을 짓고 사랑하는 임과 남은 생을 행복하게 살 수 있다면 좋으련만, 소임을 잃고 떠난 귀양길인데 삶이 편히 주어질리 있겠는가. 분명 스스로 선택한 삶이라고 하겠지만 도시생활이 순조로웠다면 스스로 찾아들어가야 할 이유가 없다. 누군가는 꿈꾼 귀농이라고도 하겠지만 노후에 일이어야 하고, 유배지에서의 삶은 인간관계 순조롭지 못했던 도시생활을 뒤돌아보는 일이다. 이를 바로 보지 못하면 궁상의 극치를 느끼며 살아가야 하는데, 몸통에서 뿌리로의 귀양은 어떠했겠는가.

앞선 장에서는 저마다 이념을 가지고 뿌리팔도의 열국부터 시작해야 했던 이유를 세 가지로 나름 논하여봤다. 여기서는 실제 하나 되어 나가는 과정을 필자의 생각대로 논해봤다. B.C.가 A.D.가 될 무렵, 몸통·가지의 기운이 함축된 뿌리에서 유배생활을 시작했을 땐 다양한 이념만큼이나 팔도에 국가가 존립했었다. 그만큼 다양한 인재들이 함께 했었다는 것인데 이후 부여, 옥저, 동예, 마한, 진한, 변한의 열국시대를 열어갔다. 그리고 신라·고구려·백제·가야 4개국의 사국시대를 맞이했으며 이는 신라·고구려·백제로 이어지는 3개국의 삼국시대를 열어가기 위함에 있었다. 다시 삼국시대는 신라·발해 2개국의 남북국시대를 열어가기 위함이었는데 한땐 통일신라시대를 거론하기도 했었지만, 일원화체제는 이원화체제를 통해서만이 가능하므로 하나 된 민족국가 건국을 위한 것에 있었다. 이 시점까지가 뿌리의 희망호가 항해한 지 1천 년을 맞이하던 해이기도 했었다.

이후 하나 된 민족국가 고려·조선에게 주어진 1천 년은 육생 넘어 인생을 구현키 위한 시간이었으나, 고려가 뿌리이념을 찾지 못하자 조선은 자생력을 잃고 사분오열되었다. 그 결과 업그레이드 시대를 1백여 년을 남기고 수의를 입고 말았는데 수구교화를 위한 것이었다. 두둑강점기와 동족상잔 6.25를 치르고 새 토양이 유입된 건 가지의 육생량을 받아드리기 위한 것에 있었다. 고조선이나 고려·조선이나 하나 된 민족국가를 이루어 살아갈 때마다 열강의 숱한 표적을 받아야 했다. 왜 그런 것일까. 하나 되기를 갈망하면서,

하나 되어 살아가지 못하는 이유가 어디에 있느냐는 것이다. 하나 되어 살아온 지 1천 년 만에 다시 민주·공산 이원화체제로 나뉜 것은 0의 차원 즉, 하나 되는 대안을 마련하기 위한 것에 있었다. 그렇다면 열강들이 각축을 벌임으로써 첨예한 대립상태를 보이지만 침탈은 없어야 할 터이고, 둘로 나뉘었다는 것은 하나 되기 위함인데, 하나 되기를 갈망하는 만큼 대안을 마련하지 못한다면 어찌 되는 것일까. 이는 분명 뿌리를 위한 일이기도 하겠지만 이보다 뿌리의 질량을 간절히 바라는 곳이 몸통이다.

이원화체제는 적대적이지만 상호보완적인 관계다. 보완적인 관계라는 것은 상호상생 관계를 뜻하는 바고, 적대적인 관계는 하기 나름의 관계라는 것이다. 한편 열국에서부터 시작된 1천 년의 기간은 하나 된 민족국가를 형성하는 과정이었다면, 하나 된 민족국가로 살아온 1천 년은 음양화합을 구현키 위한 과정이었다고 할 수 있다. 정신량을 공급받지 못한 곳에서부터 겁박 받는 일은 당연한 일 아닌가. 이것이 공부였다는 사실을 왜 모르는 것일까.

고려는 993년, 1010년, 1018년 3번에 걸친 변방몸통 거란의 침입과 1104년 때 밑동몸통 여진의 침입, 그리고 1231년에 북방몸통 몽골의 침입으로 급기야 도읍을 1232년 강화로 천도하고 1270년 개경환도에 이르기까지 38년간 지속되었다. 속국 역사의 시작이라고 해야 할까. 그리고 왜 하필이면 힘으로만 물리치려고 들었을까. 거기에다가 두둑의 노략질도 쉴 사이가 없이 벌어진 모양이다. 대륙세력과 해양세력으로부터 침탈로 인해 정신 차릴 새가 없어서 그랬는지도 몰라도 해결 방안을 1안에서만 찾으려 한 것 같다. 뿌리 조선과 핵심몸통 명나라의 관계는 그렇다고 치더라도 16세기 서양가지의 대항해 시대를 열어가면서 두둑과의 임진왜란(1592~1598) 7년 전쟁을 치름으로써 피폐해질 대로 피폐해졌다. 30여년 뒤 이번엔 변방몸통 청나라의 침략에 맞서 싸웠으나 불과 두어 달 만에 무릎을 꿇어야 했는데 그 전쟁이 바로 병자호란(1636.12~1637.1)이다. 역시 뿌리는 몸통에서 힘으로 밀어붙이면 대적이 힘들다. 임진왜란은 7년간의 싸움 끝에 왜군을 격퇴한 데 반하여, 병자호란은 불과 두어 달 만에 두 손 두 발 다 들어야 했으니 말이다.

1천 년 전에 몸통에서 패망한 단일민족국가 고조선이나, 1천 년 지난 후에 뿌리에서 건국한 하나 된 민족국가나 고려·조선이나, 하나 되어 살아가야 하는 이유를 모른다면 치욕의 역사만이 자리할 뿐이다. 우리 민족은 우리 민족만을 위한 삶을 살아가서는 아니 되듯이, 뿌리 또한 뿌리만을 위한 곳이 아니다. 세 개의 차원으로 나뉜 세상을 하나로 연계해 나가야 하는 곳은 그에 걸맞은 민족이 살아가고 있으니 이념마저도 걸맞아야 한다.

아마 고려를 건국한 왕건(877~943)이 민족이념에 한 뜸만 가까웠더라도 6대 성종(981~997) 때나 8대 현종(1009~1031) 때의 세 차례에 걸친 거란 침입을 작용반작용의 법칙에 대입해 보려 하지 않았을까. 이도 여의치 않았다면 15대 숙종(1095~1105) 때 여진의 침입 이후에라도 단 한번만이라도 대입해 보았다면 23대 고종(1213~1259) 때 뼈 아픈 여몽전쟁(1231~1259)의 역사도 자리하지 않았을 것이 아닌가. 혹여 조선태조 이성계(1335~1408)의 개국이념이 뿌리이념에 가까웠더라면 임진왜란(1592~1598)이나 병자호란(1636.12~1637.1)을 겪지 않았을 것이고, 구한말에 두둑의 강제병합(1910)도 없었을 텐데, 이리 됐더라면 1950년 6.25라는 동족상쟁의 역사는 없지 않았을까 싶다.

고조선 패망 이후 2천여 년 동안 제 역할을 다하지 못해 썩어가는 뿌리를 살리기 위해 대자연이 단행했던 것이 바로 두둑강점기(한일강제병합)이었다. 하지만 이념은 아주 오래전에 엿 바꿔먹은 형국이었고, 강점기 이전에 쉴 사이 없이 터지는 농민봉기로 민심은 극도로 황폐해지면서 여가저기 신흥종교까지 출현하였다. 썩을 대로 썩어버린 이씨 왕조와 조정대신들을 남김없이 물러나게 할 수 있는 방법이 어디 없을까. 강제병합보다 더 좋은 수단이 있었다면 무엇일까.

　뿌리가 썩으니 몸통엔 바람이 들고 말았다. 해양세력의 육생량을 받아드린 두둑은 육생문화의 꽃을 피우는데, 대륙세력은 잠에서 깨어나지 못하고, 과연 썩은 뿌리를 어떻게 잘라내야 하는 것일까. 뿌리민족이 뿌리가 썩었다는 사실을 알고 있기라도 하는 것일까. 보드기를 면키 위해 뿌리의 토양을 바꾸어 놓은 것이 동족상잔 6.25다. 이후 폐허가 된 뿌리로 가지의 구호품과 힘의 논리가 산재한 육생이념도 함께 묻어 들어 왔다. 제 짓거리 못해 천형의 세월을 보내야 했던 민족에게 구제품은 그저 황송할 따름이고 꿀꿀이죽도 감사해야 하는 처지라 천자천손의 비속함과 비굴함은 이루 말할 수 없었다.

　한편, 강점기에 태어난 세대는 뿌리재건을 위해 태어난 개척1세대로서 전후에 태어난 베이비부머 세대를 위해 뼈골을 갈아야 했다. 개척세대의 뼈골로 성장한 베이비부머는 창출2세대로서 새날의 씨앗을 파종해야 하는 세대다. 그리고 에코부머는 3세대로서 1안의 육생량 개척이나 2안의 정신량 창출을 위해 태어난 세대가 아니다. 육생량에 부과된 정신량을 세계만방에 고할 메아리 세대로서 다문화가정이 자리할 즈음 한류열풍의 중심에 서게 된 것이다. 폐허 속에서 개척세대의 헌신적인 사랑으로 창출세대 새날의 씨앗이 성장할 수 있었던 터라, 사실상 어버이날은 개척세대를 위한 날이며, 어린이날은 창출세대 새날의 씨앗을 위한 날이다. 한강의 기적을 일구어 88서울올림픽까지 치를 수 있었던 것도, 창출세대에게 가난만큼은 물려주지 않겠다던 개척세대의 뼈를 깎는 노력이 있었기에 가능했었다. 인류의 희망이자 뿌리 핵심기운으로 태어난 창출세대의 사명은 개척세대에 물려받은 양의 질량 육생경제를 키워가는 것에 있는 것이 아니라, 이를 토대로 음의 질량 인생문화 정신량을 창출하는 일에 있다.

　그렇다면 이러한 사실을 누가 깨우쳐 줘야 했던 것일까. 아니면 스스로 깨우쳐 헤쳐 나갈 수 있는 세대라는 소린가. 이를 깨달은 선지식이 없으니 지도자도 있을 리 만무다. 때문에 뿌리에서 하는 일이 고작해야 육 편의를 위한 가지의 육생량을 뒤쫓는 일이 전부일 수밖에, 때를 같이해 양의 기운이 넘쳐나는 업그레이드 시대에 세계의 육생경제도 함께 멈추고 말았다. 인생살이 정신량을 마련하기도 전에 육생살이 물질만으로 축배의 잔을 든 것도 문제이지만 음의 기운 정신량을 아예 모른다는 것이 더 큰 문제다. 육생은 인생으로 도약을 위한 발판이라는 사실을 안다고는 하나 육생량으로 해결하려 들었으니 탈이 나버렸다. 그 결과 1997년에 IMF라는 강력한 경제태풍으로 뿌리사회 전역을 휩쓸면서 이 세대부터 줄도산이 시작되었고, 기성의 핵심이 될 무렵에는 이태백이니, 사오정이, 오륙도라는 신종어를 만들어가면서 일선에서 강제로 물러나야 했다.

왜 하필이면 이들이 기성세대의 핵심이 되어갈 무렵에 가장 큰 고통을 겪으며 살아가야 하는 것인가. 1, 3세대의 중추적인 역할을 해야 하는 세대가 2세대다. 그렇다고 한다면 그 고통은 바로 표적이라는 소리가 아닌가, 그 누구도 예외 없이 제 소임을 다하지 못하면 받아야 한다는 것이다. 길바닥의 돌부리조차 필요하기에 거기에 있거늘, 벌, 나비가 자유로이 노니는 것도 제 소임 중이라, 역시나 주어진 방편은 쓰는 자의 몫이다. 이는 욕심이 아니다. 대다수가 쓸 줄 몰라 소통에 장애를 일으킨다. 쓰기 위해 버는 것임에도 불구하고 쓰는 법을 가르치는 곳이 없다보니 불통의 원인을 모른다. 괜스레 어려워진 것인가. 뜬금없이 고통이 주어지는 걸로 알고 있다. 이들 세대의 구차한 변명이 늘어날수록 에코부머 3세대의 미래는 더욱더 불확실성해진다는 것이다. 가뜩이나 창출2세대가 받는 고통의 의미를 알지 못해 미래는 가히 절망적인데다가 몸통이 육생경제 대국으로 도약하면서 공정으로 접박해오기 시작했다.

즉 소통, 상생, 화합의 표적을 받기 시작했다는 소리인데, 몸통은 가지와의 소통을 위해서라도 뿌리의 영양분을 섭취해야 하는 입장이다. 가지육생, 뿌리정신, 몸통교역으로 소임이 나뉘다보니 해가 중천에 뜬 만큼이나 뛰어난 상술을 보유한 것도 상호상생의 질량을 확보하기 위해서다. 그러고 보면 가지의 육생기술은 1차적 행위이고 몸통의 상술은 2차적 행위인 반면 뿌리의 정신량 언변술은 하나로 연계해 나갈 3차적인 소통행위다. 기술과 상술이 제아무리 뛰어나본들 언변술이 뛰어나지 않으면 소통은 불통이다. 물론 육생량을 통해 너와 내가 만난다. 그리고 필요에 따른 소통행위가 뒤따르는데, 이때 인연보다 육생량(돈)을 우선한다면 상술의 질은 저하될 터이고, 이쯤 되면 상극상충은 따 놓은 당상이라, 소통과 화합을 기대한다는 것은 어려운 일이다. 그리고 몸통은 2008년 북경 올림픽 전후로 해서 뿌리의 정신량을 기다리고 있는 중이다. 이를 누가 믿으려 들을까.

정신량이라고 해서 거창할 것이라곤 없다. 이롭게 산다고 해서 손해 보는 행위를 하라는 것도 아니다. 너 죽고 나 죽는다거나, 나 살고 너 죽는다거나, 너 살고 나 죽는 일도 아니다. 너 살고 나 사는 일로서, 화합을 위해 음양이든 의논이든 0차원의 합의를 이루어 나가는 일이다. 독선이든, 독단이든, 독행의 결과는 반쪽반생의 양극화는 빤한 일로써 피 끓는 강성노조가 서민층을 들었다 났다 할 수밖에 더 있겠는가. 운용주체가 누구인가. 그리고 활동주체는 또 누구인가. 양의 기운 육생량 하나만으론 0차원의 행복질량 생산은 어림도 없다. 정신량이 부가될 때나 음의 기운 인생량을 만날 수 있을 터, 부가사항은 지극히 독선적이지 않을 때 가능하다. 상충상극이든 반쪽반생이든 입장과 처지를 고려하지 않을 때마다 받아야 하는 표적이다. 뿐만 아니라 내 앞에서 벌어지는 일은 절대적이기보다는 상대적이므로, 받아드려 동감해 나가고자 할 때 상호상생의 소통길이 열린다. 길흉화복은 들어오는 문이 없다. 받아야 하는 이만 있을 뿐이다. 분별이 어리석은 이들이 흉화(凶禍)를 자초하나 대부분 운용주체 행위여부에 따라 활동주체에게 나타나는 사항이다.

길복(吉福) 또한 마찬가지다. 활동주체 행위는 운용주체 행위여하에 따라 달리 나타나므로 정신량을 모르는 운용주체로 인해 활동주체는 육생활동에서 사장되어 버린다. 거듭나야 할 때 거듭나지 못해 받는 표적은 거듭날 때까지 받아야하는 표적이다. 뿌리민족 핵심의 기운이라 일컫는 창출세대들이 기성의 핵심이 될 무렵부터 피눈물 흘리며 살아갈 수밖에 없는 이유가 여기에 있다. 분명 경술국치와 동족상잔 6.25를 치룬 후에 태어난 베이비부머는 창출세대다. 그렇다면 나는 누구인가는 고사하더라도 밥그릇 싸움에 주둥아리 터졌다는 사실쯤은 알고 있어야 하지 않을까. 개척세대의 삶은 **뼈**를 갈아내는 인고 끝에 육생량을 이끌어내어 정신량을 파종할 창출세대를 가르치는데 기여했다.

　하지만 쏠림을 방치해 극단적 양극화를 불러일으킨 장본인들이 아닌가. 실버타운을 거론하며 개척세대를 장래식장과 겸하는 요양원으로 몰아내고 있다. 고독사에 백골로 발견되는 사례도 부지기수인데 그나마 다행이라 해야 할까. 내 앞의 인연은 내 모습이다. 나도 그리 될 수 있는 상대성원리에 따라 에코세대는 어떠하겠는가. 최소 십 수 년 육생교육의 결과가 고작 육 건사를 위한 취직에 목을 매는 일이라면 육생사회 앞에 인문사회는 뒷전일 수밖에 없다. 어마어마한 육생 사교육비를 투자하여 행의 현장에서 밥그릇 싸움에 피똥을 싸는데도 불구하고 교육과 인성의 상관관계에는 관심조차 없는 듯싶다. 연봉타령에 휴일타령에 근로조건 운운한 결과가 쏠림이라면 무엇을 가르치고 무엇을 배웠단 말인가. 메신저의 꽃을 피우기도 전에 학연, 지연, 혈연의 덫에 걸린 3세대로부터 고스란히 그에 상응한 표적을 받아야 한다는 사실을 모르는 모양이다. 육생경제나 대안창출을 위한 태어난 세대가 아니라서 돋보이는 행위가 드러나는 경향이 없지는 않으나, 정신량의 부재로 앞으로 더하면 더했지 덜하진 않으리라는 것이다. 게다가 육생량에 정신량이 부가된 인생량을 가지고 살아가야 하는 세대답게 외모와 재주도 뛰어나다.

3세대가 한류열풍의 중심에 선 이유는 다른 데 있지 않다. 에코(echo), 있는 그대로 메아리로서 뿌리법의 전령사, 사랑의 메신저들이라는 것이다. 베이비부머 창출세대가 정신량을 받쳐주지 못하면 에코부머 메신저 세대의 앉을자리가 없어진다는 것이다. 방황이라는 이상기류 현상으로 뿌리사회는 희망의 좌표를 잃어버리면서 남녀노소 자살비율이 세계 1위라는 불명예를 얻어야 했다. 준비 되어 있지 않은 세상사의 문제는 준비하기 위해 태어난 세대가 깨어나야 해결될 문제다. 새날의 씨앗이 파종한 것을 여과 없이 거두어드리는 세대가 미래의 꽃이므로, 3세대의 운명이 2세대의 손에 달렸다. "당연한 소리라고?" "그럼 마련을 해야 하지 않겠는가."

3. 아! 뿌리 안으로

    1안의 육생량으로 볼 때 한반도는 유라시아 대륙의 동북쪽에 위치하고, 3면이 바다인 해양세력과 대륙세력이 교차되는 지정학적 위치에 자리해 있는 관계로, 역사적으로 주변의 강대국으로부터 간섭을 받지 않을 수 없었다는 개론이다. 게다가 북으로는 중국, 러시아, 유럽 등지의 대륙으로 뻗어 나갈 수 있으며, 동, 서, 남으로는 해양으로 뻗어 나갈 수 있는 전략적 관문의 특성을 지니고 있어서 더욱 그렇다는 것이다. 그렇다면 왜 하필 그러한 곳에서 우리 민족이 살아가야 하는 것일까. 이를 2안으로 유추해보자. 반도의 동쪽 끝은 더 이상 갈 곳이 없는 해 돋는 땅이다. 새 기운의 발원이 되는 곳이므로 이에 걸맞은 뿌리민족이 살아가고 있다는 것은 인류시원이기 때문이라는 것이다. 압록강을 경계로는 핵심몸통 중국이 자리했으며, 두만강을 경계로는 가외몸통 구소련이 연립해 있다.

    두 강을 경계로 길이는 3천 리, 둘레는 7천 리, 3 : 7 음양화합 0의 수가 드러난 반도는 대륙(지판)의 동쪽 끝부분 뿌리에 위치하여 더 이상 갈 곳이 없음을 증명하고 있다. 태평양의 해양세력에 위치한 세 개의 섬 제주도, 대마도(일본열도), 울릉도 가운데 으뜸은 한라산이 자리한 제주도다. 백두산은 뿌리의 정수리로서 백두천지와 한라백록은 천기(天氣)로 통하며, 용천지리는 단전태백을 거쳐 백회백두까지 지기(地氣)로 통한다. 핵심몸통과 경계하여 두둑열도 후지산 호에이와 천기로 통하기는 하나 섬나라인 데다가 호에이 분화구가 7부 능선쯤에 위치하여 백두천지와 한라백록과는 기운이 사뭇 다르다. 게다가 백두대간은 뿌리에서 몸통으로 힘차게 치솟는 용오름이다. 그야말로 남쪽 내륙에서 비롯되어 동해안을 품어 안고 백두에까지 이르는 용맥의 기상은 대륙전체를 휘감아 돌 판이다. 해양세력 육생량을 발판 삼아 대륙으로 치솟는 동방의 청룡은 정신량을 주제함으로써 보기엔 작은 반도에 불과할지 모르나 인생량은 지상을 덮고도 남음이 있으리라는 것이다.

압록강에 연립한 55개 소수민족으로 이루어진 핵심몸통은 중국은 뿌리영향권에 가까우며 두만강 하류에 연립해 있는 구소련은 가외몸통으로 가지영향권에 가깝다. 러시아, 우크라이나, 백러시아, 카자흐스탄, 우즈베키스탄, 투르크메니스탄, 키르기스스탄, 타지키스탄, 몰도바, 그루지야, 아르메니아, 아제르바이잔, 라트비아, 리투아니아, 에스토니아 15개 공화국으로 구성되었던 국가였다가 1991년 12월 25일 붕괴되어 각 공화국이 독립을 강행하여 1992년 1월 1일 독립국가연합을 구성함으로서 해체되었다. 세계 최초의 사회주의 국가인 소련의 붕괴로 냉전이 끝났다고 말하는데, 냉전은 뿌리에서 비롯된 것이므로 끝나지 않았다. 그리고 핵심몸통 중국이 통일적 다민족국가론을 부르짖을 즈음에 가외몸통 구소련은 해체되었다. 비커의 위치가 핵심몸통 중국이다. 가외몸통 구소련과는 적대적이나 상호보완적인 관계다. 이를테면 핵심몸통은 뿌리기운 70% 가지기운 30%이라면 가외몸통은 뿌리기운 30% 가지기운 70%이므로 그야말로 음양화합 0차원을 이룬다면 인류는 대융합시대를 맞이하게 된다.

한편, 세 개의 차원으로 운행되는 세상을 보려한다면 뿌리, 몸통, 가지 삼원화체제로 나뉘어 살아가는 모습을 보면 되는데, 이를 과연 볼 수 있느냐가 관건이다. 동쪽 끝 뿌리에서 인의 기운이 안정적으로 서릴 때 중쪽 몸통과 서쪽 가지도 바르게 서는 법이라, 한때 대륙이었던 두둑열도는 뿌리 보호를 위해 북동부에서 남서방향으로 지각변동에 의해 밀려나면서 동북아 삼국시대의 막을 열었다. 무엇보다 삼원화체제의 순환 고리는 세상의 쏠림을 방지하기 위한 구도체계이므로, 대륙몸통은 대륙의 지판과 기온을, 열도두둑은 태평양의 지판과 기온을 막아줌으로 반도뿌리에는 삼천리금수강산이 자리할 수 있었던 것이었다. 또 지판의 중심축이 뿌리가 아닐 수 없으니 뿌리민족이 치우쳐 가지고는 어느 민족도 바로 서지 못한다.

작금은 나 하기 나름에 따라 달리 나타나는 시대다. 양의 기운이 차오른 업그레이드 시대는 음의 기운과 하나 되어 나가야 하는 시대라는 것이다. 해서 삼원화체제의 세상 이원화체제를 통해 일원화체제를 형성시키고자 동북아가 육생경제 허브로 급부상하고 있다. 조화는 질서에서 비롯된다. 질서는 육생량에 정신량이 첨가될 때 빛을 발한다. 이를 바탕으로 동북아 삼국이 공동연합체를 구성해 나갈 즈음이면 세계 정신질량 요람으로 자리하고 있지 않을까. 동북아 삼국의 순환 고리는, 두둑이 뿌리를 보호하고, 뿌리는 영양분을 생산하여 몸통으로 올려주고, 몸통은 뿌리의 정신량을 바탕으로 가지의 육생량과 교역을 이룬다.

그쯤 되면 두둑은 해양세력의 육생량을 태평양을 통해 공급받고, 몸통은 대륙세력을 통해 공급받으며, 뿌리는 모두를 통해 공급받는다. 정신량의 공급이 원활해지면 몸통 대륙세력을 통해 육생량을 직접 공급받을 터, 하지만 뿌리가 바로 서지 않으면 몸통은 물론 두둑까지도 어려워지는데, 바로 서는 일은 주도적인 삶을 살아가는 일이다.

삼각구도든, 삼각관계든, 쏠림방지를 위한 상관관계라 육생량의 공급원은 정신량이고, 정신량의 근본은 인생량이므로, 인생살이 운용의 주체 민족이 아니면 공동체 구성이 어렵다. 부딪침은 치우칠 때마다 받아야 하는 표적인 바와 같이 겁박은 언제나 배제된 민족으로부터 받아왔었다. 두둑이 침탈할 때면 몸통과, 몸통이 침탈할 때면 두둑이, 정신량의 발원지 뿌리가 자생력을 잃어버렸을 때에는 몸통과 두둑이 부딪쳤다. 삼각관계는 운용주체 하나에 활동주체 둘이 대립하는 형국이지만, 본래 적대적인 상황은 없었다. 예를 들어 정신적인 지도자가 운용주체요, 그 다음이 육생량을 책임지는 경제인이요, 마지막이 만백성의 피와 살로 국정을 운영해 나가는 이들이다. 물론 운용주체 둘에 활동주체 하나는 있을 수도 없다. 본래 치우친 세상을 바로잡아 나가기 위해 형성된 구도라, 남자 둘에 여자 하나 혹은 여자 둘에 남자 하나로 곧잘 애정의 삼각관계가 벌어지곤 하는데, 이 또한 운용주체 행위 여부에 따라 해법을 찾을 수 있다.

육생량에 의존하는 활동주체는 힘에 의지하는 경향이 다분하여 활동주체끼리의 충돌은 불가피하다. 게다가 모든 상황은 자연스럽게 운용주체가 알게 되므로 책임량은 충돌하는 활동주체보다 방관하는 운용주체에게 더 크게 들어간다. 말인 즉은, A쪽에 가면 B가 발끈할 것이요 B쪽에 가면 A가 발끈할 것이고, 제 짓거리 다 못하면 A나 B로부터 표적 받게 된다. 지도력을 잃으면 제 뜻대로 해보려는 A, B가 충돌하는데 책임은 균형을 잡아주지 못한 운용주체에게 있다는 것이다. 활동주체는 운용주체에게 의지하므로 정작 싸우고, 충돌하고, 부딪치는 그들의 모순을 보고 거듭나야 하는 이들이 운용주체다.

이렇듯 삼원화체제는 쏠림 방지 상호균형체제로서의 주류·비주류, 좌파·우파는 없었다. 수평관계에 있을 때에는 좌우중심을 잡아나가기 위해 중심부에 서야 하는 것이 뿌리이고, 수직관계에 있을 때에는 수직중심을 잡기 위해 밑 부분에 서야 하는 것이 뿌리다. 있어서도 안 될 일이겠지만 삼원화체제가 편이 갈린다면 삼각구도가 무너질 때이므로 이원화체제를 형성한다 해도 오래가지 못한다. 갈린다는 것은 곧 연합구축의 모순이 드러난다는 이야기인데 사실 주류·비주류, 좌파·우파 또한 삼각구도의 일환이다. 중립에 선 3자가 없을 때나 중립의 입장이 아닌 경우에서나 이원화의 대립구도가 성립된다. 허나 이쯤 되면 쏠리어 무너지는 형국이라 누구에게도 이롭지 못하다. 동북아의 뿌리·몸통·두둑 삼국체제가 소원하다면 뿌리·몸통·가지 세 개의 차원으로 나뉜 세상을 하나로 연계하기 힘들다. 물론 육생논리 힘으로 밀어붙이면 가능할지는 몰라도 길어야 30년 안팎으로 사단이 난다는 것이 문제다. 가지의 육생량은 마련이 된 상태다. 몸통도 육생량을 채운 상태이므로, 뿌리의 정신량을 기다리고 있다. 뿌리 하기 나름에 따라 삼원화체제는 이원화체제를 이루다가 다시 0차원의 일원화체제를 이룰 수 있다는 것인데, 이는 곧 몸통·가지의 중심을 과연 뿌리가 잡아 나갈수 있느냐의 대한 물음이다.

   그렇다면 이쯤에서 동북아의 뿌리, 몸통, 두둑 삼국의 형성과정을 유추해보자. 지구는 주기적으로 지각변동과 대홍수를 일으키고 있는데 11만 년 전인 플라이스토세에 시작된 제4기 빙하기가 마지막 빙기로서 1만 2천 년 전에 끝나 약 10만 년 정도 지속되고 있으며, 현재의 기후는 이 빙기 이후의 간빙기로 여겨진다는 학설이다. 그레이엄 헨콕의 『신의 지문』을 인용하자면, 최근세의 홍수는 약 1만 1천 년 전에 있었으며, 지질학자들은 기원전 8000년경 위스콘신 빙기와 뷔름 빙기가 끝났다고 결론지었다. 당시의 해면은 현재보다 120미터 정도 낮아 해수면이 상승하면서 섬과 육교(대륙과 대륙 또는 섬을 연결하는 띠 모양의 육지)가 사라지고 대륙의 연안 중에 낮은 곳은 물에 잠겼다는 것이다. 당시 한반도와 베트남, 인도, 일본은 하나의 대륙으로서 서해는 육지, 동해는 호수였다고 한다. 마지막 빙하기가 끝나기 이전의 7,000년 동안 상상을 초월하는 엄청난 규모의 기후와 지질의 대변동으로 대륙과 갈리어 지금의 두둑의 자리에 위치하면서, 바다가 된 서해는 전체가 얕은 대륙붕으로 평균수심 44m, 최고수심은 103m로 하천수의 유입으로 염분이 낮다는 것이다. 그로 인해 남해는 완만한 경사가 있는 대륙붕으로 평균수심 101m, 최고수심은 228m로 해안선은 굴곡이 심하고 많은 섬들로 이루어졌다는 것이다. 동해는 평균수심 1,543m, 최고수심은 4,049m로 해저 지형은 굴곡이 심하고, 지금의 삿포로 섬이 되었으며 두둑의 해변은 세밀해 졌다는 것이다.

위 사실을 추론해보면, 반도뿌리가 형성되기 이전의 선천적 시대
는 인류의 시원이 서쪽 가지에서 중쪽 몸통으로 건너와 대륙전체에
서 살아왔던 터라, ≪환단고기≫ 〈삼성기〉에서 말하는 동서 2만 리,
남북 5만 리, 12연방국보다 광대했으리라는 것이다. 홍익인간을 제
창했던 민족이었던 만큼 널리 이로운 삶을 살아왔을 터이니 모든
민족을 아울렀을 터이고, 아우르며 살아가는 일은 뿌리민족이었기
에 가능했었으리라는 것이다.

어느 순간부터 육생 안위에 빠져 운용주체 행위를 방임하면서
활동주체 민족과 힘으로 부딪쳐야 했을 터, 어찌 아우르며 살아갈
수나 있었을까. 후천적 시대를 맞이하면서 그야말로 이로움을 힘
으로 해결하려 들었을 터이니 삶의 조화를 잃어버리지 않을 수 없
다. 그렇다고 한다면 이 시기부터 도와 덕으로 살아갈 때 실천 가
능한 홍익인간 이념을 잊어버리고 살아왔다는 소리가 아닌가. 그
때부터 한 발짝씩 물러나야 했던 것이고, 덕으로 살아갈 운용주체
민족이 육생량으로 대신하려 들었다면 육생량을 추구하는 활동주
체 민족에게 힘으로 배겨낼 재간이 없다.

무엇보다 정신량을 잃고 육생량을 쫓았다는 것은 운용의 소임을
포기한 바와도 같으니 몸통의 질서체계도 무너지고 있었다는 것이
다. 그리고 보면 동으로 동으로 물러서야 했었던 것은 무너져버린
몸통의 질서를 되찾기 위한 행보가 시작되었던 것이다. 선천적인
지혜가 제아무리 뛰어난 민족이라 해도 본연의 삶을 잊어서는 고
유역량을 발휘하기가 힘들다. 사실 업그레이드 시대를 논하려다보
니 선천적 시대가 어떠했다는 등, 후천적 시대가 어떠했다는 등 관

념적으로나마 주저리 대지 않을 수 없다.

북부여(B.C. 2세기~A.D. 494)도 그렇고, 고구려(B.C. 1세기~A.D. 668)도 그렇고 발해(A.D. 698~926)의 역사도 그렇다. 고조선(B.C. 2333~A.D. 108)은 몸통에서 더 이상 물러서지 않겠다는 마지노선이었다고 볼 때 우리 민족이 몸통에서 어떤 삶을 구가해 왔는지를 짐작은 할 수 있는 대목이지 않은가. 두둑이 보호막으로 자리할 즈음 음양화합 0의 수가 나오는 대륙의 뿌리가 서서히 드러나기 시작했으며, 홍익인간 구현은 잊어버린 삶을 되찾기 위한 이념인 것이다.

한편, 마지막 빙하기가 넘어가고 해수면 상승으로 동북아시아는 뿌리, 몸통, 두둑으로 이어지는 삼국시대를 열어가게 되었음으로 인류는 바야흐로 뿌리, 몸통, 가지 세 개의 차원으로 나뉜 역사적인 때를 맞이하였다. 무엇보다 두둑열도가 북동쪽에서부터 찢겨져 나오면서 길이는 3천 리, 둘레는 7천 리, 산이 70%, 들이 30%, 3면이 바다로 이루어진 뿌리반도는 동쪽은 산맥 많고 서쪽은 평야 발달한 동고서저(東高西低)의 지형이다. 서남쪽보다 동북쪽이 높게 형성되었다는 점이 바로 인류의 진화는 서남방향에서 시작하여 동북방향 끝에까지 다다랐음을 의미하는데, 서쪽에서 동쪽 끝 백두대간까지는 비교적 평탄하지만, 백두대간에서부터 매우 가까운 동해바다 까지는 험난하기 이루 말할 데가 없다. 이는 더 이상 갈 곳이 없는 동쪽 끝, 해 돋는 땅임을 뜻하는 반면 동에서 서로 나가는 길은 만만치 않다. 시사 하는바가 뭘까. 해양세력 남에서부터 대륙세력 북으로 힘차게 치솟는 백두대간의 용솟음이 뜻하는 바를 알고 있느냐는 것이다. 그리고 열도는 뿌리보호막 두둑으로 자리하기 위해 북동부에서 남서 방향으로 자리하여 지금의 삿포로 섬이 되었으며, 당시 지판이 강제로 찢겨진 만큼이나 열도의 해변은 세밀해 졌다. 계속 되는 해진현상(海進現像)으로 혼슈, 시코쿠, 규슈, 홋카이도의 네 개 의 큰 섬과 수많은 작은 섬으로 분리되어 졌다고 한다.

두둑의 열도인도 크게 두 개의 민족으로 나뉘는데, 바로 야마토 민족과 아이누 민족이다. 야마토 왜인은 '벼농사를 짓는 큰 나라사 람'이라는 뜻으로 지금 일본에 살고 있는 거의 대부분의 이들이다. 이들은 몸통대륙에서 살아가던 이들이거나 고조선 멸망으로 넘어 간 뿌리의 후예이고, 무엇보다 전쟁에 패하여 넘어간 가야, 백제, 고구려, 신라인이 대다수라는 기록이다. 아이누인은 북방의 몽골 리안으로 독자적인 아이누어를 가지고 있으며 최북단의 홋카이도 를 중심으로 살아가고 있다.

두둑열도의 사(史)를 살펴보면, 구석기 시대(B.C. 35000~14000), 조 몬 시대(B.C. 14000~300), 야요이 시대(B.C. 300~A.D. 250), 고훈 시대 (A.D. 250~538), 아스카 시대(A.D. 538~710), 나라 시대(A.D. 710~794), 헤이안 시대(A.D. 794~1185) … 등으로, 구석기 시대(상고 시대)는 대 륙에서 한 형제로써 함께 살아가고 있었다. 조몬 시대에 들어 B.C. 11000경 해수면 상승으로 대륙에서 열도로 찢겨져 나갈 때 분리된 민족을 조몬인이라고 말한다. 아이누인은 대륙(몽골리안)에서 분리 되어진 민족이다. 야요이 시대에 고조선(B.C. 2223~108)의 패망으로 뿌리민족은 뿌리반도에 들어가 열국시대를 열었고, 일부는 두둑열 도로 넘어갔다. B.C.에서 A.D.로 넘어갈 무렵, 가야와 백제와 교류하 면서 넘어가기 시작했는데 이들을 야요이인이라 부른다. 특히 아스카 시대(A.D. 538~710)에는 전쟁에 패한 가야, 백제, 고구려인들이 정착하 면서 불교전례에 따른 문화와 미술이 아스카 문화의 꽃을 피웠다.

한편, 도래인(渡來人)은 대부분 몸통대륙에서 건너간 이들이거나 반도뿌리에서 건너간 이들을 가리킨다. 조몬인은 이미 두둑의 열도인으로 토착화되어 야요인과 혈통적으로 큰 차이를 보일 수밖에 없다. 이처럼 뿌리 보호를 위해 두둑으로 분리되기 전까지 뿌리와 몸통에서 함께 살아왔던 한 형제였다. 물론 나뉘어 살아왔다고 해서 뿌리의 씨가 아니라는 것은 아니다. 뿌리의 실체를 바로 알아야 한다는 것이다. 해양세력 두둑이 보호한다는 것은 하나 되어 살아가자는 것이 있다. 뿌리가 정신량을 창출하는 것은 몸통과 하나 되어 가자는 것에 있는데, 정신량 공급이 수월치 않을 때 대륙세력 몸통으로부터 받는 표적도 만만치 않다. 보호 받는 일은 이로울 때에서나 가능하다. 30세 젊은이가 70세 노인에게 바라는 것은 삶 자체에 배여 있는 지혜다. 힘은 젊은이가 쓰고 지혜는 노인이 발휘해야 하는데, 지혜를 잊어버렸다면 어찌되겠는가.

☾ 뿌리사회의 양성평등

두둑강점기와 동족상잔 6.25 이후에 양의 기운 육생경제를 일으킨 것이 첫 번째 기적이었다. 1안의 육생은 2안의 인생을 위한 것이듯이 이를 토대로 정신량을 마련해야 했으나 의미조차 알지 못한 터라 1997년 IMF라는 험한 꼴을 맛보고서야 2001년 1월 여성가족부를 창설하기에 이르렀다. 두 번째로 일으켜야 할 기적이 음의 기운 활성화인데, 이를 알고나 한 것일까. 아니나 다를까 양성평등 부르짖으며 여성일자리 창출에만 골몰한 듯 하니 진정성을 모른다고 할 수밖에. 물론 양의 기운이 차오른 업그레이드 시대는 음의 기운이 절실한 때라 창설되어야 할 기구였다. 하지만 문제는 육생량에 정신량을 부가시켜 인생을 살아가야 하는 시대라는 자체를 아예 모르고 있다는 것이다. 운용주체가 활동주체의 정신량을 책임질 때 활동주체가 육생량의 행위를 다 할 수 있는 법인데, 운용주체가 육생량을 찾아 헤매는 형국이라 활동주체의 육생행위에 제동이 걸릴 수밖에 없었다. 운용주체 민족이 정신량을 잊어버리고 육생량을 탐하며 활동주체로 나대다가 끝내 맞이한 것이 두둑강점기와 동족상잔 6.25였다. 그리고 운용과 활동의 본분을 되찾기 위한 표적을 남겨두었는데 그것은 바로 민주·공산으로서 남북갈등을 자리하게 만든 것이었다.

언제나 육생량에 정신량이 배제되면 강력한 마찰의 불똥이 튀기마련이다. 스스로 운용주체임을 포기하고 활동주체로 나설 때 가정에서는 부딪침의 불똥이 튀는데 이는 어찌 수습할 것인가. 불똥의 원인을 제거하지 못하면 치우쳐 가정은 침몰할 터이니 이쯤 되면 양성평등은 물 건너간 것이 아닌가. 노상 해양세력에 심기 불편해 하고 대륙세력의 눈치를 보느라 가자미눈이 되어버린 현실 앞에 비굴함이 무엇인지도 모른다. 슈퍼우먼이 되어버린 우리 민족의 여인들, 그리 노력해도 인정을 해주지 않는 바와 다를 바 없지 않은가. 뿌리민족의 역사나 뿌리민족 여인들의 삶이나 별반 다르지 않다. 일만 죽어라 하고 "참아야 하느니라"를 되새기며 살아온 나날이 그 얼마인가. 천여 번의 침략을 받으면서도 할 수 있는 일이 무엇이었던가.

그리고 어느새 여성이 대통령이 선출되었다. 인문학을 운운하며 창조경제를 부르짖더니 작금엔 문화체육관광부와 미래창조과학부

까지 신설했다. 신기한 노릇이다. 정신량 창출을 위한 행보인가. 갑을관계로 떠들썩하더니만 운용주체와 활동주체의 순환원리를 알았단 말인가. 그렇다면 육생량은 누가 마련하고 정신량을 누가 창출해야 하는지를 알았다는 소린데, 기실 이를 모른다 해도 양성평등의 진정성만 안다면 그리 어려운 문제만은 아니다.

　몸통이나 가지면 모를까. 정보통신기술을 융합해 본들, 산업과 문화를 융합해 본들 정신량이 배제됐다면 육생량에 불과한 것이라 창의성이라고 말하면 곤란하다. 물질과 물질, 물질과 인간의 화합은 육생살이 방편에 불과할 뿐이다. 내 앞에 있는 너와 하나 되어 살아가는 것만큼 창의적인 것은 없다. 뿌리사회에서 이 대안을 마련하지 못하는 한 육생량에 놀아났다고 해야 할 것이다. 각설하고, 작금은 대륙세력과 해양세력과의 상호보완적 관계를 얼마만큼 유지해 나가느냐가 관건인데, 이를 위해 양성평등만큼이나 업그레이드 진정성을 바로 보아야 한다. 운용주체가 육생량에 놀아나 활동주체가 되어버린 만큼 탁해진 삶의 질량을 모를 수밖에 없다. 또 모르는 만큼 하나 되어 나가는 인생을 위해서라도 육생의 모순은 불거지게 되어있다. 이때 불거진다는 것은 멀어진다는 의미가 아니다. 하나 되기 위해 드러나기 마련이라는 것인데 이를 통해 정신량을 마련할 수 있어야 한다는 것이다.

　어린 시절은 너를 위해 살아가고 싶어도 살아갈 수 없는 나를 위한 육생시절이다. 성인이 되고서나 너를 위해 살아갈 수 있는 법이므로, 성인 시절은 너를 위한 인생시절이라고 말한다. 해서 나를 위해 어린 육생시절을 살아야 하는 것은 너를 위한 성인 인생시절이 기다리고 있기 때문이다. 그야말로 업그레이드 시대는 거듭나야할 성인 인생시절이라고도 하겠으니 운용주체가 육생량만을 부추기려 든다면 민초들에게서부터 호되게 당하게 될 것인데, 뿌리사회가 IT강대국 된 이유부터 알아야 한다.

변화는 사람들과 사람답게 살아보기 위한 것에 있고, 변동은 나를 위해 살아왔다면 너를 위해 살아갈 때이므로 주어야 한다는 것이다. IT산업은 정신량을 부추기는 육생량에 불과하므로 여기에 머물면 변이된 사고로 몸통·가지의 중간지점에서 어떠한 마찰로 불똥이 튈는지 모른다. 양의 기운이 차오른 시대는 음의 기운 정신량 부재로 양양상충을 일으키기 십상이다. 자칫 이 불똥이 표적으로서 뿌리로 튈는지도 모를 일이다.

IT문화는 하나 되기 위한 연결망으로서 업그레이드 시대에 생각해볼 문제는 대륙세력과 해양세력 사이에 위치한 반도에 대해서다. 분명 업그레이드 시대에 들어서는 동북아의 삼국은 공동체임을 알아야 할 때인데 오히려 따로 국밥이 되고 말았다. 몸통·두둑의 구심점이 뿌리라는 사실을 망각하기라도 하는 날에는 해양과 대륙사이에 골병드는 길 밖에 없다. 한편, 자연환경은 선천적 육생량이자 물질에너지로서 육생 안위를 도모하지만 너와 나를 만나게 하는 방편이기도 하다. 물론, 이를 수단으로 육생을 추구하는 이들도 있고, 정신량을 추구해야할 이들도 있다. 무엇보다 운용주체 민족은 너와 이웃과 사회와 국가와의 소통을 도모하기 위한 정신량을 부여받았지만, 쓸 줄 아는 자가 없어 곤욕을 치러야 했었다. 이처럼 어려움은 쓸 줄 몰라 찾아드는 것인데 본래 없어서 어려워진 것으로 안다. 물론 태어날 때부터 가난하다면 어렵다기보단 궁색하다고 해야 할 것이다.

그렇다면 어려움은 언제 느끼는 것일까. 있다가 없을 때다. 왜 있다가 없어야 하느냐면 바르게 쓸 줄을 모르기 때문이다. 아울러 쓰는 법을 배워야 한다는 것인데, 어느 곳에서도 쓰는 법을 가르치는 데가 없으니 아우성만 가득 차 있지 않은가. 활동주체는 육생량을 마련하고 운용주체가 정신량을 창출하고 이는 상호상생을 뜻하는 바라, 막히면 썩히고 쓸 줄 모르면 새어나가니 가정에서 운용주체의 몫이 무엇인지 알아야 한다. 쓸 줄 몰라 사단이 나지 벌 줄 몰라 사단이 나는가.

쉴 새 없이 불어 닥친 풍파는 지혜를 쓸 줄 몰라 받아야했던 표적이었고, 모진 풍파 겪은 세월도 합의를 이루지 못해서다. 어찌어찌 해서 이루었다고 한들 운용과 활동의 역할이 뒤바뀐 판국이었으니 풍파를 겪지 않을 수 없다. 어려움처럼 풍파는 어디에서 불어오는 바람일까. 부딪쳐 일렁이는 바람이라고도 하는데 왜 부딪쳐야 하느냐는 것이다. 나를 위한 인간에서 너를 위한 사람으로 승화하기 까지는 크고 작은 마찰이 일기 마련이다. 이기와 이기가 만났으니 내게 맞을 수도 맞지 않을 수도 있다. 따라서 인간에서 사람으로 승화되는 차원은 비우고 버리는 것에 있지 않다. 바르게 쓰는 것에 있다. 물론 나를 위한 욕심으로 꽉 찬 생각을 비우는 만큼 정신이야 맑아지겠지만, 비운다고 비워질까. 쓰지 못해 채워진 욕심 쓰기 시작한다면 스스로 비워지리라는 것인데, 나를 위한 생각과는 달리 너를 위한 마음은 지혜의 소산이라 버릴 수 있는 그 무엇이 아니다. 비워야 하는 것이 생각이라면 채워야 하는 것이 마음이다. 육 건사의 달콤함은 육생량의 황홀경이라 묘하게 한번 빠져들면 헤어 나오지 못하는 블랙홀과 흡사하다. 이는 나 밖에 모르는 생각이 만들어 나가는 욕심차원이다. 도와주기 위해 찾아가는 이는 없다. 혹여 있다고 한들 자기 명(名) 내기 일색이라 득이 될 법하니 찾은 것이 아니겠는가. 득 보자고 찾아가는 이가 활동주체요, 맞이하는 이가 운용주체다. 어느덧 다문화가정과 외국인 노동자와 유커를 비롯한 관광객이 넘쳐나고 있다. 찾아온 이들에게 이로움이 있어야 할 텐데 무엇이 있을까. 호주머니만 노리질 않길 바랄뿐이다. 피의 역사, 슬픈 역사, 고난의 역사, 비겁한 역사를 포장하여 보여주는 데는 한계가 있다. 이들이 원하는 것이 무엇일까. 덕으로 살아가는 운용주체의 모습이 아닐까. 육생량에 빠져 버렸는데 이를 보여줄 수 있을는지 모르겠다. 정신량은 온 세상을 덮고도 남음이 있는데, 육생자원 빈곤을 핑계로 구걸외교에 설설 기는 FTA협상, 정신량을 앞세우지 않고서는 절대 우위에 서지 못한다.

현실이 이러할진대 너를 위한 인생 대안은 고사하고 비겁하게시리 제 먹고살기 위한 육생량에 매달려 동물처럼 난리굿이다. 꼬시래기 제살 뜯어먹는 줄도 모르고 경제성장은 이미 한계에 도달해 있다고 푸념 일색이니 이래 가지고서 활동주체에게 운용주체의 대우 한번 받아보기라도 하겠는가. 대우는 고사하고 아름다운 만남이라도 되어야 할 텐데, 뿌리 구석구석 아름다운 삶의 향기가 피어나는 곳이 한군데라도 있으면 좋으련만, 산천마다 육생살이 공단만이 즐비하니 피폐해질 수밖에 없다. 그렇게 육생량에 정신량을 빼앗기고 꾸는 꿈이라고 해봤자 나 잘 먹고 잘살아 보자는 육생 포만감뿐이라 농촌도 물들어 버린 지가 오래다. 육생 물질자원이라고는 우리 민족 상층 정도 쓸 수 있는 물량밖에 안된다고 나를 위해 너를 아예 파묻어 버리려는 이들도 심심치 않으니 지혜를 알 리만무하다. 인생의 지혜로 살아가도 시원치 않을 판국에 육생의 지식에 놀아나 육생량은 몸통에 밀리고 가지와의 소통은 두둑에 밀리어 고래싸움에 새우등 터진다는 말이 아니 나올 수밖에 없지 않은가. 여기에 뿌리를 고래들 사이에 끼여 있는 '새우'로 묘사까지 하는데 지정학적 위치를 단면적으로 보여주는 예다. 육생량에 눌려 기 한번 펴지 못한 모습을 여과 없이 표현했다는 사실이 간도 쓸개도 없이 살아가는 민족이라는 소리도 들리는 듯하다. 감히 활동주체 소프트가 운용주체 하드를 어찌 할 수는 없는 노릇인데, 대륙세력과 몸통세력 사이에 딴짓거리만 해대며 살아가고 있으니 새우라는 표현이 걸맞지 않은가 싶다. 반도의 지정학적 위치는 고래의 삶을 살아가기 위해 주어진 여건임에도 불구하고 하는 짓거리가 새우 짓이라, 대륙과 해양으로부터 수많은 외침을 받아야 했던 것이었다. 그러고서도 새우등 터지는 꼴은 여전하니 새우임이 분명한 듯하다. 몸통과 가지는 그렇다고 치더라도 어찌하여 두둑의 눈치까지 보고 살아야 한단 말인가. 게다가 뿌리의 기운으로 살아가야 하는 몸통과 두둑이 어찌해서 고래가 되었단 말인가.

교역의 장소 몸통은 뿌리에서 인생살이 대안창출을 소원한다. 두둑의 흥망도 뿌리하기 나름인지라 본연의 삶을 되찾길 갈망하고 있다. 그리고 몸통은 교역의 장소이자 육생자원 강대국이다. 두둑은 해양세력 덕택에 육생문물을 제일 먼저 받아드려 강대국의 반열에 올라선지 이미 오래됐다. 정신량의 산물 뿌리는 인생량의 토대가 되어줄 인적 자원빈곤으로 육생량이나 쫓고 있다. 이러다가 개밥의 도토리가 될지도 모른다. 깨어나지 못하는 베이비부머 덕택에 인적 자원빈곤이라면 해결방안을 어디에서 찾아야 할까. 1안으로는 새우라고 하겠지만 2안의 고래가 잠을 자다가 새우의 유영에 움츠려 들었으니 거대 기운 뿌리가 절단 날판이다. 단추보고 옷 맞추는 것은 이해할 수 있지만, 자칫 새우가 똥을 푸는데 고래 스스로 똥간 걸어 잠그다 새우 등살에 놀아났다는 결과로 비춰질 수도 있다.

그래서 대륙세력과 해양세력의 각축의 장이 되었고, 분단국이라는 빌미로 강대국의 간섭을 받고 살아가야 하는 처지가 되어버렸다. 1천 년 전이나 후나 다를 바 없지 않은가.

회한의 구한말, 통한의 두둑강점기, 비운의 동족상잔 6.25를 치르고 하나 되는 시대를 맞이하였다. 그리고 두 개의 이념이 적대적인 자세를 취하고 있다. 이는 분명 하나 되기 위한 대안을 마련코자 벌어지는 일이다. 사분오열은 사통팔달을 위한 것에 있다. 이 대안을 마련코자 잠시 머무는 시간이라는 것이다. 육생량에 빠져 살아가는 우리 민족을 미화시키는 표현일지는 모르나 본분을 잃지 않았다면 뿌리는 이미 지상의 낙원이 되었음을 믿어 의심치 않기에 하는 소리다. 이상향에서 이상향을 찾는 꼴이 가관이었을 텐데, 천자천손이 살아가는 곳이 유토피아인줄 어찌 알았겠으며 운용주체 민족임을 어찌 알았겠느냐는 것이다. 고통을 자초하며 살아가고 있어도 역시 뿌리민족만이 살아갈 수 있는 곳이다. 하나 되기 위해 민주·공산 두 개의 이념이 대립하고 있다. 정립되지 않는 육생량을 곧추세워 정신량을 만들어야 하는 뿌리민족의 과업을 위해서라는 것이다.

거듭나는 시기에 뿌리는 나무의 성향을 스스로 알게 되지만, 가지와 몸통은 뿌리에서 올려주지 않고서는 알 수 없는 일이다. 몸통과 가지 사이의 중동국가에서 장애를 일으키는 가장 큰 요인은 뿌리의 추출물을 흡수하지 못해서이다. 몸통·가지의 일련의 사항들이 들어오는 건 뿌리에서의 소통이야말로 나무전체의 소통을 뜻하는 바이므로, 검증의 위한 행보이자, 소통·상생·융합의 대안을 마련키 위한 행보라고 할 수 있다. 다시 말해, 문제를 일으킨 이(人)나 일어난 장소에서의 원인증명은 그다지 쉽지만은 않다는 것인데, 무엇보다 부분은 전체를 알지 못한다는 것에 있다. 만에 하나 부분이 전체의 모순을 알았다면 병이 든 상태이거나 죽어가는 상태이거나 둘 중에 하나다.

가지는 육생량을, 몸통은 교역을, 뿌리는 자양분을 추출 생사를 주관한다. 또한 해 지는 서쪽 가지는 육의 열매를 관장하므로 육생논리가 득세할 수밖에 없다. 해가 중천에 뜬 중쪽 몸통은 교역의 땅이므로, 해 돋는 동쪽 뿌리에서 추출한 정신량이 충만할 때 소임을 다하게 된다. 무엇보다 예언자가 다르다는 이유만으로 중동쪽 아랍권에서 불붙은 종교전쟁은 뿌리에게 주어진 가장 큰 공부가 아닐 수 없다. 활동주체 육생신앙 그 너머의 운용주체 인생종교를 유일하게 아는 뿌리이기 때문이라고 해야 할까. 이 사항은 이쯤 해두자.

문제는 육생량 이동은 시작되었으나 정신량 창출은커녕 육생 만족감에 하품만 해대는 꼴이 위기의식을 느끼지 못하는 모양새다. 설령 알았다 해도 힘이라는 육생논리에 휘둘린 지 오래되었고 게다가 육생학문이 전부였는데 실상의 운용주체의 질량을 알 리가 없다. 보이는 육생 1안으로만 이해하려 든다면 보이지 않는 뿌리의 기세를 모른다. 인생 2안을 모른다면 대륙세력과 해양세력이 반도의 기운을 절실히 요한다는 사실을 알리도 없다. 몸통·두둑은 뿌리와 하나 되어야 하기에 삼국이 형성된 그 옛날부터 삼국공동체를 이루느냐 못 이루냐는 뿌리하기 나름이었다.

　　그러다가 하나 된 민족국가 고려시대 언저리에 사대주의가 자리하면서 운용주체의 개념까지도 완전히 상실하고 말았다. 뿌리가 몸통에게 사대의 예를 갖추는 이상 두둑이 보호막이라는 사실을 알 리가 없다. 그리고 조선시대의 사대(事大)의 정책은 그렇다고 치자. 두둑과의 교린(交隣)정책을 폈다는 자체가, 스스로 평가 절하한 것이 아닌가. 누구의 잘못일까. 타박이나 한다고 해서 해결될 문제일까. 이로워야 하는 뿌리가 인과관계(因果關係)를 무시하고 덩달아 힘겨루기나 하고 있었으니, 힘으로 밀어붙일 계기를 만들어줬던 것이었다.

　　보호막 두둑은 화산섬이다. 인간 삶을 영위하기에는 뭔가의 육생자원이 부족한 열도였다. 하찮은 것이라도 뭍의 문화는 늘 절실했었고, 무엇이던 가져다 써야하는 입장이라 모방적 창조가 뛰어나다. 열도의 섬이라고 떠벌이면서도 두둑의 입장을 받아들이지 못해 가깝고도 먼 나라여야 했고 아쉬움과 안타까움과 원망과 긴 한숨만이 묻어나오는 이웃일 수밖에 없었다. 육생량을 품을 정신량이 품절이라면 인연은 끊기기 마련이다. 또 정신량을 갈망하는 민족과는 소원해지기 마련인데, 절실해서 찾아갔다. 그래서 외면당했다면 당신은 어찌했겠느냐는 것이다. 골백번을 이야기해도 부족한 소리가 뿌리의 자원은 육생량이 아니라 정신량이다. 정신량을 잊으면 지혜를 잃은 것이므로 이롭지 못할 때마다 겁박의 표적을 받아왔다. 작금도 상황은 별반 다르지 않다보니 두둑은 직설적으로 뿌리를 가리켜 '열도의 심장부를 겨냥하고 있는 비수'라고 묘사했다고 한다.

이는 사실 뿌리에 대한 두려움 때문이라기보다는 정신량을 갈망하는 두둑의 입장을 단편적으로 보여주는 예가 아닐까. 게다가 몸통까지도 '몸통을 가격할 준비된 망치'로 뿌리를 표현했다. 뿌리와 몸통은 순망치한(脣亡齒寒)이라, 이와 입술 관계로 규정지어 친선관계를 넘어 보호국의 개념을 가지고 있다. 이와 입술의 관계가 뒤바뀌었듯이 뿌리가 어찌 몸통의 보호를 받으며 살아야 한단 말인가 하고 큰소리치고 싶지만, 1천 년 통한의 역사가 그러하지 않았던가.

운용주체 민족이 육생의 힘에 의지해 산다는 것은, 하늘의 뜻을 거역하는 행위라 부흥은 어렵다. 순천자(順天者)는 흥(興)하고 역천자(逆天者)는 망(亡)한다는 바와 같이 만물은 하늘의 이치와 자연의 순리를 받아드려 실재하고 있다는 것이다. 그리고 아름답다는 것은 있어야 할 자리에 있기에 형상이 빛이 나는 것을 말한다. 아름답지 못하다는 것은 흉하다는 것을 말한다. 이탈했다거나 빠졌다거나를 뜻하는 바인데, 소임을 잃고 안주할 때이거나 혹은 쓸 줄은 모르고 채우려고 들 때 비춰지는 현상이다. 운용주체의 정신량을 알았더라면 활동주체 육생량이 뜻하는 바를 안다. 이탈하거나 빠지다보면 분에 넘치기도 하고 벗어나기도 하니 도에 어긋나는 행위가 태반이다. 습에 젖어 고착되면 양양상충 음음상극 모든 현상을 네 탓으로 돌리기 마련인데, 동북아의 긴장은 몸통과 두둑의 구심점에서 벗어난 때로부터 비롯됐기에 완화는 곧 중심에 서는 일이다. 게다가 두 개의 이념이 자리한 것은 인류평화와 정신량 창출의 수단으로써, 동족지간에 피 흘리는 일은 없을 것이라는 것을 의미한다.

해양세력 민주와 대륙세력 공산은 아주 지극한 육생의 논리이므로 각축의 장이 된 의미를 새롭게 봐야 할 때이다. 동북아에 자극을 주기 위한 역할은 중쪽 아랍권에서 맡은 듯하다. 반도뿌리에서 제아무리 육생량을 추구해본들 대륙세력 몸통에게는 육생물량으로 밀리고, 해양세력 두둑에게 육생질량으로 밀릴 수밖에 없다. 상황이 이러한데 남북의 첨예한 대치상태를 육생량으로 해결하려 든다면 통일이고 나발이고 열강세력에게 간섭과 참견의 빌미를 제공할 뿐이다. 동북아에서 뿌리는 정신문화의 허브공항이어야 하므로, 행위마다 묻어있는 뜻을 헤아리기 위해서라도 몸통과 두둑에게 바짝 다가서지 않으면 안 된다. 사실, 육생의 량(量)으로 밀리고 질(質)로도 밀린다는 것은, 육생살이 작용반작용의 법칙을 인생방정식에 비추어 보더라도 뿌리의 질량과 달리 나타남을 알 수 있는 대목이다.

죽을 만큼 절박해 본 이나 절실해 본 이들일수록 목숨 걸고 최선의 방안을 모색하려 든다. 그만큼 절박함은 절심함은 이기적 목표 성취를 부추기는 원동력이다. 하지만 실의, 낙담, 좌절의 늪에서 헤어 나오지 못해 나락으로 빠지는 이들도 적지 않다. 분명 누군가에는 종이 한 장 차이겠지만, 누구에게는 건널 수 없는 늪이 되기도 한다. 이처럼 근기에 따라 달리 펼쳐지는 상황은 죽을 만큼의 상황일수도 있는데 그만큼 절박하고 절실해 본 이들일수록 무사안일주의에 빠지지 않는다. 진화와 진보는 이를 통해 이루어진다고 할까. '덕 되게 사니 득이 되더라'는 상호상생을 위해 전체를 담당하는 운용주체가 명심해야 할 사항은, 매우 특별한 부분을 담당하는 활동주체가 찾아왔더라도 먼저 받는 법은 없다는 것이다. 만약 있다고 한다면 비렁뱅이거나, 종속국이거나, 아니면 패권주의거나 할 게다. 받았다면 응당 가격을 치러야 할 것이고, 찾아왔다면 이로움을 줘야 할 것인데, 하기야 피로 얼룩진 육생살이가 전부인지라 무엇을 어찌 줘야 하는지를 알기나 할까. 육생논리로는 동북아의 긴장완화는 턱도 없는 일이며, 양의 기운이 넘쳐나고 내가 만들어 나가는 업그레이드 시대에서는 '무덕하니 무익 하더라'는 인생방정식으로 본연의 삶을 되찾을 때만이 하나 되어갈 수 있다.

◖ 뿌리의 조건

삼라만상 상호상생의 구도비율이 3 : 7이다. 이 부분은 매우 추상적이라고 하겠으며 필자 나름의 논리를 적용시켰음을 밝혀두는 바이다. 지구의 구심점은 동쪽 끝 해 돋는 땅 지판부분 반도에 위치하였다. 3면은 바다로 둘러싸였고, 길이는 3천 리, 둘레는 7천 리, 산이 70%에 들이 30%로 3 : 7 음양화합 0의 수를 이룬 지형이다. 최상의 안정적 구도비율이라는 것은 지극히 평안한 상태의 황금비율을 가리킨다. 느낌과 안정 때문이라고 해야 할까.

움직이는 일부분만을 보느냐, 운용하는 전체를 보느냐에 따라 이해심과 포용심이 달리 나타나듯이 말이다. 또한 넓고 깊게 보느냐, 좁고 얇게 보느냐, 동적인 것이냐, 정적인 것이야, 있어야 할 자리에 있느냐 없느냐, 풍광이 어우러졌느냐 등등은 현상은 감정기관을 통해 생각차원으로 넘어가 저마다의 감수성에 자극을 가한다. 감성이 풍부할수록 아름다움을 동경하듯 생각차원은 1안의 육생문화 미래인 만큼, 감수성이 충만할수록 때리고, 부시고, 조져서 달래려드는 힘의 논리를 사랑으로 감싸않는 작업을 한다. 물론, 타고난 역량도 작용하겠지만, 눈으로 무엇을 보느냐에 따라 부정에서 긍정으로, 미움에서 사랑으로, 복수에서 용서로써의 행위를 달리해 나간다. 사람들과 사람답게 살아갈 수 있는 선천적인 조건이 주어질 때 하나 되어 살아가는 후천적 대안을 마련할 수 있다는 것이다. 이를테면 선천적인 안정을 통해서만이 후천적인 안정을 기약할 수 있다는 것인데, 육생량을 추구하는 활동주체의 안정성과 정신량을 추구하는 운용주체의 안정성과는 천양지차라는 것이다. 즉 보이는 것에다가, 동적이고, 외적이고, 부분의 것이 활동주체의 용량이며, 보이지 않는 것에다가, 정적이고, 내적이고, 전체의 것이 운용주체의 용량이다. 보이는 부분에서 보이지 않는 부분을 의심하기 시작하여, 동적인 면에서 정적인 면을 찾아들어 가게 되는 것이고, 외적인 부분에서 내적부분을 탐구하기 마련이다. 운용의 전체가 활동의 부분을 흡수하는 것이나, 선천을 바탕으로 후천적인 삶을 영위해 나가는 것이나 다를 바 없다는 것이다.

기쁨도 즐거움도 사랑을 위한 수단이고 보면, 주어진 것이든 창출하는 것이든 모두 행복의 조건과 비례한다. 무엇보다 몸통·가지의 근원 뿌리가 안정적일 때 가장 이상적인 삶을 구현해 나갈 수 있는데 지구의 비율에 있어서도 마찬가지다. 70%의 음의 수면 위로 30%의 양의 지표면이 드러났다. 음(陰)의 5대양과 양(陽)의 6대주는 의논합의를 이루기 위한 인의 소통로로서, 70% 음의 기운 운용주체가 30% 양의 기운 활동주체와 음양화합을 이루었기에 안정적으로 육을 가진 모든 생명체가 살아가게 되었다는 것이다. 한편, 음양화합 0차원이란, 공한한 차원에서 3 : 7로 분리된 두 개의 음양이 화합한 차원을 말하며, 70% 음의 기운을 7차원의 천기(天氣)라 일컫고, 30% 양의 기운을 3차원의 지기(地氣)라 부른다. 이때 영혼 불멸의 존재 인기(人氣)가 인육을 쓰고 30% 양의 지표면 즉, 6대주(六大洲)에서 인간으로서의 삶을 영위하고 있다.

한편 70% 음의 기운인 5대양(五大洋)의 물은 육을 가진 생명체의 원천수로서, 천기(음)를 지기(양)로 운송하여 만물을 소생시키므로, 양의 기운 육의 생명체를 주관하고 있다. 아울러 천기(물)는 운용주체로서 지기(육지)의 활동주체를 운영해 나가고 있다. 밤을 주관하는 달 에너지는 음의 기운 운용주체로 자리하고 있으며, 낮을 주관하는 태양 에너지는 양의 기운 활동주체로 자리한다. 또한 70% 운용주체 음(물)의 기운이 30% 활동주체 양(육지)의 기운을 주도하여 만물을 소생시킨다. 반면 30%의 양의 기운 활동주체가 70%의 음의 기운 운용주체를 주도할 수도 없거니와 주도해 본들 이룰 수 있는 차원은 아무것도 없다.

나를 위한 어린 육생시절은 너를 위한 성인 인생시절의 발판이듯, 이기적 육생을 통해 이타적 인생을 살아가게 되는 법이다. 그러니까 내 육생량을 확보할 때에서나 네 육의 안위를 보살필 여유가 주어지기 때문이라고 할까. 이보다는 춥고 배고픈 이들은 옷과 밥이 우선일 테니, 정신량은 육생량을 해결하고 나서나 귀를 기울이게 된다는 것이다. 물론, 어린 육생시절을 어떻게 보냈느냐에 따라 성인 인생시절의 행보가 판이하겠지만 지난날을 통해 오늘날에 이른 것처럼, 어제의 내가 있기에 오늘의 내가 있는 것이다.

내일의 행위여부는 오늘의 행위여하에 달려있듯이, 어제의 모순을 어찌 보느냐에 따라 오늘 삶의 차원이 달리해 나갈 수 있는 것이다. 궁극은 이기를 어떻게 쓰느냐에 따라 이타행위가 나타난다는 것인데, 어제의 이기로 오늘의 내가 있게 된 것이므로 내일을 기대하려면 오늘의 이타행위가 필요하다는 것이다. 어린 이기와 성인 이타가 부합될 때 비로소 사랑의 행위가 시작된다고 하겠으니, 그 사랑 행위로 행복을 구가해 나가는 것처럼, 행복이 따르지 않는 사랑행위는 개인의 욕심이라 하겠으니 없다고 할 것이다. 또한 육생만족은 혼자 맛볼 수 있는 것이므로 오래가지 못하고, 인생행복은 둘이 하나 되어 나갈 때 느끼는 삶의 찬미라 오랜 시간 지속된다.

하나 되어 나가는 행위는 윗사람이 아랫사람을 품어 안을 때 가능하듯이, 양의 기운 화(火)가 음의 기운 수(水)를 운용해나간다거나, 운용주체 음의 기운이 활동주체 양의 기운으로 나서는 건 역행인지라 누구에게도 이롭지 못하다. 대자연은 태초에 음양화합 0차원의 법도를 인간생활 깊숙이 녹여 놨는데도 우연이나 설마로 치부해 버리는 경향이 짙다. 그래서 그런가. 이유와 원인에 대해선 별 무관심이다. 그러면서도 유독 7자와 3자에 집착하는 이유는 무엇일까. 행운을 가져다주기 때문일까.

7은 천(天)의 수이자 운용주체 음기의 수다. 3은 지(地)의 수이자 활동주체 양기의 수다. 두 수가 만나 합의를 이룰 때 천지음양화합을 이루었다고 말한다. 곡식이 칠칠하게 여문 것은 천기가 지기에 삼삼하게 스며들자 뿌리가 흡수하여 결실을 맺은 결과다. 물론 종의 번식을 위한 것이라고 하겠지만, 어디까지나 육생 넘어 인생을 살아가야 하는 상호상생의 법도가 이 안에도 실려 있다는 것이다. 즉 1차 종의번식은 1안의 육생을 위한 것에 있고, 2차 진화발전은 인간에서 2차 사람으로 승화되어 살아가기 위한 것에 있다.

그렇다 해도 결국 모든 종의 번식과 진화마저도 음양화합을 이루기 위한 방편으로 자리한다는 것이다. 육생살이 동물과 인생살이 인간과의 차이는 입으로 먹고 육을 살찌는 차원 이외에 눈과 귀로 흡수하여 정신량을 살찌우는 차원이 하나 더 있다. 따라서 동물은 종의 번식을 위한 육생화합이 전부라 하겠으며, 인간은 육생화합너머 인생화합을 이루기 위한 삶을 산다. 언어의 발달이 이들 뒷받침하는데 1차 육생 음양화합은 2차 인생 의논합의를 위한 것에 있음으로, 0차원의 합의를 이루었다면 행복을 영위하는 일만 남았다.

육중엔 인육이 으뜸이다. 이는 인생의 진화를 위한 육생의 진화마저도 최상위로 올라섰기 때문이다. 육생 본능으로 살아가는 동물은 마음보단 생각차원으로 살아가는 생명체이다. 아울러 동물의 세계에서는 육 건사와 종족번식을 위한 약육강식과 적자생존은 자연의 섭리다.

한편, 인육이 진화의 최정상에 섰다고 해서 직립보행을 가리키는 소리가 아니다. 인간은 마음을 가진 생명체이므로 나를 위한 육생을 통해 반드시 너를 위한 인생을 살아가야 한다는 것이다.

생각차원은 나를 위한 본능차원이라 할 수도 있으며, 마음은 절대분별의 차원으로서 너를 이롭게 할 때 쓰이는 에너지원이다. 언제나 그렇듯이 생각의 지식 육생량은 자신을 부풀리며, 마음의 지혜 정신량은 너를 이롭게 하려 드는데, 생각과 마음을 일치시켜 나갈 때 사람으로서의 행위를 다하게 된다. 오늘날 인류의 시원이라고 자부하는 뿌리민족이 해야 하는 일이 있다. 그것은 바로 육생넘어 인생을 사는데 필요한 요소를 발췌하는 일이다. 가지에서 열매를 얼마나 칠칠하게 맺느냐는 것은 뿌리의 영양공급에 따른 일이다. 가지에서 생산한 70%의 열매(육생량)에 뿌리에서 축출한 30% 자양분(정신량)이 첨가될 때 튼실하다. 물론 아름드리나무를 대자연이 키워낸다. 종의 번식도 대자연에 의해 이루어진다. 하지만 이를 위해 뿌리·몸통·가지 세 개 차원으로 나뉘어 역할 분담이 주어졌다. 뿌리는 천기가 서린 지기의 영양분을 흡수하고, 몸통은 뿌리의 영양분을 받아 가지로 올리고, 가지는 영양분으로 열매를 맺는다. 뿌리의 영양분을 공급받은 가지의 열매는 실한 법이므로 대자연은 천기의 자양분을 지기로 내리는 것이다.

뿌리민족의 정신량도 천기가 서린 지기에서 흡수하는 바와 같아, 뿌리를 위해 쓸 것은 그 무엇도 없다. 그리고 정신량은 육생과 인생을 이어나가는 교두보다. 이처럼 지기를 머금은 교두보가 정신량이 받쳐주지 못해 쏠림이 충만한 세상이 되고 말았으니, 모순의 꽃이 만개하였다. 그리고 이기라는 모순과 이기라는 모순이 만남을 가졌다. 어떻게 되겠는가. 서로 잘 보이려고 난리가 아닐 게다. 왜 잘 보이려고 난리가 아닐까. 있어 보이고, 잘나 보이고, 쿨해 보여야 지만이 호감을 살터이고, 최소 그쯤 되어야 소기의 목적을 달성할 수 있다는 생각을 가지고 있어서가 아닐까. 속 빈 강정과의 만남이 얼마나 지속될까. 조만간 허울이 드러날 터인데 정신량을 모르면 육생량에 의지할 터이고 그렇다면 빛 좋은 개살구가 태반이라 하겠다.

육생의 부분행위에 빠져버리면 전체를 보지 못해 자기 가치를 모르고 살아간다. 뿌리에서 살아가는 민족이 그 가치를 모른다면 운용주체 행위를 알 도리가 없다. 예나 지금이나 제 밥통 지키는 일에 혈안이었으니 해양세력 두둑이 태평양을 통해 가지의 육생문물을 받아드린 이유를 어찌 알겠으며, 대륙세력 몸통이 가지를 통해 육생량을 받아드리는 이유를 어찌 알 수나 있겠는가. 이를 모르는데 뿌리, 몸통, 가지 3단계로 나뉜 3차원의 세상을 어찌 바로 볼 수 있으며, 천기가 서린 지기의 자양분을 반도뿌리가 흡수한다는 사실을 어찌 받아드릴 수 있겠는가 말이다. 그리고 왜 반도뿌리에 서만이 받아드려야 하는 것이냐면, 5개의 해안선과 14개의 국경선을 접한 핵심몸통은 가외몸통 시베리아를 통해 중앙아시아를 횡단하여 유럽을 거쳐 도버해협을 건너 본가지 영국에까지 도달할 수 있는 천혜의 지형이라서 그렇다. 그야말로 고대 중앙아시아 실크로드가 1안의 육생량 통로라고 한다면, 업그레이드 시대에 들어서는 2안의 정신량 보급로인바, 몸통에게는 육생량의 비단길이었다면 뿌리에게 있어서는 정신량의 비단길이다.

한편, 음의 기운 70% 천기가 운용하는 양의 기운 30% 지기는 활동주체로서 삼라만상이라 일컫고 있다. 물론, 천기 앞에서의 지기는 활동주체이지만, 전 은하계는 물론이요 태양계를 주관해 나감으로서 은하계나 태양계의 입장으로 볼 땐 운용주체다. 또 다시 지기 앞에서 활동주체인 은하계는 태양계를 주관해 나감에 따라 운용주체가 되고, 은하계 앞에 활동주체인 태양계는 지구를 관장해 나감으로서 운용주체가 된다. 그리고 70% 해수면은 운용주체로서 활동주체로 드러난 30%의 지판에서 만물을 소생시킨다. 요컨대 삼라만상은 3단계로 나뉘어 운영되는 3차원이라는 것이다. 때문에 만물이 소생하는 활동주체 지구도 3단계로 나뉘어 운용되므로 3·3·3의 활동원리가 녹아들었다. 그렇다면 세상만사도 세 개의 차원으로 나뉘어 벌어지는 일을 말하는 것이 아닌가. 마음먹기에 달렸다는 둥, 뜻대로만 되면 얼마나 좋겠냐는 둥, 나 하기 나름이라는 둥의 표현도 세 개의 차원이 하나 되어 나가기 위해 만들어진 말이다. 이는 따로따로 놀아서는 될 일도 안 된다는 것인데, 새옹지마도 역시 세 개의 차원에서 벌어지는 일이다. 인연은 일면식도 없기에 지어지는 것이지만 하나 된 삶을 살아가기 위한 것에 있다. 하나 된다는 것은 음양이든 의논이든 0차원의 합의를 이루어 나가는 것을 말하며 천지합의를 통해 씨앗이 파종되는 의미와도 같다. 그씨가 뿌리를 내려 싹을 틔우고, 그 싹은 줄기(몸통)로 자라 가지를 뻗게 하여 열매를 맺고, 겨울나기를 위해 뿌리로 다시 물을 내리는데 이는 천지합의 차원으로서 다가올 봄을 기리는 행위다. 춘하추동(春夏秋冬) 생장수장(生長收藏)이라, 봄(春)에 낳고(生), 여름(夏)에 기르고(長), 가을(秋)에 거두고(收), 겨울(冬)에 저장(藏)하는 건 생명의 순환이자 대자연의 이치다. 해 돋는 땅에 가까워질수록 사계가 뚜렷이 나타나는 만큼 뿌리민족의 새로운 한 해맞이를 위해 석 달 열흘 엄동설한을 어찌 보내느냐에 따라 한해가 달리 나타난다는 것이다.

사계의 변화는 뿌리 37도선에 가까워질수록 뚜렷이 나타나고 있으며, 그 위도선은 동해경북을 위시로 내륙 안성을 거쳐 서해충남을 가로질러 나가는 곳이다. 엘리뇨니 라니뇨니 하는 지구 이상기온 현상으로 환경의 변화가 찾아오고 있지만 사계의 순환을 거스를 수는 없는 일이다. 아울러 사계만큼이나 사주도 뚜렷이 나타나는 민족이다. 육생의 기본금 사주(四柱)가 명확히 드러나는 민족이라 사계(四季)의 변화에 적응이 빠르고, 석 달 열흘 엄동설한 수장(收藏)의 시기에 개개인의 대안을 마련할 수 있었던 방편이 바로 동안거였었다. 춘하추동(春夏秋冬) 사계가 인류발전을 도모해왔던 만큼 "나는 누구인가"에 대한 궁금증으로 '생로병사(生老病死)'를 '생로수사(生老收死)'로 얼마든지 변화시켜 나갈 수 있다. 석 달 열흘

계절이 바뀜에 따라 행위의 질도 그만큼 향상시켜 나가야 하므로 뿌리에서 살아가는 민족은 그만큼 바쁜 민족임을 시사하고 있다. 사계와 사주가 뚜렷이 나타나는 곳인 만큼 제 짓거리를 못할 때마다 팔자타령을 심하게 해대는 것도 그에 상응하는 표적이 들어가기 때문이다.

사주(四柱)는 사차원(四次元)에서 받아온 육생의 기본금이다. 그 기본의 자리에 올랐다고 해서 성공을 거론해선 곤란하다. 잣대의 기준을 어디에 두느냐에 따라 관점은 다르겠지만, 타고난 자리에 올라선 것을 가지고 성공했다고 존경으로까지 표현한다면, 그보다 못한 사주를 받아가지고 온 이들은 그보다 더한 노력을 해도 성공을 할 수 없다는 바와도 같으니 분별을 바로 세워야 한다. 저마다 주어진 소임을 위해 육생의 기본금을 받아가지고 왔다. 그 질량에 맞서 정신량을 가미시킬 때 생로병사에서 생로수사에 가까운 행복한 삶을 영위하게 된다. 육생살이 생로병사는 받아온 기본금에 안주해 버릴 때 일어나는 일이고, 인생살이 생로수사는 기본의 자리에 올라선 후 0차원으로 하나 되어 살아갈 때 일어나는 일이다.

이를테면 인생이란 육생의 기본의 자리에 올라선 후의 삶을 살아가는 차원이라고 하겠는데, 인간사 삼세번은 받아온 기본의 자리에 올라선 후의 삶을 살아가기 위해 주어지는 것이다. 육생의 기본금 사주는 저마다의 소임을 위해 받아가지고 오는 것이므로, 누구나가 노력하면 올라갈 수 있는 자리다. 1안은 2안을 위해, 생각은 마음을 위해, 육생은 인생을 위해 주어졌듯이, 육생의 기본(基本) 자리는 인생의 근본(根本)의 자리를 위해 주어진 것이다. 그러므로 올라서기 위해 노력하기 보다는 오른 후의 삶을 영위하기 위해 노력한다면 기본의 자리는 스스로 깔리게 되리라는 것이다. 한결같이 받아온 육생의 기본 자리에만 오르려고 안간힘 쓰다가 오른 후에 어찌 할 바를 몰라 떨어지고 마는데, 실패의 원인은 다른 데 있지 않다. 인생출세가 아니라 육생성공에 머물렀기에 맛봐야 하는 고통이 실패라는 것이다. 즉 받아온 육생의 기본금에 안주했을 때 주어지는 표적으로서 기본의 자리에 올라서는 것은 육생성공이요, 근본의 자리에 다가서는 것이 인생출세다. 그 가도(街道)를 달리게 되는 날이면 실패의 표적은 받지 않으리라는 것이다.

이쯤에서 인연이 많이 따르는 유형하고, 인기가 많은 이들의 유형을 살펴 들어보자. 첫 번째 유형은 육생의 기본금을 가지고 인생을 위해 노력하는 이들이다. 좀 더 많은 것을 받아 왔다는 것은 운용주체 삶을 위해 주어진 방편이다. 먼저 올라서려 하기보다는 올라선 후에 삶을 살아가려 나름 애쓰는 이들로서 이러한 이들이 과연 얼마나 되겠는가. 그 다음 유형이 육생 기본금의 위에 올라 선 인기인들이다. 정확히 나 하기 나름에 따라 달리 나타나는 시기에 접어들었다고 해야 할까. 받아왔기에, 타고났기에 누리는 인기라고 하겠는데 1차 육생 인기가도를 달릴 때 2차는 열광하는 인연들을 위해 살아가야 하는데, 없는 모양이다. 받아온 육생량만으로 지속시키려 한다면 양양상충 혹은 음음상극 현상이 일어날 터이니 표적을 각오해야 할 것이다.

처음 주어진 자리에 올라섰다거나, 처음 많은 인연을 맞이하는 것도 타고났기에 가능한 일이다. 그리고 처음은 다음을 위해 주어지는 일이다. 어떻게 할 것이냐는 나 하기 나름의 자리로서, 육생의 기본금을 받아왔다면 노력한다면 누구보다 쉽게 오를 수 있는 자리다. 올랐다는 것은 육생성취를 뜻하는 바이고, 성취한 후의 삶은 나를 위한 삶이 아니라는 것이다. 그 과정은 분명 나를 위한 육생의 과정이었지만 이루었다면 인생의 과정으로서 너를 위해 살아가는 일만 남았다. 이를테면 운용주체의 삶을 살아갈 때이므로 찾아온 이들을 위해 살아갈 준비가 되었느냐를 대자연이 물어보는 중이라고 할 것이다. 어떻게 나누어 살아갈 것인지에 대해서 말이다. 치적이 없는 호사는 받아온 육생량에 안주에 버리는 행위지 않는가. 표적은 치적이 없어 받는 것이고, 벗어나고자 한다면 그에 상응하는 정신량을 내가 채워나가야 한다.

한편, 양의 수 3과 음의 수 7은 합의 0이라는 하나의 차원에서 둘로 분리된 천음지양(天陰地陽) 관계다. 아울러 음의 기운 천기는 7차원의 운용주체로, 양의 기운 지기는 3차원의 활동주체로 자리하였다. 뿐만 아니라 3차원의 지기에 3·3·3 활동운행 법도를 인간세상에 그대로 투영시키자 만물은 활동주체수단으로 자리하였다.

인간 또한 활동주체인데 왜 만물의 영장이라고 하는 것일까. 만물과 어우러져 살아가야 하는 운용주체이자, 끝없이 진화발전해 나가야 하는 인간이기에 지구에 70% 음의 기운에 오대양을 빚었고, 30% 양의 기운에는 육대주를 빚어놓았다. 뿌리·몸통·가지를 위한 오대양 육대주다. 소통하는 데 있어 치우친다면 부딪침의 표적이 인다. 인체구조 또한 30% 육과 70% 수분에 오장과 육부를 분리해 두었으며 체내 온도는 37도를 유지하고 있다. 머리·몸통·다리는 3등분이며 팔·다리는 3마디로 구성되었다. 단 하늘을 치켜세우는 엄지손가락만이 두 마디다. 왜일까. 그리고 머리를 받쳐주는 경추도 7마디다. 얼굴은 운용주체로서 7개의 흡수구를 뚫어놓았으며, 하체는 활동주체로서 3개의 배출구를 뚫어놓아 7천3지 음양화합 0의 수를 나타내고 있다. 우연일까.

　지상도 3%이상 오염되면 이상 징후가 나타나듯이 인체도 3%이상 탁해지면 이상 징후가 나타난다. 오대양(五大洋) 육대주(六大洲)나 오장(五臟)육부(六腑)나 소통치 못하면 기능이 마비되기는 마찬가지라는 소리다. 오대양 육대주에서 육생량을 소통치 못하면 싸우고, 충돌하고, 부딪치어 살아야 하듯이, 오장육부가 육생량을 소화시키지 못하면 앓아눕는 바와 다를 바 없다. 이러한 일들이 왜 생길까. 너보다 나를 우선하기 때문인데 30% 가까이 피해를 입으면 속국을 면치 못하는 것처럼, 30% 가까이 탁해지면 7등분으로 묶여 칠성판에 눕는다. 이땐 분명 건너야 하는데 강이 있다. 그렇다고 요단강을 뜻하는 것이 아니다. 물은 음의 기운 천기를 뜻하므로, 건넌다는 의미는 칠성기운 따라 본향인 7차원의 천상으로 돌아가는 것을 뜻한다. 게다가 지상 3차원에는 유상의 3차원과 무상의 4차원은 합의 7차원으로써 이승과 저승이 공존하고 있음을 가리킨다.

　한편, 유상의 3차원인 이승에서 육신과 아울러 만물을 방편으로 생활하다가 숨이 끊기면 육신과 만물을 버리고 무상의 4차원 저승으로 돌아가는데, 사실 이승이나 저승이나 잠시 쉬어가는 곳이라고 하겠다. 저승에서 새로운 소임이 주어지면 기본금을 바탕으로 이승에서 살아가야 하고 마치면 돌아가야 하고, 해도 해도 끝이 없는 이야기가 윤회이니 이쯤하고, 지상 3차원에는 유상의 이승과 무상의 저승의 세계가 존재 하듯이 육생 넘어 인생을 위해 운용주체와 활동주체의 분별이 주어졌다. 3과 7을 좋아하는 이유도 7천3지의 수라 행운을 가져다준다는 믿음도 없지는 않겠지만, 무엇보다 3이라는 양의 수 활동주체와 7이라는 음의 수 운용주체와는 반드시 음양화합을 이루어야 하는 관계이기 때문이다. 고로 지상에는 천지인(天地人) 삼신만이 존재할 뿐이며, 우리 민족이 삼신할미와 칠성신을 찾는 이유도 이에 기인하였으며, 상고시절부터 삼월삼진과 칠월칠석에 천제를 올려왔다.

인간은 3살 이전의 기억을 갖는 다는 것은 불가능하지만 분별은 3살부터 가능하다. 7살 때 첫 번째, 14살 때 두 번째, 21살 때 세 번째로 기운이 바뀐다. 7살 때와 14살 때까지는 천기가 보살핀다면, 21살 때까지는 지기가 보살핀다고 하겠다. 21살부터는 성인으로서 스스로 지켜나가야 하는 인생시절이다. 음양화합(가정)을 이루어 살아갈 때부터가 하늘은 스스로 돕는 자를 돕는 시기에 도립했다고 해야 할까. 행의 현장(사회)에서도 마찬가지다. 내 앞의 인연과 의논합의 0차원을 이루어 살아가기를 소원한다면, 하늘이 도와 뜻한 바를 이루는데 이도 표적이라 할 수 있다. 부모자식 지간은 철천지원수이자 뗄래야 뗄 수 없는 사이로써, 14살 때까지는 음의 기운 운용주체(천기) 지혜의 어머니가 보살핀다면, 이후 21살 때까지는 양의 기운 활동주체(지기) 힘의 아버지가 보살핀다고 하겠다. 따라서 21세 이전에 문제가 생기면 전적으로 부모의 책임이라는 것이다.

성인으로 성장할 때까지 너를 위해 살고 싶어도 살 수 없는 그래서 나를 위해 살아가야만 하는 어린 육생시절이다. 나를 위해 살아가야 한다는 것은 너를 위해 살아가야 하는 시절이 기다리고 있어서인데, 성인 인생시절 21세부터는 너를 위해 살아가야 하므로 어린 육생시절 동안 성인으로 성장시켜야 하는 몫은 부모에게 있다. 무엇보다 활동주체(3)×운용주체(7)는 음양을 일깨워 키운 21세 이후에는 음양화합(결혼)을 이루고 사회(행의 현장)로 진출해야 하는데, 가정을 이루었다면 그야말로 너를 위해 살아가야 하는 시기이다. 그래서 성인이 되었다는 소리는 너를 위해 살아가야 하는 이들을 가리키는 말이다.

어려워졌다는 것은 너를 위해 살아가야 함에도 불구하고 나만을 위하고자 했기 때문에 받은 표적이다. 실패, 좌절, 고통 또한 육생 넘어 인생을 바로 보지 못해서다. 왜 바로 보지 못한 것이었을까. 육생량에 가로막혀서다. 언제부터 가로막히기 시작했느냐면, 기본의 자리에 올라서고 난 후부터다. 따라서 육생량 사주의 쓰임부터 바로 알아야 한다.

사실 행의 현장으로 진출한 30세는 자기 자신을 위해 뭐든지 흡수해야 하는 시기다. 40세는 생장(生長)의 시기며, 50세는 수장(收藏)의 시기로 매우 중요하다. 육생을 살았는지 인생을 살았는지에 대한 결과는 지천명 50세에 나타나므로, 하늘의 뜻을 아는 나이에 어려워진다면 3, 40대에 생장시키지 못한 결과가 아닐까 싶다. 근기에 따라 차이는 다소 나겠지만 삼세번의 기회와 더불어 회갑을 맞이하는데 이때 얼마큼의 인연을 맞이하느냐에 따라 생장시킨 수장의 결과를 알 수 있다.

내 앞의 인연으로부터 받는 존경심은 육생의 기본금을 바탕으로 쌓은 치적이다. 이로움이 없다면 받고 싶다 해도 받을 수 있는 그 무엇이 아니다. 무엇보다 효도를 하고 안 하고는 자식에게 달린 문제지만 불효의 책임은 부모에게 있다. 효도할 수 없게 키워 놓고 안 한다고 나무란다거나, 이롭게 살아가지 못하게 키워 놓고 자식만 타박한다면 어찌 하란 말인가. 누군 효도하기 싫어서 안 하는

가. 성공하기 싫어 안 하는가. 안 되니 못하는 것이라, 누구를 탓하기 이전에 자신부터 되돌아봐야 할 일이다. 음양화합의 수 7천3지에는 정치, 경제, 사회, 과학 등의 세간에서 모든 기초를 다루는 근본원리가 담겨져 있다. 현존하는 물리학 이론으로써는 물질자원의 양적에너지 육생량을 30%밖에 밝혀내지 못한다. 나머지 70%는 음의 기운에 담겨 있음으로 아마 음적에너지를 찾아 쓰는 민족이 진정 인류를 이끄는 민족이 될 것이다. 이는 인생살이 정신문화 창달을 뜻하므로 육 건사 육생물질에 국한된 소리가 아니다. 활동에너지 육생물질은 70%까지밖에 도달하지 못해, 정적에너지 30%의 정신량을 창출해 내는 민족이 진정 인류를 이끌게 될 것이라는 소리다. 이 땅의 육생물질 생산량은 적지만 최상급이며, 가지고 있지 않은 많은 것들이 담겨있어 가슴을 활짝 열어놓고 살아가야 할 때가 왔다. 육생자원은 육 건사에 쓰이는 에너지에 불구함에도 안타깝게 육생량 하나에 초점을 맞추는 바람에 그 이상의 것들을 보지 못하는 있다.

4. 삼국시대
-가야, 고구려, 백제, 신라-

　하나 된 민족국가를 이루어 온 고려·조선시대부터 몸통에게 받아왔던 속박은 어쩔 수 없는 일이라고 치자. 구한말 서양 가지세력에 힘입어 속박에서 벗어날듯 싶더니 오히려 두둑강점기를 맞이하고 말았다. 그리고 동족상잔 6.25를 치렀다. 단박에 고려·조선의 1천 년의 역사가 잿더미가 되고 말았다. 이유가 어디에 있는 것일까. 베이비부머는 물갈이 밭갈이 이후에 파종된 세대라고 하는데 무엇을 의미하는 것일까. 가지 너머 몸통 그리고 뿌리에 가까울수록 우연보다 필연에 가까운 일들이 벌어진다는 사실을 알고나 있을까. 민족재건 인류공영을 위해 보내진 세대가 육생량에 빠져사는 꼴이란, 그러니 어찌 육생 넘어 그 이상의 세계를 바로 볼 수 있기나 하겠는가. 널리 세상을 이롭게 하자는 홍익인간 이념을 모를 리 없겠지만, 어떻게 해야 세상을 널리 이롭게 하는지를 바로 아는 이 또한 없으리라는 생각이다.

　민족마다 고유의 언어로 창조와 문명을 이끈 신들의 계보를 만들고 신전을 짓는데, 사실 신을 숭상하기 보다는 고유의 민족정신을 계승하고자 함에 있어야 했다. 혹자는 인간을 사회적 '동물'로 묘사했지만 정신량이 배제된 삶의 모습을 그대로 표현한 것이라 역시 육 건사 밖에 모를 때 들어먹어야 했던 소리다. 그래도 가족과 사회와 민족적 배경에 맞춰 살아가야 하는 것이 인간인지라, 삶과 운명은 결코 자기 혼자 결정지울 수 있는 그 무엇이 아니라는 의미도 담겨있다. 육생의 기본금을 잘 받아왔다 하더라도 본성(本性)과 육성(肉性)을 부합시켜 인격화시키지 못하면 피투성이 일생(一生)일 터이고, 하나 되어 나가는 인성(人性)을 육성(育成)시키지 못하면 동물과 다를 바 없다. 주위(周圍) 배경으로 형성되는 사고는 가치관을 달리해 나가는데, 사실 가치는 어떻게 쓰느냐의 차이다. 물론, 나 하기 나름이겠지만 그 이전에 유념해야할 사항은 언행일치다. 신인합일(神人合一)든, 음양화합(陰陽和合)이든, 의논합의(議論合意)든 결론은 0차원을 이루어야 한다는 것이다.

　즉, 하나에서 음양이 둘로 나뉜 세상이 선천적 육생시대라면, 조화만발의 세상은 둘로 나뉜 음양이 하나로 일치된 후천적 인생시대라는 것이다. 운용주체가 활동주체와 합의치 못하면 무엇 하나 이로울 수 없고, 또 그만한 표적을 받아왔었다. 언(言)은 운용주체요 행(行)은 활동주체를 뜻하듯이, 지혜로워야 하는 것이 말이며 신중해야 하는 것이 행위다. 분별이 어리석으면 제아무리 신중한 말을 해도 실행이 어렵다. 뿌리는 보이지 않는 정신량의 지혜다. 가지는 보이는 육생량의 지식이다. 몸통은 정신량과 육생량의 교차지점이다. 지혜롭다는 것은 분별이 바르다는 것인데, 운용주체의 이념 홍익인간은 말만 있는 형국이라 뿌리의 권위가 바닥을 쳤다. 지혜가 지식에 주눅 든 결과이고 정신량이 육생량의 눈치만 살펴 온 결과다. 중요한 점은 운용의 지혜와 활동의 힘 모두를 겸비할 수는 없다는 점이다. 만약 있다고 한다면, 활동차원은 육생량에 의지하는 민족보다 낮을 터이고, 지혜는 육생량이 들어선 만큼 무딜 터이니 눈치를 아니 볼 수 없는 일 아닌가. 각설하고, 고조선은 결연한 의지로 구축한 마지노선이었으나 결국 7천3지 뿌리로 들어가야 했었던 것은 잃어버린 질서를 되찾기 위함에 있었다.

몸통의 질서가 무너지면서 동으로 향할 때 세상을 널리 이롭게 하자고 내세운 보편적 진리는 조화와 균형을 통해 삶의 질량을 높여 나가자는 것이었다. 질서라는 조화의 틀이 깨지면서 생존경쟁과 지위경쟁 패권주의가 자리하였고, 불신, 불행, 불통의 사회를 초래하였다. 만약 '덕 되게 사니 득이 되더라'는 보편적 진리를 잊지 않았다면, 상생의 틀이 깨질리 만무며, 동쪽 뿌리로 들어가야 할 이유가 없었다. 도를 잃고 덕을 잊었을 때는 이미 육생량에 정신량이 묻힌 형국이라 숱한 방안을 모색한다 한들 육생논리가 전부였을 것이다. 그러니 어찌 고조선의 패망의 원인을 위만과 한나라의 무제만을 탓할 일인가.

한편, 육생의 힘에 의해 무너진 육생체제는 그 모순을 드러내기 위해 무너진 것이므로 힘으로의 회복은 불가능하다. 체제회복은 힘에 무너져야 했던 원인을 찾는 것에서부터 시작되는데, 피 흘리며 뿌리로 들어와야 했던 이유는 바로 무질서해진 몸통질서 회복을 위한 것에 있었다는 필자의 추론이다.

한편, 고조선 건국은 이러한 위기를 의식하고 전 영토를 삼한(三韓)으로 나누어 진한(辰韓)은 단군왕검이 직접 다스리고, 마한(馬韓), 변한(弁韓)은 각지 비왕(裨王)을 두어 다스렸었다. ≪환단고기≫〈단군세기〉에는 단군왕검 재위 8년 삼한으로 나누어 통치했다는 기록이 있다. 이후 삼한은 진조선과 번조선, 막조선으로 불렸으니, 변한과 마한은 단군조선이라 불러도 무방하다는 것이다. 그리고 ≪단기고사≫는 고조선의 강역을 동쪽은 창해(동해), 서쪽은 요서(요동반도 서쪽), 남쪽은 남해, 북쪽은 서비로(시베이라)까지로 기록했다. ≪삼국유사≫에는 조선이 뿌리 반도를 진한, 마한, 변한으로 나뉘어 통치했다고 간략하게 적혀있을 뿐이다. 진서는 남겨져 보이는 육생량을 기록한 문서일 테니 진짜라 할 것이요, 위서는 육생량의 흔적은 오간데 없고 보이지 않는 정신량을 기록한 문서일 터이니 가짜라 할 것이다.

뿌리민족의 기질과 그 속에 배이어 있는 문화적 배경과 기갈은 보이지 않는 정신량이자 지혜이다. 이를 한 뜸이라도 밝혀내고자 한다면 진서든 위서든 또 황당무계한 잡서라고 할지언정 참고할 사항은 참고해야 한다. 사변적이고 관념적일지언정 시대상이라도 반영되었을 텐데 그렇다면 최소 무엇을 추구하고자 했는지를 알수 있지 않을까. 문화와 문명이 잊혀질 때는 그만한 이유가 있듯이 그 시대의 정신량을 필요로 할 때면 자연스럽게 입에서 오르내리기 마련이다. 이쯤에서 홍익인간 사상이 고조선 건국이념이어야만 했었던 이유와 더 이상 물러서지 않겠다고 마지노선을 구축한 이유와 무엇 때문에 하나에서 셋으로 나누어 다스려야만 했느냐에 대한 3가지 이유를 나름 유추해 보았다.

환국시대를 거쳐 고조선을 건국하기까지 몸통의 질서체계는 시나브로 무너지고 있었다.

그느르며 살아온 민족답게 이로움 자체가 삶이었었다. 그러던 어느 날 활동주체 민족에게 겁박을 받기 시작했다면 이미 이로움을 잊은 상태가 아닐까. 듬쑥하고 너볏하게 살아온 운용주체의 기풍을 되살리지 않으면 겁박은 겁탈이 됐을 터이고, 그렇게 해서 삶의 터전에 마지노선을 구축해야 했다면 뿌리로의 귀양은 생각지도 못했을 것이다. 그러나 거역할 수 없는 순리, 고조선 패망 이후 대부분이 뿌리로 들어왔지만 일부는 해양세력 두둑과 대륙세력 변방 몸통과 그 너머의 가지로 향했다. 단일민족국가였던 고조선 체제가 붕괴하면서 뿌리에서 맞이한 열국시대는 다수가 하나로 나가는 차원을 밝히기 위해 주어진 민족적 과제였다. 그래서 그런가. '나'라는 말보다 '우리'라는 말을 좋아하고, '나라'나 '국가'라는 말보다는 '민족'이라는 말을 좋아한다. '내' 집이라고 말하기 보다는 '우리' 집이라 부르며, '내' 남편, '내' 부인이라고 표현하기보다 '우리' 남편, '우리' 부인이라고 부르고 있지 않은가. 우리나라엔 우리 민족이, 우리 집엔 우리 남편과 우리 부인이 있지만, 나만을 위한 것이 아니었다. 우리 모두를 위해 살아온 민족이 아니면 남편과 부인에게마저 '우리'라는 표현을 쓰지 못하리라는 것이다.

우여곡절 끝에 천 년이 지나자 하나 된 민족국가를 건국하였으나 고려·조선의 1천 년 동안 질서는커녕 혼란만 자초하고 말았으니 민주·공산의 민족분열은 당연한 귀결이 아닌가 싶다. 그리고 맞이한 업그레이드 시대는 세상만사 뿌린 대로 거두는 시대다. 하나 되기 위해 거듭나기 않으면 거두기는커녕 쏠림만 가중시킬 터이니 더 많은 모순이 표출될 것은 빤한 일이다. 가지의 육생량이 대거 몰려오는 판국에 몸통 대륙공정 눈치나 살피고, 두둑의 행위에 적개심이나 드러내니 질서회복을 위해 불어 닥친 한류열풍의 진정성을 알 리가 없다. 이를 우연으로 치부하려 든다면 단일민족이 희석되고 다문화가정이 자리하는 원인을 설명해야 할 것이다.

어언 2천 년이 지났다. 이제 겨우 육생의 토대를 마련했다. 그리고 정신량을 마련하기도 전에 몸통·두둑에서 비롯되어 변방을 넘어 가지전역을 휩쓰는 한류열풍은 귀향(歸鄕)을 유도하는 촉진제라고 해야 할까. 그러나 뿌리의 질량을 되찾지 않고서는 지속되기 어렵다. 육생량으로 불러일으킨 한류열풍 그 속에 사람답게 살아가는 모습을 불어 넣지 못한다면 화를 자초하게 된다. 몸통질서를 위해 뿌리민족이 뿌리에서 살아가고 있음을 알아야 할 것이며, 열국체제에서 삼국체제로 나뉘어야 했던 것도 홍익인간 이념을 구현하고자 함에 있었다. 물론, 뿌리의 자화상이 몸통·가지의 자화상이라는 이유도 있겠지만, 세상을 널리 이롭게 하는 천지인(天地人) 삼도법(三道法)은 뿌리에서만 실행 가능한데, 그것은 삼도민족(三道民族)이기에 그렇다는 것이다. 그 이유를 앞서 부지기수로 설명한 바를 세 가지로 요약해 보건데, 인류의 시원 뿌리민족은 하늘의 법도를 아는 '천도(天道)민족'이자, 만물과 하나 되는 법을 깨친 '지도(地道)민족'이고, 사람답게 살아가는 법을 아는 '인도(人道)민족'이라서 그렇다.

만물이 소생하는 지판은 동쪽뿌리, 중쪽몸통, 서쪽가지 세 개의 차원으로 나뉘었으며, 동쪽 끄트머리에 뿌리가 위치하자 영양분을 섭취하는 중쪽에 몸통이 자리했으며, 저편에 뿌리보호를 위한 두둑이 자리하였다. 가지 본연의 삶은 지식을 앞세워 물질을 생산하는 일이므로 지혜의 측면은 부족할 수밖에 없어 힘을 앞세워 육생을 추구해왔다. 정신량이 운용주체의 근본이라면, 육생량은 활동주체의 근원이라 할 수 있어 그에 준하는 신앙이 자리하자 사상이 자리하였다. 반면, 동쪽 끝 뿌리에 가까울수록 내면의 정신량을 끌어 올려 운용주체 본연의 삶을 살아가려 했었다. 신앙도 사상도 내 안의 것을 찾아내기 위한 것에 있었다. 삶의 질량도 가지의 육생 외면과 뿌리의 인생 내면의 차이라고 해야 할까. 생각도 복잡 미묘한 뿌리와는 달리 매우 단순하다.

이 때문에 가지는 업그레이드 시대까지 1안의 육생 인프라를 구축할 수 있었던 것이며 뿌리도 이에 발맞추어 2안의 인생 인프라 구축을 위한 정신량을 마련해야 했었다. 그러나 안타깝게도 마련치 못해 미래가 심히 불안하다. 열도는 해양세력 두둑의 위치라 육생문물을 제일 먼저 받아드릴 수 있었으며, 뿌리가 사대교린에 취해 사는 만큼 대륙세력 몸통은 깊은 잠에 빠져야 했으니 육생량으로 뿌리와 몸통을 압도해 나갈 수 있었던 것이었다. 그러다가 맞이한 두둑강점기는 뿌리 물갈이를 위한 것이었으며, 동족상잔 6.25는 마지막 밭갈이를 위한 것이었다. 이후 파종한 새날의 씨앗, 베이비부머는 천지기운 머금은 세대라 정신량의 틀을 마련하고도 남음이 있었다. 그리했더라면 육생신앙과 인생종교를 공유했을 터이고, 예언자를 운운하며 힐난의 눈빛을 쏘대며 등을 돌리지는 않았을 텐데, 무엇보다 중동국가도 상호간에 피 흘리며 죽어가는 일도 점차 줄어들었으리라 믿어 의심치 않는다.

태고로부터 뿌리민족의 이념은 홍익인간(弘益人間)이었으며, 몸통민족은 천인상관(天人相關)이었다 할 것이고, 두둑민족은 천손강

림(天孫降臨)을 앞세웠다 할 것이다. 이렇듯 특정한 예언자를 앞세우기보다 만백성 모두 예언자이면서 하늘의 자식이라, 거룩한 뜻을 받들고자 성대히 제천의식도 거행했다. 이는 이치대로 살아가기 위함이었는데 이치란 지성이면 감천이듯 나 하기 나름에 따라 달리 나타나는 작용반작용의 법칙을 받아드리고자 함에 있었다. 이쯤에서 3·3·3의 원리를 풀어내야하는 뿌리민족의 혈통과 몸통과 뿌리에 정착시킨 삼한의 위치를 짚어보자. 삼한이 본래부터 한반도에 있었다는 내재설과, 요동에 삼한이 위치에 있다가 이동하여 후에는 한반도까지 왔다는 이동설로 나누어 의견이 분분하지만, 몸통에서 뿌리로 내려왔다면 별 무리 없을 성 싶다.

즉, 진화의 경로가 해 지는 서쪽 가지에서 비롯되어 해가 중천에 뜬 중쪽 몸통으로, 다시 해 돋는 땅 동쪽 끝 뿌리까지 내려와 살아가고 있기 때문에 인류의 시원이라는 것이다.

육생량을 생산하는 가지에서 시작하여, 소통의 장소 몸통을 경유 영양흡수기관 뿌리에 닿았다. 때문에 당연히 입으로 먹고 육을 건사시킬 육생량은 가지·몸통·뿌리 순으로 들어오겠지만, 귀로 먹고 인생량을 키워나가는 정신량은 역으로 올라가야 한다는 것이다. 육생 넘어 인생이라 강조하는 이유도 육생량 비축 없이는 정신량은 공허한 메아리가 될 수밖에 없기에, 입으로 섭취하고 육을 건사시킨 다음에 귀로 청취하고 정신량을 키워나가야 한다는 것이다. 유념해야 할 사항은 육생량에 정신량이 부합되기 전까지 극과 극이라는 점이다. 당대도 고유 이념을 잃고 정착한 삼한(마한·진한·변한)은 극과 극과 극으로 대치상태였다. 사실 삼각관계는 이기의 극과 극과 극에서 시작되므로 상생의 삼각관계는 있을 수도 없는 일이다. 이를 풀어내야 하는 일이 우리 민족이 해야 할 일이었던 것이었다.

"몽골리안(Mongolian)으로 이름 지어진 동아시아와 터키 인들에게서 나타나는 다양한 크기와 모양을 가진 청색 계통의 색소반점을 몽고반점이라고 한다. 몽고반점의 연령별 빈도를 보면, 1세 미만 91.9%, 1세 97.4%, 2세 100%, 3세 90%, 4세 78.3%, 5세 58.5%, 6세 43.8%, 7세 32.6%로 나타났다. 종족별로는 몽골, 터키, 중국, 한국과 일본 거의 모든 동아시아 유아의 90% 이상, 백인 유아의 5% 미만에서 나타났다고 한다. 또 다른 조사에 의하면 동부 아프리카 유아의 90% 이상, 아메리카 원주민 유아의 85% 이상 나타났다는 것이다. 코카서스 지방, 중앙아시아, 북아프리카, 파키스탄, 인도, 방글라데시, 스리랑카의 유아의 1%~10% 나타났으며, 훈족의 영향을 받은 유럽인들과 헝가리인들에게 22.6%가 나타났다. 아메리카 원주민, 라틴 아메리카인들에게서도 50%~70% 나타났으며, 국내조사에서도 각각 신생아의 83.7%와 80.2%로 관찰되었다." 는 기록이다.

이와 같이 몽고반점은 동아시아인들에게 좀 더 많이 나타나는 것일 뿐, 인종의 구분을 주기 위해 나타나는 특히 사항이 아니라고 말한다. 인류가 전쟁의 피로 얼룩진 만큼이나 인종과 민족의 구분 없이 관찰해 나가는 것이 어찌 보면 자연스러운 일인지도 모른다.

민족 간에 언어와 피부가 다르듯이 상과 골격이 뚜렷한데 뿌리·몸통·가지에 있어서도 마찬가지다. 몸통민족은 몸통에서 살아가야 하는 대로, 가지민족은 가지에서 살아가야 대로, 그리고 두둑민족은 열도에서 살아가야 하는 대로 조건이 주어졌다. 뿌리민족이 뿌리에서 살아가야 하는 대로 조건이 주어졌지만 신토불이라 다수의 신체적 특히 사항이 있다. 개중에 두 가지 예를 들자면, 숨골(백회) 부분에 삼각형 뼈가 하나 더 있다. 이 부분이 대자연과 하나로 연결되는 기운통로로서 상투를 틀었었다. 또 하나는 며느리발톱이다. 이는 천손을 증명하는 대표적 상징 중에 하나다.

한편, 고조선의 준왕이 연나라 위만에 당한 능욕은 웃어른으로서 행위를 다하지 못한 결과물이 아니었나 싶다. 물론 뿌리로 귀양할 때가 되다보니 위만이 역할자가 된 것이겠지만, 능욕은 하극상과도 같은바 있어서도 안 될 일이다. 무엇보다 B.C. 108년에 한나라에 의해 멸망한 고조선은 위만이 B.C. 198년에 세운 위만조선이었다고 한다. 이에 앞서 B.C. 239년 해모수(북부여시조)가 정변을 일으켜 고조선을 붕괴시키고 북부여(B.C. 2세기~A.D. 494)를 건국하였고, 그 전후로 해서 만주와 연해주 그리고 뿌리반도에는 이미 여러 제후국들이 독립하여 열국시대를 열어가고 있었다.

이를테면 위만에 준왕이 능욕당하기 전, 뿌리로 귀양 가는 천손들이 열국시대와 때를 같이해 북부여를 건국하여 밑동부분에서 버티기에 들어갔다는 소리다. 버틴다는 것은 몸통에게 힘으로 밀려나야 했던 원인을 밝히려고 하지 않고, 리모델링으로 국호만을 바꾸어 활동주체 육생량으로 버티어 보려했던 것을 말한다.

어찌된 영문인가. 북부여에 대해서도 이렇다 할 만한 변변한 증빙자료 하나 전해지는 바가 없으니 말이다. 여기저기서 부분적으로 전해지는 자료마저도 신화적인 요소가 주를 이루고 유물·유적군은 확인되지 않고 있다. 겨우 길림주변에 독특한 철기시대 삶의 흔적이 나타나 이로부터 세력범위를 추정하고 있을 뿐이다. 북부여까지도 대자연이 그 실상을 드러내놓지 않는다는 것은 아마도 고조선에서부터 북부여까지가 피눈물을 씹어 삼키지 않으면 안 될 민족적 과오가 있기 때문은 아닐까. 자부심을 되찾는 길은 자존심과 우월성을 내세우는 일이 아니라, 세상을 널리 이롭게 하는 데 있다. 왕년에 잘나갔다한들 오늘날 동북아에서 요 모양 요 꼴인데, 빈약한 자료를 들추어가며 운용주체 지위를 내세우기보다는 이 꼬락서니로 살아갈 수밖에 없었던 이유를 밝혀내야 하는 게 우선이지 않을까.

어려워졌다는 것은 잘못 살아왔다는 것이다. 그리고 발전은 자기성찰 없이는 있을 수도 없다. 초일류기업이 부도 일보직전에 사체를 써서 다급한 순간을 막았다고 치자. 그렇다고 위기가 사라진 것일까. 위기만 모면했을 뿐 이제부터 시작이다. 기업은 이미 오래전에 환부가 전이되어 도려내야 할 시점에 닿아 응급처치만 했을 뿐이다. 병의 씨를 찾아 도려내지 않는 한 회복 불가능은 자명하다. 병은 건강을 되찾아주기 위해 발병하는 것이지, 고통을 주고자 발병하지 않는다. 기업의 부도 또한 마찬가지다. 파산을 위해 부도직전까지 몰고 가는 것이 아니라, 기업을 살리기 위해 부도직전까지 몰고 간다. 마찬가지로 어려워졌다거나, 병들었다거나, 실패한 표적은 잘못 살아온 지난날을 되돌아보기 위한 특단의 조치이다. 물론, 감성적일수도 있겠지만 어려움이나 병을 통해 지난날을 되돌아볼 수 있다는 점에 대해 감사해야 하지 않을까. 모든 일은 이유가 있어 벌어지는데 그 이유는 규명하지 않고 아이템을 바꾸고 상호를 바꾸는 육생살이 리모델링으로는 바뀔 수 있는 것은 아무 것도 없다.

단군조선(B.C. 2333~238)과 고구려(B.C. 37~A.D. 668)를 연결해주는 고리역할을 하고 있다고 다시 쓰이는 이 민족의 역사에서는 북부여(B.C. 239 건국)에 대해 말하고 있다.

고조선과 열국시대 사이를 이어주는 잃어버린 뿌리의 역사가 북부여라고 힘주어 말하지만 몸통이나 두둑에서는 별 무반응이다. 그도 그럴 것이 그들에게 득이 되지 않는 일이니 당연치 않은 일이지 않은가. 홍익인간은 선택이념이 아닌 보편이념으로써, 모두 함께 하여 다 같이 번영하자는 것이므로 반대급부는 있을 수 없다. 하지만 실천의 주체는 분명 육생살이 활동주체 민족이 아니라 인생살이 운용주체 민족이라야 가능하다는 것이다. 홍익이념은 화합과 소통에서 비롯되므로 그 에너지원 도와 덕이 함께 해왔었다.

이를 저버렸기에 불통이 되었고, 원인은 너 따로 나 따로 놀아난 결과이고 보면 불통은 지도력을 잃어버린 운용주체 민족에게 튀기 마련이다. 그 불통으로 말미암아 바르다고 말하는 정의(正義)를 행사할 수 없었다. 그리고 정의는 지키는 것이 아니라 행하는 것이다. 너를 얼마나 이롭게 했느냐는 것이다. 너와 얼마나 하나 되어 살아왔느냐는 것이다. 뿌리의 통과 품은 오간데 없고 육생량뿐이니 덕을 알리 만무다. 그리하여 북부여는 통치력을 잃고 독립한 여러 제후국들에게 용해되어버렸다. 고조선의 붕괴는 본연의 삶을 되찾고자 함이었으니, 북부여를 건국하여 운용의 대안 없이 활동의 힘으로만 버틴다고 해서 해결된 문제가 아니었었다. 게다가 뿌리로 귀양시간이 임박함에 따라 독립한 여러 나라로 녹아들어가야 했는데, 북부여에 이은 열국시대는 마지노선이 무너지면서 맞이한 뿌리민족 분열의 시대다.

🍂 열국에서 삼국으로

기원 전후로 형성된 정치집단 삼한(진한·마한·변한)이 자리하면서 낙동강 동쪽 경상도지역에 위치한 진한은 A.D. 4세기 무렵 신라로 편입되었으며 경기도, 충청도, 전라도지역에 분포되었던 마한은 A.D. 4세기 무렵 백제에 편입되었다. 김해, 마산지역을 중심으로 터전을 마련했던 변한은 A.D. 4세기경에 가야연맹체를 구성하였다는 기록이다.

나머지 북부여가 고구려에 흡수되면서 뿌리의 사국시대(고구려, 백제, 신라, 가야) 막을 열었다. 본래 몸통에서부터 삼한시대(三韓時代)를 열어가지고 들어온 터라, 삼한의 기운 그대로 뿌리에 투영되어 삼국시대를 열어가게 되었고, 이에 따라 음양화합 0의 수의 지형을 이룬 뿌리의 과제는 삼국체제를 풀어나가는 일이었다. 뿌리가 몸통의 롤 모델인 것도 몸통에 삶이 그대로 투영되었기 때문인데, 당연히 몸통도 가지를 위한 삶을 살아가야 하겠지만, 뿌리의 도움 없이는 어떠한 이로움도 줄 수 없다는 것이다. 물론, 몸통에는 뿌리·가지 기운이 교차하고 있지만 쓸 줄 모른다는 것이다. 가지에는 뿌리·몸통 기운이 상주하지만 육생량을 독점 생산중이라 미미하다. 뿌리는 몸통·가지 기운을 머금은지라 드러나지 않은 역사와 문명은 뿌리의 이념을 통해 충분히 증명할 수 있으리라는 것이다.

한편, 하나 된 민족국가를 이루기 위해 시작된 열국시대는 사국시대로, 다시 사국시대는 삼국시대로 편입됨에 따라 당시 신라에게 김해평야 가야국은 참으로 매력덩어리가 아닐 수 없었다. 물론, 백제의 입장에서도 구미가 당기기는 마찬가지겠지만, 백제보다 곡

식창고 평야가 턱없이 부족한 신라가 군침이 더 돌지 않았을까. 물론, 철 생산량도 으뜸이었지만 육신을 건사해야 대사를 논할 수 있는 법이라, 가야를 등에 업는 일은 신라의 미래가 걸린 일이었다.

　무엇보다 하늘의 뜻을 어겨 고난의 행군 중이라는 사실을 깨달아야 했었는데, 하나 된 민족국가를 이루기 위한 여정임을 깨우쳐야 했었는데, 윽박질러 편입시킨 가야로 말미암아 백제와의 충돌은 불가피한 일이었다. 이로움의 정신량이 아니라 힘의 육생량을 앞세웠을 때의 문제는 열국에서 삼국으로 이어지는 원인을 알 턱이 없다는 것이다. 있다한들 육생논리 자기 셈법이었을 테니 화합을 육생의 힘으로만 이루려 했던 것이다. 그렇게 가야(A.D. 42~562)는 동쪽으로는 신라, 서쪽으로는 백제 두 나라 등살에 무너져가다가 결국 A.D. 562년에 신라에 의해 멸망하고 말았다. 가야의 육생문명은 김해평야의 곡창은 물론 질 좋은 철을 바탕으로 철기문화를 꽃피움으로써 두둑과의 교역이 매우 활발하였다. 지금의 김해평야인 김해만은 천혜의 항구로서 무역을 발달시키기에는 어렵지 않은 일이었고, 교역의 원동력은 김해지역에서 생산되는 철이었으며 질이 우수하다보니 동아시아 철의 공급량의 대부분을 차지하다시피 했다. 요동과 요서의 한사군에까지도 수입했었다는 기록이다. 두둑은 화산섬인데다가 육생기술이나 문화자원마저도 전무한 상태였고, 보호막으로서 뿌리의 도움 없이는 원시적 생활을 면치 못한다는 점을 간과해서는 안 된다.
　두둑 최초의 통일국가는 4세기말에 형성된 야마토왜(大和倭)이고, 정신은 야먀모토에서 시작된다. 덕 되게 사니 득이 되더라는 뿌리와 두둑은 상호상생 관계이므로 가야의 건국신화와 두둑의 건국신화가 일치할 것이라는 의견이 분분하다. 7세기경 꽃 피운 아스카 문화도 백제와의 절대적인 친선관계 덕분에 이룬 것이라고 하면서 가야가 세우고 백제가 지배했다는 설이 나돌고 있다. 한 뜸이라도 삶의 질량을 높여야 하는 두둑의 입장은 뿌리의 도움이 절실했기에 제철·제련기술은 물론이요, 소소한 일상의 행위까지도 습득하기 위해 쉼 없이 드나들었다. 뿌리보호를 위해 북동부에서 남서 방향으로 떨어져나간 화산섬인 만큼, 인간이 살아가기에는 녹록치 않은 곳이다. 게다가 태평양의 기운을 온몸으로 막아야 하는 민족이라, 외형이 왜소할 수밖에 없다. 그래서 열도에서 살아가는 이들을 왜인(矮人)이라 부르는 것이지, 바다 건너 산다고 해서 왜인(倭人)이라 부른 것은 아니다.

대자연의 흐름이라고 해야 할까. 서쪽가지에서 중쪽몸통을 거쳐 동쪽뿌리로 진화해 온 경로가 대륙세력이다. 그리고 두둑은 태평양이 일으키는 이상기온 현상을 막아 완화시킨다. 뿐만 아니라 해양세력 육생량을 뿌리를 통해 몸통으로 유입시켜야 하므로 업그레이드 시대까지 장족의 발전을 이루었다. 이후 뿌리·몸통(한중)수교가 이루어지자 육생경제 성장은 멈추었고, 뿌리를 통해 몸통이 세계 육생경제의 판도를 뒤바꿀 무렵 비대해지는 몸통을 경계하기 위해 가지는 두둑을 군사적 요충지로 변모시켜 동북아는 신냉전시대를 맞이했다. 어느 사인가 뿌리에 가지와 몸통세력이 자리하다 보니 육생안보는 가지, 육생경제는 몸통에 의지하는 경향이 짙어졌다. 앞으로는 경제와 안보까지도 점차 몸통에서 책임지려 할 터인데, 육생량의 치장이 전부라 신 냉전 구도에 대한 해석도 고작 육생논리다.

비굴하게시리 다들 눈치 9단에 뱁새눈이 되고 말았다. 기실, 알게 모르게 두둑이 뿌리를 보호함으로서 몸통을 성장시킬 수 있었다. 그리고 몸통의 성장은 가지 열매의 숙성을 뜻하며, 에너지원 정신량을 올려줄 때 비로소 충만한 교역이 이루어지므로 그때서야 탈 냉전시대를 맞이하게 된다. 1991년 가외몸통 소련이 붕괴하자 탈 냉전시대를 맞이했다고 하지만 아랍국의 전쟁은 앞으로 더 심각해질 터인데 심히 생각해 볼 문제가 아닌가. 그리고 대륙세력 핵심몸통이 기지개를 펼 때이므로 탈 냉전시대는 찾아오지 않았다. 동북아의 중심에 뿌리가 바로 설 때 몸통이 살고 두둑도 살고, 또 가지의 육생량을 정신량으로 화할 즈음 동북아를 주도해 나가리라 믿어 의심치 않는다.

육생이 지식이자, 분석이며, 출발이고, 과정이라고 한다면 인생은 지혜이자, 화해이며, 종착점이자, 결론이라 하겠다. 아울러 운용주체 민족의 창조는 육생활동량에 있는 것이 아니다. 정신운용량에 있음을 알아야 한다. 아울러 당대 몸통의 삼한체제를 뿌리에 투영한 것은 대안을 마련키 위한 것이므로, 가야는 황금알을 낳는 거위여야 했으며, 삼국의 표적이 되어야 했었다.

백제(B.C. 18~A.D. 660), 고구려(B.C. 37~A.D. 668), 신라(B.C. 57~A.D. 935)로 이어지는 뿌리 삼국시대는 동북아 삼국시대와 별반 다르지 않아 뿌리기운을 밝히는 원동력이어야 했다. 육생량의 이기와 이기와 이기의 대립은 극과 극과 극의 대치상태로 일촉즉발의 상태이다. 사실 정신량의 발로 지혜는 이타를 자극하여 덕으로 국내정세는 물론이요, 삼국의 정세까지 살핀다. 대립과 대치는 득 보자는 행위로서 언제든지 무시를 당한다거나, 가치를 인정치 아니하면 충돌은 불가피하다. 돌이켜보면 예나 지금이나 삼국체제를 유기적으로 구축해나가는 일은 그리 어려운 일만은 아니었다. 단지 소임이 달라 태어난 곳이 다르고, 형과 상이 달리 주어졌을 뿐이다. 임하는 자세는 주어진 일부터 바르게 처리하기 위해 노력하는 일인데, 이를 위해 해야 할 일은 참견과 간섭 일변도의 태도부터 바꾸는 일이다. 이를테면 내 방법이 네게도 맞을 것이라는 생각과, 내 편하자고 한 행위를 가지고 너를 위한 행위라고 떠벌리지 말아야 한다는 것이다. 내 것은 내게만 맞을 터, 네게도 맞는 거 마냥 떠벌이다 신뢰성을 잃어버린다면 힘으로 대적하려들 것이 아닌가. 인간의 자유의지는 개인의 권리를 보장받을 때 발휘되므로, 하라 하지마라식의 일방적인 가르침은 소통의 장애를 일으키기 마련이다.

모든 육의 생명체는 제 할 일을 하기 위해 존재하는 것이며, 존재의 가치는 내 앞의 인연과 하나 되어 살아가는 데 있다. 나를 위한 육생살이는 너를 위한 인생살이로 치달리고 있기 때문에 화합을 위한 합의를 이루고자 한다면 일체의 참견과 간섭이 없어야 한다. 그러한 행위는 힘을 앞세운 육생량 과시로써 자기 뜻과 맞지 않을 때에는 힘으로 윽박지를 터이니 화합이 있다한들, 합의를 이루었다한들, 일방적일 수밖에 없다. 이를 위해 정작 필요한 것은 운용주체 인성교육이다. 활동주체 육생교육을 최소 십 수 년을 공부해 본들 자기 앞에서 벌어지는 일을 변변히 처리하지 못하는 이들이 부지기수다. 전체와 부분의 차이를 알기나 할까.

인간에게 있어 최대의 장애물은 이기와 이타의 대립으로 살아가는 일이다. 물론 하기 나름에 따라 보완적인 관계로 발전하겠지만, 상호발전은 반쪽반생을 통해 상호상생을 이루어내는 일이다. 이는 인간사회가 시급히 풀어나가야 할 당면한 과제이자, 이기적 육생 인간에서 이타적 인생 사람으로 승화시킬 정신량 공급을 요하는 부분이다. 언제나 그렇듯 득 볼 심산으로 찾아가는 것이 인간이고 보면, 대립과 대치 상태에서 태반을 소통해 왔으니 충돌은 당연한 일로 여겨왔을는지도 모를 일이다. 게다가 삼각관계는 풀지 못할 미스터리라고 생각할지 모르나, 인연은 자기욕심으로부터 기인되는 것이기에 무한한 자유의지가 부여되어야 한다. 득 되면 만날 터이고 안 되면 안 만날 터이니 육생량을 추구하는 활동주체에게 있어 자유의지란 이로움을 찾아다니는 철새라고 해야 할까. 이롭지 않으면 외면해버리기도 하는데 이 때문에 소통의 한계에 직면하는 것이다.

반면 찾아오는 이를 맞이하는 운용주체는 이로움의 산물이라, 인문학적 소양을 배양해야 한다. 득이 되지 않을까 싶어 만나, 득 될성 싶으니 하나 되어 가다가, 득이 되지 않으면 헤어진다는 사실을 모르진 않을 테지만, 하나 되어 살아가고자 한다면 가지고 있는 모든 것을 이롭게 쓸 줄 알아야 한다. 따라서 교육의 본질은 하나 되기 위한 것에 있어야 한다는 것이다. 혹여, 가르친답시고 참견과 간섭으로 일관한다면 자유의지를 무시하는 처사라, 모순이 절제와 억압으로부터 비롯된다는 사실마저 잊는다. 결코 유익할 수 없는 행위가 참견과 간섭이고 보면, 탓하기보다 행위를 인정해주는 인성부터 잡아나가야 하지 않을까. 때론 이로운 행위였다고 반문을 가하기도 하지만, 그렇다면 진정 득이 되라고 한 행위인지, 아니면 제 속 편키 위한 행위인지를 분별부터 해봐야 할 일이다. 찾아온 네게 이롭지 않으면 맞이하는 내게는 해가 되는 법이다. 물론, 상대적인 것도 없지는 않겠지만 그렇다고 상대성이 적용되지 않는 것이 아니다.

작용반작용의 법칙 인생방정식은 그 누구도 예외 없이 적용되므로, 어떻게 도우려 했느냐, 누구의 방법대로 도우려 했느냐, 상대방의 근기를 바로 알고 도우려 했느냐, 호주머니만 노릴 요량으로 기분만 가벼이 앞세우지 말라는 것이다. 재주가 없어서, 실력이 없어서 할 짓을 못하는 것이 아니라, 인성부족으로 제 짓거리를 다 못하는 것뿐이다. 육생의 기본금은 근기에 맞게 주어지지만 오른 후엔 상호상생에 비례하여 주어지고 있다. 찾아오는 인연이 많으면 많은만큼, 적으면 적은만큼 주어지는 것이 방편이다. 그렇다면 육생량이 바닥을 드러냈다는 것은 찾아오는 인연도 바닥을 드러내고 있다는 것이 아닌가. 역시 하나 된 삶을 위해 소양을 배양하는 일보다 중요한 일은 없다. 누구나 마찬가지다. 멀리 있는 인연을 위해 살아가야 하는 것이 아니라, 나를 찾은 인연을 위해 살아가는 것이 인생이다. 어린 육생시절 건너 성인 인생시절이듯 지식 넘어 지혜이다. 나를 위한 삶을 살아갈 때 너를 위한 삶에 관심을 갖게 되는 바처럼, 육생을 해결치 못한 인생은 있을 수도 없다. 내 앞의 인연과 하나 되지 못하는데 어찌 멀리 있는 인연과 하나 될 수 있으리라 생각하는가. 만약 가능하다 한다면 그것은 힘에 의지한 일일 터이고, 반쪽반생이 허다하지 않을까. 고통은 어느 날 갑자기 찾아드는 것이 아니다. 소통치 못한 티끌이 모여 폭발해 받는 표적이다.

◖ 삼위일체

　육생살이 편리성을 추구해온 물질문명에 삶의 질을 거론하면 곤란하다. 이미 주어진 선천적인 육생량이지 아니한가. 후천적 정신문화로 떠나는 삶의 여정은 선천적 육생량에서 불거져 나오는 욕심으로 말미암아 희로애락(喜怒哀樂)을 겪으며 살아왔지만, 하나같이 욕화(慾火)의 발로라 육생량이라고만 가르칠 뿐, 정신량 마련을 위해 상대성으로 벌어지는 일이라고 가르치고 있지 않다. 인간생활에 물질문명의 기여도란 육생살이 불편함을 줄인다거나, 잠시 잠깐 육생의 고통을 잊게 한다거나, 육생을 해부하는 일이 전부였으니, 힘과 육적 쾌락 앞에 주춤하는 사이 삶의 모양새가 동물과 별반 다르지 않다.

육생량에 정신량이 배제되면 동물처럼 살아갈 터이고, 정신량이 부가되면 사람들과 사람처럼 살아갈 터인데, 아직은 이도저도 아닌 인간인지라 정신량보다 육적 황홀경을 선호한다. 육생재능은 소통의 수단이자 인생살이를 위한 종자돈이다. 육 건사를 위한 육의 양식은 입으로 먹고, 오장육부가 소화시켜 피와 살이 되고, 찌꺼기는 똥으로 배설한다. 그 똥은 기껏 해 봐야 육의 양식을 위한 거름이 되어줄 뿐이다. 물론 육생량인지라 육의 자원으로 되돌아가는 것이겠지만, 육신이 건강치 못하다면 오장육부 기능이 저하되어 시름시름 앓다가 생을 마감하는지도 모른다. 병(病)은 사차원에서 받아온 사주를 바르게 쓰지 못할 때 들어가는 대표적인 표적 중에 하나인바, 재물을 잃고 육신마저 골병들었다면 분명 삶을 반추해 봐야할 일이다. 반면 소통의 양식은 눈과 귀로 흡수하는데, 바로 앞 인연의 말과 행동을 보고 듣고 이롭게 행하는 일이다. 이때 흡수한 말과 행동에 대하여 소화(이해)할 시간이 필요하다. 눈과 귀로 흡수한 소통량을 너를 위한 마음기관에서 받아드리기도 전에 나를 위한 생각차원에서 거르지도 않고 입으로 배설부터 한다면 설사하는 바와 같아, 쌍방 간에 이로울 것이 없다.

마음기관은 소통의 에너지로 하나 된 삶으로 이끌어가는 지혜의 샘이다. 즉 생각차원은 나를 위해 쓰이는 지식의 소화기관이라고 한다면, 마음기관은 너를 위할 때 쓰이는 지혜의 소화기관으로 나를 위해 쓸 수 있는 그 무엇이 아니다. 인성교육은 다른데 있지 않다. 생각적 이기 지식과 마음적 이타 지혜와의 조율을 해나가는 일인데, 해하니 독이 되고, 무익하니 멀어지고, 덕 되게 사니 득이 되더라는 작용반작용의 법칙 상대성원리를 이해하는 일이다. 지난날을 되돌아보면 분명 나 하기 나름 있었다는 사실을 알 수 있을 터, 이쯤 되면 비방하고, 비하하고, 폄하하고, 편애한 행위를 보거나 들어도 이유가 있어 하는 행위로 점차 받아드리게 된다.

이렇듯 입으로 섭취한 물질은 육생살이 인육을 살찌우고, 눈과 귀로 흡수한 소통량은 인생살이 정신량을 살찌운다. 육생량은 정신량의 토대이자 마음기관을 쓰기 위한 보조수단이다. 물론, 육생의 기본금을 바탕으로 살아가고 있지만 그 안위에 빠져버리면 모르는 사이 생각차원 지식에 꺼둘리고 만다. 지혜의 보고 마음은 절대분별의 차원이라, 진정 너를 위하고자 할 때만 쓰이는 사랑의 에너지원으로서 진정 비워야 할 것은 마음이 아니라, 나 밖에 모르는 내 생각이다. 하나같이 싸우고, 충돌하고, 부딪칠 때마다 자기 마음이 잘못되어 그런 것이라고, 마음타령 해대며 마음을 비워야 한다고 핑계대기 일수다.

앞서 언급했지만, 마음은 너를 위할 때만이 쓰이는 에너지원이므로 내 뜻대로 해 볼 수 있는 그 무엇이 아니라는 것이다. 마음한번 써보지 못한 이들일수록 마음을 비워보겠다고 난리들이니, 자기 잘못된 생각으로 인해 일을 그르친다는 사실을 알기나 하겠는가. 비워야 할 것은 너를 위한 마음이 아니라 나를 위한 생각이다. 육생과 인생, 마음과 생각, 지식과 지혜의 분별이 올곧지 못하면, 받아온 재능을 고작 생각차원에서 발휘하고서는 이롭게 썼다고 한다.

재능은 태어날 때 받아오고 인성은 성장하면서 스스로 갖추어야 하는 덕목이다. 재능과 인성이 부합되는 날이 거목으로 추앙받기 시작하는 날인데, 가르침의 지표가 이에 맞춰졌다면 받아온 재능은 소통의 수단이므로 때가 되면 스스로 발휘하리라는 것이다. 하나같이 제 듯대로 안 된다고 마음 타령이나 해대면서 타고난 재능을 개발한다고 난리들이니 사장이 되고나서 실패하고, 결혼하고 이혼하는 이유를 알 턱이 없다. 어렵게 사는 것은 재능이 없어서가 아니다. 그에 걸맞은 소양을 배양시키지 못해서다. 작금은 육생량과 정신량이 하나 되기 위해 온 세상이 투명해지는 시점인지라 감추어져 있던 몸통의 베일은 스스로 벗겨질 것이라고 말하고 있다, 그렇다면 이때 치러야하는 성장의 통증은 뿌리로 그대로 꽂힌다는 사실을 알아야 한다.

몸통은 그야말로 거침없이 통해야 하는 교역시대를 맞이하였다. 거침없는 시대상은 세상을 널리 이롭게 하자는 데 있다. 그 이로움의 수단은 육생량이기보다는 정신량으로서 참견과 간섭과 동정도 아닌 있는 그대로 보고 받아드리는 이념이어야 한다. 이를 행하려 한다면 통과 품이 커야 하지만 억지로 키운다고 해서 커지는 그 무엇이 아니다. 이해의 질량으로 어떻게 받아드리느냐 인데 지금까지 나를 위해 살아왔다면 지금부터 너를 위해 살아가야 하는 시대라는 사실을 깨우치는 일이다. 몸통교역 투명시대는 음의 기운에 힘입어 양의 기운이 나래를 펴는 일부터 시작된다. 이 때문에 융합이니 통섭이니 하는 말들까지 만들어지고 있으나 강한 개성만큼이나 이기적인데다가 모순투성이라 하나 되기가 여간 어렵지 않다. 그만큼 육생량에 빠져 사랑하며 살아가기 어려워진 시대라는 소리다. 사랑은 행복의 시작이므로 육생량만으론 결코 행복할 수 없다. 사실 운용주체 민족에게는 약자와 강자도 없었지만, 육생논리에 휘둘리어 비겁하게시리 강자에겐 약해지고 약자에겐 한없이 강한 척 해오지 않았는가.

한편, 독주체제를 막기 위해 형성된 삼각구도는 삼위일체와 삼신사상에서 비롯되었으며, 세 개의 차원으로 나누어진 세상을 하나의 차원으로 통합시키기에 가장 이상적인 시기가 뿌리에 형성된 삼국시대였다. 해양세력 가지와 대륙세력 몸통과의 대통합 원리가 녹아있는 7천3지 음양이 어우러진 뿌리는 0이라는 하나의 차원에서 시작되면서, 70% 해수면 위로 떠오른 30%의 지표면이 자리하였다. 아직은 뿌리가 생성되기 전이다. 가지와 몸통이 세상을 열어가기 위한 개척시대였고, 뿌리가 생성될 때 비로소 세 개의 차원으로 나뉜 세상이 형성된 것이라고 하겠다. 뿐만 아니라 가지의 질량이 몸통을 거쳐 뿌리에 응집되었으므로 가장 이상적인 곳이 아닐 수 없다. 홀수, 짝수 음양개념은 인간논리 음양법이라, 대자연의 음양법과는 천양지차다. 따라서 양의 기운 30% 지기는 만물을 관장하는 지상 3차원이자 활동주체이므로, 3차원의 미스터리만 풀어낸다면 하나 되어 살아가는 길이 열릴 것이다. 이처럼 3차원의 삼각구도는 뿌리의 핵심들만이 풀어낼 수 있는 문제이므로 몸통의 삼국체제를 그대로 옮겨놓았다.

분명 이기와 이기와 이기가 맞서니 대립적이라고 하겠지만 상호상생은 반쪽반생을 통해 이루어 나가야 하는 것이다. 상생은 수직을 통한 수평구도라 너 뒤에 또 다른 너를 세운 것은 치우침 방지 구도다. 이기와 이기와 이기라는 모순구도를 통해 수평을 유지해 나가지 못한다면 삼각관계와 삼각체제 그리고 3대 계승의 문제를 풀어내지 못한다. 있을 수도 없지만 만약 있다고 한다면 힘이 득세한 육생량에 국한된 사항일 것이다. 인생사 3번의 기회가 주어지는 이유도 3일, 3주, 3달, 3년, 30년 주기도표가 그려지는 원인도 여기에 있다. 뿌리에 천·지·인 삼위일체 삼신사상이 자리하자, 몸통에 불·법·승 삼위일체 삼신사상이 자리했으며, 가지에는 성부·성자·성신의 삼위일체 삼신사상이 자리하였다.

고조선 건국 이전에 천·지·인 삼위일체 삼신사상에서 비롯된 문제를 풀어내야 했지만 어느 순간에 덕이 힘으로 둔갑하고 말았다. 5천 년 이상 적대적? 보완적? 여하튼 동북아의 삼국관계로 고초당초 매운맛 다 봐왔으면서도 육생량에 기대여 가지사회 눈치나 보고 있다.

그저 물질을 다루는 육생과학이나 운운하며 피라미드의 신비함만 쫓으려는 통에 3△과(삼과 정삼각) 4□(사와 정사각)의 근본을 알기나 하겠는가. 그리고 3·4합의는 운용주체 7차원이다. 이를 모르면 활동주체 3차원과 7천3지 음양화합을 이루어 0의 차원으로 회귀를 꿈꾸어 왔는지 어찌 알겠는가. 뿐만 아니라 3번째 밀레니엄을 맞이하면서 이슈화된 3대 계승문제를 어떻게 해석할 것인가. 살짝만 이 문제를 들춰보자. 하나 된 민족국가를 이루어온 1천 년 동안 오히려 썩어버리자 물갈이 두둑강점기를 일으켜 70%를 씻어 내야 했으며, 밭갈이 동족상잔 6.25를 일으켜 나머지 30%를 쓸어내야 했다. 비애는 상혼보다도 스스로 잘라버린 상투에 있었다. 그리고 두둑강점기 세대가 육생경제를 일으켜야 하는 개척1세대다. 주권 피탈은 정신량 창출2세대 베이비부머 새날의 씨앗을 파종시키고자 함에 있어 폐허 속에 육생경제를 일으켜 세울 수 있었다.

천기에 힘입어 육생량으로 한강의 기적을 일으키는데 까지가 개척1세대의 몫이었다면, 지기에 힘입어 육생량을 발판으로 정신량 마련을 위해 태어난 세대가 창출2세대 베이비부머다. 1988년 웰컴 투 코리아(Welcome To Korea)를 부르짖을 때가 1안의 육생인프라 구축된 시점이라고 한다면 이 시기부터 2안의 정신인프라를 마련하는 대로 부여해 나가야 했었다. 하지만 정부나 기업이나 육생물질 생산만을 독려하였으니 육생국가에 육생기업으로 전락할 수밖에 없었다. 게다가 CEO가 할 수 있는 일이라곤 궁지에 몰린 문어가 제 살 뜯어먹어야 하는 것처럼 문어발식 육생경영이 전부였었다. 하나 되는 대안을 모르자 곧바로 IMF라는 육생경제 침몰로 이어져 대기업의 반은 수장되었고, 나머지는 인생국가를 열망하는 시대의 폭풍 속으로 빠져들었다.

말도 많고 탈도 많은 새날의 씨앗 창출세대는 육생량을 쫓기보다는 인문학적 소양을 넓히는 데 주력해야 했었다는 것이다. 육생경제 전환기를 맞이하여 정신량을 부가시켰다면 인생경제 대안으로 이어져 진정한 글로벌코리아(global korea)를 외쳤을 텐데, 이에 미치지 못하니 자살 공화국이라는 불명예를 안았다. 정부는 정부대로 기업은 기업대로, 선생은 선생대로 학생은 학생대로, 남편은 남편대로 부인은 부인대로 놀다가 이혼 공화국까지 되어버리고 말았는데, 뜻하는바가 무엇일까. 그것도 동방예의지국에서 말이다. 하나 되어 나가야 하는 업그레이드 시대임에도 초유의 사태가 벌어지는 것은 육생정부에, 육생기업에, 육생경영에, 활동주체 육생행위뿐이라서 그런 것이 아니겠는가. 정신량을 몰라 육생량으로 겪는 노사갈등은 물론이요, 정확히 3대 계승시점에 총체적 난국을 겪는다는 것은 지극히 당연한 일이다. 특히 창출2세대의 자원은 하나 되어 나가는 정신량에 있다 하겠으니 대안창출은 결코 다른 세대나 다른 민족이 대신할 수 있는 그 무엇이 아니라는 것이다.

하나는 둘을 위해 존재하고 둘은 셋으로 펼쳐진 세상을 위한 것이라고 하지만, 그 셋은 다시 둘에서 하나 되기 위한 것에 있다 보니, 최초 하나의 과정 상(上)보다 또 대미를 장식할 세 번째 과정 하(下)보다 상하 연결고리 두 번째 과정 중(中)의 역할이 중요하다. 아울러 개척세대가 천기의 힘으로 마련한 육생량은 정신량을 위한 초석이라면, 지기를 부여받은 창출세대 새날의 씨앗은 3세대 에코부머 미래의 꽃을 피워낼 발판을 마련해야 한다는 것이다. 3세대는 1세대 육생량의 토대위에 마련한 2세대의 정신량을 세계만방에 고(告)할 세대이고 보면, 상하 연결세대인 중층 2세대 새날의 씨앗이 무얼 남기느냐에 따라 피고 짐을 달리한다. 분명 70%의 육생량에 30%의 정신량을 가미시켜 인생량의 합의 수 0이 나올 때 3세대의 꽃이 만개한다. 그 때야말로 삼위일체 하나가 될 때, 삼국이 하나가 될 때이다.

또한 3세대는 1세대가 개척한 육생량과 2세대가 창출한 정신량을 실어 나르기 위해 태어난 메신저 세대인바 한류열풍의 중심에 서게 된 것이다. 게다가 업그레이드 시대의 선두주자다. 개척세대는 기계식 시대의 육생량 세대이고, 창출세대는 아날로그 시대의 정신량 세대이다. 무엇보다 육생량은 천지 도움 없이는 개척이 어렵다는 점이다. 해서 육생 1안의 인프라를 구축할 때까지 매달릴 곳은 오직 천지(대자연)뿐이었다는 것이다.

컴퓨터가 보편화될 무렵 인공지능이니 사이버영상이니 하는 말들이 만들어졌으며, 격이나 품질 따위를 높이면서 업데이트(update)와 업그레이드(upgrade)를 운운하였다. 부분의 업데이트보다 전체의 업그레이드 말이 나돌 때부터가 육생량에 정신량을 부가시켜 나가야 할 때였다. 컴퓨터가 보편화되기 전까지만 하더라도 10년만에 강산이 변하였고, 보편화되면서부터는 3년 내에 변했으며, IT 강국의 입지를 굳히면서부터는 3개월 이내에 변하고 있다. 10년에 강산이 변하던 시절은 육 건사를 위한 육생물질 개척시대라고 한다면, 석 달 열흘에 강산이 변하는 업그레이드 시대는 소통, 융합, 상생 삼원론(三元論)적 사고가 바탕이 되는 정신문명 시대라고 하겠다. 그 중심 배경은 이원론(二元論)적 작용반작용의 법칙 상대성 원리를 바탕으로 균형을 잡아 나가는 일인데, 나 하기 나름에 따라 달리 나타나는 사항을 표적 삼을 때, 선택은 양자택일 복불복이 아닌 순환의 이치로 받아들이게 된다. 무엇보다 대부분이 보이는 육생량으로 말미암아 만남을 갖지만 합의를 이루는 사항은 개개인의 몫이다.

갚아야 할 것이 있거나, 받아야 할 것이 있을 때 형성되는 것이 인간관계다. 이를 때론 인과관계(因果關係)로 거론하지만 나 하기 나름에 따라 달리 나타나는 인생방정식에 대입해 볼 문제다. 잡고, 당기고, 미는 삼위일체 과정을 삼각관계를 통해 배울 터이고, 불신 불통으로도 자극받을 터이니, 작용반작용의 법칙으로 풀어내는 인생방정식은 힘을 앞세웠던 시대에는 별무신통이었다. 상생이니, 융합이니, 대통합이니 하는 말들이 만들어지는 업그레이드 시대에서나 받아드려질 소통원리다.

　무엇보다 순환의 이치를 깨우친 민족인데다가 팔도(八道)의 기운이 살아 숨 쉬는 곳이 뿌리이기 때문에 삼국체제를 형성시킨 것이다. 조선시대에 팔도가 제정되었다곤 하지만 구획은 이미 정해진 터라, 해야 할 일은 조건을 받아드려 하나 되어 살아가는 일이다.
　또한 육생량의 차이가 선천적 차이인 만큼, 생활조건 역시 지정학적 차이만큼이나 달리 나타나며 생체 리듬도 마찬가지다. 그래서 신토불이는 내 앞에 있는 이들과 하나 될 때 모두 하나 될 수 있다는 뜻이 아닌가. 뿐만 아니라 내게 주어진 조건은 내 근기에 맞게 주어졌다는 사실을 가르치는 바라, 조건과 조건이 만나다는 것은 하나 되기 위함에 있다. 따라서 네 화음에 맞추며 불협화음이 일지 않는다는 것이다. 내 음률이 튀어 생긴 부조화가 불협화음이다. 네 조건의 승인여부는 어디까지나 내 몫이 아닌가. 삼국관계에 있어서도 마찬가지다. 부딪침은 상호 이롭지 못할 때 벌어지는 일이다. 결국 네 책임이 아니라 내 책임이라는 것인데 찾아가는 자의 잘못일까, 맞이하는 자의 잘못일까. 통해보자고 찾아오는 인연과는 처음부터 부딪치는 일은 없다.
　이기의 운용주체와 이기의 활동주체와의 관계라 결과는 빤하지 않은가. 갈수록 쏠림이 심화되는 이유인데 이는 육생량을 추구하는 인간의 물욕 때문이고, 발로는 이기적인 욕심에 있다. 물론 이를 통해 원하는 바를 이룬 이도 있을 테지만, 육생물욕 거기에서 멈춰버린다는 것이 문제라는 것이다. 활동주체 이기가 뜻한 바를 이루려는 것은 곧 운용주체 이기의 삶을 살아가고자 함에 있는 것이 아닌가. 그렇다면 오른 후에 이타가 되지 못한 운용주체는 활동주체 이기와 부딪칠 수밖에 없다. 이렇듯 함께 하는 대안을 마련치 못하고 오른 자리는 이내 좌절을 맛본다. 이 대안을 찾지 못하여 사는 게 고통이라 되뇌고 있다. 설령 알았다한들 이로운 행위가 무엇인지 모른다면 이도 마찬가지다. 그저 안쓰럽다고 어설프게 다가서다간 뺨도 같이 맞아야 하는 법. 제 분별이 어리석어 도리에 어긋나는 행위를 해놓고 돌아서는 이들만 나무라고 있기에 하는 소리다.

　상생은 내 앞에서 벌어지는 일을 처리할 때 성립된다. 물론 득이 따라야 하겠지만 그 득조차 방편인 것이므로 득보다 실이 크다는 것은 상호상생을 이루지 것에 대한 표적이라는 것이다.

　반쪽반생은 나를 위할 때 갈라지는 현상이요 상호상생은 너를 위할 때 하나 되는 현상이다. 그리고 소통과 불통은 나냐 너냐에 딸린 문제인 만큼 이기의 개념을 바로 알아야 한다. 육생으로 인생을 소원하듯이 이기로 말미암아 이타를 갈구하는 바라, 너와 내가 만난다는 것은 우리가 되어 살아가고자 함에 있다. 그렇다면 이를 하나로 연결시켜줄 에너지원을 개발하는 일만 남았으며 선천적 육생량은 만남을 위한 수단라면 후천적 정신량은 결속을 위한 것이어야 한다. 해법마련을 위한 삼국시대도 별반 다를 바가 없었다. 삼각주에 꼭짓점을 찍는다 해도 이념이 다르면 우호증진은커녕 둘이 하나를 짓밟기 마련이다. 그 하나가 귀속될 시점에 다다르면 둘 사이도 적대적이 될 텐데 도와주고 뺨 맞아야 하니 아니 때릴 수는 없지 않은가. 때리니 맞았고, 맞지 않기 위해 때릴 수밖에 없었다는 말조차도 득보기 위한 구실이고 보면 삼국은 정신량이 배재된 이기의 운용주체만 있을 뿐이라서 피터지게 싸워야 했던 모양이다. 동고서저(東高西低)의 뿌리지형을 토대로 삼국의 기운을 살펴보자.

해 지는 서남쪽 땅에 위치한 백제는 동해서 서해로 흘러나가는 물줄기 따라 곡창지대가 형성되었다. 만경강과 동진강의 호남평야, 금강의 논산평야, 영산강의 나주평야, 한강의 김포와 안성평야 등이 위치하여 곡창의 보고가 아닐 수 없기에 신라와 고구려와는 1안의 육생량 생산에 중점을 두어 교역을 강화해 나가야 했었다. 해 돋는 동남쪽 땅에 위치한 신라는 북에서 남으로 흐르는 낙동강 유역의 김해평야를 확보했으나, 백제와는 꾸준한 육생량 교역을 일구면서 당대에 걸맞은 2안의 정신량 그러니까 소통·상생·화합의 대안을 마련하여 고구려와 교역해 나갔더라면 그 힘은 아마 배가 되었을 것이다.

한편, 밑동부분에 위치한 고구려는 몸통만주를 포함하여 함흥평야와 수성평야는 두만강 물줄기처럼 동해로 물줄기가 유입되며, 용천평야를 품어 안은 압록강은 서해로 유입되는 특이지역이다. 대동강의 평양평야, 청천강의 안주평야 위치했다. 북으로는 핵심 몸통과 가외몸통이 연립하여 그야말로 동서남북 사방팔방 대내외적인 기운을 머금은 곳이므로 백제의 1안의 육생량과 신라의 2안의 정신량을 부합시켰더라면 고구려는 몸통과 능히 하나 되어 나갈 수 있었다. 육생량의 백제, 정신량의 신라, 기상의 나래 고구려로 이어지는 삼국시대였다. 물론 4세기 이후 단군의 지위가 격하되어 왕권에 의한 전제적 고대국가 체제가 완성됐다고는 하지만 덕을 잃은 패권전쟁의 부산물인지라 물고 물리는 역사의 궤적은 변함이 없다. 만약 삼국이 뿌리이념에 가까웠더라면 고구려는 사랑의 메신저로서의 행위를 다했을 것이다. 뜻밖의 곤란에 처하는 일은 없다. 차오른 침전물이 때가되어 넘쳐나는 것일 뿐이다. 삼국 모두 뿌리 본연의 삶을 잊은 탓에 백제가 육생량에 주저앉자 정신량을 잃어버린 신라는 육생량에 놀아났으며 그 덕분에 고구려는 힘으로 몸통의 옛 영광을 재현해보려 했던 것이었다. 뿌리는 몸통·가지와는 다르다. 힘을 앞세운 자나 힘 앞에 주눅 든 자나 종례에는 모두 사라져버린다는 사실이다.

고구려가 멸망하자 A.D. 698년에 대조영(?~719)이 건국한 발해(696~926)는 뿌리 북부지역과 만주와 연해주 전역에 걸쳐 존속했지만 몸통의 겁박이 부쩍 심할 때였다. 왜일까. 그리고 A.D. 668년에 고구려가 왜 멸망했을까. 이에 대한 해답을 찾는다면 표적으로 주어진 몸통 겁박의 의미를 알 수 있지 않을까. 백제에 이어 고구려 멸망 이후에도 대외적인 교역이 이루어졌다고는 하나 사실상 뿌리의 역량을 발휘한 적이 한 번도 없었다. 지혜를 자원으로 하나 되어 살아갈 운용주체 민족이건만 무조건 나를 따르라는 육생논리로 휘어잡았으니 힘을 우선하는 활동주체 민족의 등살에 어찌 배겨나겠는가.

시대의 흐름은 유행이 대변하므로 유행을 통해 그 시대의 단면을 볼 수 있다. 흐름을 탄다는 것은 진보를 위해 필요불가분한 것으로써 약속되지 않은 하나의 약속된 행위라 할 수 있다. 물론, 인간이 만들어가는 거겠지만 대자연의 흐름에 편승한 흐름이고 보면, 작용반작용의 법칙 인생방정식은 어느 시대든 뿌리에서 충분히 발췌 가능했었다. 이를 위해 당대마다 정신적인 지도자를 자처하는 이들에게는 온 세상을 덮고도 남을 만큼의 심안을 부여했으며, 몇몇 문관들에게는 문서를, 무관들에게는 기개로 부여해왔다.

무관들이야 타고난 기개만큼이나 지혜의 측면은 덜할 수밖에, 이들보다 왕을 도와 국정을 운영하는 문관들이 깨어나야 했었다. 그러나 문무대신들보다 더 큰 문제는 정신적 지도자였다. 몰라서 국정운영을 못하는 왕이야 어쩔 수 없는 노릇이라고 치자. 하지만 정신적 지도자임을 자처하는 이들까지도 모르고 있었다면 누가 알고 있어야 한다는 말인가.

항간에는 삼국통일을 고구려가 했다면 어떠했겠느냐는 토를 달아보는 이들도 적지 않은데 삼국을 백제가 통일했어도 마찬가지다. 혹자는 삼국시대의 국력은 인구수에 비례했을 것이라고도 한다. 그만큼 넓은 땅과 비옥한 터를 차지했을 터이고, 적으면 적은 만큼 척박한 땅을 차지할 수밖에 없을 터이니 그렇다는 것이다. 물론 항로는 틀릴 테지만 삼국 중 어느 나라가 하든 별다른 사항은 없었을 것이다. 발해 건국은 그렇다 치고, 삼국을 통일했다고 말하고 있지만 삼국은 통일된 것이 아니다. 민족본연의 삶을 되찾기 위해 그어진 이념의 선이라, 힘으론 이념을 절대 지우지 못한다. 하나 된 이념은 뿌리의 주권을 되살리는 것에서부터 시작되므로, 국경 없는 동북아 삼국시대를 열어가고 있는 작금을 되돌아봐야 할 때다. 몸통의 눈치를 살펴야하는 이유가 어디에 있겠는가. 두둑의 등살에 노상 심기 불편해야 하는 이유가 어디에 있겠느냐는 것이다. 이러다가 자칫 곁가지에 복속될는지도 모른다. 이를 어찌해야 한단 말인가.

5. 허물지 못한 장벽
-남북국시대-

고구려가 수나라(581~618)와 당나라(618~907)의 침략을 막아내는 동안 신라에서는 김춘추(604~661)와 김유신(595~673)이 삼국 간의 항쟁을 주도해 나갈 수도 있었지만, 고구려의 반격을 우려해 백제의 침공을 효과적으로 막지 못했다. 이에 신라는 고구려와 연합을 위한 회담을 제의했으나 결렬되면서 당나라와 연합하여 660년에 백제를, 668년에 고구려를 멸망시켰다. 사실 당나라가 신라와 나·당을 연합하여 백제와 고구려를 멸망시킨 것은 결국 신라를 이용하여 삼국의 영토 전체를 장악하려는 야심 때문이었다고 한다. 아니 땐 굴뚝에 연기 날 리가 없다. 나·당이 연합했을 때, 이미 얼마만의 영토를 떼어주기로 합의한 사항에 대해서 신라는 힘의 원조가 절실했던 터라 그리 큰 문제는 아니었다. 허나 인생살이 지혜가 전부인 뿌리민족이 육생살이 민족의 힘을 빌려 통일을 이루고자 했으니, 힘으로 살아가는 민족에게 그 행위가 얼마나 어설프게 보였겠는가. 지혜롭게 삼국의 장벽을 녹여버렸다면 감히 뿌리에 도호부나 도독부를 설치할 생각이냐 했겠는가. 제차 신라는 고구려 백제의 유민들과 연합하여 죽을힘을 다해 그들을 물리쳐야 했으니 작용반작용의 법칙 상대성원리가 여실히 드러나는 한 장면이다.

물론, 원리엔 상대성인 것과 상대적인 것이 있다. 상대성이 상호 의존적인 관계라고 한다면, 상대적은 상호 비교되는 부분이라고 하겠다. 과정이야 어찌됐든 뿌리가 몸통의 육생량으로 안정을 취하려들었으니 할 도리를 잊은 것이 분명하다. 지혜의 심장 부위가 뿌리다. 덕을 안다고 하나 힘에 놀란 형국이라 당장 필요한 것은 육생의 힘이다. 그리고 운용주체 민족은 소수다. 다수의 활동주체 민족을 힘으로는 어찌하지 못한다. 활동주체를 상대하는 운용주체에게 있어 육생의 힘은 자기 보호차원일 뿐이고, 정신량을 마련했다면 보호는 활동주체가 하게 된다. 이를 무시하고 뿌리가 몸통의 육생량에 의지한 대가가 바로 뿌리의 피폐화였다.

하라는 대로 하고 사는 만백성이 요 모양 요 꼴을 면치 못하는 것도 그래서 그런 것인가. 누가 시켰느냐다. 부모와 형제자매, 그러면 지인들인가. 이도 아니라면 분명 만백성을 이끄는 운용주체일 텐데, 그 운용주체가 누구냐는 것이다. 가르쳐 주는 이가 없다면 물어보기라도 해야 하는데, 누구한테 물어봐야 하느냐는 것이다. 사람답게 살고 싶다고 제아무리 외쳐댄들 여전히 돈이 없어 결혼 못하는 청년들이 부지기수인 데다가 자녀를 키울 자신이 없다고 출산을 포기하는 부부가 늘어만 간다. 낳아서 키워본들 희망이 없다는데 무엇을 어찌 하란 말인가. 대학교가 넘쳐나는 판국이라 청년실업 때문일까. 여성인력이 원만치 못해서 그런 것일까. 아니면 노인문제 때문일까. 이를 해결한다면 삶의 질이 나아지기라도 하는 것일까. 육생량이 넘쳐나는 시대에 육생량에 막혔다면 그 의미를 알아야 한다는 것이다. 일각에서는 치우쳤다, 쏠렸다, 그래서 양극화 현상이 일어났다고 말하는데 요지는 왜 일어나야만 했느냐는 것이다. 결코 양의 기운 육생량만으로 해결될 일이 아니다.

필요한 것은 음의 기운 정신량이므로 이를 강구하지 못하면 절대로 수직이 수평을 잡아가지 못한다. 가난은 나라님도 구제할 수 없다는 말은 육생량이 부족한 시절의 일이다. 육생량이 넘쳐나는 시대의 가난은 결코 게을러서 찾아드는 것이 아니다. 그렇다고 일거리 부족 때문도 아니다. 오래가지 못한다는 것에 있다. 열심히 살고 싶은데 열심히 살 수 없는 이유다. 그러니까 넘쳐나는 육생살이 공단에 창조경제에 상생경영이라고 해봤자 정신량이 배재되면 육생살이 일거리다. 그렇다면 그만큼의 누군가는 밀려나 바닥을 쳐야 하는 것이 아니겠는가. 열심히 할 건더기를 달라는 것이다. 분위기를 조성해 달라는 것이다. 희망을 달라는 것이다. 곤경을 달리 찾아오는 것이 아니다. 한 많은 보릿고개 시대인 마냥 열심히 하는 데서부터 비롯되는 것이 아니므로 무조건 열심히 하는 행위가 능사가 아니라는 것이다. 적어도 상식이 통하지 않는 사회에서는 말이다.

한편, 신라는 나·당 연합으로 백제와 고구려를 무너뜨리고 다시 연합군이었던 당나라군을 물리쳐야 했다. 고구려, 백제 유민과 연합하여 완전히 몰아냈던 676년 신라가 삼국을 통일한 원년이라 말하고 있다. 반면, 698년에 대동강과 원산만을 경계로 해서 옛 고구려 영토에 대조영(재위 699~719)이 발해(696~926)를 건국함으로써 드디어 이원화체제의 남북국시대를 맞이하였다. 핵심몸통 당나라(618~907)는 북서쪽 위치하였으며 두둑은 남동쪽에 자리하였다. 특히 열도두둑과 반도뿌리는 필연적 숙명 관계이므로 당시 뭍인 뿌리로 숱한 외교사절단이 오가면서 고구려와 백제의 유민들이 넘어가 아스카 문화의 꽃을 피우기 시작했었다. 사실 신라는 당과 연합, 백제는 두둑과 연합하여 663년에 벌인 백촌강의 전투로 두둑과 적대적이었다가 신라가 고구려를 무너뜨리고 나서야 수교정책을 강화하였다는 기록이다.

더도 덜도 없다는 말은 완전함도 불완전함도 없다는 소리다. 누가 무엇을 하던지 간에 이념이 같다면 얼마든지 하나 되어 나갈 수 있다. 삼국시대는 이념을 달리하여 그어진 국경선이므로 이념이 하나 된다면 자연히 지워지게 되는 선이다. 하지만 이원화체제의 남북국시대까지 힘으로 복속시켜 왔으니 이념을 같이해왔다고 할 수 없다. 그리고 3에서 2의 국경선의 시대를 맞이했다는 것은 두 개의 이념이 상존한다는 것인데, 이는 곧 하나의 이념으로 살아갈 날이 멀지 않았다는 것을 의미한다. 마지막 남은 문제는 무력으로 복속시켜 이념을 함께 할 것이냐 아니면 의논합의를 통해 이념을 함께 할 것이냐. 열국시대부터 남북국시대에 이르기까지 무력으로 국경선을 무너뜨렸으니 상호상생의 이념을 통해 하나 된 민족국가를 이루기는 힘든 상태였다. 사실 육생량으로 힘겨루기를 해온 만큼이나 정신량을 운운해본들 힘이 가미될 수밖에 없다. 둘이 연합하여 하나를 힘으로 몰아내자 다시 상호보완적인 관계가 적이 되어 또다시 힘으로 물리치지 않으면 아니 됐으니 육생량을 비호하는 정신량이 온전할 리가 없다.

남북국체제에는 상호보완적, 자극적, 적대적, 우월적, 모순적 행위 등을 불러일으키는 법칙이 묻어있었다. 언제나 그렇듯 내 앞의 인연은 나 하기 나름이라 상호모순을 깨우칠 수 있도록 만들어 놓은 체제가 뿌리의 이원화제도다. 일원화체제를 위한 마지막 단계로서 작용반작용의 법칙이 철저히 적용되는 시기이자 내가 만들어 나가야하는 차원이지만 정경(政經)이 받쳐줄 때 가능하다. 만에 하나 따로 논다면 정치권은 협잡으로 정의는 상실될 것이요, 길 잃은 철새가 되어버린 경제계는 최악의 일로를 걷게 될 것이다. 몸통에게 육생경제마저 밀릴 날이 얼마 남지 않았다는 뜻이다.

한편, 하나 된 민족국가를 이룬지 1천여 년 만에 이원화체제가 들어서고 말았으니 민족의 분단 앞에 만백성이 오열했다. 이는 오로지 인간의 육생량만을 추구하다 배려와 관용을 잃고 탐욕과 쾌락에 빠진 패륜의 역사 앞에 오읍하고, 천지대자연 앞에 성토하는 것이었다. 육생신앙에 머무는 이상 인생종교에 근접하지 못할 터이고, 뿌리의 주인이라 자부하면서도 인류가 장엄하게 굽이쳐온 뿌리의 역사를 패륜의 역사로 만들어가고 있으니, 석고대죄 한다한들 천지근본을 저버림이 가장 큰 죄악임을 모른다면 역사는 되풀이될 수밖에 없다.

거두절미하고, 운용주체의 지위를 잃고 활동주체로 살아오는 동안 왕권붕괴는 나라의 몰락을 의미하는 것이 아니다. 주권을 박탈당해 백성들이 복속되었다고 해서 멸망을 의미하는 것도 아니다. 진보하지 못한 주권은 진화하는 데 있어서 어려움을 겪기 마련이라, 왕권을 몰락시켜 주권을 박탈시킨 것은 민족적 모순을 드러내 보이기 위해서였다. 너 따로 나 따로 놀아나는 모순을 바로 볼 때 민족화합은 시작되므로, 뿌리 본연의 주권을 되살리기 위하여 이원화체제가 대립 중에 있다. 다시 말해 화합을 위해 철저히 환부를 드러내야 했다는 것인데, 수술은 민주·공산이요, 집도는 인터넷 상에서 만백성인 한다는 것이다.

자칫 뿌리의 혼을 회복하지 못할 지경에까지 이른다면 민주·공산이 변형을 일으켜 호되게 당할 텐데, 두둑강점기보다도 동족상잔 6.25보다도 더 크게 험한 꼴을 당하게 된다는 사실이다. 왜 작금은 상식마저 통하지 않는 사회가 되어버리고 말았는가. 육생량에 정신량을 가미시키지 못해서다. 이 때문에 일어나는 현상이 양양상충이다. 아마 이쯤 되면 자기 권리를 행사하고 싶어도 못하게 된다. 이유는 정경체제가 육생량에 놀아나고 있기 때문이다. 그렇다고 권리를 포기할 수는 없는 일이다. IT 강국에다가 스마트폰 보급률이 세계 1위라는 데 있어 권리행사는 무기명투표제와도 같지 않은가. 자유의지는 주어진 권리를 행사하는 것에 있다. 이를 포기한다는 것은 스스로의 권익을 포기하는 바라, 이쯤 되면 상식이 통하지 않는 사회는 바로 호구 잡힌 만백성이 만들어 가는 것이라고 하겠다.

개인주체의 삶은 어디까지나 권리를 행사할 때 보장받는다. 특히 하나에서 둘로 나뉘어 주권이 붕괴된 나라에서는 상호 일체의 참견간섭이 없어야 이념이 하나로 일치된 국가체제를 운영해나갈 수가 있다. 일체의 참견이나 간섭이 없어야 한다는 말이 꿈같은 소리로 들리겠지만, 뜻한 바와 같지 않다고, 뜻에 따라주지 않는다고, 아는 바와 다르다고 생트집만 잡지 않으면 가능하다. 육생을 살아온 까닭에 습관적으로 내 편코자 한 행위를 가지고 너를 위한 행위였다고 생각을 한다거나, 마지못해 한 행위를 가지고 생색을 낸다거나, 자기 득볼 요량으로 한 행위를 가지고 모두를 위해 한 일이라고 떠벌리지만 않는다면 결코 꿈같은 소리가 아니라는 것이다. 뿌리 본연의 삶은 나만을 위한 삶이 아니라 너와 나 우리 모두를 위한 삶이라는 사실을 깨우친다면 그다지 어렵지 않기에 하는 소리다.

한편, 뿌리 북부를 비롯하여, 서해로 흐르는 압록강과 연립해 있는 핵심몸통 만주지역과 동해로 흐르는 두만강과 연립해 있는 가외몸통 연해주(프리모르스키 지방)지역에 걸쳐 고구려 유민과 말갈 세력을 기반으로 건국한 발해다. 드디어 일원화체제를 위한 이원화체제 시대, 즉 하나 된 민족국가의 틀을 다지기 시작했던 때가 바로 남북국시대였다는 것이다.

뿌리 남부에서 굳건히 견디어온 신라가 이에 편승한 준비를 해왔느냐는 것이다. 발해를 건국한 대조영도 마찬가지다. 어느 정도는 뿌리 이념에 가까워야 했는데 고구려 계승을 위한 행보가 전부였던 모양이다. 이보다 더 큰 문제는 뿌리의 염원 하나 된 민족국가 고려(918~1392)를 건국한 왕건(887~943)에 있었다. 고구려와 발해를 계승하자는 이념에 가까웠으니 존속한 474년은 자닝한 세월이었다. 시대의 흐름과 순리를 잊고 살다가 들어온 곳이므로 뿌리민족 이외에 아무나 살아갈 수 있는 곳이 아니다. 역사와 혈통, 언어, 문화, 홍익인간 이념을 공유해 나가는 이들만이 사는 곳이었다. 적어도 업그레이드 시대까지는 그러했었다. 물론 뿌리로 들어오는 데까지 숱한 혈통을 나누어야 했었다. 그러나 순수혈통과 3대를 같이하면 희석되는 것이 자연의 이치인바, 천여 번의 외침에도 불구하고 뿌리혈통을 지켜온 것도 이 때문이라는 필자의 강변이다.

유구한 민족일수록 혼혈이 심해 단일혈통의 확률은 더 떨어진다고 말하지만, 육생논리로 살아가는 인간세상은 전쟁의 연속이므로 여느 민족도 다를 바 없다. 겁박, 침탈, 속박, 복속, 피탈의 역사가 부끄러운 것이 아니다. 민족본연의 삶을 살아가지 못한 것이 부끄러운 역사다. 작금에 뿌리에서 뿌리의 삶을 사느냐 못사느냐는 분단의 역사를 얼마나 바르게 보느냐에 달려있다. 불행은 그야말로 '不' 아니 불, '行' 갈 행으로서 본연의 삶을 잊고 살아갈 때 찾아든다. 행복은 말 그대로 '行' 갈 행, '福' 복 복, 즉 이치대로 살아갈 때 하늘이 내리는 축복이라는 것이다. 그 행복은 사랑으로 영위한다.

이를테면 행복하기 위해 사랑하며 살아간다는 것인데, 행복하지 못하면 무엇인 문제인가를 반드시 뒤돌아 봐야 한다는 것이다. 행복은 상호상생이요 불행은 상호상충이라 이로움의 행위로 하나 되려 하지는 않고 힘이 가미된 육생량으로 허물기 때문에 결국 불신의 골만 깊게 파인다는 것이다. 사랑은 활동주체요 행복은 운용주체와도 같은바, 행복하기 위해 사랑하지만 분명 사랑을 위해 먼저 행복할 수는 없다는 것이다. 행복을 모르는 사랑은 충돌을 일으킨다. 그 충돌은 행복을 갈구하고 있다. 그러니까 육생량 없는 정신량은 있을 수 없으며, 정신량 없는 육생량은 상충을 일으켜 정신량을 갈망해 왔다는 것이다. 그리하여 사랑은 조건과 조건을 통해 이루어지는데, 상호지간에 육생량 뿐이라면 상충을 칠 것이요, 정신량 뿐이라면 상극을 일으킬 것이다. 이 조율을 누가 마칠 것이냐다. 조화를 이루지 못하면 도태되듯 같은 민족이라고 해도 사상이 다르면 같은 민족이라 말하기 어렵다. 혈통, 언어, 역사, 문화가 다르더라도 사상이 같다면 얼마든지 하나 되어 살아갈 수 있다.

이처럼 무력으로 삼국을 복속시킨 신라는 많은 것을 누리고 취했음에도 불구하고 육생량에 놀아난 세월이었으니 준비될 리가 없다. 그러나 당대 걸출한 인물들이 있었다. 그 대표적인 인물을 꼽으라면 원효와 고운 최치원이다. 원효(617~686)는 통일신라 이전에 태어나 원효대사로 더 잘 알려진 인물이다. 신라가 고구려, 백제유민과 연합하여 뿌리에서 당나라를 완전히 몰아냈을 때가 676년이다. 그러니까 원효가 고승이자 철학자로서 살아갈 무렵이었으니 전후의 문제를 능히 풀어 낼 수 있었다는 것이다. 그가 받아온 선천적 육생량은 후천적 정신량을 위한 것이었음으로 원효야말로 당대 최고 인물 중의 하나였다. 안타깝게 육생행위가 전부였던 모양이다. 그리고 고운 최치원(857~?)이다. 신라문화의 전성기에 태어난 학자로써 뿌리의 법도를 새롭게 써나갈 문서를 부여받았지만 안타깝게 보관이 전부였었다.

한편, 몸통과 교역을 증진해나가는 만큼 두둑과의 교역에도 힘을 기울어야 했다. 뭍과 섬과 삶의 질이 차이 날수록 왜인들의 몸부림이 거세질 수밖에 없다. 당시 두둑은 아스카 시대로서 아스카 문화를 꽃 피울 때라곤 하지만 가야와 백제문화로 일군 두둑이 최초의 육생문화다. 섬의 발전을 위해서라면 뭍과의 꾸준한 교류가 필요할 터, 동북아의 실상을 비쳐 봐도 뿌리정권이 바뀌는 만큼 몸통과 두둑에서도 바뀌었다. 이때마다 건국이념을 달리 했을 터이니 뭍의 문물을 받아드리지 않으면 아니 됐으며, 정작 필요한 것은 고풍스럽고 우아한 사대부의 용품보다 민초들의 생활용품이었다. 두둑은 고훈 시대 그 이전부터 사람답게 살아보기 위한 몸부림은 간절함 그 자체였다. 고구려와 백제처럼 신라와도 초기부터 교역의 문을 두드렸었다. 하지만 워낙 약소국인데다가 국방력도 빈약하기 그지없다보니 노략질도 서슴지 않았다고 한다. 뭍의 것이라면 그 무엇이라도 필요하겠지만 유독 신라였다. 왜일까. 건국초기 약소국가였다곤 하지만 돕지 못할 정도로 약소했던 것일까. 돕는다는 것은 직접적인 육생량만이 아닐 텐데 말이다. 이후 가야를 발판으로 백제를 통해 아스카 문화가 자리할 무렵 고구려와의 교역도 심심치 않았다. 신라도 물론 우호증진에 힘을 쓰지 않은 것도 아니다. 가야와 백제처럼 1안의 육생량을 중시하기보다 2안의 정신량을 위시해야 하므로 육생량만으론 두둑과의 교류가 원만할 리가 없다.

동북아의 삼국시대가 그대로 투영된 뿌리 삼국시대에서는 백제의 육생량에 신라의 정신량을 가미시킨 뿌리이념과 함께 고구려는 몸통과의 교역을 해나가야 했던 시기였었다. 따로국밥 신세가 되어 받은 표적이 대륙세력의 속박과 해양세력의 겁탈로 이어졌다. 2세기 후반 신라의 분발을 촉구하는 표적이 바로 노골화되기 시작한 노략질이 아니었나 싶다. 고훈 시대(250~538)와 아스카 시대(538~710) 그리고 나라 시대(710~794)를 걸쳐 헤이안 시대(794~1185)까지 1천 년 동안 신라(57~936)와 함께 해온 역사였건만 뜻을 다하지 못했다.

운용주체 신라가 활동주체 두둑과의 많은 문제를 양산해 낸 것은 백재와 고구려를 육생의 힘으로 통폐합 시킨 것에 있었다. 무관(武官)들이야 타고난 기개가 힘일 터이니 육생을 우선할 터이고, 문관(文官)들은 육생의 기개 앞에 기죽으면 살필 것은 눈치뿐이라 정신량을 마련한다 해도 육생논리에 가까울 수밖에 없다. 절박한 심정으로 도움을 요청했다. 받지 못한다면 어떻게 하겠는가. 노략질은 그것에 대한 절실함은 드러내는 행위이전에 사람답게 살아가고 싶어 하는 간절함이 배여 있다. 국가건 사회건 기업이건 개인이건 마찬가지다.

선천적 육생량은 근기에 따라 주어지고 후천적 인생량은 육생량 바탕 위에 정신량을 부가시켜 쌓아나가는 차원, 즉 내가 만들어 가는 차원이 후천적 인생질량이라는 것이다. 따라서 내가 너보다 육생량을 더 받아왔다는 것은 활동주체를 위한 운용주체의 삶을 위함인데 문제는 하나 되어 나가는 방법을 모르면 활동주체에게 사달이 난다는 것이다. 일방적인 도움은 있을 수도 없거니와 설령 있다하더라도 노략질해대는 이들을 힘으로만 물리치려 들지 말아야 했었다. 2세기에 들어 왜인의 출몰로 악화일로를 걷다가 3세기 무렵에는 본토 깊숙이까지 쳐들어갔다고 한다. 백제나 가야인들처럼 신라인들로 두둑 여러 곳에 집단을 이루고 살았다고 하는데 유독 신라의 문물만 노략질 해대는 것이었을까. 동북아 삼국이 형성된 시기는 고조선 패망과 맞물린 야요이 시대(B.C. 300~A.D. 250) 즈음이다. 그리고 뿌리에서는 열국에 이은 사국 그리고 삼국시대를 맞이하면서 두둑의 노략질이 거론되기 시작하였다. 고구려와 백제에는 노략질이 없었다는 것일까. 당대 두둑도 30여 개의 소국이 대립 중이었으며, 소국이 살아남는 길은 뭍의 도움을 받는 일이다. 어찌 보면 아픈 생채기를 남기기 전에 상호상생의 절호기회였는지도 모른다. 이토록 도와주고 뺨맞았다는 소리가 왜 들리는 것일까. 참으로 슬픈 역사다.

이기적인 육생살이 인간에게는 도울 자격을 주지 않았다. 이타적 인생살이 사람으로 승화한 이들에게 주어졌다고 해야 할까. 이기는 상충이요 상생은 이타에서 비롯되기 때문이다. 도우려고 했을 때 행위가 부족하다면 받는 이의 몸부림도 만만치 않다. 아쉬움에 대한 몸부림 말이다. 양국 간은 평화를 위해 왕실과의 혼인관계를 맺어가며 나름의 방도를 강구했지만 신라의 소임은 정신량인지라 육생행위 만으론 어림도 없어 상황악화는 기정사실화되었다고 해도 무방하다. 백제의 육생량에 신라의 정신량 그리돼야 했었는데, 아스카 문화가 꽃피우기 시작한 6세기부터 두둑의 침략에 대한 기록은 없다. 하지만 백촌강 전투에서 두둑과 연합한 백제가 완전 멸망(663)한 이후가 문제였다. 8세기 초까지 두둑에서 수십 차례 사신을 파견했다하니 교류가 없지는 않았던 모양이다. 단절은 없을 때 이는 풍파가 아니다. 바르게 쓰지 못할 때 닥치는 풍파다. 운용주체가 뿌리다. 활동주체 두둑의 노략질이 다시 성행했다면 뒤돌아 볼 일이다. 오늘날 기업에서 노동자들이 노조설립을 하고 실력행사 하는 일과 별반 다르지 않다. 물론, 사(使) 측에서도 노(勞) 측의 요구사항을 최대한 수용키 위한 방안을 마련하겠지만 수용하지 못한 부분에 있어서는 파업이라는 표적의 불똥이 튀게 되어 있다는 것이다. 노 측의 1안의 육생량 요구사항은 해보겠다는 수단이자, 사람답게 살아갈 대안을 마련해 달라는 요구다. 노 측의 항변은 하나 되어 나가겠다는 것이며, 이에 대한 정신량을 마련하지 못해 튀는 불똥의 책임은 사 측에 있다는 것이다.

　당대 신라에게 튀었던 불똥의 표적이 노략질이었다. 불똥이 무리한 노 측의 요구로 인해 사 측으로 튀는 것이라 하겠지만, 활동주체 노 측을 이끌어야 하는 것은 운용주체 사 측이다. 이때 튀는 불똥을 잠재우려 정신량이 배재된 육생량으로 해결하려 들으니 좀처럼 상호상생의 기미가 보이지 않는다. 해상왕이라고 일컫는 장

보고(788~841?)야 무장의 기개인지라 힘으로 왜구의 노략질을 물리치는 일이 소임이라고 한다면 당대 문관들은 무엇을 하고 있었느냐는 것이다.

☕ 뿌리의 화합이 우선이었다

668년 고구려 멸망하고 30년 후인 698년 대조영은 고구려유민과 말갈족을 연합하여 만주와 연해주 일대를 기반을 두고 발해를 건국하였다. 고구려의 건국은 고조선을 계승하기 위한 것에 있었다면, 발해는 고구려를 계승하기 위한 건국이었는데 기폭제가 된 것은 요서지방의 영주에서 일어난 거란의 반란 때문이었다고 한다. 처음 국호를 진국(振國)이라 칭했으나 713년 대조영이 당나라로부터 발해군왕(渤海郡王)으로 책봉 받은 뒤 발해로 바꾸었다고 한다. 항간에 발해의 건국한 대조영이 고구려인이냐 말갈인이냐를 놓고 따따부따 말이 많은 모양인데, 어느 민족인가가 중요한 것이 아니다. 옛 영광을 재현코자한 개국군주는 받아왔기에 가능한 일이다.

문제는 고구려마저도 활동주체 육생량에 의지해온 터라 발해도 이 범주를 넘어서지 못한다는 것에 있다. 물론 정신량은 신라가 불어넣어줘야 할 일이었지만, 고조선(B.C. 2333~108)과 북부여(B.C. 2세기~A.D. 494)와 고구려(B.C. 37~A.D. 668)를 거쳐 발해(A.D. 698~926) 건국에 이르기까지 뿌리민족의 혼을 아는 지도자가 없었다는 것이었다. 그저 육생살이 활동주체 옛 영광을 구현해보기 위해 안간힘 쓴 것이 전부인데 밝혀 본들 무슨 의미가 있겠는가. 몸통에서 지혜를 잃고 뿌리로 들어왔던 터라 영토회복이 자존심을 지키는 것이라고 생각했던 모양이다. 고조선이 마지노선이었는데 말이다. 사실, 발해의 기갈은 고구려의 기상이다. 그로인해 만주와 연해주에서 힘으로 버티어야 했었으며 그 기상이야말로 뿌리의 혼을 실어 나르기 위한 기상이었었다. 더불어 신라가 민족혼 정신량을 마련 발해와 연계하여 지혜롭게 몸통과 교역을 해나가야 했었는데 그만 육생의 힘에 의지하려는 탓에 핵심몸통 당나라와 변방몸통 거란에게 국방력을 쏟아 붙고 말았으니 시간이 흐를수록 육생량의 소비가 심각할 수밖에 없지 않은가.

북으로는 대륙세력 핵심몸통 만주와 연립한 압록강의 물줄기는 서해로 흐르고, 가외몸통 연해주와 연립한 두만강의 물줄기는 동해로 흐른다. 해양세력 지리 용천에서 시작된 용트림은 단전 태백을 지나 북으로 용머리를 치켜든 백두에 다다른다. 이렇듯 만주는 뿌리의 밑동이자 사방팔방 몸통으로 기운이 뻗치는 요충지로서 하나 된 민족국가를 이룰 때까지 함께 해왔었다. 그만큼 뿌리와 몸통을 연계하는 밑둥치로서 쓰임 여하에 따라 뿌리·몸통은 울고 웃어 왔다는 사실이다. 926년 발해가 멸망하기까지 뿌리민족과 숨결을 같이해온 만주, 오늘날 한류열풍의 중심에 선 미래의 꽃 에코부머 세대와 역할이 유사하다.

물론, 육생량에 매달려야만 했던 고대와 육생의 인프라가 구축된 작금하고는 삶의 질에서부터 차이나지만, 운용주체 민족의 행위는 불변이라 뿌리의 삶 그 영양분을 실어 날라야 하는 원리에 대해 말하려는 것이다. 우선 이를 이해하려면 에코3세대의 본질을 바로 알아야 한다. 이 또한 앞서 설명한 바도 있고 하니 요약하면, 개척1세대가 닦아놓은 1안의 육생질량 터전 위에, 창출2세대 새날의 씨앗은 2안의 정신질량을 마련하여, 3세대 에코부머 미래의 꽃을 피워내야 한다는 원리다. 에코3세대는 개척을 한다거나 창출을 위해 태어난 세대가 아니다. 오로지 육생량에 가미된 정신량을 실어 날라야 하는 세대이므로, 미래의 꽃을 피우느냐 못 피우느냐는 새날의 씨앗 하기 나름에 달려있다는 것이다. 그렇다면 미래의 꽃은 누구이며 새날의 씨앗은 누구이겠는가. 이를 다시 삼국시대에 접목시켜보면 백제는 육생량, 신라는 정신량, 고구려는 정신량을 실어 나르는 메신저가 되어야 했다는 것이다. 여의치 못하자 신라가 백제와 고구려를 힘으로 복속시키면서 이원화체제 남북국시대를 맞이하였는데 이는 하나 된 민족국가를 이루기 위한 전 단계로서 어느 시대보다 양국관계는 중요했었다.

상황은 작금과도 별반 다르지 않다. 신라가 소임에 임할 때 발해도 본연의 삶을 살아가게 되는 것이므로 발해는 신라하기 나름이었다고 할까. 두둑과의 교역이 몸통만큼은 아니더라도 소홀히 해서는 아니 되겠지만 뿌리의 화합이 우선이었다. 자존감을 잊어버린 우스꽝스러운 자존심 때문인가. 변방몸통 거란, 돌궐 등과 힘겨루기 중일 때, 신라는 핵심몸통 당나라와 두둑과의 교역에 나름 힘써왔던 모양이다. 발해와 두둑과의 관계가 돈독해 질 무렵 신라와 두둑과는 국교가 단절되었다. 저마다의 길을 가는 것이라고 하겠지만 분명 남북국시대의 핵심은 신라였다. 그렇다면 뿌리의 핵심이었다는 것이 아닌가.

허나 육생의 힘으로 위세를 떨치려했으니 발해의 절박함을 안다 한들 육생해석이 전부일 수밖에 없다. 그러면 애당초 의논화합을 통한 일원화체제 국가는 어려웠다는 이야긴가. 발해가 만주에서 피똥을 싸고 있는 동안, 신라는 왕위를 차지하려는 귀족들 간의 싸움으로 150년 동안 왕권이 20번이나 교체되었다고 하니, 그에 따른 사회적 모순과 각지 민란발생으로 국력이 쇠하는 건 당연한 일이다. 한편 732년 발해 2대 무왕 대무예(719~737)가 당나라의 등주를 공격할 때 신라는 당나라와 연합하였다. 이때 단절된 외교관계가 발해 3대 문왕 대흠무(737~793)에 이르러 관계가 회복되었다. 818년 발해 10대 선왕 대인수(818~830)가 즉위하여 정복활동으로 영토를 확장, 건국 직후 사방 2천 리에 불과했으나 사방 5천 리로 확대 5경 15부 62주를 완비, 사방경계를 확정했으며 통일신라보다는 대략 4~5배, 고구려보다는 1.5~2배 정도 큰 영토라고 한다.

한편, 왕권이 재차 강화되면서 당나라로부터 해동성국이라는 평가를 받았다는 기록이다. 제아무리 뿌리가 몸통을 육생량으로 어찌해본들 결과는 조공에 책봉 받아야 한다는 것이지 아니한가. 정치제도는 당나라 제도를 모방하여 신라보다 훨씬 세련된 모습을 띠었다고 한다나 어쨌다나. 뿌리민족의 지혜로 일구어 온 제도를 잃어버리고 전체가 부분을 빠져 헤어 나오지 못하는 꼴이란, 아예 뿌리의 주체가 몸통인 마냥 착각들하고 있다.

육생량을 몸통에 남겨두고, 인생살이 정신량을 뿌리로 몰고 왔다는 사실을 알고나 있을까. 그래서 당연히 육생량은 몸통이 우수한 것인데, 물론 대륙세력 몸통이라는 이유도 있지만 그에 따른 정신량을 뿌리가 머금고 있으니 앙꼬 없는 찐빵이 아니겠는가. 화(火)를 내거나, 화(禍) 당하는 일은 내 뜻대로 해보려다가 일어나는 일이다. 내 욕심 때문에 당하는 화를 대부분이 내 뜻을 따라주지 않은 너로 인해 당하는 것이라고 인식한다. 게다가 내 방법이 네게도 맞을 것이라는 생각에서 버리는 일들이 태반이라, 내 방법은 내 근기에 맞는 내 방법이라는 사실을 인식하지 못한다면 화를 면하기는 어렵다. 완전 연소시키지 못한 화의 때는 분별력을 흩트려 소통의 장애를 일으킨다. 실상 화의 때는 잠재시킨 자존심이라는 구정물이다. 유사한 행위로 재차 화를 부르면 잠재된 구정물이 흙탕물을 일으켜 더 큰 화를 자초하게 만든다. 늘 타박이나 해대는 이들은 잠재된 구정물에 놀아나는 상태다. 뿐만 아니라 지위고하를 막론하고 대다수가 흙탕물을 뒤집어 쓴 형국인지라 화를 참지 못하고 있다. 부린다는 측면에 있어서의 욕심과 자존심은 별개의 차원이나 분명 화의 발로다. 둘 다 나를 위한다는 육생차원으로 쓰는 법을 모른다고 해야 할까, 아니면 다스리는 법을 모른다고 해야 할까. 여하튼 부리는 화는 내 뜻대로 해보려는 화로서 화를 당하게 되어있다.

자존심은 스스로를 욕보이게 하는 인성의 찌꺼기일 뿐이다. 본래 상충도 상극도 원진도 없음인데 원한이 어찌 서릴 수 있으며, 원망이 어찌 자리할 수 있겠는가. 허나 너와 나 사이에 빚어지는 모순을 잡아 나가야 하는 것이 삶이라 상충도 원한도 내가 만들어 가고 있었다는 것이다. 적대적 공존은 상호보완적 관계이지만 거두어들인 수확량에 따라 달리 나타나는 부분이다. 이롭게 나누는 방법을 모른다면 산정해 낼 때까지 적대적일 수밖에 없다. 남의 떡이 커 보이는 한 육생량에 목을 매야 한다는 것이다.

인간생활에 있어 '무덕 하니 무익 하더라'는 행위가 있을 수 있을까. 먹을 것은 없고 배는 고프고 할 때 코 속에 스미는 맛있는 냄새가 과연 유익한 것일까. 무익한 것일까. 내가 배고프면 배부른 너를 쳐다볼 터이고, 내 배가 부르면 배고픈 네가 쳐다볼 것이다. 이때 쳐다본다는 것은 그에 미치지 못한다는 것을 뜻하는 바이자, 원하는 바다. 그리고 너와 내가 우리가 되어가는 기본덕목 나눔 없는 공동체가 가능한 것일까. 그러고 보면 상충이니 상극이나 상비라는 말들이 만들어진 것도 나눔을 실천하기 위해서였다. 즐거움도 기쁨도 나누어야 한다는데 어떻게 나누어야 하는 것일까. 어떻게 사랑을 해야 나눔을 실천할 수 있느냐는 것이다. 그러고도 행복하지 못하면 누굴 위한 사랑이었느냐는 것이다.

상호 작용반작용의 법칙으로 드러나는 상생(相生)상극(相剋)의 원리는 진화의 표상이지만 무익무해는 상비(相比)이자 중도행위다. 사실 옳고 그름을 떠나 득이 되는 쪽으로 행보하기 마련이다. 즉 무익도 내 속 편키 위한 행위의 결과이고, 무해도 내 편키 위한 행위의 결과이므로, 상생상극 행위가 뚜렷이 나타나지 않는 변이(變異)적 행위는 가치가 있을 리 만무다. 내 앞에 있는 네 모습에 내가 묻어나는데, 그러한 네 모습에서 나를 찾지 못한다면 무익무해하나니 상호발전은 멈추었다. '덕 되게 사니 득이 되더라'는 인연은 주고받는 순환의 고리 관계이므로 먼저 갚아야 한다는 것이며, '해하니 독이 되더라'는 갚지 않는다면 앙금만 쌓여 간다는 것이다. 이는 사실 '무덕하니 무익하더라'는 의미 없는 행위 보다는 적개심을 일으켜 나름의 육생량이라도 성취하게 만든다. 먼저 주고 후에 받는 이치가 소통, 상생, 융합의 기본덕목이다. 갚지 않는다는 것은 쓸 줄 모른다는 것이고 나눌지를 모른다는 것이 아닌가. 육생의 기본금을 어떻게 쓰느냐에 따라 삶의 질이 달라지므로, 나눔은 사랑이자 행복의 눈금이다. 그 눈금은 배움에서 비롯되기에 버는 법을 우선하기보다 쓰는 법을 우선해야 하지 않을까.

무엇보다 뿌리의 화합을 우선해야 했다. 이를 토대로 신라는 해양세력과 발해는 대륙세력과 어우러질 때 이원화체제의 뿌리는 일원화체제의 뿌리로 자연스럽게 화(和)한다. 분명 그 중심에 신라가 서야하는 것은 인생살이 정신량의 텃밭으로 주어졌기 때문이다. 작금도 다를 바 없다. 단지 통일을 산술적 육생량에 의지하려는 탓에 예지적 정신량을 믿지 않으려는 것이 문제다. 당대나 작금이나 서로 못 잡아먹어서 안달이 난 것도 다름 아닌 육생량이 만들어낸 이질성 때문이다. 물론 남북국시대는 고조선 패망 이후 열국에서 삼국에서 남북국시대까지 하나 된 민족국가를 이루는 과정이었다. 작금은 하나 된 민족국가에서 다시 둘로 분열된 상태다. 이루는 과정하고 다시 분리된 상태의 기운이 사뭇 다르듯 일원화체제의 모순을 알 때 하고 모를 때 하고, 당대하고 작금하고 이원화체제가 뜻하는 바가 다르다. 1천 년 전의 남북화합과 업그레이드 시대의 남북화합이 뜻하는 바를 알아야 한다는 것이다.

이를 위해 해야 할 일은 상호모순을 바로 보는 일이다. 상생이 보완적인 역할을 한다면 상충과 상극은 진화발전을 제시하므로, 실상의 상비는 이도저도 아닌 상태라고 하겠으니 아무런 의미도 없다. 따라서 남북국시대의 화합은 없었다는 것이다. 만약 있었다고 한다면 후삼국의 변화는 일지 않았을 것이다. 물론 이 과정을 통해 왕건이 하나 된 민족국가 고려를 건국한 것이겠지만 사상과 이념을 달리한 상태라 힘으로 복속시켜야 했었다. 사상과 이념이 다른 너와 하나 되어 살아가기 위해서는 이견을 좁혀야 하고 오래 지속하려면 결속력을 다져야 한다. 그 일은 바로 네 모순을 바로 보아 내 모순을 제거하는 일이다. 내 앞의 인연이 내 모습이듯, 네 모순을 보았다고 지적이나 해댄다면 분열을 조장할 뿐이다. 한편 남북국시대의 몸통의 압박과 두둑의 겁박은 업그레이드 시대상과 별반 다를 바 없다. 육생량이야 몸통이 많이 가지고 있겠지만 뿌리의 정신량으로 덮고도 남음이 있으리니 두둑은 뿌리의 에너지원을 갈망해 왔던 것이다.

뿌리의 용량이 적어 운용주체의 삶을 살아가지 못하는 것이 아니었다. 사는 곳이 정신량의 공급원이라는 사실을 모르는 데 있었다. 하나 된 민족국가로 살아온 1천 년 동안 사대교린 정책으로 말미암아 운용주체 권리를 포기해 왔던 것이었다. 그런데도 우리 민족은 천손이라는 사실을 안다. 그렇지만 왜 천손인지에 대해서는 모른다. 이는 삶의 향방을 모르는 바와 같아 뿌리가 하드인지를 몰라왔으며, 이 자체를 아예 모르는데 소프트공급원의 핵심임을 어이 알았겠는가. 운용주체 지도층에서 바르게 이끌지 못하면 사람답게 살아갈 수 없는 층이 활동주체 중하층의 민초들이다. 만백성은 지도층을 바라보며 살아가고, 지도층은 중상층에 의해 건재하며, 그 지도층이 뿌리의 정도를 밝혀나갈 때, 자연스럽게 삼원화가 이원화체제에 바탕을 두고 일원화체제로 화하게 된다. 그리고 만백성의 삶의 질은 지도층의 행위 여하에 따라 좌우되므로 민심은 천심으로 자리해왔었다. 그 천심은 앞으로 인터넷과 스마트폰에 의해 더욱 세차게 드러날 것이다.

1천 년의 뿌리염원 하나 된 민족국가를 이루는 것이 뿌리민족의 희망이었다. 고려의 건국이념이 신라에서 크게 벗어나지 못하면서 자닝한 5백 년의 세월을 보내야 했었다. 몸통이념의 뿌리이념으로 변신을 꾀한 조선의 5백 년의 역사는 비굴함이었다. 새 역사를 위해 물갈이 두둑강점기와 밭갈이 동족상잔 6.25를 치르고 민주·공산 두 체제가 들어섰다. 1천 년 만에 벌어진 일이었다. 그리고 맞이한 업그레이드 시대는 3천 년대를 위한 2천 년대를 치닫고 있다. 한편 견훤(867~936)이 892년 완산주에 후백제를 건국하자 궁예(?~918)는 철원에 도읍을 정하고 901년에 후고구려를 건국했다. 9세기에 들어서면서 맞이한 후삼국시대는 육생량이지만 뿌리의 토양을 완전히 바꾸어 놓기에 충분했다. 비록 고려태조 왕건(877~943)에 의해 후고구려는 17년만인 918년에, 후백제는 107년만인 936년에 멸망하긴 했으나, 시든 뿌리를 더 이상 방치할 수 없어 일으킨 대변혁이라 하나 된 민족국가 고려를 건국하기에 이르렀다.

물론 676년에 신라가 삼국을 통일시킨 것은 정신량의 핵심자원을 머금은 신라가 해야 할 일이었다. 육생량으로 일으킨 무력통일 일지언정 1천 년의 세월이었건만 안타깝게 민족혼을 육생안에서 일구려 들었다. 열국이든 삼국이든 남북국시대든 뿌리의 핵심은 신라였다. 신라가 부패하기 시작하자 밑동 발해는 물론이요, 핵심몸통 당나라까지 시들어갔다. 발해의 마지막 왕 대인선(906~926)이 통치할 무렵 신라는 후삼국으로 분열되었고, 핵심몸통 당나라는 멸망하기까지 50여 년 동안 5대 10국(907~960) 분열시대를 맞이하였다. 우연일까. 이 틈에 변방몸통 거란이 발원하였고, 발해는 거란의 침략으로 926년에 막을 내렸다는 의견이 분분하지만, 몸통이 잘려 밑동이 죽으면 뿌리도 죽고, 밑동을 통해 몸통도 죽는 법이라, 사실상 발해의 멸망 원인은 신라 때문이었다.

한편, 밑동 부분이 깊숙이 도려 졌어도 (압록강과 두만강) 하나 된 뿌리의 기운을 되살리는 데 있어서 발해를 통한 신라의 멸망은 정해진 경로였다. 신라의 멸망은 왕과 귀족들의 사치스러운 생활과 후백제의 공격에 버티지 못한 경순왕이 935년 왕건에게 나라를 넘겨주었다는 기록이지만, 드러나는 육생안의 결과일 뿐이다. 발해의 유적이 이렇다하게 전해져오는 것이 없다. 단지 도읍지를 중심으로 남아 있는 무덤에서 나온 유물들로 그저 발해의 높은 육생문화수준을 엿볼 수 있을 뿐이다. 발해멸망에 대해서는 이원적 민족구성의 한계에 부딪칠 때마다 육생경제는 혼란을 빚었고 그 때마다 드러나는 통치계급의 모순으로 자멸할 수밖에 없었다는 내분설이 있다. 그러나 이를 뒷받침할 근거가 없다하니 추론이라 할 수밖에. 그 다음이 거란의 급습설과 말갈과의 대립설을 예를 들지만 이도 어디까지나 추론일 뿐이다. 비슷한 시기에 분화한 백두산 폭발이 발해의 멸망 원인이라고 보고 있으나, 기실 백두산 폭발로 천지가 생겨나자 한라산 백록담과 천기로 통하면서 1천여 년 만에 하나 된 민족국가 고려를 건국하기에 이르렀다. 물론 추론이다. 여하튼 소임을 위해 생성되고 다했다면 소멸되는 것이 자연의 이치다. 발해의 멸망과 고려의 건국은 민족본연의 삶을 위해, 하나 된 뿌리로 거듭 나기 위해 또 다른 기회를 부여해준 것이었다.

6. 깊숙이 파인 밑둥치
-고려시대-

    해가 중천에 뜬 몸통중쪽을 중심으로 해가 지는 서쪽 땅에 가까울수록 1안의 육생량 구축을 위한 삶을 살아가는 활동주체들의 터전이고, 해 뜨는 동쪽 땅에 가까울수록 2안의 정신량 창출을 위해 살아가는 운용주체들이 터전이다. 업그레이드 시대 이후 몸통은 해가 중천에 뜬 만큼이나 삶의 중심을 잡아나갈 육생량과 정신량의 교역의 장소가 될 것이므로, 몸통의 상술이 예나 지금이나 입에 오르내리는 이유가 여기에 있다. 문제는 이와 때를 같이해 육생량의 중심지에 정신량을 불어넣어줘야 하는데, 과연 이에 대한 준비를 하고 있느냐는 것이다. 그리고 어느새 몸통대륙의 13억 인구가 불과 20년 안팎에 등 따시고 배부른 결과를 얻어내더니 청결과 정의를 부르짖으며 선진 반열에 섰다.

    인생량을 위해 육생량을 채워가는 중이라 사람답게 살기 위해 정신량을 거론하면서 몸통의 본바탕 정신이라고 할 수 있는 공자·맹자 사상의 기치까지 내걸었다. 대략 2,400여 년 전의 사상을 IT 시대에 접목하기란 그리 쉽지 많은 않은 일이다. 육생을 추구해온 만큼이나 헤아릴 수 없을 만큼 모순이 도출됐을 터, 업그레이드 시대임에도 불구하고 누구하나 업그레이드의 진정성을 바로 보지 못하고 있으니 이 또한 문제일 수밖에 없다. 지식의 육생시대 넘어 지혜의 인생시대 그 개벽을 열어가야 할 세대들마저 육생논리에 헤어 나오질 못하고 있으니 뿌리·몸통·두둑·가지까지 할 것 없이 중심을 잃고 말았다.

고조선 패망 분위기나, 19세기 구한말 분위기나, 21세기 작금의 분위기나 유사하다. 물론 몸통에서 고조선이 패망하여 뿌리로 들어오면서 열국시대라는 천손민족 분열의 역사가 시작되는 국면과, 1천 년 후에 뿌리에서 개국한 하나 된 민족국가 고려·조선을 1천 년 동안 유지시켜오다가, 36년간의 두둑의 치하는 민족분열을 의미하는 바라, 민주·공산으로 분열되어야 했던 국면하고는 엄연히 다르다. 동족상잔 6.25를 치른 후 폐허 속에서 육생량을 구축하고 맞이한 업그레이드 시대 그 무렵 즈음에 한류열풍이 일기 시작하면서 다문화가정이 자리하기 시작했다.

아울러 업그레이드 시대는 단일민족이 희석된다는 사실도 중요하지만, 문화 다원주의를 받쳐줄 토대조차 마련되지 않은 상황이라 앞으로 심화될 양극화 현상을 막을 도리가 없다는 것이 더 큰 문제였다. 더구나 남북은 이념을 달리하고, 동서는 지역감정에 혈연, 지연, 학연의 사슬에 묶인 판국이라, 잠 깨우기 위한 표적이 언제 들어갈는지 모르는 실정이라 당시 상황이 작금의 분위기와 유사하다고 했다. 분명한 것은 몸통에서 공자·맹자 사상을 거론할 때가 뿌리에서 홍익인간 이념을 실현해야 할 때라는 것이며 업그레이드 시대의 동향을 한 뜸만이라도 깨우쳐야 하기에 뿌리민족 엘리트가 깨어나야 한다는 것이다. 소수의 우월한 자가 방안을 모색하면 대다수의 민초들은 편승하게 되어있다. 억지소통, 억지공감의 결과는 무엇일까.

인류의 백신 육생량은 활동주체가 개발한다 하더라도 정신량은 운용주체가 창조해야 하는 일이므로, 운용주체 인구수와 활동주체 인구수의 비율이 1 : 100을 보이고 있다. 한반도는 대륙과 해양을 연결 짓는 교두보, 즉 해 돋는 땅 뿌리는 인류기운의 원천이 자리하는 곳으로 이에 걸맞은 운용주체 민족이 살아가고 있다. 본래 육생을 추구하는 활동주체 민족이 살아가는 곳이었다면 육생강국의 여건도 충분이 갖추었다. 허나 인생살이 운용주체 민족이 살아가야 하는 곳이라 해양과 대륙을 연결 짓는 정신량을 마련할 때까지 압박을 받을 수밖에 없다. 두둑이 뿌리로 가하는 압박을 풀 때 몸통이 가하는 압박은 저절로 풀릴 것이다. 몸통과 두둑의 관계야 뿌리 하기 나름이라 뿌리가 몸통과 두둑을 하나로 연결하지 못하면 압박은 계속 되리라는 것이다.

그렇다면 어떻게 해야 하느냐는 것인데, 우선 나 하기 나름에 달리 나타나는 인생방정식을 대입해 보는 일이다. 인간중심이든 인본주의든 여하튼 사람 사는 세상을 만들어가기 위함이라, 상대성으로 일렁이는 인(人)의 존엄성을 무시해서는 홍익인간은커녕 다원주의조차 바로 보지 못한다. 물론, 대자연(유일신)이 삼라만상을 관장함에 따라 개체이자 주체로서의 삶은 신인합일을 위한 것에 있음으로 인간은 대자연의 영광을 재현키 위해 만들어진 피조물이라고도 할 수도 있다. 그렇다고 신본주의를 표방하는 것이 아니다. 하나 된 삶을 이로운 삶에서 비롯되는바, 이로운 삶은 이치대로 소통해 나가는 것을 말하는 것으로 뿌리는 뿌리, 몸통은 몸통, 두둑은 두둑, 가지는 가지의 질량대로 나아갈 바를 제시하는 일은 그야말로 인간에서 사람으로 승화된 이들이 해야 할 일이라는 것이다.

무엇보다 뿌리민족은 몸통의 핵심기운이었고, 뿌리에서는 우여곡절 끝에 맞이한 남북국시대는 하나 된 민족국가를 열어가기 위한 전초기지였으며, 고려의 건국으로 말미암아 몸통은 뿌리를 겁박하기에 이르렀다. 몸통도 당의 멸망 후 50여 년 동안 5대10국 시대를 걸치는 동안의 불안함은 오죽했겠는가. 몸통안정을 위해서라도 뿌리를 부추기는 것은 당연한 일이다. 운용주체 민족으로서 뿌리의 삶을 한 뜸만이라도 살아갔더라면 몸통에서 육생을 추구하는 활동주체 민족에게 힘으로 부딪치지 않았을 것이다. 밖의 지식을 쓸어 담는 민족에게 안의 지혜를 밝혀줘야 함에 있어 안과 밖을 분별치 못하자 함께 쓸어 담으려만 했으니, 그 힘에 의해 주눅 들어 살아가지 않을 수 없었다.

활동주체의 육생량은 부분적 전문지식에 국한되어 전체를 보지 못한다. 하지만 운용주체의 정신량은 전체를 주관하는 지혜이므로 육생량의 부분과 부딪친다면 과연 손해는 누가 보겠느냐는 것이다. 부분이 모아질 때 전체가 되는 것이므로, 전체화를 위해 부분을 이해를 해야 하는 것이고, 전체화를 위한 지혜는 지식적 부분 부분을 하나로 융합할 때 발휘된다. 전체를 위해 뿌리에서 살아가는 민족이 부분적 지식조차 바르게 해석하지 못하는 지경에까지 이르렀다면 아 다르고 어 다르다는 사실을 어이 알 수 있겠는가. 겁박을 비롯한 겁탈이나 핍박은 안의 것을 밝혀주지 못해 받아야 하는 표적이었던 것이다.

전체가 깨져 부분이 되었던 시간보다는 그 부분이 다시 전체가 되기까지의 시간은 몇 십 배 아니 몇 백 배 더 걸릴지도 모른다. 언제나 지식부분은 지혜의 전체와 하나 되기를 갈망한다. 즉 지식적 육생량의 부분 부분을 전체화하지 못하면 전체가 되지 못한 육생량의 부분에게 표적을 받게 되어있다. 작용반작용의 법칙 인생 방정식은 대자연이 그려나가는 청사진이다. 그렇다면 이쯤에서 생각해 볼 문제는, 수많은 종족이 어우러진 몸통에서 핵심만 뿌리로 들어와 하나 된 민족국가를 이루어 살아가고 있을 때, 과연 몸통에서 하나 되어 살아가지 못하고 있는 종족의 바람은 무엇이겠느냐는 것이다. 부분적 지식이 전체적 지혜가 되기까지는 헤아릴 수 없는 시간이 흘렀다고 할 터이니, 분명 지혜는 지식의 상전이 아닐 수 없다. 그리고 당연히 지혜로 승화할 때까지 대자연으로부터 혜택 받은 사항이 있을 터이니, 그 부분은 부분적인 지식에게 돌려줘야 한다. 그것이 바로 전체화다. 가령, 전체의 지혜를 가진 상전에게 부분의 지식을 가진 이들이 바라는 바가 무엇이겠느냐 인데, 이를 바로 알고 행할 때 상전의 가치는 배가 된다는 사실이다. 물론, 활동주체 육생량 지식부분에 있어서는 아우가 형님보다 월등하다. 그러나 인생살이를 위한 정신량의 지혜는 활동주체인 부분보다 운용주체인 전체가 월등함을 알아야 한다.

전체만한 부분이 없다는 소리는 활동주체 육생살이 측면에서 만들어진 소리가 아니라, 운용주체 인생살이 측면에서 만들어진 소리다. 하나같이 육생량만을 위해 살아가니 인생을 육생으로 착각할 수밖에 없다. 운용주체 정신량을 받아온 것이 지도자들이고 활동주체 육생량을 받아온 이들이 범민인데 힘으로 대적하면 밀릴 수밖에 없지 않은가.

이처럼 활동주체 육생지식과 운용주체 인생지혜로 나누어졌다 하겠으니, 당연히 인생지혜의 도리는 힘의 논리로 육생지식을 함께 할 때 나타나는 것이 아니라, 이로움으로서 주도해 나갈 때 나타나게 되어있다. 0의 수를 이루어 나가야 하는 전체의 지혜가 이루어나가지 못하게 되면 하나 되기를 갈망하는 부분지식의 힘에 눌려 살아가야 하는 법이다. 발해의 멸망 원인이 이에 속하므로 동북공정이 뜻하는 바가 뭐인지 생각해 봐야 한다.

밑둥치(만주)에서의 전체를 아우르며 인생을 살아가야 할 민족이 부분적 육생량으로 버티어 볼 요량이었으니 육생살이 민족에게 뿌리 깊숙한 밑동부분(함경남도와 강원도 고산군과 회양군 경계 철령)까지 도려내져야 했던 것이다.

물론, 소통의 대안을 마련하여 발해와 하나 되지 못한 신라에게 도의적인 책임이 있다고 하겠지만, 한편으론 대자연이 상대성원리를 적용시켜 인생방정식으로 풀어 나가게 하기 위한 부분도 없지는 않다. 허나 어느 쪽이든 제 할 일을 바로 했다면 남북국시대라는 이원화체제의 막이 내려지면서 뿌리 깊숙한 부분까지 도려내지는 않았을 것이라는 소리다. 한 시대를 마감한다는 것은 진화했다거나 혹은 도약의 기틀이 마련되었을 때이겠지만, 남북국시대의 마감은 전혀 그렇지 않다. 하나 된 민족국가 고려의 건국은 전 인류를 위해 천손민족이 하나 되어 나가는 시점이었던바, 분명하게 7천3지 음양화합 0의 수가 드러나야 했지만 깊숙이 패여 나감으로써 전혀 그렇지 못했다. 혹여 이를 가지고 도약의 발판대가 아니었냐고 말하는 이가 있다면 단호히 핑계에 불과하다고 말하리라. 그것은 바로 불안한 몸통의 정세와 맞물려 북방민족의 침입이 잦았던 이유와 비굴하게도 개경천도를 해야 했던 이유와 말기에 왜구의 창궐로 고통 받으며 살아야 했던 이유를 알고 있기 때문이라고 하겠다.

　정신량마저도 몸통의 제자백가 사상에 눌리어 구걸하듯 가져다 쓰는 판국이라, 육생량으로서의 뿌리는 작은 반도인데다가 약소한 민족국가여서 그럴 수밖에 없지 않겠느냐는 식으로 일관해 왔기에 만날 쥐어 터지면서 살아야 했던 것이다. 지금까지 필자가 밥 먹듯 되풀이한 소리가 뿌리의 자원은 육생량이 아니라 정신량이라고 한 말이었고, 무엇보다 몸통에서 홍익인간 이념을 품어 안고 내려온 것은 하나 되는 길을 모색하기 위해서라는 사실은 두말할 나위 없다. 하여 몸통의 롤 모델이 뿌리라는 사실을 알 수 있는 부분이고, 게다가 1천여 년의 세월 만에 하나 된 민족국가를 이루었다면 몸통도 하나 되어 살아가야 하는 바라, 이를 마련했느냐를 물어보는 것이 바로 핍박과 억압이라는 표적이다. 뿌리에서 열국을 열어갔던 만큼 몸통도 열국을 열어가야 했었는데, 살펴보면 삼국시대에서 남북국시대를 거쳐 하나 된 민족국가 고려를 건국하기까지, 몸통은 5호16국과 남북조시대 그리고 수·당을 거쳐 오대십국을 맞이했고, 조선을 개국하기까지 요, 서하, 금, 원나라 거쳐 명나라를 건국했다. 뿌리는 뿌리만을 위한 삶이 아니다. 더구나 롤 모델인 만큼 하나로 나아가고 함을 부르짖어야 했으나 침략만을 물리치기에 급급하다보니 뿌리의 삶을 살아가야 한다는 표적이었음을 알리가 없었다.

핵심몸통 중국은 1978년 경제체제의 개혁을 결정하는 동시에 대외개방 정책을 실시하고, 36년이 지난 오늘 세계 육생경제를 움켜졌다. 이는 먼저 전후 폐허 속에서 36년 동안 한강의 기적을 일구어낸 뿌리와 흡사함을 볼 때 소득분배의 불균형으로 그저 육생량을 성취하고자 너 따로 나 따로 놀아나는 뿌리라도 닮기라도 하는 날에는 어찌 되는 것일까. 좋은 것보단 안 좋은 것을 더 빨리 흡수하기 마련인데 상황은 그때나 지금이나 별반 다르지 않다는 것이다. 더구나 가지의 육생량까지도 몸통에서 좌지우지하는 판국이라, 정신량을 받쳐주지 않으면 동북아는 물론이요 인류평화가 어찌 될지 모른다. 한편, 뿌리가 육생량을 유지해 올 수 있었던 것은 몸통이 있었기에 가능했었고, 작금은 육생량의 교환만으론 어림도 없다. 분배와 희생을 감수하고 육생성장에 매달려온 관계로 과도한 빈부격차를 어찌 할 수 없는 입장에까지 놓이기 전에, 이 시점이야말로 몸통과의 육생자원이 아닌 인생자원 외교를 펼쳐나갈 절호의 기회다. 한족 93%에 소수민족 7% 55개 소수민족이 살아감에 따라 빈부격차는 민족의 격차일 수 있어 자칫 지역갈등은 민족 간의 갈등으로 번질지도 모른다. 불평등으로 사회 불만이 폭발하기 전에, 민주화 요구로 공산당 내부분열 조짐이 보이기 전에, 어서 뿌리는 본연의 삶을 찾아야 할 것이다.

각설하고, 운용주체 민족에게 나타나는 특히 성향 중에 하나가 바로 기갈이다.

우격다짐으로 지도자의 행위를 표출시킬 때 나타나는 성깔보다는 드센 기운이고, 사소한 것에 조차 지기 싫어하는 오기가 발동하기도 하고, 그러한 독선적 경향으로 셋만 모이면 배가 산으로 떠날 차비를 한다. 또 하나의 독특한 성향은 우두머리의 절대적 기질이라고 말하는 고집인데, 타고난 기갈에 의해 형성되기도 하지만 분명하게 구분 지어야 할 점은 집착과의 구별이다. 고집 때문에 뜻을 이룰 수 있었다는 말은 틀린 말은 아니지만, 자칫 고집 때문에 뜻을 이룬 것이라고 오해하기 십상이라 구분 지으라는 것이다. 물론 고집은 뜻한 바를 이루기 위한 방편인 점을 감안하더라도 부린다고만 해서 제 뜻을 이룰 수 없음인데 때론 이기적인 동선으로 말미암아 개척과 개발과 창조와 창출까지도 불러일으키니 아이러니하다. 전체를 주관하는 운용주체는 부분을 움직이는 활동주체를 위해 살아가야 하는 것이므로, 고집을 부리기전에 자신의 확고한 주관부터 바로 세워야 한다. 크건 작건 하나의 단체를 이끌어가는 지도자의 사상이 바로섰다면 고집부리는 행위에 갈채를 보낼 것이지만, 자신을 따르는 무리를 위하기보다 자기 자존심이 가미된 행위에 불과하다면 그 무리에 해가 따르는 결과는 빤하다.

매번 같은 일로 부딪치면 출발 전에 발목을 잡힌 형국이라, 누굴 위한 행위인가를 반드시 뒤를 돌아봐야 한다. 그리고는 흔히들 "집착한다"는 말을 한다. 사실 집착을 한다는 것은 영혼과의 '한'이 맺혔다, 묶였다, 잡혔다고 해서 '고'걸렸다고도 표현하는데, 생전의 집착을 죽어서까지도 풀지 못했다면 그 여파는 자손에게까지 전해진다. 이러한 집착은 영혼과 인간 사이에서 다시 인간과 인간끼리의 관계로 이어지는데, 가령 꼴도 보기 싫은 인연이라던가, 만날 때 마다 매번 다투는 인연이라던가, 득보다는 실을 많다고 생각 드는 인연이 바로 그들이다. 원한'고'나 인간'고'나 풀지 못해 겪어야 하는 상황이다. 사실 저승에서 이승으로 온 영혼은 한(恨) 풀기 위해 찾아온 것처럼, 나를 찾는 이승의 인연도 도움받기 위해 찾아오는 것이다. 주니 받고, 받으니 주는 것처럼, 때리니 때리는 것이지 이유 없이 때릴 리가 없다. 왕따의 경우는 사정이 다르기는 하지만, 자기 권리를 행사하지 못할 때면 여지없이 받게 되어있다. 운용주체의 권리행사나 활동주체의 권리행사나 제 짓거리 못하면 걸릴 수밖에 없는 것이 '고'다. 물론 책임은 운용주체가 크다고 하겠지만, 제 자신 밖에 모르는 행위는 고집이기보다 자존심이 가미된 집착 '고'다. 내 안의 것을 융화시키지 못하고선 밖의 것을 아우를 수 없는 일, 너를 위한다면야 부딪칠 일이 어디 있으며 고걸릴 일 또한 어디겠는가.

따라서 자신의 명예를 건다는 것은 자기 고집에서 비롯된 일이라, 이타 사상이 부합된 자존감으로 승화시키지 못하면 자존심은 오기와 독선으로 똘똘 뭉친 화의 덩어리라 명예회복은 그리 쉽지만은 않다. 타고난 몇몇 이들을 제외하곤 주어진 조건만으론 혼자 이룰 수 있는 일은 흔치않다. 욕구가 무엇인가. 하고자 하는 일이 무엇인가. 이보다 무엇 때문에 살아야 하는지를 모르는 터라, 주체성이 결여된 자존심이라는 욕화에 놀아나는 것뿐이고, 정작 어려움은 그로인해 찾아드는 것인데 어찌 제 할 일을 한 것이라 할 수 있겠는가. 필연적 만남을 우연으로 치부할 때마다 생겨나는 것이 바로 위험요소다. 통하지 못할 때마다 불거져 나오는 문제점은 품을 넓혀 갈 때 즈음이면 풀리게 되어있다. 전체적인 이타와 부분적인 이기와의 만남은 필연이라 하겠고, 독자적인 자존심과 독창적인 자존감은 육생 넘어 인생차원이라 하겠으니, 정신량이 고갈된 집착은 열등감을 공존시킬 뿐이다.

더구나 어느 누구의 존중도 없이 자만과 열등에서 나오는 행위로 우연히 뜻 한 바를 이루었다 한들 알아주는 이들이 없다면 어느 시점에 이르면 또 다시 헤매야 할 것이다.

자존감 회복은 천손의 영토가 어디서부터 어디까지였다고 주장하는 데 있지 않다. 잃어버린 영토회복은 토회복은 피 흘리며 찾는 것에도 있지 않다. 민족의 얼을 운운하며 문화유산을 드러내 놓는 데도 있지 않다. 덕으로 일구어야 할 뿌리의 깊이를 들여다보는데 있는 것이므로, 이를 들여다보지 못한다면 자존감 회복은 그저 헛된 노름에 불과하다.

역사 없는 민족은 없다. 그리고 숨겨질 역사도 없다. 허나 역사가 왜 감추어졌겠는가. 누가 감추었겠느냐는 것이다. 역사의 역동성이 존재하지 않으면 그 시대는 썩었다고 할 것이며, 이념이 시대의 흐름을 받쳐주지 못하면 드러낼 역사가 존재하지 않았다고 할 것이다. 그야말로 민족은 역사공동체이지만, 같은 문화와 풍습 같은 언어를 쓴다하더라도 같은 사상을 공유치 못하면 말이 통하지 않는 법이라 함께 하지 못한다. 신뢰구축은 말이 통할 때 가능하고, 구축된 신뢰로 말미암아 문화가 형성된다. 또 그렇게 형성된 문화가 역사를 장식하므로, 역사의 순환을 모르면, 그리고 사상의 순환을 모르면 민족의 미래를 예측할 수 없다. 미래를 예측한다는 것은 다름이 아닌 사람 사는 세상에서 사람들과 사람답게 살아가고자 하는 일인데, 그러한 세상을 낙원이라고 말하고 있지 않은가. 그 옛날 지상에 낙원이 없었다면 오늘날 낙원을 어찌 알고 건설해 보겠다고 하겠는가. 뿌리민족의 혼을 모르고 바로 이런 것이 뿌리의 얼이라고 운운한들 주체성을 잃어버린 민족에게 갈채를 보내지 않는다. 정신량으로 살아가야 하는 뿌리에서 육생량으로 맞선다면 몸통이 한때 천손의 영토였다 한들 그래서 소리쳐본들 한이 맺히는 쪽은 뿌리다. 이를 부르짖기 전에 몸통에서 살아온 뿌리의 토대를 밝혀야 운용주체 민족의 진정한 힘을 알 수 있을 터이니, 혼적조차 미미한 원인을 밝혀야 하는 게 우선 아닐까.

받아온 사주는 나를 위한 기초 자금이므로 그 누구라도 노력하면 육생량은 얼마든지 채운다. 또 채웠다는 것은 올라섰다는 의미로 뜻한 바를 이룬 것이라, 이는 받아놨으니까 가능했었고 타고 났기에 이루어야만 했던 일이다. 사실상 육생량은 인생살이 원천자본금이므로, 받아온 육생의 본바탕자리에 오르기 위해 노하기보다는 향후 주어질 인연과 하나 되어 살아갈 길을 모색해야 한다는 것이다. 노력이란 바로 0차원의 인생살이 에너지를 축척해 나가는 일이다. 너와 내가 하나 되어 살아가기 위해 받아온 육생의 기본금은 나를 위한 것이고, 올라 선 후엔 인생의 자본금이 되므로 이를 보고 찾아온 너를 위해 써야하는바 하나 되어 살아가야 하는 시기다. 따라서 정관계 인사가 되기 위해 노력하기 보다는 오른 후의 하나되어 살아가기 위한 노력한다면 육생의 기본금은 자연히 취해지기 마련이라, 간판부터 걸려하지 말고 건 후에 찾아온 인연과 더불어 살아갈 수 있는 품성을 키우는 것이 우선이라는 것이다. 호주머니만 노릴 심산으로 간판걸기에 급급한 나머지 걸고 난 후 어찌 할 줄을 몰라 어렵다 힘들다는 소리를 해대다가 조만간 망했다는 말을 듣는 것도 이 때문이지 다른 이유는 핑계거리다. 나를 위해 살아온 육생은 너를 위해 살아가야 하는 인생이 기다리고 있어서라, 기본의 자리에 올라서고도 나 밖에 모른다면 어려움은 피할 수 없다. 실패는 받아온 육생의 기본의 자리에 올라서고 난 후에 주어지는 표적이라는 사실을 알아야 한다.

이러한 근본원리를 밝혀내야 하는 이들이 어느덧 오십을 훌쩍 넘긴 창출세대 새날의 씨앗으로서 뿌리의 역사상 가장 특별한 세대다. 경술국치와 동족상잔 6.25를 치르고 태어나야만 했던 이유를 아는 이들이 얼마나 될까. 업그레이드 시대는 가지의 육생량 양의 기운이 꽉 차오른 시대인 만큼 음의 기운 뿌리의 정신량을 창출하여 인생시대를 열어가야 할 세대이기에 기성인의 핵심이 될 무렵에 맞이하였다. 하지만 육생의 안위에 놀아나면서부터 너를 희생시켜야 내가 올라선다는 사고가 자리하였고 자살공화국이라는 불명예를 안았다. 가뜩이나 경제적 풍요와 함께 커져가는 빈부격차와 박탈감, 복합적 사회 병리현상들을 육생논리로 해결하려들었으니, 양의 기운이 차오른 시대라는 것을 알 리가 없다. 그도 그럴 것이 이 무렵 운용주체 음의 기운 여성들까지 맞벌이를 빙자해 사회로 뛰어들기 시작하여 이때부터 음의 기운을 충전치 못하면 쏠림을 유발해버리는 활동주체 양의 기운 남성들이 나아갈 바를 잃어버리기 시작했다.

☾ 신(神)의 권리

신라의 골품제도는 9세기 말에 본래의 기능을 상실하자 사회발전을 저해하는 모순을 드러내기 시작했다고 하는데, 보편적으로 사회적 모순이 드러나는 시기는 상하 소통기능이 마비됐다거나 운용권자를 바꿔야 할 시점에 다다랐을 때 일어나는 현상이다. 또한 중심세력 진골의 분열로 왕위쟁탈전이 빈번해지면 정치부패는 당연지사, 농민들을 육 건사만을 시키기 위해서라도 지배계급의 가혹한 조세수취에 거세게 반발할 수밖에 없는 일이다. 전국 각지에서 봉기가 일어나기 시작한 틈에 지방호족세력들은 신라의 조정으로부터 독립, 각자의 세력을 키워나가다가 10세기에 들어서면서 견훤(甄萱)과 궁예(弓裔)는 주변 호족들을 통합 강력한 세력을 구축하면서 나라를 세우고 건원칭제하기에 이르렀다. 사실상 신라는 50여년 가까운 내란 끝에 멸망하였는데, 927년 후백제 견훤의 침략으로 경애왕을 죽이고 경순왕을 세운 것으로 볼 때, 이 시대의 주역은 전국 각지에서 자립하던 군웅들이었음을 알 수 있다. 그 가운데에서도 백제와 고구려의 부흥을 부르짖으며 궐기한 견훤과 궁예다. 한편, 918년 궁예를 무찌른 고려태조 왕건과 친선정책을 꾀하다 후백제가 고려에 멸망하자 935년 신라 경순왕도 무릎을 꿇었다.

상주 농민출신 견훤(867~935)은 전국 각지에서 일어난 반란을 계기로 전라도와 충청도 대부분의 지역을 차지하면서 후백제를 완산주(전주)에 건국하였다. 그는 지방에만 확실한 근거를 둔 것이 아니었다. 무장으로 변방에 파견되어 해이해진 신라의 군사조직을 개편하여 자신의 세력기반으로 흡수하여 후백제를 892년에 건국하고 신라·태봉과 후삼국을 이루었다가 936년 고려태조 왕건에 의해 멸망하기까지 2대 45년간 존속한 나라다. 백제를 계승하고 신라타도를 표방하며 후삼국통일을 꿈꾸었지만 시대적 상황에 역행한 바라 오래갈 리가 없었고, 변방몸통 거란과의 수교, 두둑과의 두 차례 사신파견의 기록을 보아 짧은 기간이나마 나름 외교정책에 힘을 썼던 모양이다.

한편, 신라 왕족출신인 궁예(?~918)는 895년 국가체제를 갖추기 시작하여 예성강 서쪽 황해도 지역을 점령해나감에 따라 898년 도읍을 송악(개성)으로 옮겼다. 강원도, 경기도, 황해도, 충청북도 대부분의 지역을 차지할 무렵 고구려 계승의식을 표방, 901년에 후고구려를 건국했다. 904년 국호를 마진(摩震)으로 바꾸었고, 송악에 도읍하다 수도를 철원으로 905년에 옮겼다. 911년 국호를 태봉(泰封)으로 고치면서, 연호를 수덕만세(手德萬歲)라 하였고, 말년에는 미륵신앙에 기반을 둔 신정적(神政的) 전제주의 정치를 추구하다가 918년 이에 반발하는 정변이 일어나 죽임을 당해 18년간 존속한 나라로 남았고, 짧은 기간이나마 뿌리의 군웅할거 시대였다. 이로써 후백제, 후고구려, 신라 아주 짧은 후삼국시대의 막이 내리면서 고려가 후삼국을 통일하기에 이르렀는데 천재(天災)든 인재(人災)든 그에 따른 여진과 여파가 없을 수는 없다.

후고구려를 건국한 궁예가 스스로를 미륵이라 자처한 부분에 대해 필자의 소견을 피력해보면, 발해의 멸망과 신라의 쇠퇴에 이은 후백제 후고구려의 건국은 난세를 평정하기 위한 수순이었다. 난세는 군웅할거 시대로 영웅이 나타나기 마련인데, 흩어진 기운을 하나로 응집시켜나갈 지도자들을 이미 보낸 터라, 나 하기 나름에 달리 나타나는 시대가 그야말로 난세다. 물론 옥석을 가리기 위해 상대성으로 역할이 주어지는데 영웅도, 효웅도, 간웅도, 충신도, 역적도, 간신도 시대가 만든다고는 하지만 사실상 사상과 이념의 차이에서 갈린다. 주어진 기본금은 육생량이고 이를 바탕으로 미래를 밝혀 나가야 하는 바라, 미래를 밝히는 일은 순환의 이치를 밝혀내는 일이므로 선택사항이 아니라는 점이다. 시대의 흐름에 편승한다는 것은 삶의 질량을 높여 나가는 일로서 시대상에 걸맞은 사상과 이념이 뒤받쳐 줄때 가능하다. 육생 넘어 인생을 산다는 것도 순환 이치 즉 근본원리를 밝혀낼 때 가능한 일이고보면 창출도 근본원리를 알아야 가능한 법이라, 누구나 할 수 있는 일도 아니고 그렇다고 자기 뜻대로 할 수 있는 그 무엇도 아니라는 사실이다.

창출은 인간내면 깊숙이 내재된 정신량에서 비롯되므로 타고난 이들에 한해서 가능한 일이라고 하겠으니 궁예가 미륵이라 자처한 이유도 다른 데 있지 않다. 타고난 근기는 누군가가 가르쳐주지 않아도 성장함에 따라 스스로 알아가게 되는 기운이라 그에 걸맞은 인격을 함양하면 되는데, 다들 육생량이라는 기본금에는 인격까지도 포함되어있는 줄 아는 모양이다. 기본의 자리에 올라서면 거들먹거리다 제 앞에서 벌어지는 일 하나 변변히 해결하지 못해 고통받다 결국 실권을 하니 말이다. 분명한 사실은 미륵불은 전지전능한 신이 강림한다거나, 한 사람의 진인이 나투신다는 소리가 아니다. 미륵불은 온 누리를 밝힐 미래의 불들을 지칭함이니 그야말로 인류구원을 위해 특별히 보내진 세대를 가리키는 말이었다.

오늘날 그 세대가 출현했는데 그들이 바로 창출세대 새날의 씨앗 베이비부머다. 이 세대는 계속 회자될 터이니 이쯤하고, 문제는 궁예가 관심법(觀心法)이라는 특유의 술책으로 사람들을 휘어잡았다는데 있지 않다. 능력은 쓰기 위해 주어지는 것이고, 사달 또한 누굴 위해 어떻게 썼느냐에 따라 달리 나타나는 부분이고 보면, 품성은 고사하고 두 아들까지 신격화시키려 했다는 기록을 볼 때 이내 지게끔 만든 장본인은 궁예 자신이었다.

불가에서 말하는 미륵보살은 일찍이 석가모니로부터 수기를 받고, 도솔천에 올라가 지금은 천인(天人)들을 위하여 법을 설하고 있다. 그러나 석가모니불이 입멸(入滅)하여 4,000세(인간세상에서는 56억 7,000만 년) 이후, 인간의 수명이 차차 늘어 8만 세가 될 때 이 사바세계에 다시 태어나 화림원의 용화수 아래에서 성불하며, 3회의 설법으로 272억 인을 교화한다고 하였는데, 이는 뿌리에서 먼 몸통권일수록 다음 생을 위한 육생수행을 하기 육생수행을 하게 되어 있고, 또 그러한 이들을 위한 미륵불을 가리킨다(천손민족은 미륵이 되기 위해 도를 닦는 것이 아니라 미륵의 삶을 살아가기 위해 도를 닦는다). 미륵신앙의 미륵경에는 삼부경(三部經)이 있다. 첫 번째 상생경(上生經)은 말법시대에 태어난 성불의 인연을 바로 앞의 인연이라, 미륵불이 영부제에 하생하실 때 함께 하생해서 화림원의 용화수 아래서 법문을 듣고 해탈하여 성불하겠다는 신앙이다. 두 번째가 하생경(下生經)으로 우리가 살아가는 동안 사바세계에 미륵불이 하생하셔서 삼회설법을 듣고 해탈을 염원하는 신앙이다. 세 번째 성불경(成佛經)은 현세에 스스로가 성불해서 미륵이 되어 중생을 제도하겠다는 신앙이다.

해 돋는 땅 뿌리는 진인들이 살아가는 곳이라, 하늘은 스스로 돕는 자를 돕는다는 홍익인간 이념을 바탕으로 이미 미륵불의 삶을 살아가고 있다.

몸통의 미륵은 한 분의 진인이 나투시길 바라는 것일지 모르나, 뿌리의 미륵은 하나가 아닌 대다수이고 그들이 바로 운용주체의 삶을 살아가야 하는 이들이다. 후삼국시대가 뿌리의 군웅할거 시대였고, 당대의 대안을 만들어가야 하는 지도자 중에 하나가 궁예였다.

난세의 지도자나, 과도기의 지도자나 그러한 힘을 가져왔기에 가능하다. 그러나 사람답게 살아가는 행위만큼은 스스로 만들어 나가는 차원이라, 영웅호걸은 타고나서 가능했지만 만백성의 존경은 그에 걸맞은 삶을 살아갈 때 받는 기운이라서 민심은 천심이라 받는 만큼의 권세가 유지되는 법이다. 궁예도 분명 미래를 밝힐 난세의 지도자라, 뿌리의 지도자였던 만큼 품을 넓혀야 했으나 신으로 군림하려 들었으니 빛을 바래고 말았다. 진화하는데 있어 난세나 과도기나 말에서의 차이일 뿐 별반 다르지 않다. 모(矛)와 순(盾)이 싹트는 시기는 변화가 일기 시작할 때이며, 이미 치우친 세상에서의 모순은 또 다른 모순을 양산하지만 이 모두는 하나 된 삶을 살아가기 위한 행보이다. 힘에 의지한 육생물질 개척시대는 신본시대이자 육생시대라고 하겠으니 육생량 모순은 빚어지기 마련이고, 자유의지 또한 육생량에 놀아날 수밖에 없다.

한편, 정신량은 인생량의 발판이 되고 육생량은 정신량의 토대가 된다. 이를테면 신본주의에서 비롯된 육생량을 바탕으로 인간 내면 깊숙이 잠재된 정신량을 일깨워 인생량을 채워나간다고 해서 인생량은 인본주의에서 비롯되지 않는다. 정신량을 일깨운 건 신본주의 육생량이라 이를 토대로 정신량이 인본주의를 표방했다. 따라서 인생량은 신본주의 육생량과 인본주의 정신량을 부합시킨 신인합일주의다. 해서 정신량은 절대분별을 지향함으로서 육생량에서 빚어지는 모순은 보게 되는데, 이때 작용반작용의 법칙을 이해치 못하면 부딪침에 주저앉아 버린다. 물론, 육생시대의 부딪침을 통해 얻는 깨우침이야 신본시대이기도 하므로 육생살이를 위한 깨우침이겠지만, 힘을 우선한 모순을 근거로 인생시대 대안창출은 순수 인간의 몫이므로, 인본주의 정신량으로 신인합일 인생시대를 열어가야 한다. 그러니까 육생의 기본금은 너와 내가 만나기 위한 방편이라, 만났다면 행복하게 살아가는 일만 남았는데, 사랑을 통해 행복을 추구해 나가는 일은 인간이 해야 할 일이라는 것이다. 사랑을 한다는 것은 행복하기 위한 것에 있다. 바꾸어 말하면 행복하지 않다는 것은 사랑을 못하고 있다는 소리와도 같은 바, 그 사랑 행위는 내 앞에 온 인연을 통해 이루어지는 것이고 멀리 떨어져 있는 인연과는 어려운 일이다. 그래도 누군가가 행복하다고 말한다면 그것은 분명 육생량을 통해 얻는 만족이라, 분명하게 행복과는 거리를 두어야 한다. 그 질량이 채워지지 않는다면 화를 낼 터인데 어찌 행복이라 할 수 있겠는가.

어려움이든 고통이든 내 앞의 인연과 통하지 못할 때마다 쌓인 화의 때라, 소통치 못한 이유와 화의 원인을 밝히어야 하는 일은 내게 주어진 공부라, 인생시대를 위한 정신량 창출은 인간의 몫이라고 했다. 1차로 입으로 물질을 먹고 육을 건사시킬 때 눈과 귀로 흡수하는 2차 정신량을 운운하게 되는 법이라, 황무지에서 육생량의 인프라를 구축할 때까지 신을 바라볼 수밖에 없다. 이를테면

4차원에서 육생의 기본금 사주를 받아오듯이, 인생시대를 열어가기 위한 육생의 인프라 구축은 신이 해야 할 일이라고 하겠으니 육생시대는 곧 신본시대이기도 한 것이라고 말했다. 인본주의 정신량 인프라 구축은 귀와 눈으로 흡수해야 하는 차원이다. 육생은 나를 위한 행위라 밖의 것을 받아드려 내 안에서 승화시켜 나가야 하는 차원이고, 인생은 너를 위한 행위라 안의 것을 드러내어 너와 함께 해나가야 하는 차원이다. 그래서 인생은 반드시 정신량이라는 사랑의 묘약으로 둘이 하나 되어 나가야 하는 것이고, 그에 대한 책임은 응당 자신에게 있는 것이므로, 업그레이드 인생시대는 나 하기 나름에 따라 달리 나타나는 세상이 아닐 수 없다.

신본시대이자 육생시대는 신에 의지하여 육생량을 힘으로 개척해야 했으며, 업그레이드 시대를 기점으로 인본주의 정신량으로 0차원의 신인합일시대를 위하여 인생시대의 인프라를 인(人)이 구축해나가야 한다. 뿌리가 물을 통해 천기를 공급받으면 지기의 질량은 자연히 흡수되므로 이 시기에 몸통으로 영양분을 공급해줘야 한다. 천기(天氣)는 하늘을 공경하는 질량이고, 지기(地氣)는 만물을 사랑하는 질량이며, 인기(人氣)는 세상을 널리 이롭게 하는 질량을 말한다. 이렇듯 천지인(天地人)의 본질을 바로 아는 천손민족 가슴속엔 '아름다운 본성으로 회귀'를 위한 에너지가 담겨있었다. 이 질량을 고갈시키는 바람에 육생살이가 고달파야 했던 것이었다. 지금이야말로 육생 그 힘의 논리로 빚어지는 모순을 통해 회귀키 위한 정도(正道)의 분별을 반드시 세워야 하는 시기라, 바르다고 말하는 정(正)은 덕 된 삶의 발로이니만큼 행하는 만큼 반드시 득이 되어오는 바라, 해(害)나 혹은 독(毒)이 되었다면 다시 생각해 볼 일이다. 따라서 모순에 대한 물음이 절실하지 않으면 관점이나 가치관을 올곧게 세우지 못할 터이니 부하수행이 전부라 할 수 있다. 쏠림현상이 무엇 때문에 일어나는가. 정신량을 바탕으로 하나 되어 살아가는 인생시대를 열어가야 하는 만큼 미륵이 가리키는 용화세상도 인간에서 사람으로 승화되어 사람들과 사람답게 살아가는 세상을 말하는 것이지, 이 이외에 그저 궤변에 불과할 따름이다.

우연이란 없다. 그렇다고 필연도 없다. 들리고, 보이고, 지금 여기서 일어나는 모든 사항은 하나 되기 위해 벌어지는 일이다. 너와 나 0차원을 이루기 위해 인연지어 지므로 내가 있어 너를 위한 일이 일어나고, 네가 있기에 나를 위한 일이 벌어지는 것인데, 설마나 우연으로 치부했다간 이롭지 못하다. 내 앞의 너로 하여금 번뇌망상이 일어나듯이 진화를 위해 작용반작용의 법칙이 일어나는 것이라 굳이 이해시키려 하지도 않고 이해하라 강요하지도 않는다. 네 음률에 내가 맞춰 들어가지 않으면 불협화음이 일어날 테니 말이다.

가지나 몸통도 예외는 아니지만, 분명 나 하기 나름에 따라 상대방의 행위가 달리 나타난다는 사실을 잘 아는 민족임에도 불구하고 노상 자기 잣대로 낭패를 보면서도 혹시나 하고 들이미니 타박이나 해댈 수밖에 없는 것이다. 어렵고, 힘들고, 고통스럽다는 표적은 징조도 예언도 아니다. 이리하면 이리된다는 사실을 상대성으로 가르치고 있을 뿐이다. 1988년 전후로 업그레이드 시대는 시작되었고 뿌리사회는 10년 후인 1997년에 IMF 경제금융 위기를 맞이하면서 중산층이 무너지기 시작하면서 전원주택 붐이 일고 귀농하기 시작했다. 왜일까. 그것은 바로 넘쳐나는 서양의 양의 기운 육생량에 동양의 음의 기운 정신량을 부가시키지 못해서다. 무엇보다 세계인은 조만간에 동북아시아를 주목하게 될 터이고, 몸통은 뿌리를 통해 살아날 것인데, 이에 반해 이미 육생성장이 멈춘 두둑은 서양가지의 전략적 요충지가 될 터이니 대비하라는 표적이기도 했던 것이다. 이를 대비하지 못한 관계로 3번째 밀레니엄을 맞이하고 10여년이 지난 2012년에는 중간계층 창출세대 새날의 씨앗이 완전히 무너져 내렸다. 이도 우연으로 치부해야 할까.

물론, 급격한 육생 경제발전으로 중간계층을 살찌워 항아리 모형의 불균형 때문이라고 하겠지만, 문제는 상하 연결의 핵심 중간계층의 어려움의 끝이 보이지 않는다는 데 있다.

누군가는 안정적인 피라미드 삼각구조를 형성키 위한 과정이 아니었겠냐고 반문할 수도 있다. 허나 상하 계층을 연결해주는 진정한 중간계층이 있기나 했었느냐는 것이다.

중간계층의 활성화가 되어야 서민경제도 활성화되는 법이데 상층과 하층구조만으로는 육생경제를 활성화시키지 못하므로, 중층이 제자리 찾기 위한 방도를 하루속히 마련해야 한다. 상하 쏠림현상이 고착되기라도 하는 날에는 서민의 원성은 높아져 갈 터이고, 그리 된다면 동족상잔 6.25 이후에 뿌리사회는 또다시 탁해졌다할 터이니, 대자연은 투명한 뿌리를 만들어가기 위해서라도 바르지 못하면 떨어뜨리고, 도리에 어긋나면 부러뜨리고, 감추려 할수록 더 드러나게 할 터이니, 하나 되어 나가는 시대에서는 어느 누구도 표적을 피해 갈 수 없다는 사실을 알아야 한다.

무엇보다도 무너져가는 중간계층 그들이 과연 누구인가. 미래의 불을 밝힐 미륵세대가 아니던가. 뿌리민족 혼의 불씨를 지펴야 할 새날의 씨앗 베이비부머 아니던가. 그 중에서도 상위 30%에 포함되는 엘리트가 핵심축이다. 깨어나지 못한 뿌리와 깨어나지 못한 핵심세대를 깨우기 위한 지기(만물을 사랑하기 위한 질량)의 작업이 시작되었으니 뿌리의 고통이 어찌 뿌리만의 고통이겠는가. 게다가 뿌리의 롤 모델인 몸통은 어찌 되겠는가.

뿌리가 시끄러울 땐 몸통도 시끄럽고, 어려울 땐 같이 어려워지는 법이다. 두둑의 육생경제가 멈춘 지 오래됐다는 사실을 앞서 밝힌바 있지만 이미 가지의 육생량은 정점을 넘어섰다는 것이다. 육생의 정점을 찍었다는 것은 정신량을 요한다는 의미라, 예언자가 다르다는 이유 하나 만으로 불붙은 이슬람권의 전쟁도 남 일이 아닐진대 더구나 몸통·두둑의 핵심축이 되어야 하는 뿌리임에도 늘 그래왔듯이 비겁하게시리 지정학적 핑계만 주구장창 대야 할 것이다. 치욕과 수치로 점철된 역사를 누구보다 많이 아는 이들이 밥그릇 싸움만 해대는 통에 뿌리를 떠나고 싶다는 이들이 갈수록 늘어나는 추세다. 신라의 패망원인도 이와 유사한 분위기였다. 상층과 중층의 패권다툼으로 시행한 가혹한 하부구조 수탈로 민심을 흉흉하게 만들었으니 오늘날의 상황과 별반 다를 바가 없지 않은가.

신라의 분열은 중층이 상층과 하층간의 연결고리 역할을 제대로 하지 원인도 있고 또 아무런 대안도 없이 권자에만 올라서려 했을 때부터 참칭된 결과였다. 혹자는 통일된 뿌리에서 뿌리민족이 하나로 살아가기 위한 과정이었다고 반박할 수도 있으나 하나 된 민족국가 고려의 건국은 밑동부분이 깊숙이 파여 나간 상태라 일말의 변명의 여지도 없다. 게다가 뿌리가 완전치 못한 만큼이나 뿌리사회가 불완전했던 것은 당연지사, 몸통도 마찬가지로 불완전할 수밖에 없었던 것이라 뿌리는 몸통과 두둑으로부터 호된 시달림을 당하지 않을 수 없었던 것이었다. 이런 가운데 후삼국의 분열을 수습하고 세력 확장을 위해 궁예에 귀속한 왕건은 송악의 세력가 왕륭(?~897)의 아들로서 꾸준히 영토 확장의 공을 세우면서 훗날 후백제 견훤을 무찌르고 후삼국을 통일하고 고려를 건국했는데 반면 궁예는 새로운 사회를 열어가기 위한 방안은 고사하고 신정적 군주의 틀을 벗어나지 못하여 실정을 거듭하자, 신하들에 의해 축출되고 말았다. 아마 후백제의 견훤도 실정은 마찬가지였을 것이다.

결국 왕건은 신라와 친 외교정책을 펴나간 덕분에 경순왕을 고려에 복속시킬 수 있었다고 한다. 하지만 후백제를 힘으로 물리치고 난 후에서야 936년에 후삼국을 통일했다. 한편, 926년 발해가 요나라의 침략을 받고 국력이 쇄하자 왕족을 비롯한 유민들을 대거 받아들임으로서 고구려를 계승한 유일한 뿌리의 왕조로서 당대에 통일을 이루었다 할 수도 있겠지만, 분명한 것은 뿌리민족의 통일은 이루어지지 않았다는 것이다. 우리 민족의 통일은 육생량의 힘으로 이루어야 하는 것이 아니라, 인기의 정신량 즉, 세상을 널리 이롭게 하는 사랑행위로 이루어 나가는 것이었기 때문이다. 물론, 사랑은 행위가 결여된 껍데기로서 행의 에너지원 이로움으로 채워나갈 때 행복을 꽃피우게 된다. 그 질량을 채우지 못한다면 사랑을 모른다고 할 것이요, 사랑을 모르는데 행복은 있을 수도 없는 일이다. 하지만 알갱이 없는 행위로 그만 부분을 보고 전체인 것마냥 살아온 것이었다. 보이는 부분이 전부가 아니라는 사실을 누군가는 일깨워줘야 했었고, 당대에도 숱한 인물이 함께 했으며, 작금은 더 많은 이들이 실존하는데 그들이 창출세대 베이비부머로서 새날의 씨앗이라고 명명했다. 어찌됐든 고려의 건국은 음양화합 0의 수를 이루지는 못했지만 육생통일의 기틀을 마련하였다.

패여 나간 밑동부분에 대해 고려의 서북 국경은 중국 요녕성 일대였다고 이의를 제기한 역사학자가 있다. 현행 국사 교과서에 실린 대로 고려시대의 국경선은 압록강에서 함경남도 원산에 이르는 선이 아니라 오늘날 중국 요녕성 일대였다는 것이다. 연구결과를 살펴보면 일제강점기에 왜인학자들이 고려의 국경선을 한반도 안으로 비정(比定)한 자료를 바탕으로, 오직 ≪고려사≫와 ≪고려사절요≫, ≪요동지≫와 같은 한정된 자료만을 참고로 한 결과, 철령위를 함경도 원산만으로 비정한 것으로 보인다고 밝히면서, 철령위를 설치하였던 명나라의 자료인 ≪명사(明史)≫와 ≪명일통지(名一通志)≫, ≪성경통지(盛京通志)≫ 등의 세 사서에서 관련기록을 새롭게 찾아냈다는 것이다. ≪명일통지≫에서 철령위는 도사성(요양성) 북 240리에 있다. 옛날에는 철령성이었고 지금의 철령위 치소 동남 오 백리에 있었다. 고려와 경계를 접했다는 문구를 발견하고 명사와 성경통지에서 관련 기록들을 조사한 결과 철령위는 오늘날 중국 요녕성 철령시 인근 본계시 일대를 본다고 말했다. 그리고 그는 상식적으로 봐서도 철령위 설치에 반발해 요동정벌을 결정하고 압록강을 건넜는데, 어떻게 철령위가 함경도 원산만에 있을 수 있는가라고 반문했다고 한다.

필자가 써내려가는 『뿌리민족의 혼, 업그레이드 시대 역사의 동선』은 어떠한 자료에도 의존하지 않았다. 그저 자연 속에서 공부하는 동안에 보고, 듣고, 느낀 점을 서술해 나가는 것뿐이다. 가끔 역사적 기초자료만 백과사전을 참고하였을 뿐이다. 네가 있어 내가 있다는 대자연의 사실적 가르침을 통해, 만물은 나를 위해 빚어진 것이지만 역시 너를 위해 쓸 때나 주어진다는 사실을 알았기 때문이라고 할까? 아마 내 앞의 인연은 역시 나 하기 나름이라는 지극히 평범한 진리를 찾아서 그렇다고 할 것이다. 덕분에 너를 위해 쓰려 할 때는 있더니 나를 위해 쓰려하니 없더라는 사실까지도 알았다. 받아온 육생의 기본금 사주는 내 앞에 온 너와 하나 되기 위해 주어진 수단으로서 이조차 이롭게 쓰는 자에게 몰린다는 사실도 알았다. 득이 될까 싶어 만나, 득이 되지 않아 떠나는 것이고, 필요해서 찾아갔다가 목숨만큼 필요한 것을 주려하지 않을 땐 빼앗고 싶은 심정이 인지상정 아닐까. 호감을 가지는 것도 호감을 가지게끔 하는 것도 득 보기 위함으로써 하나 되길 원한다면 이롭게 사는 차원이 무엇인지 바로 알아야 한다.

(도와주고 뺨맞고

만물은 소통을 위한 도구라 이롭게 쓰는 자가 주인이다. 또 진화하는 삶의 질량에 따라 주어지는 방편은 치우침이 없다. 그렇다고 특별 주문도 되지 않는다. 동물들이야 육생을 위해 입으로 물질을 먹고 똥으로 배설하는 만큼의 가치가 있다. 방편의 이용가치가 아주 없는 것도 아니지만 있어도 극히 미약하니 그 쓰임이 고작해야 제 육생을 위해 쓰일 정도다. 물론 본능행위로 자연의 순환 고리는 맞물려 돌아가고 있지만 육을 가진 생명체의 행위는 본래 그러한 것이다. 하지만 인간은 육생 넘어 인생을 살아가야 하므로, 입으로는 육 건사를 위한 육생물질을 섭취하고, 눈과 귀로는 인생을 위한 소통의 양식 정신량을 흡수하는 차원에서 부터가 다르다. 물론, 동물도 눈과 귀로도 흡수하기야 하겠지만 소통차원이 보잘것 없다보니 생각차원조차 인간보다는 매우 미숙하여 주어진 조건마저 육생살이 본능차원에 쓰일 뿐이다. 아마도 눈과 귀로 흡수하는 질량이 컸다면 언어도 발달했을 터이고 그리됐다면 적자생존을 위한 힘의 논리가 우선일 리가 없다. 절대분별의 삶을 살아가야 하는 인간에게 있어서 육생물질은 육 건사를 위한 방편에 불과하다. 인육이 오장육부를 통해 치우침 없이 지탱될 때 비로소 인생을 생각하게 되므로, 입으로 먹는 물질은 육생살이를 위한 양의 기운이다. 귀로 먹은 소통의 질량은 인생을 살아가기 위한 음의 기운 지혜의 양식 정신량이다. 이렇듯 입으로는 육의 음식을 먹고, 귀로는 소통의 양식을 흡수하는 인간만이 절대분별의 삶을 추구한다.

또한 육 건사를 위해 입으로 먹은 육(肉)의 음식은 오장육부가 소화시켜 똥으로 배설시켜 육생살이 밑거름이 될 뿐이지만, 귀로 흡수하는 령(靈)의 양식은 마음 에너지가 소화시켜 정신량을 양산하여 인생살이 밑거름을 만들어낸다. 사람으로 승화되기 이전의 인간은 육생을 살아가야 하는 관계로 이기적일 수밖에 없으며 이기와 이기로 인연이 맺어지는 관계로 모순은 항시 발생하기 마련인데 그때마다 부딪치고, 싸우고, 충돌이나 한다면 그야말로 쭈그렁 망태기를 벗어나지 못한다. 이기란 나를 위한 육생행위로서 사람으로 승화되기 이전의 인간이 인간을 찾아가는 행위는 득 될 성싶을 때인데 득을 보지 못할 때 내뱉는 소리가 욕이다. 때론 오해로 인해 먹어야 하는 욕도 있지만, 상대방의 입과 행동으로 묻어나온 욕과 독기를 눈과 귀로 흡수할 터이니 이내 입으로 영약(靈藥)을 지어낸다면 소통하는 데 있어 두말할 나위 없다. 동물들이야 마음이 없어 본능에 의지해야할 따름이니 명약도 영약도 없다. 있다고 한다면 힘에 의지하여 자연히 먹고 먹히는 울부짖음이다.

입으로 내뿜는 독기를 지혜의 샘 마음에서 소통의 영약으로 빚어내는 일은 인간에서 사람으로 승화한 이들만이 할 수 있는 일이고, 때론 육신건강을 위해 육의 독초(毒草)를 먹이듯이, 정신건강을 위해 독음(毒音)을 먹이기도 하는데 이를 바로 아는 이도 없다.

육생명약과 인생영약이 있듯이 육생과 인생의 분별을 해야 하는데 하나같이 인생이 뭔지 모르고 육생을 살면서 동물의 삶과 차별을 두려고 억지 부리는 이들밖에 없다. 그래서 지금까지는 어쩔 수 없는 일로 치자. 그리고 인생이 무엇인지 모르고 살아가도 좋다. 허나 육생살이가 무엇인지는 알고나 살아가야 하지 않을까.

7천3지 음양화합 0의 수를 이루어 살아가야 하기에, 음양화합 0차원으로 이루어진 뿌리에서 살아간다. 가지나 가지 쪽에 가까운 몸통이야 육 건사를 위한 육생물질을 생산해내는 곳이라 양의 활동량 1안을 위해 살다가 가도 그만이다. 하지만 뿌리나 뿌리 쪽에 가까운 몸통은 2안의 음의 운용 정신량을 추구하며 살아가는 곳이라 자원은 양의 기운 물질에 있는 것이 아니라 음의 기운 지혜에 있다. 몸통에는 핵심몸통 중국과 가외몸통 소련이 있는데, 핵심몸통 중국은 뿌리와 가까우며 가외몸통 소련은 가지와 가깝다. 해서 교역의 장소는 가외몸통보다는 핵심몸통이 될 터인데 소통의 질은 뿌리에서 무엇을 생산하느냐에 따라 달리 나타난다. 예나 지금이나 몸통이 상술이 뛰어난 이유를 여기에서 찾아볼 수 있고, 고대 핵심몸통과 가지는 비단무역을 계기로 정치·경제·문화를 발달시켰다고 말하는데 이는 육생교역으로 드러나는 비단길을 말한다.

상고시대 그 이전부터 뿌리민족 운용주체 지도자들이 천부진리의 법을 들고 동에서 서로 떠난 길이었으며, 오늘날에 이르러서는 역으로 수많은 육생량을 가지고 서에서 동으로 들어오고 있다. 활동주체 육생량이 양의 기운이 꽉 차올라 음의 기운 운용주체 정신량을 채우러 오는 것이자 하나 되어 살아가기 위한 것에 있다.

신본주의 가지의 소임은, 육생량 개척이고 이념과 사상이 나온다 하더라도 밖의 것을 움직이는 양의 기운 활동주체는 대부분 힘과 생각차원의 지식에 의존도가 높아 육생논리 범주를 벗어나지 못하고 있다. 뿌리의 소임은 정신량 창출이고 이념과 사상은 세상을 널리 이롭게 하자는 홍익인간에서 비롯되므로 인본주의를 바탕으로 안의 것을 움직이는 음의 기운 운용주체다. 따라서 가지의 신본주의 육생량과 뿌리의 인본주의 정신량을 바탕으로 업그레이드 시대에는 반드시 신인합일주의(神人合一主義)를 이루어나가야 하므로 육생량의 에너지원이 정신량이듯 활동주체 에너지원 운용주체가 이끌어 나갈 때 가능한 일이다.

물론, 뿌리는 육생량은 부족하기 때문에 몸통이 교역의 장소로서 해가 중천에 떠 있는 중쪽에 위치해 있다. 문제는 해가 중천에 뜰 때까지 깨어나지 못한 몸통보다 뿌리가 비몽사몽 중이라는 것이다. 뿌리와 가지의 이념을 흡수해야 하는 몸통의 특수성으로 육생량에 비해 정신량 보급에 차질이 빚어질 경우 육생경제의 혼란은 걷잡을 수 없다. 만에 하나 이리되기라도 하는 날에는 큰 폭풍우가 몰아쳐 뿌리를 송두리째 뽑아버릴지도 모를 일이다.

물론 그 전에 몸통이 겁박해오겠지만, 1안의 행위에 대한 핑계가 무엇이던지 간에, 뿌리 본연의 삶을 살아가고 있는지를 물어보는 행위는 스스로 2안을 대비하고자 하는 데 있다.

세상은 아는 만큼 보게 되고 또 보는 만큼 알게 되듯이, 뿌리민족이 뿌리에서 살아가고 있다는 사실을 인식한다면 뿌리의 삶을 찾아보려 할 터인데, 그리된다면 표적은커녕 몸통과 두둑에서 분명 하나 되기 위한 제스처를 취해올 것이다. 뿌리의 표적은 몸통·두둑의 구심점이 흐트러졌을 때 자연발생적이므로 조율은 엄연히 뿌리의 몫이 아니겠는가.

음률의 조율은 뿌리 대 몸통·두둑의 이념 비율로 하모니를 이루어 '덕 되게 사니 득이 되더라'는 상호지간의 이로움을 유지해 나가는 것이다. 고려시대 외침의 주요 원인이 바로 이러했었다. 2안의 인본주의 정신량을 준비한다고 해봤자 뿌리에 국한된 사항이라 앙상블을 이루지 못했다. 뿌리에 국한됐다는 것은 그다지 몸통과 두둑에게 이롭지 못했다는 것인데 하나 된 민족국가를 이루어 살아갈 때 주변국의 바람이 무엇인지부터 파악해야 하는 것이 아닐까. 육생 행위일망정 건국초기에 한 뜸만이라도 이로웠더라면 치욕의 역사를 남기지는 않았으리라는 것이다. 태조 왕건(918~943)이 918년에 건국한 고려는 고대에서 중세로의 이행이었고, 한편 사회안정을 위해 지방호족세력들과 외척관계를 유지해 나갔으며, 태조가 승화하자 외척들의 정치참여로 정국은 세력다툼의 도가니가 되어버렸다. 4대 광종(949~975) 때서야 왕권체제를 확립을 위한 개혁정책의 일환으로 핵심몸통 송나라(960~1279)와의 외교에 힘을 쏟았다. 956년에는 노비안검법을 실시하여 호족세력의 기반을 약화시켜 국가기강을 확립하기에 이르렀고, 958년에는 호족들의 거센 반발에도 불구하고 과거제를 실시하여 신구세력 교체로 문치시대를 열었으며, 승려의 승과도 만들어 과거를 치르게 했었다.

5대 왕 경종(975~981)이 직위하자 호족세력은 기다렸다는 듯이 반격을 가했고, 6대 성종(981~997)이 왕위에 오르면서 최승로의 시무28조를 적극 반영하면서 유교정치를 확립하고 중앙통치체제를 정비하여 지반정치체제는 군사력을 더해갔다. 한편 신분질서가 문란해지면 공신이 불안에 떨게 되고 결국엔 국가까지 떨게 되는 위기에 처할 수 있다는 호족세력의 역설로 노비환천법을 987년에 실시했다. 유학교육 진흥과 유교적 민생 안정책까지 실시하면서, 고려개국 원년인 918년 숭불정책을 실시한지 70여 년 만에 불교의 폐단이 심화되자 성종즉위 원년 981년에 억불정책 일환으로 연등회와 팔관회를 폐지했었다.

광종 이후 경종을 거쳐 성종 때 노비안건법이 노비환천법으로 환원되는 역사의 모순은 그다지 즐거울 수만은 없는 일이다. 뿌리에서의 삶은 상·중·하의 수직관계는 있다하되 하나 되는 0차원은 수평관계라, 분명하게 활동주체를 위한 운용주체의 대안부터 마련했어야 했는데 왕족과 호족세력의 육생논리에 주저앉고 말았다.
게다가 중앙집권적 국가기반을 확립하여 문종 때에 이르러 귀족정치의 최전성기를 이루었다고 한다. 사실 이 부분으로 말미암아 몸통과 두둑에게 온갖 고초를 겪어야만 했었다. 예컨대, 귀족사회 형성시킨 6대 성종(981~997)이후 8대 현종(1009~1031)을 거쳐 11대

문종(1046~1083)에 이르러 정치기구와 토지제도 및 신분체제가 완비되어 절정을 이루었다고 하지만, 나 먹고살기 위한 육생량일뿐이라 당대의 정신량에 미치지 못해 대내외적으로 표적을 받기 시작하였다.

발단이 어찌 되었던 지간에 993년(성종 12)부터 1019년(현종 10)에 이르기까지 3차례에 걸친 변방몸통 거란의 침입을 타산지석으로 삼아야 했었다. 물론, 몸통대륙도 변화무쌍한 5대10국(907~960)시대를 거쳐 핵심몸통 송나라(960~1279)를 건국한 시기다. 뿌리가 살아야 몸통이 사는 법이라, 송은 핵심몸통인지라 뿌리에 내분이 일거나 몸통북방의 유목수렵민족 혹은 두둑 왜인의 등의 침략이 있거나 할 때는 밀접한 유대관계를 맺기 마련이다. 무엇보다 귀족사회가 발전하면 하부구조 수탈은 당연한 일이므로 하층계급의 반항은 시간이 문제다.

한편, 16대 왕 예종(1105~1122)2년 1107년에는 별무반을 편성하고 여진정벌에 나섰다고 한다. 나 하기 나름에 따라 달리 나타나는 근본적인 행위마저 그것도 뿌리에서 무시해버렸다면 어찌되겠는가. 1126년(인종4 1122~1146) 왕실의 외척이었던 이자겸(?~1126)이 왕위를 찬탈하려고 일으킨 반란은 이리하면 이리된다는 표적이라는 사실을 알아야 했었는데 무시해버리고 말았다. 이 여파로 국내외 정세는 극도로 불안하였고, 1135년(인종13) 승려묘청(?~1135)이 시국이 어려운 것은 개경의 지덕이 쇠약하여 그런 것이라고 풍수지리의 이상을 표방하고, 서경으로 천도할 것을 주장하다가 유학자 김부식(1075~1151) 등에 의해 실패로 끝난 반란도 마찬가지였다.

또한 적대적 관계는 상대성이라, 귀족사회가 발전하면 무신정권도 따라서 전개되기 마련이라 하겠으니, 귀족사회가 이를 대비했다면 동요될 리도 없다. 1170년(의종24 1146~1170) 일어난 무신의 난에 의해 붕괴된 귀족사회도 그렇다. 요인을 살펴보면, 문(文)을 숭상하고 무(武)를 천시하는 풍조와 무신에 대한 여러 가지 차별에 대한 불만에서 일어났음을 알 수 있는데, 문무합의(文武合意)를 이루지 못해 부딪쳐야 했던 것이다. 즉 문은 정신량을 관장하는 운용의 주체라 하겠고, 무는 육생량을 관장하는 활동의 주체라 하겠으니, 문무합의 0의 수를 이루어야 하는 몫은 누구에게 주어졌겠는가. 만약 이를 해결했더라면 대내외적으로 호되게 당하지 않았을 것이다. 현실이 이러할진대 서민계층은 어떠했겠느냐는 것이다. 농민과 천민이 봉기했다는 것은 지배층의 착취가 극에 달하면 목구멍이 포도청이라 육을 건사만이라도 시켜달라는 민초들의 절박함은 럭비공이라 어디로 튈지 모른다는 것이다. 무신정권기의 민란은 명종(1170~1197)과 신종(1197~1204) 때 30년간 집중적으로 일어났으며, 1270년 원종(1259~1274)12년까지 약 1백 년 동안 계속되었다.

게다가 1231년(고종18 1213~1259) 북방몸통 몽고 1차 침입이 시작된 후 1259년(고종44)까지 30여 년 동안 6번의 침입 받는 것도 문무합의를 이루지 못한 결과다. 이로 인해 24대 원종(1259~1274) 때에는 급기야 1270~1273년까지 약 4년 동안 운용주체 문신들 없이 활동주체 무신들만이 삼별초를 결성해 몽고의 내정간섭에 대항했다하니 환장할 노릇이고 또 그 결과가 빤하지 아니한가. 이보다 더큰 오류를 남긴 것은 25대 충렬왕(1274~1308) 때 북방몸통 몽골의 간섭으로 1274년과 1281년 두 차례 실시된 일본원정에 동참했다는점이다. 빌어먹을 충(忠)자를 이마빡에서 떼어내지 못하고서는 태풍으로 실패했다는 건 어설픈 평계에 불과하고 아주 지극히 당연한 결과였다.

태조 왕건은 당대 뿌리의 흐름은 능히 알고도 남았기에 918년에 고려를 개국할 수 있었던 것이라, 비록 밑동이 깊숙이 패여 나간 해돋는 땅 뿌리에서 역사상 최초로 하나 된 민족국가를 이루었을망정 자연스럽게 음양화합 0차원의 뿌리의 입지를 확고히 다질 수 있는 조건은 분명히 주어진 것이었다. 작금도 중간계층의 고리역할이 미흡한 탓에 상중하의 수직관계가 수평관계를 이루지 못해 쏠림이 심화된 것처럼, 당대도 호족세력과 민초들을 연계할 중간계층 인재양성이 시급했던 터라, 노비안검법을 유지 과거제를 통해 꾸준히 인재를 양성해야 했었다. 그리됐다면 뿌리의 질량에 걸맞은 삶을 영위하지는 못하더라도 적어도 북방몸통 원나라(1279~1368)의 내정간섭으로 분통 터트리는 일은 없었을 것이다.

또한 7천3지 음양화합 0차원이 완전하게 드러난 뿌리를 꿈꾸며 홍익인간을 건국이념으로 삼아야 했었다. 이를 가지고 누군가는 업그레이드 시대에서나 가능한 이념이 아니냐는 반문을 가할지도 모른다. 분명한 점은 하나 된 민족국가 고려시대부터 나 하기 나름에 달리 나타나는 이로운 삶을 살았더라면 뿌리역사는 피로 물들지 않았을 터이고, 허리 잘린 채 이념을 달리하며 살아가지 않았을 것이라는 소리다. 943년 태조 재위 26년 건강이 악화되면서 왕실의 후손들에게 내린 유훈(遺訓)인 훈요십조(訓要十條)를 살펴보더라도 불교와 토속 신앙, 풍수지리, 음양오행, 도참설 등에 관한 1안의 내용일색이라 위 내용은 정신량을 위한 육생량의 참고자료일 뿐이지 뿌리의 정신량을 북돋기 위한 이념은 전무한 상태다.

그렇다고 이러한 사실을 알고 있기나 하는 것일까. 이리하면 이리된다는 작용반작용 법칙 상대성원리와는 전혀 무관한 사항인데 말이다. 내가 만들어 나가는 인생방정식이 업그레이드 시대에나 밝혀질 내용일지언정 뿌리에서 태어나 뿌리에서 성장한 하나 된 민족국가를 건국한 뿌리의 개국군주라면 어느 쪽으로도 치우치지 않을 운용의 주체가 아닌가.

그리고 역시나 그러했었다. 밑동이 깊숙이 파인만큼 지도력마저 패여 나갔던 것이라 뿌리의 질량도 패여 대내외적으로 당해야 했던 호된 시달림은 예정된 일이 아니었을까.

설령 육생살이 건국이념이라 할지라도 태조왕건의 유훈은 역사상 하나가 된 후의 뿌리의 법이었던 만큼이나 만백성을 다스리기에 앞서 자신을 따르는 문무대신들에게 건국이념부터 일깨워 주는 일을 우선해야 했다. 수장을 따르는 수뇌부가 건국이념을 얼마나 바르게 알고 행하느냐에 따라 국운이 좌지우지하는데 진정성이 뭔지도 모르고 무조건 따르게 만든다고 해서 될 일은 아니었다. 건국이념의 진정성이 드러날 때쯤이면 개국왕조의 사상도 드러날 터이니 뜻을 같이하지 못하는 수하가 늘어나는 만큼 국가의 정세가 흐트러지는 것은 빤한 노릇이다. 국정을 운영하는 데 있어서 어쩔 수 없이 수하를 교체해야 하는 일이 발생했다면 하는 수 없겠지만 이념과 사상에 의한 문제라면 상황은 다르다. 따로따로라는 불일치로 교체의 빈도수가 잦다면 그로인해 길어지는 공백기로 사회적 모순만 심화시킬 뿐이다. 이는 얼마나 보편타당한 사상을 가졌느냐에 따라 달리 표명되는 부분이겠지만, 뿌리의 법은 상호상생을 전제로 하기에 일방적인 소통을 강요한다면 치우친 사고라 오래가지 못한다.

　운용주체 민족이 활동주체가 살아가는 몸통에서 밀려나야 했던 것도 하나 되는 인류의 이념을 잃어버렸기 때문이다. 단일민족국가 고조선의 건국도 홍익인간 이념을 되살리기 위한 배수진이었지만 뿌리로 들어와야만 했던 결정적인 원인은 운용주체의 터전 뿌리에서만이 홍익인간 이념을 되살릴 수 있기 때문이다. 이로 말미암아 열국시대를 열어가야 했던 것이었고, 삼국시대까지 오는 동안 팔도 구획은 이미 정해져 있었다는 사실을 몰랐으며, 몸소 하나 되는 과정을 찾는 속에 뿌리민족끼리 피를 불러야 했던 것은, 피를 부르는 원인을 찾아내야만 했었기 때문이다.

　저마다의 논리는 진리를 열망하는 몸부림이므로 무엇인 진리인지 모르는 상태에선 저마다의 논리가 진리구실을 하기 위해 버티다 부딪쳐 피를 보곤 한다. 부딪친다는 것은 통하지 못할 때 일어나는 상황이라 소통의 대안을 마련키 위한 수단이기도 했었다는 것이다. 허나 아무리 과정이라 할지라도 같은 상황이 되풀이 된다면 이보다 심각한 모순은 없다. 여기서의 모순은 병적인 삶을 말함이고, 버틴다는 것은 제 잘났다고 우겨대는 형국이니 결국 논쟁이 심화되면 갈등을 빚고 갈등이 심화되면 피를 불러야 하는 일인데 그렇다면 제 잘났다고 나대는 이유가 어디에 있을까. 짐시 잠깐만이라도 네 뜻을 받아 줄 수는 없는 것일까. 남북국시대에 들어 0차원의 기운이 뿌리에서 돌기 시작하면서, 비록 밑동이 깊숙이 패여 나가긴 했어도 뿌리 역사상 1천 년 만에 하나 된 민족국가 고려를 건국했으며, 하나의 길로 나가는 발판을 마련하였다.

뿌리의 영양분이 가지·몸통의 영양분이듯, 뿌리민족의 에너지가 인류의 에너지원이 되는 바라, 뿌리이념을 되살리는 일은 인류의 열망이기도 하므로 때가 되면 뿌리민족은 혼을 찾아 나서게 되어있다. 대자연은 음의 기운 운용주체로서 양의 기운인 활동주체 인간을 주도하여 세 개의 차원으로 나뉜 세상을 하나의 차원으로 운영해나가기 위한 자양분을 발효시키는 중이다. 그리고 인간은 대자연 앞에서는 활동주체이지만 인류 중엔 뿌리민족이 으뜸이라 운용주체로 자리했으며 인류시원답게 모범이 되는 삶을 살아가야 했으나 오히려 육생량을 추구하는 활동주체보다 삶의 질이 저하되고 말았으니 인류도 영적(정신적)성장이 멈추고 말았다. 분명 이치는 안다 하나 도리에 어긋나고 말았으니 구도의 여정은 시작되었으며 뿌리에서 여정이 끝날 무렵이면 아마 힘은 배가될 것이며, 그 힘으로 세 개의 차원으로 나뉜 세상을 하나의 차원으로 순화시킬 것이다.

해서 뿌리에 걸맞은 삶을 살아갈 그날을 위해서라도 밑동이 깊숙이 패여 나갔을망정 하나 된 민족국가의 건국을 열망했기에 국호를 고려(高麗)라 명명했다. 이 지상 최고 높은 뿌리에서, 최고의 기운을 머금은 이들이, 최고의 자태를 뽐내며, 최고 아름다운 삶을 살아가는 곳이기에 새롭게 붙여진 국명이었다. 고려태조가 943년 세상을 떠날 무렵 그가 남긴 훈요십조에 나타났듯이 분명 치우친 왕건이 건국한 나라였다. 그러나 그는 뿌리의 혼을 불사르기 위해 태어난 운용의 주체자는 분명하다. 비록 뿌리의 형태가 불완전했지만 1천 년 만에 하나 된 민족의 쾌거를 이루었다. 문제는 조선으로까지 1천 년 동안 뿌리의 질량을 활동주체 육생논리로 채우려는 바람에 대한제국의 수의를 입어야 했었다는 것이다.

물론, 육생량을 위한 힘의 논리, 그 모순을 알아야 인본주의 정신량을 채워 나갈 수 있는 것이므로 거쳐야하는 일련의 과정이라고도 할 수 있겠지만, 자기 식에 고착되면 우월을 드러내기 마련인데 이쯤 되면 너와의 관계는 막히기 시작한다. 그렇다면 고착시킨 인습과 관습을 어떻게 할 것이냐가 숙제로 남았는데 오기든, 아집이든, 독선이든, 고집이든 자기 식에 고착되면 자신의 모든 행위가 옳다는 착각 속에 살아가기 십상이고, 지위가 높을수록 무조건 내 뜻을 따라야 한다는 갑질을 해대기 마련이다. 갑은 분명 운용의 주체라 을인 활동주체에게 이로움을 주지 못한다면 부메랑 효과라 해야 할까? 해가 되었다면 그 행위에 대한 표적은 제3자를 통해서라도 반드시 갑인 운용주체에게 되돌아가게 되어있다.

고려 건국에 앞서 말기 남북국시대와 후삼국시대가 왕건에게 주어진 숙제였었다. 진보를 위해 깔아놓은 적대적 공존과 상대적 빈곤은 화합을 위한 제스처라, 갑이 을을 어떻게 하느냐에 따라 향방이 달리 나타나는 것은 물론 이때 갑을 보좌하는 이들의 사상이 무엇보다 중요하다. 군신이 화합치 못하면 민초의 반란은 표적으로 주어지게 되어있다.

누구나 한번쯤 생각해 봐야 할 일은 왜 하필이면 내 앞에서 일이 벌어지느냐에 대한 사항이다. 그리고 인생방정식은 무엇 때문에 생겨난 것일까. 이를 풀어내지 못할 때마다 나오는 불평불만은 네 탓으로 치부하려다 쌓인 화다. 문제는 항상 내 앞의 인연으로부터 비롯되는데 이를 해결하지 못한다면 나아지는 것은 아무것도 없으리라고 말한다.

화의 때는 육생량의 찌꺼기다. 쌓일수록 모순만 더 크게 불거지는 것이나, 밑동이 패여 나간만큼 정책이 치우치는 것이나 별반 다름없으니, 고려(918)건국 후 패망(1392)할 때까지 474년 동안 대내외적으로 받은 고통은 속국과 침탈의 표적이었다.

　그 아픔은 완벽한 음양화합을 이룬 뿌리로 거듭나기 위한 몸부림이어야 했지만, 거듭남의 근본을 깨우친 지도자가 없었으니 이성계는 위화도에서 회군하여 결국 34대 공양왕(1389~1392)을 폐위시키고, 1392년 조선을 건국하기에 이르렀다. 하나 된 민족국가 고려에서 조선으로의 변환은 새로운 왕실의 개창이었기에 뿌리다운 사회를 건설해야 했는데 조선 역시 마찬가지였었다. 518년 동안 뿌리의 근본을 되찾으려 하기 보다는 되레 핵심몸통의 사상에 빠지는 바람에 썩히고 말았으니 급기야 1897년에 대한제국(1897.10~1910.8)의 수의를 입어야 했다. 1910년에 이르러 뿌리의 기운이 완전 고갈되어, 있어서도 안 되고 있을 수도 없는 뿌리가 두둑에게 강제병합을 당하는 사태가 벌어지고 말았다. 36년이 지난 1945년 8.15에 강제병합이 풀리자 뿌리의 해방이 찾아왔다고 하나 해방은 결코 찾아오지 않았다. 진정한 해방이 무엇인지 모르기에 동족상잔 6.25가 발발하였고, 숱한 지식인들이 유명을 달리해만 했던 이유를 모르기에 하는 소리다.

　부패한 뿌리를 살리기 위해 개척1세대는 강제병합시절에 태어나 기계식 시대를 살아왔으며, 전후 창출2세대 새날의 씨앗 베이비부머가 태어나 아날로그 시대의 핵심 주역이 되었고, 1988년 업그레이드 시대 전후로 에코부머 3세대 미래의 꽃들이 태어났다. 중간계층 창출2세대 베이비부머가 깨어나야 뿌리의 진정한 해방의 맛을 볼 터인데, 하늘의 뜻을 안다는 지천명의 나이 50세가 훌쩍 지났음에도 그저 이념의 장벽 앞에 한을 묻는 게 전부라 지역감정 앞에 분통 터트리는 게 전부일 수밖에 없으니 진정한 해방을 어찌 알 기나 하겠는가. 고려사의 기쁨이 있을 수도 없다. 문헌으로 전해져 오는 아픔을, 아니 비굴함을 들춰보면 우선 변방몸통 거란의 침입 으로부터 드러난 동북아에서의 위치다. 쉴 세 없이 노략질해대는 왜구와 북방몸통 몽골의 침탈은 접어두고서라도 변방몸통 거란과 핵심몸통 송나라 사이에서 고려의 위치가 어떠했느냐는 것이다.

☾ 뿌리고려 대 변방몸통 거란과 핵심몸통 송과의 삼국 관계(거란과의 전쟁)

9세기말 변방몸통 거란(요나라 916~1125)의 여러 부족은 핵심몸 통 당나라(618~907)의 혼란을 틈타 916년에 질라부의 야율아보기 (872~926)가 통합하여 세운 국가로서 상경임황부에 도읍을 정하고 스스로 황제라 칭했다. 그 후 서쪽으로는 탕구트·위구르 지역으로 세력을 확장해 나갔으며 동으론 외몽고에서 밑둥치 만주에 이르는 지역을 확보했으며 926년에 발해를 멸망시키고? 밑동 깊숙이 내려 와 고려와 국경을 접하게 되었다. 이때 고려 태조는 북진정책을 추 진하여 발해 유민을 포섭하면서 강경책을 유지한 관계로 거란은 국교정상화를 원했으나 소통이 불통이라 거란의 1차 침입의 가장 큰 이유가 여기에 있었다.

고려건국 75년 만인 993년(성종12) 소손녕이 80만 대군을 이끌고 침략한 두 가지 이유를 살펴보면, 첫 번째가 국경을 접한 거란과의 관계가 갈수록 소원해지자 고려가 차지한 고구려의 옛 땅(철령 이 북 땅)을 내놓으라는 것과, 황해바다 건너 송나라와 교류하고 있다는 이유가 두 번째다. 기실 이는 밖으로 들어난 육생의 결과물일 뿐이고, 안으로는 하나 된 민족국가를 이룬 뿌리 삶의 질량을 보기 위한 것에 있었다. 즉 고려 초기에 뿌리 대 변방몸통 거란과 황해바다 건너 핵심몸통 송과의 삼국관계를 풀어내야 하는 과제가 주어졌다는 것인데, 그 이유는 다름 아닌 훗날 뿌리반도와 몸통대륙과 두둑열도로 이어지는 동북아 삼국관계를 풀어내야하는 단초를 제공하기 때문이었다. 허나 문신 서희 이외에 어떠한 대안도 마련치 못한 터라 고려 시련의 역사는 시작되었다.

정치가이자 외교가로서의 서희(942~998)는 972년에 단절되었던 송나라와의 관계를 개선하는 데 공을 세운바 있는 그를 내세워 반박한 내용인즉슨, 고려는 원래 고구려의 뒤를 잇는 나라로써 국호를 고려라 정한 것이었다. 거란과 국교를 맺고 싶어도 강동6주 주변에 변방몸통 여진족이 있어 불가능하므로 이곳을 고려가 회복하여 성을 쌓고 지배하게 된다면 송과는 단교하고 거란과 국교를 맺겠다고 한 것이었다. 그 결과 거란은 형식적이나마 사대의 예를 받아 달성하여 회군하고, 고려는 강동6주(평안북도 해안지대에 두었던 여섯 주)의 실리까지 얻어냈으니 그야말로 멋진 담판이 아닐 수 없다. 게다가 비공식적으로 송나라와의 관계를 유지해 나갔으니 금상첨화 아니었겠느냐마는 문제는 강동6주 운영의 방책을 구하지 못하는데 있었다.

상호상생만이 하나 되어 가는 길이다. 반쪽반생은 충돌이 불가피하므로 정신량을 추구해 나가야 하는 운용주체 민족은 육생을 추구하는 활동주체 민족에게 곤욕을 치르는 수밖에는 없다. 득을 보고자 했다면 덕 된 행위를 해야 했던 바라, 화(禍)가 되어 돌아온다는 것은 그들에게 득이 됨이 없었다는 것을 의미하는 바다. 더구나 뿌리에서 하나 된 민족국가를 이루어 살아가는 고려가 조정의 문무합의조차 이루지 못하는 터라, 몸통의 안녕을 위해서라도 슬슬 뿌리로 표적을 줘야했던 때이기도 했던 모양이다.

비록, 7대 왕 목종 원년인 998년에 향년 57세의 나이로 생을 마감했을지라도, 서희와 같은 지략가면 물고기를 잡아주는 육생교육보다는 잡는 법을 가르치는 인생교육을 지표로 삼았어도 남았을 텐데 없었다. 우리 민족의 정신량 화쟁은 어디로 가고 논쟁만을 일삼다가 민초들의 항변은 아랑곳 하지 않고 반상 간 역할을 분담해야 한다는 논리로 신분제도나 운운했으니 배고픈 자의 고통을 어찌 알기나 했겠는가. 어떠한 명분이든 노비환천법은 왕족과 호족세력을 위한 처사일 뿐, 강동6주의 떡밥을 왈칵 물고서는 물론 대비책을 강구하지 않았던 것은 아니겠지만, 이보다 먼저 구석구석 숨겨진 인재발굴의 노력을 아끼지 않았더라면 몽골 원나라의 속국은 있을 수도 없는 일이었다. 만백성의 피와 살을 뜯어먹고 사는 이들은 과연 무엇을 하고 있었단 말인가. 인재등용제도가 석연치 않으면 잘 익은 감이 저절로 떨어지기를 기다려 왔다는 소린데 혹여 왔다한들 가고나면 불세출을 또 기다려야 하는 숙시주의(熟柿主義) 작태는 불세출이 나타날 때까지 혼쭐나는 표적의 의미를 되살려봐야 한다. 또한 출현했다고 해서 육생량으로 막거나 물리치는 데만 있지 않다.

인재발굴은 0차원을 위한 것이라, 이기적인 인간의 본질을 토대로 '덕 되게 사니 득이 되더라'는 소통, 상생, 융합의 근본원리를 밝혀내는 데 있다. 나를 위한 육생량을 분별치 못한 터라, 뿌리의 이타본성도 이기로 변질되었고 그래서 노력은 하지 않고, 또 다른 불세출이 나타나기만을 기다렸던 모양이다. 하기야 나 따로 너 따로 놀아나는 작금과 별반 다를 바 없는데, 과연 어떠한가.

먼저 세상을 버린 이들의 행위가 바르지 않다고 해서 지금 여기에 있는 이들의 행위가 바르다는 것이 아니다. 바른 것을 아는 이가 없다면 시간이 말해 준다고 할 터이고, 그 시간이 결과를 일으킨다고 해도 삶의 질이 나아짐이 없다면 먼저 간 이들이나, 지금 있는 이들이나 나중에 이들도 진보를 위한 행위였다고 말할 터이니, 역시나 하나 되어 살아가지 못한다면 저마다 자기 생각이 옳았다고 할 것이 아닌가. 그렇다면 그렇게 말하는 이들은 과연 옳지 않은 행위가 무엇인지 알고나 하는 소리였을까. 누구나 살아가는 동안 내 앞에서 벌어지는 일로 하여금 표적을 주고받으며 살아가고 있는데도 말이다.

고맙습니다의 의사표현은 어느 정도 도움이 되었을 때 하는 감사의 표시고, 사과하라는 의사표현은 낭패를 봤을 때 하는 불만의 표시고, 부딪치고 충돌하고 싸우는 행태는 자기 밥그릇 챙기기에 혈안일 때 여지없이 일어나는 일이다. 그렇다고 표적은 벌을 주지도 기적도 일으킨다는 말이 아니다. 나아갈 바를 밝혀주는 등불과도 같은바, 타깃(target)의 의미와는 사뭇 다르다. 베풀기보다는 타깃이 되고 혹은 타깃을 삼는 보복성 행위로서 육생살이 활동주체 민족에게나 쓰일 법한 단어다. 낚싯대를 드리운 조사의 고패질(미끼가 살아있는 것처럼 보이게 유인하는 행동)로 강동6주의 밑밥을 왈칵 물고서는 챔질을 해대니 살아보겠다고 철퍼덕 철퍼덕 난리가 아니다. 정녕 속국인지 몰랐단 말인가.

2차 침입은 17년 후인 1010년(현종1) 11월 요의 성종이 직접 40만 대군을 거느리고 침략해 왔을 때다. 당시 고려는 7대 왕 목종(997~1009)의 모후(母后)인 천추태후(964~1029)와 김치양(?~1009)이 불륜관계를 맺고 왕위를 빼앗으려 하자 강조(?~1010)가 1009년(목종12) 군사를 일으켜 김치양 일파를 제거, 목종을 폐위하고 8대 현종(대량원군 순 1009~1031)을 옹립했다. 그러자 거란은 강조의 죄를 묻는다는 구실로 재차 침략을 감행한 것은 1안에서 벌어지는 육생살이 실태일 뿐이고, 정신량을 필요로 하는 몸통이라 제 짓거리를 못하는 뿌리를 다그칠 수밖에 없지 않은가. 그나마 998년 향년 57세 나이로 생을 마감한 서희와 같은 지략가 발굴을 위해 얼마나 노력했느냐를 물어보는 중이라는 사실을 누군가가 알아차리기라도 해야 했을 텐데, 가재는 게 편이요 초록은 동색이라더니 끼리끼리 놀아나는 판국이라, 꼬랑지 내리고 한목숨 유지하려 비굴하게 굴지 않는 것만으로도 다행이라 할 것이다. 당대에 걸맞은 정신량 창출은 불세출이 나타날 때나 가능한 일이고, 또 그를 통해 얼마나 많은 후학을 양성했느냐에 대한 문제는 곧바로 조정의 관료들의 치우친 정도에 따라 달리 나타나게 되어있다.

한편, 국가의 환란은 대자연이 내리치는 회초리다. 대자연은 벌을 내리지 않는다. 벌을 내린다거나 준다는 개념은 육생량이 빚어낸 인간논리일 뿐이다. 나 하기 나름에 달리 나타나는 인생방정식을 이해한다면 작용반작용의 법칙 상대성원리도 알 터, 이는 하나 되어나가지 못할 때마다 운용주체가 받아야하는 이를테면 이리하면 이리된다는 표적으로서 치우지치 않고 바르게 행하고 하나 되길 갈망하는 이들이 받는 질량은 매우 얕다. 그 누구라도 크고 작은 표적을 받기 마련인데 이유인 즉은 바르다는 것보다는 바르지 않은 행위를 모르기 때문에 받아야 하는 것이므로 아울러 바른 행위에 대한 분별이 설수록 받는 강도는 얕아지고, 서지 않을수록 강도는 짙어지게 나타난다. 무엇이든 초기에 이를 바로 알고 대처하면 주고받는 농도는 얕아질 것이고, 그리하면 하나 되어 나갈 터인데, 사실 고려개국 초기에 표적이 이러한 것이었었다. 몸통의 롤모델이 뿌리이지 않던가.

뿌리가 제 모습을 갖추지 못하면 몸통도 제 모습을 갖추지 못하므로 몸통의 역할을 하기 위해서라도 알게 모르게 뿌리에 핍박을 가하게 된다. 그 구실이야 1안에서 만들어지겠지만, 핍박을 가하기 위한 1안의 육생구실은 스스로 일렁이게 되어있다는 것이다. 당시에 뿌리가 몸통의 침략으로부터 벗어나는 길은 음양화합 0의 수가 나오는 완전한 뿌리국가로 만들어가는 것이었다. 그렇다면 그 대안이 과연 무엇일까.

1안으로서의 강대국가 약소국가의 차이는 육생국력의 차이라 하겠으나, 강대국이 약소국에 육생국력을 소비하는 이유는 분명 강대국에는 없고 약소국가에만 있는 육생량의 그 무엇을 취하기 위해서다. 하지만 이는 양의 기운 활동주체를 위한 육생량 섭취가 전부라 육생논리 그 힘에 의지하며 살아갈 수밖에 없는 일이고, 적자생존이니 약육강식이니 하는 말들이 만들어질 때마다 권좌는 물론 국정운영까지도 힘에 의지해야 한다는 것이다. 따라서 힘으로 육생량을 빼앗아 섭취하는 행위는 활동주체의 국가 간에 끊임없이 일어나는데, 운용주체 뿌리와 활동주체 몸통과의 상황은 전혀 다르다.

양의 기운은 육생량이 넘쳐날 때마다 음의 기운 정신량을 갈망하므로 이 시기에 발맞춰 음양화합 0차원을 이루지 못한다면 활동 주체 육생량은 정신량 갈증을 해소키 위해 육생국력을 앞세워 겁박하기에 이른다. 뿌리의 정신량을 소원하는 몸통과는 떼래야 뗄 수 없는 사이고, 육생량이 제아무리 방대한들 정신량 없이는 오랜 시간 지탱할 수 없기에 쉴 새 없이 들락거리게 되는 것이다. 뿌리는 작은 반도에 불과할지 모르나 음의 기운은 몸통·가지를 덮고도 남음이 있어 뿌리가 몸통 혹은 두둑을 윽박지르는 일은 있을 수도 없는 일이다. 더구나 몸통이 뿌리와의 강제병합은 역행이라, 상호지간 이리된다면 뿌리는 물론 몸통도 삶을 다하지 못한다는 사실을 스스로도 알고 있는 바라, 침략해온다 해도 으름장이나 놓고 떠나기 마련인데 몸통에게 있어 한시라도 급한 것이 뿌리의 질량이다. 하지만 두둑은 뿌리의 보호막이라 강제병합의 의미는 부패한 뿌리를 솟구고 잘라내는 것에 있음으로 자연발생적이라고 하겠으며 뿌리가 부패한 만큼이나 몸통도 부패했으니 강제병합을 당할 수밖에 없는 일이다.

무엇보다 당대의 정신량은 뿌리가 완전한 모습을 갖추어 나가는 데 있다 하겠으니, 이 노력을 위해 살았다면 핵심몸통과는 물론 북방몸통과도 속국관계가 아닌 유기적인 공조체제를 이루어 나갔을 것이다. 드러나는 부분이야 몸통이 강대국인 것처럼 보이나, 보이지 않는 부분에 있어서는 결코 뿌리는 약소한 국가가 아니다. 제할 일을 바로하지 못하여 육생의 덩치로 밀리는 듯 보일 뿐이다. 이러한 근본을 모른다 해도 거란의 2차 침입은 빤한 일이었고 또한 서희가 사망한 후라, 육생량 힘으로 대적해야 했으니 많은 피해를 입을 수밖에 없었다. 지혜롭지 못하면 육신이 고생이라고 하듯이 1차 침입 이후 17년이라는 세월이 흘렀음에도 불구하고 2차를 대비하지 못한 데미지가 오늘날까지도 남아 있다.

한편 거란은 흥화진에서는 양규의 항전으로 우회 통주로 진군하였으며 30만 광군으로 거란군을 대적한 강조는 참패, 포로가 된 강조는 불의에 타협치 아니하고 죽음을 맞이했다고 한다. 이어 곽산, 안주 등의 성을 빼앗고 개경까지 함락되자 현종은 나주로 피난하였다. 하지만 거란은 개경의 함락에만 서둘러 흥화진, 구주, 통주, 서경 등을 그대로 두고 내려왔기 때문에 병참선이 차단되어 난관에 봉착했다. 이때 고려가 화친을 청하자 거란은 현종이 친조한다는 조건으로 받아들여 돌아가는 거란군을 양규와 김숙흥 등이 공격해 많은 피해를 입혔다는 것이 결코 떳떳할 수만은 없는 일이다. 이보다 낯부끄러운 뿌리의 역사가 또 어디에 있겠는가.

사실상 8대 왕 현종9년(1009~1031), 1018년 12월 3차 침입의 구실을 제공한 것은 고려국왕의 친조가 실행되지 않았기 때문도 아니요, 강동6주를 반환하지 않은 것 때문도 아니다. 이 두 가지 조건은 침략의 구실에 불과할 따름이고, 위키백과를 인용하자면 문제는 화친이 체결되어 1011년 봄 철병할 당시 양규와 김숙흥 등이 구주 방면에서 돌아가는 거란군을 지키고 있다가 기습해 2,000명을 죽이고, 포로가 되었던 남녀 2,000여명을 구출했다는 내용과 석령에 이르러 다시 거란군 2,500명의 목을 베고 포로 1,000명을 구출했다 내용에 있어서. 두 장수 모두 1011년에 장렬이 전사했지만, 포로로 잡힌 자국민을 구출하는 데 이의를 제기하는 이들은 없을 것이다. 하지만 그들이 진짜 포로였는지 혹여 속국의 조공이였는지 모를 일이다. 있을 수도 없고 있어서도 안 될 일이지만 만에 하나 그러했었다면 자국민을 팔아 처먹는 무능한 조정은 존재의 가치도 없다. 그렇지 않다면 화친에도 불구하고 합의 3천 명이나 되는 적지 않은 수의 포로를 넘겨줘야 하는 이유가 어디에 있겠느냐는 것이다. 만약 위 내용도 화친의 일부분이었다면 신의를 완전히 저버린 행위라, 활동주체 민족은 육생논리로 살아가는지라 반듯이 앙갚음을 위해 크고 작은 구실을 만들 터이니, 크고 작은 침략이 잦아질 수밖에 없다. 그러다가 육생국력이 정비되는 날에는 대대적인 침략을 감행하는 건 빤한 사실이 아닌가.

그러나 그것이 진정 포로의 행렬이라면 자국민 구출은 조정의 의무인바, 이롭게 살아온 운용주체 민족이라 총칼이 우선이 아니었다. 포로송환 문제는 관료대신들의 해결해야 할 문제이고 보면, 철병교섭을 통해 해결치 못한 일이라면 생을 마감한 서희의 담판을 그저 치사만 늘어놓을 일이 아니다. 노비제도 부활로 인제등용에 걸림이 많았으니 하는 짓이라곤 화친을 맺어 철군하는 거란군의 목이나 베고 포로를 구출하는 일밖에 더하겠는가. 게다가 조정에서조차 문무합의를 이루지 못하는 판국에 몸통과의 합의점을 도출해낼 리가 만무다.

육 건사 육생시대에서는 강대국이든 약소국이든 육생국방력이 뒤를 받쳐야 육생량 개척에 힘을 쏟을 것이며, 육생량이 마련되어감에 따라 정신량 창출에 눈을 돌리게 될 것이고, 그 질량이 쌓여갈수록 육생국방력에 대한 의존도 점차 정신량에 희석될 것이다. 분명한 사실은 활동주체 약소국은 있어도 운용주체 약소국은 없다는 점이다. 정신량이 육생량을 주도해 나갈 때 0의 차원이 형성되는 것이므로, 만에 하나 육생량이 정신량을 주도하여 0차원을 이룬다면 돌연변이 차원이거나 혹은 전체가 아닌 부분을 위한 차원에 불과할 것이다. 운용주체라도 육생국방력이 뒤따르지 않으면 자칫 속국조차 면키 힘들지 모른다.

　한시적일망정 피 흘리고 싸워봤자 쌍방이 손해라는 사실을 인식이 필요하기에 육생국방력은 필요한 부분이다.

　운용주체가 정신량을 마련하여 활동주체 육생량에 한 뜸이라도 가미시켜 나간다면 겁박이니, 속국이니, 침탈이니, 복속이니 하는 말들은 점차 살아져 갈 터이고, 아마 이쯤 되면 '덕 되게 사니 득이 되더라'는 소통의 기본원리가 뿌리의 윤리강녕으로 자리 하지 않을까. 문제는 덕 된 차원을 아느냐는 것인데 상호 이로운 행위야말로 정신량일지니 운용주체가 상생의 질량을 꾸준히 높여나갈 수 있느냐에 달렸다.

　기실 2차 침입 때 고려국왕의 거란 친조와, 강동6주의 반환 등의 화친이 체결되어 회군하였다. 하지만 현종이 와병 중이라는 평계로 친조하지 않고 대신 형부시랑 진 공지를 보냈으며 강동6주 반환도 거부했다. 1013년 변방몸통 거란과 국교를 끊고 다음 해에 핵심몸통 송나라와 다시 교류하기 시작하자 1018년 12월 소배압이 10만 대군을 이끌고 침략을 감행하였다. 이에 맞서 고려는 강감찬을 상원수, 강민첨을 부원수로 삼아 20만 대군으로 대비하였다. 처음에 홍화진에서 소배압의 군대를 막아내자 이를 피하여 개경으로 나아가다가 자주(慈州)에서 강민첨의 공격을 받았으며, 다음 해 정월에 개경에서 멀지 않은 신은현(新恩縣)에 도달했으나 개경을 함락할 수 없음을 깨닫고 군사를 돌려 퇴각하다가 귀주에서 강감찬의 공격으로 대패, 10만 대군 가운데 살아남은 자가 수천 명에 불과했다는 귀주대첩마저 자랑스럽게 떠들어대고 있다. 치욕인지는 모르고서 말이다. 치욕이란 다름 아닌, 힘으로 물리쳐서 그렇다는 소리가 아니라 3번씩이나 뿌리로 쳐들어올 빌미를 제공했다는 내용에의 치욕을 말한다.

뿌리는 운용의 주체라 너를 위한 마음의 지혜를 발산해 인생을 살아가야 하는 곳이고, 몸통은 활동의 주체라 나를 위한 생각의 지식을 일구어 육생을 살아가는 곳이라는 사실을 골백번 되풀이해도 지금으로서는 부족하다. 육생량이 전부인 몸통에서 인생살이 정신량 창출을 위해 살아가는 이들을 만나기 위해 뿌리로 내려왔다면, 무엇을 어찌 해야 그들을 이롭게 하는지를 생각해봐야 할 일이다. 이로움을 다하지 못하면 불만을 일기 마련인데 활동주체에게 필요한 정신량을 채우지 못하면 운용주체를 채근할 수밖에 없다. 나를 넘어서야 네가 보이듯이 지식을 넘어서야 지혜를 알게 됨이라, 육생량을 통해 정신량을 찾아들어 가야하는 것은 육생 넘어 인생이 기다리고 있어서다. 외침이 심한 것에 있어서도 마찬가지다. 하나되어 살아가야 할 운용주체 민족이 너보다 나를 운선한다거나 혹은 신의를 저버렸다거나 아니면 갈망하는 그 무엇을 채우지 못할 때인데 인생살이 민족이 정신량이 고갈되면 육생살이 민족에게 얻어맞고 무릎 꿇는 일은 지극히 당연한 일이다.

부족하기에 찾아가고 들어줄만하니 부탁하는 것이거늘, 지혜는 지식의 힘을 물리치나 지식의 힘으로는 삶의 지혜를 물리치지 못한다. 하지만 인생살이를 추구하는 지혜의 민족이 육생량의 지식에 의지하고 살아간다면 그 힘에 지배당하는 것은 빤한 노릇 아닌가.

정신량을 갈구한 이들에게 육생량으로 해결하려 들었으니 그 힘에 주눅이 들어야 하는 것처럼 말이다. 물론 내거는 조건이야 소통을 위한 조건이다. 통해 보자고 찾아온 이들에게 통하지 못해 당하는 내 잘못이지 어찌 통하지 못해 대드는 상대방의 잘못인가.

☾ 북방몸통 몽골 말이 좋아 대몽항쟁이지...(몽골항쟁)

2백여 년 앞서 3차례 거란과 치룬 전쟁보다 심각한 것은 몽골과 7번이나 치러야 했던 전쟁이었다. 현재는 중앙아시아 고원지대 북부 위치해 있으며, 북쪽 시베리아와 남쪽 중국 사이에 위치한 내륙은 1안이고, 2안으로서의 몽골은 북방에 위치한 관계로 뿌리 쪽에 가까운 핵심몸통과의 기운 차이는 천양지차다. 위치야 핵심몸통 바로위에 자리했다곤 하지만 북쪽에 가까운 몸통이다 보니 동쪽에 가까운 중간 쪽보다 삶의 질량은 그만큼 뒤처지기 마련이다. 게다가 교역의 장소에서 벗어나 있어 소통환경이 척박할 수밖에 없으며, 삶의 가치도 1안에 육생에 두지도 않았고 그렇다고 2안을 인생을 위해 살아가지도 않는다.

오로지 다음 생(윤회)을 위한 믿음만을 가지고 살아가는 이들이다. 말 그대로 죽고 태어나기를 반복해서 핵심몸통으로 들어오기 위해 살아가고 있는 곳이라고 하겠다. 한편 송나라(960~1279)는 960년에 조광윤(태조, 927~976)이 극심한 혼란기였던 오대십국시대(907~960)의 오대(화북지방을 다스리던 5개 왕조) 최후의 왕조 후주(951~960)로부터 선양을 받아 세운 나라이지만 중국의 옛 왕조로서 뿌리의 질량을 직접 흡수하는 핵심몸통세력이라 변방몸통보다 기운은 사뭇 다르다. 거란(916~1125)은 5세기 중엽부터 요하 상류인 시라무렌(西

刺木倫) 남쪽에서 유목생활을 하고 있던 여러 부족을 10세기 초 야율아보기가 통합하여 세운 국가이고, 금나라(1115~1234)는 여진족 완안아골타(1068~1123)가 국호를 대금(代金), 연호를 수국(收國)이라 칭하며 세운국가로서 1125년 거란의 요나라를 합병하였으니 변방 몸통일 수밖에는 없다.

몽골은 B.C. 3세기부터 1세기까지 중앙아시아에서 살았던 훈족이라는 설이 있긴 하지만 여하튼 13세기 초 칭기스 칸(1162~1227)에 의해 몽골의 유목민이 통합되었고, 출신보다 능력을 우대하자 군사력이 강력해 지고 이를 통해 중국과 러시아는 물론 중앙아시아 대부분을 통치하는 거대몸통제국으로 자리할 수 있었다. 하지만 북방몽골에게 핵심몸통 송나라가 흡수되면서 원(1279~1368)나라로 명명되자 뿌리도 원나라의 속국을 면치 못하게 되었다.

뿌리가 살아야 몸통이 살듯이, 몸통이 병고에 시달리면 뿌리도 시름에 젖을 수밖에 없다. 주된 원인은 1231년(23대 고종18) 몽골의 1차 침입이 있기까지, 212년 전 1019년(8대 현종10)에 막을 내린 거란과의 전쟁에서 찾아볼 수 있다. 고려와 송나라와는 뿌리·몸통 사이라 떼래야 뗄 수 없는 사이라 이를 가르쳐주지 않아도 상호간에는 스스로 알기에 그 무엇으로도 떼어 놓지 못한다. 물론 뿌리가 소임을 잃은 바람에 주객이 전도되어 고려는 송나라에 조공은 받쳐야 했겠지만 이는 뿌리의 질량을 채우지 못하면 언제든지 벌어질 수 있는 일이다. 만약 주객이 전도되지 않았다면 정신량을 자연스럽게 공급하는 중이라 하겠으니 육생량도 자연스레 뿌리로 내리는 중이라고 하겠다.

뿌리가 제아무리 육생량을 생산해 낸다한들 코끼리 코에 비스킷

일진대 조공은 정신량 창출을 재촉하는 표적의 일환임을 알아야 한다. 게다가 변방몸통 거란의 개국(916~1125)과 뿌리 고려의 개국(918~1395)과 핵심몸통 송나라의 개국(960~1279)이 얼추 맞물림으로 보아 동북아 삼국관계에 중심은 고려뿌리가 세워야 했으나, 기반을 다지기도 전에 호족세력에게 끌려 다니는 형국이라 내부결속력이 있을 리 만무인데 외부결속력은 어림도 없다. 거란은 907년 무렵 흩어진 부족을 통일하고 916년 개국을 선언하여 그 후 요(遼)로 국호를 정하면서 융성하기 시작했고, 송나라는 1004년에 요나라가 침략하자 조공을 받치는 것으로 화의를 맺었다고 하니 삼국구도는 진보가 아닌 대립과 쇠퇴를 거듭해야 했던 것이다.

한편 하나 된 민족국가체제를 형성한 뿌리에 발맞춰 몸통도 단일국가체제를 형성키 위한 움직임으로 송나라에 대한 요나라의 야욕은 당연한 행보였으나, 핵심이 아닌 변방이어서가 문제였다. 무엇보다 핵심몸통 송나라가 밑둥치에서 벗어나 황해 건너 서남쪽에 위치한 관계로, 밑둥치에 자리한 변방몸통 요나라가 몸통의 역할을 해야 했으니, 변이를 일으킨 삼국정세는 불안할 수밖에 없었다. 송나라를 무너뜨려야하는 요나라가 고려를 침략해야 했던 가장 큰 이유 중에 하나가 그 길목에 고려가 자리하고 있어서 그렇다고 하는데, 왜 하필이면 그 길목에 고려가 자리하고 있어야 했느냐는 것이다. 작금에 있어서도 매우 중요한 현안이니 의문을 한번쯤 가져봐야 할 때이다.

무엇보다 핵심몸통 송나라와의 교역이 육생량만으로 치우치지 않았더라면 요나라의 침략을 고려·송나라 연합으로 충분히 물리치고도 남았으리라. 여기서 물리친다는 것은 핵심 스스로 변방을 흡수하도록 하는 일인데, 이는 변방몸통은 변방에서, 핵심몸통은 밑둥치에서부터, 뿌리는 뿌리에서의 삶을 영위해 나가는 것을 말한다. 물론 천 년 전의 육생과 인생, 천 년 후의 육생과 인생의 근본은 변함없다. 그러나 육생과학 발달로 업그레이드 시대가 열렸다는 것은 인류가 하나 되어 나가는 시대가 도래했음을 뜻하는 바라, 육생량 힘으로 내 것을 우선하다간 부딪칠 수밖에 없으니 이로움의 정신량으로 네 것을 받아드려 흡수해 나가야 한다는 것이다. 육생과 인생을 분별치 못한다면 대안도 육생안에서 머물 터이고 그러다가 육생량을 우선하여 힘으로 굴복시키려 들 터인데, 일련의 상황은 정신량 부재로 일으키는 일이라, 네 것을 내 안에서 승화시키지 못하면 악순환의 고리는 풀리지 않을 것이기 때문이다.

거란전쟁 이후 몽골이 쳐들어오기까지 2백여 년 동안의 세월은 동북아 삼국관계의 해법을 풀어내기 위해 주어진 시간이었었다. 파여 나간 밑동만큼이나 문무대신들이 제 것이 모두 옳은 것 마냥 자기계산만 해대는 통에 0차원의 문무합의를 이끌어 낼 수 없었던 것처럼, 핵심몸통 송나라와 변방몸통 요나라로 이분화된 몸통도 하나되기 위해 힘겨루기로 지속된 나날을 보내야 했었다. 뿌리가 일원화체제가 될 때 몸통도 일원화체제를 이루는 법이라, 요나라의 침략을 되짚어 정신량을 쌓아나가야 했건만, 16대 왕 예종(1105~1122) 때 여진족이 일으킨 반란의 원인을 바로 짚어내지 못한 것도 역시나 문무합의를 이루지 못한 대가였다.

요나라와의 전쟁 때 고려군사로 참전한바 있는 여진족은 송하강(쏭화강), 무단강(모단강), 헤이룽 강(아무르 강) 동만주 해안일대에 살았고 핵심몸통 수나라(581~618) 이후에는 말갈족이라 불렸으며 당나라(618~907) 초기에는 고구려에 복속되었다가 패망하자 발해로 예속되거나 일부는 신라에 편입되었다는 기록이다. 비록 육생량일망정 우위에 섰던 고려를 부모의 나라도 섬기며 고려의 백성으로 편입되기를 갈망하였던 여진족은 밑둥치 민족이라 해도 과언이 아니다. 그만큼 뿌리에서 밑둥치를 거쳐야 핵심몸통에 이르니 매우 밀접한 관계다. 송나라와의 교류가 재계되던 11대 왕 문종(1046~1083) 때에 이르러 황금시대를 맞이했다고들 하는데, 기실 문제는 이 시기부터 일기 시작했었다. 즉 어떠한 모양새로 황금기를 열었냐고 할 것인데, 서(西)여진은 요나라에, 동(東)여진은 고려의 영향권이라고 말함에 있어 주(州) 편입을 간청한 족장에게 관직을 주어 다스리게 한 것도 울타리 역할 때문이라 하겠고, 그 울타리가 바로 동여진의 기미주(羈縻州)였다.

어느 민족이든 좌파우파의 생성은 진보를 위한 과정이라 대립구도를 형성키 마련인데, 정신량이 부여되었다면 고려와 여진은 분명 하나 되어 나갔을 것이다. 정신량 없는 황금기는 정신량을 부여키 위한 육생관련의 일들이 벌어질 터이니, 있을 수도 없다. 만약 있다한다면 정신량을 부가시키기 위한 표적이 들어갈 터인데, 그 징조가 4번에 걸친 동여진의 침략으로 나타났으나 운용주체 민족이 활동주체 육생량으로 다스릴 요량이었으니 이로 인한 화(禍)의 불씨가 크게 지펴질 것이라곤 예상치 못한 모양이다.

그리고 50여년이 흐른 뒤 여진부락 좌파우파 간에 충돌이 잦아지면서 완안부의 족장 영가(盈歌)가 여진족을 통합하기 시작하였고, 우야소(烏雅束)가 밀리는 동여진을 추격 15대 왕 숙종(9년 1095~1105) 때인 1104년에는 정주 관문밖에 기병을 주둔시키자 임간(미상)을 보냈지만 패하고 말았다. 1105년(숙종10)에 들어 평양의 성문 밖에 위치한 동명왕묘(東明王廟)에 제사하고, 병이 든 숙종이 개경으로 돌아오는 도중에 숨을 거두었다고 하니 고려와 여진 사이에 드리워진 암흑의 표적량을 알 수 있는 대목이다.

약자에게 강하고 강자에게 주눅이 든 상태라면 자신을 따르는 이들과 하나 되어 나가지 못하리니, 가뜩이나 운용주체가 자신을 기만하는 활동주체 앞에 비굴해 져야 한다면 남은 세월이 눈물일 수밖에 없다. 여진정벌이나 대마도정벌이나 섬섬옥수 가녀린 여인의 손에 총칼을 쥐게 한 형국이라, 육생량 힘으론 대국이든 소국이든 어찌하진 못한다. 1107년 16대 왕 예종2년(1105~1122) 때에 윤관(?~1111) 장군이 별무반 17만 대군을 이끌고 여진정벌을 나섰다한들 별무신통일 수밖에 없었던 것이었고, 오히려 수비강화를 위해 쌓아둔 9성마저 돌려줘야(?) 하는 상황이 벌어진 것도 이러한 이유 때문이었다. 내 앞의 인연이 내 모습이듯, 내 할일도 내 앞의 인연 으로부터 주어지는데, 어디 이유 없이 일어나는 일이 있기라도 하는 것일까. 인과관계에서는 원인이 있다면 결과가 있다고 말한다. 그렇다면 그 원인이 무엇 때문에 발생했는지를 알고 있느냐는 것이다. 그 원인을 누가 제공했느냐는 것이다.

그러한 이유를 알고 있느냐는 것이다. 정벌은 그야말로 육생을 살아가는 활동주체에게나 맞을 법한 행위다. 인생을 살아가야 하는 운용주체에게는 소통과 융합만이 있을 뿐이라 애당초 힘으로 해결될 일이였다면 벌어지지도 않았다.

여진의 완안부는 우야소(미생)의 아우 완안아골타(재위 1115~1123)가 세력을 크게 확장해 나감에 따라 9성을 넘겨받고 얼마 지나지 않아 여진을 통일하고 금나라(1115~1234)를 건국했다. 1125년엔 금·송이 연합하여 요를 멸망시키고 연운16주의 일부를 되찾은 송은 나머지를 되찾기 위해 요와 합공하기로 획책했으나 발각되어 금은 1126년에 북송의 수도 카이펑을 공격하였고, 1127년에는 북송의 황제 흠종(1100~1161)과 상황 휘종(1082~1135)을 북으로 연행하면서 강남으로 밀어내자 북송시대(960~1127)는 가고 남송시대(1127~1279)를 열어가게 된 것이다. 당시 흠종의 아우 조구(남송태조 1107~1187)는 남쪽으로 피신하여 정강의 변(1126)으로 화북을 빼앗긴 후, 1127년에 항주(항저우)에서 태조 고종(1127~1262)이 되자 회화 이남의 땅을 확보하여 송의 재흥에 박차를 가하였는데, 이때부터 남송이라 불렀다. 변방에서 흩어져 살아가던 여진족이었건만 부모의 나라로 생각하던 고려는 어느 새인가 속국이 되어버렸고, 반쪽을 잃은 남송마저도 조공을 받쳐야 하는 처지라 뿌리가 무릎 꿇으면 몸통핵심도 무릎 꿇을 수밖에 없는 일이다.

앞서 밝힌 바와 같이 거란 침략 이후에 뿌리 고려의 역할은 핵심몸통 송나라와 변방몸통 요나라의 중심을 잡아나가는 일이었다. 다시 말해 중심의 핵이 뿌리이므로 주성분은 핵심몸통을 통해 변방몸통으로 올라가므로, 영영공급이 부실할 경우 표적은 변방몸통에서 핵심몸통을 통해 뿌리로 자연스럽게 내려오게 되어있다. 고려문화 중흥기라 일컫는 11대 왕 문종 때에 이르러 대자연은 고려 송나라 요나라 삼국관계의 수평을 보기 위해 구심점 뿌리로 시험지를 들이밀었던 것이다.

하지만 여전히 제 육 건사에만 신경을 썼던 터라, 부상하는 여진족과 융합해 나갈 수 있는 정신량이 부재하자 육생량이 득세할 수밖에 없었고, 그 질량은 물고 물리는 사슬 관계를 연출함으로서 요나라의 세력은 무력해 지고 말았다. 그리하여 고려, 송나라, 요나라와의 삼국시대는 어느덧 고려, 남송, 금나라의 삼국시대로 바뀌었는데 문제 고려와 송은 조공을 받치는 처지라는 데 있었다. 이는 뿌리·몸통 간에 수직·수평의 관계조차 가늠키 어려운 상태라 삼국도 각기 내부질서 체제가 바로 설 리가 없었다. 이렇듯 삼국체제의 균형을 잃어버리게 된 결정적인 사건은 15대 왕 숙종 때 일어났으며 이에 대한 모순은 16대 왕 예종 때에 드러났다. 육생 넘어 인생이듯 당연한 수순이기는 하나 이는 운용주체 문신이 제 역할을 바로 할 때나 가능한 일이고, 언제까지나 정신량이 배제된 육생량에 놀아나는 까닭에 뿌리는 그 질량을 찾을 때까지 땅심이 파헤쳐 질 것이다. 17대 왕 인종(1122~1146)4년 때인 1126년에 문신인 이자겸(?~1126)이 왕위찬탈을 위해 일으킨 난에서 알 수 있듯이, 운용주체가 정신량을 모르면 그들 스스로 육생량 갈취를 위해 날뛰기 마련이다. 뿌리의 생명수 정신량을 운용주체인 문신들이 찾아내지 못한다면 그렇다면 활동주체인 무신들이 찾아내야 한단 말인가. 이도 아니라면 정녕 정신적 지도자를 자처하는 이들은 다 어디로 갔단 말인가.

1135년 인종13년에 승려묘청(?~1135)이 풍수를 들먹이고 서경천도를 운운하며 일으킨 난(1135.1~1136.2)은 과연 어떠한가. 뿌리의 행위가 미덥지 못하면 몸통에서 침탈해 오듯이 문신들의 행위가 바르지 못하면 무신들이 들고 일어서게 되어있다. 1170년 18대 왕 의종(1170~1197)24년 때 무인 정중부(1106~1179)가 일으킨 난(1170)으로 인해 무신정권(1170~1270)이 100년간 수립됐는데, 이는 문존무비(文尊武卑)의 폐해로 비롯된 일이라고 말한다. 그러나 문존무비는 본래 없을 뿐인데 폐해가 있을 리가 만무다. 단지 정신량을 창출해야 하는 운용주체가 당대에 걸맞은 육생과 인생을 분별치 못해 벌어진 일이다. 문인이 문인으로서 해야 할 일을 바로 했다면 몽골항쟁은 있을 수도 없는 일이었다.

뿌리·몸통·변방의 판도가 뒤바뀐 형국이라 그 어디에도 편한 구석이 있을 리 만무하다.

유수불부(流水不腐)라, 흐르는 물은 생명의 원천이라 썩지 않는다. 고여 있거나 갇혀있을 때 썩기 시작하는데 본래 고여 있는 물이라면 모를까 흐르는 물이 왜 고여 있어야만 하는 것일까. 그 하나는 그 쓰임을 다해 대자연이 묻어버리는 중이라고 하겠고, 또 하나는 소임을 잃고 헤매다 갇혀버린 형국인데, 이때는 사실 필요하면 되살릴 터이고 필요치 않으면 묻어버릴 터인데, 자연치유는 스스로 묻히는 것이라고도 할 수 있고, 스스로 치유되는 것이라고도 할 수 있다. 그래서 전자는 너 다음에 기다리고 있는 너를 위한 처사라 하겠고, 후자는 세 개의 차원을 하나로 연결해 나갈 중심축이라면 자연치유가 모두를 위한 처사라, 이를 위한 역할 자가 바로 몽골의 칭기스 칸(태조 1162~1227)이었다.

물론, 그 대를 이은 오고타이 칸(태종 1213~1259)이 살리타(?~1232)를 시켜 일으킨 전쟁이었지만, 1안으로서의 해석이 어떠하든 간에 2안으로는 분명 너 죽고 나 죽는 뒤바뀐 구도에 천근의 철퇴로 액선을 취한 것은 새로운 질서체제를 위해 필요한 부분이었다.

뿌리·몸통·변방의 삼국체제 고려·송나라·요나라가 금나라의 득세로 요나라는 쇠진되다시피 했으며 고려와 송나라는 속국신세라, 뿌리를 곧추세울 때 몸통의 뒤틀린 질서체제가 바로잡히는 법이므로 고려시대의 마감은 예견된 일이었다. 이는 몽골족이 뛰어나서가 아니라 대자연이 불세출을 보냈기에 가능한 일이었으며, 말이 좋아 대몽항쟁이지 일방적일 수밖에 없었다. 1234년에 금나라를 멸망시키고, 45년 후 1279년에 핵심몸통 송나라마저 멸망시켜 어찌 되었던 간에 하나 된 몸통국가 원나라(1279~1368)를 건국했다.

한편, 거대몸통 핵심세력이 변방몸통세력에게 지배를 받아야 한다는 자체가 굴욕이기도 하겠지만, 문인이 소임을 잃으면 무인이 발끈하듯, 운용주체 뿌리가 바로 서지 못하자 활동주체 그것도 핵심이 아닌 변방몸통에서 들고 일어난 것이었다. 당연히 운용주체 뿌리가 활동주체 핵심몸통이 아닌 북방몸통에게 무릎 꿇고 충성을 맹세해야 했지만, 이면엔 새로운 동북아시대를 열어가기 위한 수순이기도 했었다. 이는 병 주고 약을 주는 소리가 아니다.

운용주체가 활동주체에게 무릎을 꿇는다는 자체가 이미 권리포기를 선언함이라, 자유의지 결여는 곧 스스로를 묻어버리는 결과를 초래하는 바와 같아 다음을 대비하지 않으면 안 되기에 예를 들어 하는 말이다. 뿌리에게 있어서는 강한 이들 사이에 끼어 괴로움을 겪는다는 간어제초(間於齊楚)라는 말 자체가 필요 없다. 본래 음의 기운 정신량은 거대 양의 기운 육생량 사이에서 살아가야 하므로 활동주체 민족에게나 맞을 법한 말인지라 이를 통해 그들이 간절히 원하는 바가 정신량임을 알 수 있다. 앞서 가던 수레가 뒤집히면 뒤따르는 수레의 본보기가 된다는 전거복철(前車覆轍)을 모를리 없건만 난국임에도 문무(文武)가 각자도생(各自圖生)하는 꼴을 보이고 말았으니 당연한 귀결이었다. 또한 육생량에 불과한 건국이념만으론 상실해버린 가치를 되살릴 수 없어 뿌리가 몸통에 예속

될 수밖에 없는 일이다.

내적혼란은 외적혼란을 야기하고 그 외적혼란은 상대적으로 내적혼란을 잠재우기 위해 벌이는 일이다. 몸통의 핵심에 자리한 변방몸통 거란의 침략은 뿌리의 가치를 일깨우기 위한 표적질이라는 사실을 알기만 했어도 과연 몽골항쟁이 있을 수 있을까. 주체성을 잃은 민족은 음모와 싸움의 역사로 일관하다 시나브로 약소국이 되어 정신량이 받쳐주지 않으면 묻혀버린다. 뿌리역사의 궤적을 보더라도 분열의 역사가 아닌 분명 통합의 역사일진대 사분오열되었으니 어찌된 영문인가.

오랜 시간 광활한 몸통에서 함께 해올 수 있었던 것은 운용의 질량을 쓰려했기에 가능했었지만, 언제부터인가 활동의 질량으로 버티려다 육생량으로 살아가는 활동주체 민족에게 약소민족이 되어가고 있었다. 양(陽)이 차 기우는 것은 음(陰)을 충전키 위함에 있으니 적절한 시기에 음을 충전치 못하면 그대로 묻히거나 혹은 충전을 위해 상충치는 일을 벌인다. 활동주체 양의 기운을 충전시켜야 하는 운용주체 음의 기운은 선천적인 기운이라, 양의 기운을 충전시킬 때마다 스스로 음의 에너지원 2안의 정신량을 자체 충전시키고, 음의 기운을 충전한 양의 기운은 1안의 육생량을 생산해 낸다. 이때 양의 기운 활동주체가 생산한 육생량을 음의 기운 운용주체에게 불어넣어 주게 되는데, 이는 정신량을 충전키 위함에 있으니 소통·상생·융합은 그야말로 음의 기운이 충만할 때 가능한 일이므로 운용주체는 자체 충전의 근본원리를 바로 알고 있어야 한다. 단일민족체제를 형성하고 홍익인간을 모토로 건국한 고조선도 음의 기운을 자체 충전을 하지 못한 관계로 쳐야했던 마지노선이었으며, 이후에도 스스로 음의 기운을 충전치 못해 뿌리로 들어와야 했던 것이다.

1천 년이 지나 건국한 하나 된 민족국가 고려도 고대 동북아 삼국의 중심축에서 밀려나 속국으로 살아가다 그대로 묻혀버린 이유도 음의 기운을 충전시키지 못해서다. 한편 열국시대 이후 하나 된 민족국가체제를 형성하면서부터 속국신세를 면치 못하는 원인은 우두머리 민족이라는 것에 있다. 육생이든 인생이든 운용주체는 자기논리를 펼쳐나가는 이들이라, 운용주체가 많으면 많을수록 뭉치면 죽고 흩어지면 사는데, 하나 되어 살아가는 실상의 해법은 여기에 있다. 음의 에너지원 정신량을 자체 충전치 못하면 뿌리의 값어치를 다할 수 없다. 활동주체 가지야 양의 에너지원 육생량을 위해 살아가도 그만이지만, 분명 양기가 꽉 차면 음기를 충전키 위해 문을 두드린다는 사실이다.

해가 중천에 떠있는 중쪽의 몸통은 해가 지는 서쪽 가지로 가기 위해 살아가는 곳이 아니다. 그만큼이나 활동력이 웅비한 곳이므로 일정한 시기가 되면 대거 몰려들 것이라, 인연맞이 준비를 해야 한다는 것이다. 그 인연은 해 돋는 뿌리에서 비롯될 터이고, 행의 현장으로써의 몸통은 인류에너지 교역의 장이기도 하니 소통의 활기 넘쳐날 즈음이면 뿌리는 생기로 가득할 것이다. 행의 현장은 육생량과 정신량이 오가는 곳이므로 창출이나 생산보다는 상술에 능통한 편이고, 군주(郡主)만 있을 뿐 하나로 결속시켜 이끌어갈 제왕(帝王)의 부재로 역사가 길어야 3백 년 안팎이다. 뿌리에서 해가 돋아 중천에 떠 있는 몸통과는 뗄래야 뗄 수 없는 사이라 그 속성 그대로 닮아가게 되어있다. 해 돋는 땅 뿌리의 질량은 기운이다. 이는 너를 위해 살아갈 때 쓰이는 지혜로서 다방면에서 뛰어난 재능을 보이지만, 나밖에 모르는 행위를 하는 순간부터 재능은 현저히 떨어지게 되어있다. 특히 육생량의 한계는 서른까지로써 힘으로 하는 일에 있어서는 육생을 살아가는 활동주체를 어찌하지 못한다.

해 지는 가지의 본질은 육생량을 생산하는 곳이라, 업그레이드 시대 전까지 뿌리·몸통과 별개의 삶을 살아가도 무방하다. 육생의 한계는 노력하는 만큼이라 하겠고, 생각차원 지식은 뛰어나다고 하겠지만 마음차원의 지혜가 여물지 않아 육생량의 본능인 힘으로 해결하려는 경향이 짙게 나타난다. 그나저나 뿌리 고려는 밑동이 패어나간 만큼 문무대신들의 분별력도 패어나갔다 하겠으니 핵심 몸통도 바르게 자리할 수 없었던 것이다. 무장들이야 타고난 기개라 힘으로나마 대적하면 그만이라지만, 문관들은 뭐했으며 당대의 정신적인 지도자라고 자처한 이들은 무슨 생각으로 살아갔을까.

하나는 둘을 가리키고 둘은 셋을 가르치고 있듯이, 1차는 2차를 예견하고 2차는 3차를 예견함에도 임시변통 하석상대(下石上臺)가 전부였으니, 짙어만 가는 혼란 속에 향후 뿌리가 해야 할 일마저 잊고 말았다. 군주만 있고 제왕이 없어 분열될 수밖에 없는 몸통, 제왕만 있고 군주는 없어 뭉치면 죽고 흩어지면 사는 뿌리, 분명 절장보단(絶長補短)의 행위자는 뿌리일진대, 무엇을 잘못 했는지도 모르고 조공 올려 선처를 바라는 꼴로는 뿌리가 운용주체요 몸통이 활동주체라는 사실을 깨닫기는 매우 어렵다. 인류의 근본을 아는 민족이라 삶의 진리를 밝혀내야 하는 곳에서 살아가면서도 부딪치며 살아온 세월이 부지기수라 정신량의 진보는 있을 턱이 없고 육생량의 변화만 일으켰을 뿐이다.

뿌리의 침식은 몸통의 침식이고, 몸통의 침식도 뿌리의 침식이다. 육생살이에 휘둘리면서 강대국 사이에 끼어 고통 받는다는 피해의식에 사로잡혔고, 생각의 차원도 당연히 육생안에 머무를 수밖에 없는지라 1차 침략 때부터 총칼로 물리치려다가 결국 내팽개치고 속국을 면치 못했다. 허나 운용의 주체라는 자존감(?)으로 곧 죽어도 머리는 숙이지 않았다. 몽골과의 전쟁은(1231~1270)은 예견된 일이라 급성장하는 몽골에 쫓기어 들어온 거란이나, 1225년 1월 고려의 사신으로 왔다가 몽골로 돌아가던 중 압록 강변에서 피살당한 저고여(?~1225)나 피하려야 피할 수 없는 사건이었던바, 설령 피했다한들 빌미 제공은 하게 되어있었다. 그 후 7년 뒤인 1231년 23대 왕 고종(18) 때 1차 침입(1231~1232)을 가함으로써 29년간 여몽항쟁이 시작되었다. 결과는 빤한 일, 고려의 화친 제의로 72명의 다루가치(진압 혹은 속박)를 배치하는 조건으로 여몽 간에 화의는 성립됐다고 말하지만 이때부터 뿌리 간섭의 역사가 시작된 것이었다.

23대 왕 고종19년 2차 침입(1232.8~1232.12)의 빌미를 제공한 것은 바로 1232년 6월 17일 시작된 강화천도였다. 물론, 해전에 약한 몽골군의 특성상 훗날을 기약하기 위해 왕권과 조정보호를 위한 처사라면 두말 할 나위 없다. 하지만 그들의 행위가 단지 더러워서 피했다거나 무서워서 피했다면 상황은 다르다. 흐름에 따른 결사항전은 당연히 외쳐야 하는 일이겠지만, 완전 초토화시키지 못하면 3차 도발의 빌미만 제공하는 꼴이 된다는 사실을 염두에 두어야 했다. 어찌하든 심히 바닥을 쳐야하는 고려의 조정이라 꼴은 만들어지게 마련이고, 그 일이 바로 적장 살례탑(미상)이 처인성에서 승장 김윤후(미상)에게 사살되고 1232년 12월 16일 눈물을 머금고 철수해야만 했던 일이었다.

이윽고 몽골은 1234년에 금나라(1115~1234)를 패망시키고 이듬해 정벌을 목표로 1235년 고종(22) 때 3차례에 걸쳐 3차 침입(1235.7~1239.4)을 감행하였다. 강화에 웅거한 조정은 부처의 원력으로 난을 피하고저 팔만대장경 재조를 시작했으며, 5년 동안 혼혈화 진행과 전토가 황폐화되고 민심이 흉흉해지자 마침내 조정은 몽골의 철수 조건으로 왕의 입조를 약속하였고, 이후 왕족을 인질로 보내야 했었다. 아마 이쯤 되면 뿌리는 자정능력을 완전 상실한 상태라 분별보다는 본능적 행위를 우선하게 되는바, 이리되면 상호 뜻한 바를 구하지 못할 터이니 뿌리·몸통 간의 신의는 그다지 중요치 않게 생각하기 십상이다. 사실 1247년 고종(34) 때 4차 침입(1247.7~1248.3)의 빌미를 제공한 원인도 여기에 있었다. 몽골 귀위크 칸(정종, 1206~1248)이 즉위하자 고려왕의 입조와 출륙환도를 요구하면서 아모간(미상)을 시켜 침공, 때마침 몽골의 귀위크 칸이 죽어 철군하였으나 1251년(고종38) 몽케 칸(원 헌종, 1209~1259)이 즉위하면서 재차 국왕 친조와 출륙환도를 재촉했으며 고려는 국왕이 친조할 것을 약속하여 마무리 지었다.

뿌리와 북방몸통과의 최초접촉(고려·몽고)은 1218년 고종5년 때 일어났다는 기록이다.

테무친이라는 불세출로 인해 몽골이 급성장하자 상대적으로 금나라의 세력은 위축될 수밖에 없었고, 때를 같이해 금의 지배하에 있던 거란족은 자주권을 되찾고자 난을 일으켰으며 터전확보를 위해 압록강 건너 의주지방에 침입, 강동성에 들어가 거세게 저항하였다. 이들 무리를 뒤쫓던 몽골군과 합공한 고려는 강동성(1218~1219)전투에서 혁혁한 전과를 세웠다고는 하나, 몽골과 종속관계의 연을 맺은 관계로 정세에는 짙은 먹구름이 깔리고 말았다. 그 당시 고려의 무신 홍대순(미상)이 몽골에 투항하였고, 그의 아들 홍복원(1206~1258)은 몽골이 1차 침입하던 1231년에 투항한 반역자이자 역적이라 말한다. 분명 간신과는 다른 차원이다. 이를 다 설명하려면 책 한 권의 분량을 훌쩍 뛰어넘을 터이니, 아주 간단명료하게 필자의 소견을 피력하자면, 그 시대가 만들어낸 하나의 상(象)에 불과할 뿐이라는 것이다.

난국이거나 도탄에 빠질 때면 어김없이 이러지도 저러지도 못하는, 미운 행위만 골라서 해대는(사자 짓) 이들이 나타나기 마련인데, 이는 사실 왕과 조정에게 들이미는 시험지다. 문무대신들이 음양화합을 이루었다면 난국이나 도탄은 있을 리가 만무고 남부여대(男負女戴)가 웬 말이며 그 세월이 길어질수록 이러한 이들이 늘어간다는 사실이다. 물론, 역적이나 반란을 꾀한 자의 잘못이겠지만 이는 후자이고, 그 전의 책임은 누구에게 있었겠느냐는 것이다. 운용주체 뿌리가 제 짓을 다하지 못하니 활동주체 몸통에서 날 뛰는 것처럼, 운용주체 문신의 행위가 올곧지 못하면 활동주제 무신이 겁박하게 되는 것이다. 내 앞의 인연은 나 하기 나름에 따라 상호보완적이거나 혹은 적대적인관계가 될 수 있음으로, 이를 통해 행위가 바뀌지 않는다면 사자와의 인연은 지속되리라고 말한다. 네가 있어 내가 있으니 영웅이나 충신도 매 같은 조건이라, 3차 침입 때 모습을 갖추기 시작한 삼별초는 과연 어떠한가.

유독 몽골이 강화도만을 어찌하지 못한 것은 해전에 약한 탓도 있겠지만 이는 드러나는 1안의 사항이고, 핵심몸통이 아닌 이상 변방 혹은 북방몸통에선 뿌리의 조정을 함부로 쳐들어가 무엇을 어찌할 수 없는 기운이 서려있기 때문이다. 당시 이러한 일이 벌어졌다면 뿌리핵심에 바람 드는 것은 빤한 일이고, 그 고통 고스란히 몸통전체로 전위되어 판도가 어찌 바뀔지 모를 일이고보면, 무엇보다 회복기는 민초들의 뼈골의 난이 되는 것도 큰 문제이지만 가지의 피해도 걷잡을 수 없어진다는 점이다. 만약 변방몸통의 겁박만으로 신통치 않다면 핵심몸통만이 가능한 일이라고 하겠는데, 이는 뿌리의 핵심과 몸통의 핵심은 하나의 연결통로이기에 가능하다는 것이다. 예컨대 뿌리와 몸통이 친형제지간이라면 북방이나 변방으로 넘어갈수록 사돈의 팔촌관계다. 사실 몽골도 사촌지간쯤 된다하겠고 4차 침입 때 귀위크 칸이 죽음으로써 전쟁이 전국적으로 확대되지 않아 피해가 크지 않았다곤 하지만 돌이켜보면 매번 철군 때마다 이상하리만치 재발의 소지를 남겨야 했다.

왜일까. 그것은 바로 환란임에도 고려조정은 따로 국밥이라 재발의 소지라는 문제가 주어지지 않을 수 없었다는 것이다. 1253년 고종(40) 때 5차 침입(1253.7~1254.1)의 빌미도 철군 후 입조하지 않은데 있었다. 이에 몽케 칸은 출륙환도와 왕의 입조를 요구하였으나 고려는 무신집정의 결사항전으로 인해 6개월 동안 심각한 피해를 입고 말았다. 결국 고종은 출륙하여 에구(미상)라는 일개 몽골의 장군을 친히 만났다하는데 이는 곧 항복을 의미하는 바라 강화성을 허문들, 개경환도를 한들, 왕자 안경공 창(미상)을 인질로 보낸다 한들 더 이상 무슨 의미가 있겠는가. 또다시 철수한 지 6개월이 지났음에도 약속을 이행치 않자 1254년 7월 고종41년에 몽골은 마침내 자랄타이(?~1259)를 시켜 6차 침입(1254.7~1259.3)을 4차례에 걸쳐 감행하여 결국 항복을 받아냈다.

적어도 전체를 아우르는 뿌리의 왕권이 부분을 통치하는 몸통의 변방의 군주(郡主)에게 무릎 꿇을 수는 없는 노릇이다. 하지만 순간을 모면할 심산으로 조건을 걸고 요구를 받아들인 것이라고 하더라도 비굴하더라도 지켜야 했었다. 이미 모면할 심산이라면 비굴해 졌음이라. 허나 다들 대장인지라 줏대를 세울 기력마저 잃고 말았다.

북방몸통 몽골에게 있어서의 뿌리는 신성불가침 구역과도 같은 곳이라 3번까지의 철병교섭이 별무리 없이 진행될 수 있었다 하더라도 한 번 신의를 잃으면 회복하기 어려운 법이라 점차 강도가 더해지기 마련이다. 힘으로 한번 해보겠다는 무신과 그들의 뜻에 따를 수밖에 없다는 문신과의 대립에 있어서의 무신집정은 몽골군에게 가시일 수밖에 없다. 뜻밖에도 무신의 집권자 최의(?~1258)가 김준(무오정변 ?~1268)에게 피살되면서 화의를 요청하게 되었고 지리한 28년간의 항쟁은 끝났지만 결말은 속국이었다.

부분을 운영하는 소프트가 전체를 주관하는 하드를 속국으로 삼는다는 일이 있을 수도 없지만, 일어났기에 전체가 부분의 속국에서 벗어나는 그 날이 바로 부분이 전체에 흡수되는 날이며 전체가 새로운 출발하는 날이다. 사실상 1258년(고종45) 3월에 일어난 무오정변으로 얼마를 버티느냐가 남았을 뿐 무신정권의 막은 내려진 상태였다. 1259년 23대 왕 고종이 승하하고 몽골에 인질로 가있던 태자가 24대 왕 원종(1259~1274)으로 즉위할 때에는 고려도 그렇게 사라져가고 있었던 것이었다.

과거를 통해 현재에 와있고 현재를 통해 미래로 나가듯이, 내 앞에 인연과 의논합의를 이루지 못한다면 그 뒤에 온 인연은 물론이요, 그 뒤에 뒤에의 인연도 마찬가지 합의를 이루긴 힘들다. 음양화합 0의 수를 이루기 위해서라도, 음양화합 0차원이 완연하게 드러난 뿌리로의 향해가 시작되던 해가 바로 개경환도를 시작한 1270년쯤이라고 하겠다.

☾ 팔만대장경과 두둑열도정벌

팔만대장경의 조조(肇造)는 불교를 번창시키려는 목적도 있었지만 문화국으로서의 위력을 이웃나라에 선양하고, 불력(佛力)으로 국난을 타개함으로써 호국하겠다는 대발원(大發願)에서 이룩된 것이라고 한다. 1011년(현종2) 거란의 침입을 계기로 1087년(선종4)까지 77년에 걸쳐 초조대장경(初雕大藏經) 또는 초판고본대장경(初板古本大藏經)을 완성시켰다. 이 초장경은 대구 부인사(符仁寺)에 도감(都監)을 두고 송(宋)의 개보판(開寶板) 거란본(契丹本)과 종래부터 전해 내려오던 국내본(國內本) 등을 저본(底本)으로 하여 대반야경(大般若經) 600권, 화엄경(華嚴經), 금광명경(金光明經), 묘법연화경(妙法蓮華經) 등 6,000여권의 경판(經板)을 만들었다고 한다.

그 후 문종(文宗)의 제4왕자인 대각국사(大覺國師)·의천(義天)이 송나라를 돌아다니면서 모은 책이 3,000여권이나 되었고, 1073년(문종27)부터 1090년(선종7)까지 교장(教藏)과 불서(佛書)들을 모아 엮은 책을 신편제종교장총록(新編諸宗教藏總錄)이라 하고, 이 목록에 의하여 차례대로 인간(印刊)한 것을 속장경(續藏經)이라 부른다. 그 후로도 흩어져 있는 불서를 모아 간행하였는데, 그 일은 그가 죽기 2년 전인 1099년(숙종4)까지 계속되어, 모두 1,010부 4,740여권이 인간

되었다고 한다.

제1차로 완성된 이 정장(正藏)은 1232년 몽골의 침입으로 소실되었으며, 몽고의 외침을 물리치기 위하여 다시 대장경을 조조하여 불력의 가호를 빌기로 하여 대장도감(大藏都監)을 새로이 설치하고, 1236년(고종23)부터 1251년(고종38)까지 재조(再雕)대장경을 완성시켰다. 이 재조대장경은 구목록(舊目錄)의 천(天)~동함(洞函)에 이르기까지 639함(函)에 엮어져 부수는 1,547부(部), 6,547권(卷)이며, 추가목록의 동(洞)~무(務) 및 중복된 녹(祿)~무함(務函) 24함에 들어있는 15부, 231권(혹은 236권)을 합하면, 모두 663함 1,562부, 6,778권(혹은 6,783권)이며, 경판의 수는 8만 1258판이 되고, 이것이 안팎으로 새겨져서 16만여 쪽을 이루고 있어, 이것을 세칭 '팔만대장경'이라고 한다.

고조선 패망 이후 뿌리에 들어와 하나 된 민족국가의 위상을 드러내기 위해 건국한 고려는 뿌리민족이 1천 년 만에 이룬 쾌거다. 열국시대부터 열어가야 했던 것도 하나 되어 나가기 위함에 있었으니, 뿌리민족이 몸소 체험을 통해 이룬 하나 된 국가에서, 하나 되어 살아간다는 것은 하늘의 염원이 담겨 있었기에 가능한 일이었다. 특히나 부분을 엮어 전체를 만들어나가야 하는 운용주체인지라, 부분을 통합할 때에는 별탈이야 없겠지만 문제는 하나가 된 전체를 이루어 나가다가 또 다른 전체를 이루어 나가는 지도자를 만날 때 일이다. 운용주체는 지도자이자 우두머리인지라 자칫 덕을 잃은 우두머리끼리 만나면 부딪치기 십상이라는 점이 문제인데, 이 문제를 풀어내기 위해 주어진 공부가 바로 열국시대라는 것이다. 물론 부딪치며 살아가야 하는 일은 없어야 되겠지만, 그렇다면 정신량이 부재한 육생량으로는 부딪칠 수밖에 없다는 원리를 밝혀내야 하는 이들이 과연 누구이겠느냐는 것이다. 활동주체 부분은 뭉쳐야 살지만 운용주체 전체는 뭉치면 죽는데, 바로 뭉치면 죽는 원인을 밝혀낼 때 우두머리끼리 하나 되어 나갈 수 있기에 몸소 하나 되는 과정을 체험하며 살아가게 된 것이다.

절심함을 모른다면, 절박함을 모른다면 하나 되어 나가는 소중함을 모른다 할 터이니 삶이 치우칠 수밖에 없는 노릇이다. 뿌리의 염원이 몸통의 염원이고, 몸통의 염원이 가지의 염원인지라, 거룩한 하늘의 뜻 받들어 살아가는 민족만이 인류의 염원 고스란히 간직한 곳에서 살아갈 수 있는 특권이 주어졌다. 그렇다면 과연 거룩한 인류의 염원이 뜻하는 바가 무엇일까. 이를 바로 알고 있는 이가 있기라도 하는 것일까.

불교가 고려의 국교가 될 수 있었던 것은 태조가 943년에 왕실의 후손에게 내린 훈요십조(訓要十條)에 의거한 바도 있지만, 홍익인간 이념이 뿌리에서 퇴색할 즈음인 삼국시대에 몸통으로부터 들어왔는데, 불교문화가 활짝 꽃피울 시점이었기 때문이다. 몸통에 불교가 전해진 것은 B.C. 2세기경인 전한시대(漢朝 B.C. 206~A.D. 220)라는 설이 지배적이며 초기에는 도교와 함께 신봉되었고 이후에 노장사상이 결합되었다고 한다. 이 시기에 뿌리는 신라(B.C. 57~A.D. 935), 고구려(B.C. 37~A.D. 668), 백제(B.C. 18~A.D. 660), 가야(A.D. 42~562) 사국시대를 통해 삼국시대를 형성할 무렵이었다. 몸통불교는 수나라(581~618)와 당나라(618~907) 때에 들어 실천불교로 모습을 바꾸었다. 삼국 중에서 372년 17대 소수림왕(?~384)2년 때 받아들인 고구려가 가장 먼저 불교시대를 열었고, 384년 15대 침류왕(?~385)1년 때 받아들인 백제가 두 번째다. 신라가 세 번째로서 불교수용이 녹록치 않았다는 것이다. 신라 19대 왕 눌지마립간(?~458) 때 고구려의 승려 묵호자(墨胡子, 미상)로 비롯되어, 23대 법흥왕(?~540) 때 이차돈(506~527)의 순교로 비로소 자리하였다고 하는데, 고구려의 토속신앙과 혼합되자 선행수복(善行受福)을 앞세워 신라불교가 민족사상 혹은 신앙으로 토착화했음을 짐작한다. 후삼국시대 태봉의 궁예는 미륵임을 자처했을 정도였고 후백제 견훤도 불교를 숭상한 국가였으니, 후삼국을 통일한 고려태조 왕건은 자연스럽게 불교전성시대를 열어갈 수 있었던 것이었다. 그러나 초기부터 기복과 도참으로 빠지는 경향이 두드러지게 나타났는데 이는 귀족정치 때문이라고 말한다.

불교가 이 땅에 자리하기 전까지만 해도 세상을 널리 이롭게 하자는 홍익인간 이념이 지배적이었다. 허나 열국에 이은 사국을 통해 삼국시대로 오기까지 동족상잔의 부딪침이 잦았던 만큼이나 이로운 행위에 대한 분별력이 흐트러지고 말았다. 가뜩이나 하나 된 민족국가체제에 가까워질수록 대내외적으로 피를 불러야 하는 나날이 많았으니 덕행(德行)과 선행(善行)의 분별은 고사하고 우선에 육 건사를 위해서 지푸라기라도 잡아야만 했던 시대였었다. 이로운 삶은 피를 흘리는데 있지 않다. 너 죽고 나 살거나 혹은 나 죽고 너 사는데 있지도 않다. 너 살고 나 사는 것에 있음이라 육생량을 앞세워 힘으로 해결하려 든다면 종례에는 너 죽고 나도 죽을 터이니 이로울 게 전혀 없다.

피로 얼룩진 역사 그 속엔 분명 증오와 원한이 서려있을진대, 원수는 원수를 부르고 피는 피를 부른다고 가르쳐본들 정신량이 배제됐다면 우이독경이다. 너를 위해 살아가야할 민족이 나를 우선하고 말았으니 운신의 폭이 좁아질 수밖에, 그렇게 좁아지는 만큼이나 육생량에 얽매일 터이니 자연스럽게 기복에 매달릴 수밖에 없지 않은가. 기복은 육생논리라 반드시 너 죽고 나 죽는 상황이 벌어지게 되어있다. 왜 어려워졌겠는가, 왜 힘들어 졌겠는가. 왜 삶이 고통스러워졌겠는가 말이다. 어느 날 갑자기 아무런 이유 없이 일어나는 일은 결코 없다. 내 앞의 인연과 소통치 못한 때가 쌓여 폭발한 것이라, 통하지 못한 원인을 밝혀내지 못한다면 삶은 한 뜸도 나아짐이 없기에 하는 소리다.

고구려의 승려 승량(미상)이 부르짖은 이제합병증도설(二諦合明中道說)이나, 백제의 승려 겸익(미상)이 지키려했던 계학(戒學)이나, 억불의 조선시대 휴정(1520~1604)의 선교석(禪敎釋)이나, 인간에서 사람으로 승화되어 사람처럼 살아가자는 것이 아니라면 무의미하다. 신라의 승려 원효(617~686)의 화쟁(和諍)과 무애(無碍)와 숭불의 고려시대 승려 의천(1055~1101)의 교관겸수(敎觀兼修)나, 신라의 승려 의상(625~702)의 화엄(華嚴)과 숭불의 고려시대 승려 지눌(1158~1210)의 정혜쌍수(定慧雙修) 또한 사람들과 사람처럼 살아갈 수 없다면 부질없는 짓이라, 돈오점수(頓悟漸修)나 돈오돈수(頓悟頓修)가 무슨 소용이 있겠는가.

고려태조의 훈요십조를 요약하면, 국가의 대업이 불교의 호위와 지덕에 힘입었으니 불교를 숭상하라는 내용이 1조에 있다. 왕건이 후손에게 남긴 유언이었던바 숭불정책으로 말미암아 왕실·귀족의 보호아래 가장 중요한 정신계의 지도이념으로 자리했다. 유교는 정치 이념으로 채택, 후기에는 성리학도 전래되었다. 신앙의 자유를 인정했다고는 하나 호국불교인 만큼 역대 제왕들까지 숭상하고 장려했으니 그 위세가 어떠했겠는가.

그러면서도 아이러니하게 유독 외침에 시달려야 했던 국가다보니, 1011년부터 1087년까지 77년 동안 초조대장경을 제작한 것은 불력으로 거란의 침략을 물리쳐보기 위함이었다는 것이다. 1232년 몽고의 침입으로 소실되자, 그들의 침입 또한 불력으로 막아볼 심산이었기에 1236년부터 1251년까지 16년간에 걸쳐 재조대장경을 만들어야 했던 것이다.

무려 그 재조대장경판수가 8만장이 넘고, 중생의 8만 4,000번뇌에 대한 8만 4,000개 법문을 실었다고 해서 이를 팔만대장경이라 부른다는 것이다. 1안의 사항으로 봐서는 실로 대단한 일이 아닐 수 없다. 그나저나 이 많은 번뇌 중에 0의 차원을 이루어 살아가지 못하면 고통의 표적을 받아야 한다는 사실이 적혀있기나 하는 것일까. 뿌리민족이 뿌리에서 뿌리에 걸맞은 삶을 살아갈 때, 몸통은 몸통에 걸맞은 삶을 살아가게 되는 것이며, 가지는 가지에 걸맞은 삶을 살아가게 된다는 사실에 대해서 말이다. 육생살이 적대적 공존으로 말미암아 이기적 인간은 이타적 사람으로 승화하기 전까지 욕구의 대상이라, 작용반작용의 법칙 상대성원리를 인간생활 깊숙이 묻어두었다. 어려움과 함께 동반되는 고통마저도 내 앞에서 벌어지는 일을 바르게 처리하지 못해 주어지는 표적이건만 이를 모르고 기복에 매달린다면 고통이 늘 따라다니는 이기적인 인간에 머문다. 이를 모르는데 뿌리가 몸통의 예속된 것이 하극상인지를 어찌 알겠는가.

뿌리민족의 궤적을 통해 뿌리의 사관을 밝혀내야 한다. 우물 안의 개구리는 바다를 말해도 알아듣지 못한다고 글로벌 스탠더드(Global Standard)를 표방하며 바다 건너 나가길 갈망한다. 물론 바다 건너 세계를 알아야 내가 사는 세계가 어떠한지를 알게 되는 것이겠지만 이는 육생시대의 방안이고, 양의 기운이 차오른 인생시대는 바다건너 세계에서 몰려오는 중이라 음의 기운을 머금은 내가 사는 곳이 어떠한 지부터 알아야 한다.

줄기는 뿌리에서 시작되는 법이므로, 가지에 사는 너는 육생량을 수확하여 뿌리에 사는 나를 찾아오기 마련인데, 뿌리에 사는 나는 육생량을 가지고 바다건너에서 찾아오는 너의 진정성을 알고 있느냐는 것이다. 인류는 서에서 중으로, 중에서 동으로 들어왔다. 이는 육생진화의 루트이므로 인생진화가 시작될 때쯤이면 역으로 정신량을 올려 보내야 하는 루트이기도 하다. 요컨대 진화의 최정상에선 민족이라 육생량을 위해 노력하기 보다는 인생살이 정신량을 함양해야 하는 것이므로, 양의 기운이 넘쳐나는 육생량이 뿌리로 들어오는 이유는 단 한 가지 음양화합을 이루기 위해서다. 음양은 0의 수를 위해 분리되어졌음에 저마다의 사주는 육생의 기본금에 불과한 것이라고 말한바 있다. 하여 가지도 몸통도 아닌 그것도 뿌리에서 주어진 만큼 살았다는 것은 사주만큼 살았다는 것을 뜻하는 바라, 삶이 고작해야 육 건사 행위에 불과했음을 말한다. 십이지상이 동물인 이유도 다름 아니라 사주만큼 살면 동물처럼 사는 것에 지나지 않았음을 깨우치기 위해서다.

뿌리로 들어오기 위해 여물기를 기다린 곳이 몸통이고, 뿌리의 사관을 밝혀내는 일이야말로 어둠의 장막을 거둬내는 일이라, 작금에 한류열풍이 불어 닥친 이유를 바로 알아야 한다.

가지의 육생량은 겉으로 드러나는 부분이라, 뿌리로 들어올수록 사랑행위를 통해 행복을 추구해 나가는 차원이 다르다. 물론, 어디에서 태어나 어떻게 살아가느냐에 따라 달리 나타나는 부분도 없지는 않지만 육생량에 빠지면 사랑과 행복을 별개로 느낄 수도 있다.

허나 사랑은 행위인바 활동주체요 행복은 느끼며 함께 해나가는 운용주체라, 합의를 원한다면 제 할 바를 아는 일이 무엇보다 중요하다.

요점은 몸통은 삶의 질량이 최고 선상에 오른 뿌리의 정신량을 써야 한다는 것이지만 질량을 그곳에서 늘려온 터라 뿌리에서 몸통 법을 가져다 쓴다는 것은 퇴행을 의미한다. 그만큼 행복을 위한 화합의 질량을 찾아 써야 하는 민족이라, 육생의 기본금 자리에 올라섰을 때가 바로 인생의 출발선상임을 알아야 한다. 저마다 소원한 자리에 올라서려 발버둥치는 것도 나를 위한 육생행위라 올라섰다면 너를 위한 인생을 살아가야 하는데 그 질량에 맞는 정신량도 반드시 마련되어야 한다는 것이다. 0차원의 삶은 육생량에 정신량이 가미될 때 맛보는 행복의 차원이라, 정신량이라는 사랑의 농도에 맞춰나가는 노력을 게을리 하지 말아야 한다. 더 덜도 없다. 육생량도 정신량도 운용주체의 몫이거늘 몰라서 못하는 활동주체를 탓 해본들 자신만 손해. 뿌리에서 멀어질수록 육생에 가까운 삶을 살아간다 하겠으니 사주도 그다지 명확치 않다. 그렇다고 인생량이 없다는 것이 아니다. 육생량에 가까운 정신량이라 인생량에 가까운 정신량을 불어넣어줘야 한다는 것이다. 뿌리에 가까울수록 명확히 나타나는 이유는 동물처럼 살아가서는 절대 안 되는 곳이기 때문이다.

타고났으니까 노력하여 대통령이 되는 것이고, 타고났으니까 노력하여 초 인류기업의 회장이 되는 것이며, 타고났으니까 노력하여 장관이 되는 것이므로, 그 자리에 올라섰다고만 해서 성공을 운운해서는 안 된다. 육생성공은 인생출세의 밑거름이라 이때서야 비로소 화합을 위한 합의 기회가 주어졌음이라, 인생출세가 무엇인지 모르고 육생성공 거론한다면 타고난 재주를 자랑하는 꼴 밖에 더 되겠는가. 마찬가지로 국가든 사회든 주어진 만큼 살아가겠다는 자체가 육생 행위인지라, 제 밥그릇 챙기려고 동물처럼 으르렁 거리며 살아가는 꼴을 보이게 되는 것이다.

실패는 잘나갈 때 맛보는 고통이다. 육생성공 운운하다 0의 차원 이루어 나가지 못하면 그 누구도 예외는 없다. 육생의 기본 자리는 나를 위해서라도 반드시 올라가야 하는 사랑의 자리이고 보면, 너와 함께 거듭날 때 느끼는 행복은 인생을 살아갈 때서나 느끼는 차원이므로 이를 위해 해야 할 일은 음양화합을 이루어나가는 일이다. 그러므로 나를 위할 때와 너를 위할 때를 알기만 했어도 침탈은 곧 대자연이 내려친 회초리였음을 받아드렸을 터인데 그리됐더라면 육생량의 술로써 모면하려 들지는 않았을 것이다. 법(法)은 운용의 주체이자 인생의 정신량이며 술(術)은 활동의 주체로서 육생량의 재주에 지나지 않아, 제아무리 재주가 뛰어나더라도 정신량이 받쳐주지 않으면 이내 떨어지고 만다. 에둘러 표현하자면, 인생출세가도의 지표를 세우지 못하고 이룬 육생성공은 사상누각이나 다를 바 없다. 태조의 유훈이 술에 의지하는 판도라 15세의 인종이 17대 왕으로 즉위하고 어지러운 정세를 틈타 오죽하면 서경출신 술승(術僧) 묘청이 난(1135~1136)을 일으키기까지 했을까.

거란에 이은 여진의 침입과 몽고의 침략은 고려의 역사를 지우기 위한 행위였다. 사실 몸통의 무게에 짓눌리어 힘 못 쓰는 뿌리는 있으나마나 하다. 이쯤 되면 몸통까지 썩어 문드러질 판국이라 뿌리 살리기 위한 극단의 조치를 취하지 않을 수 없었고 또 대자연이 내려치는 회초리라는 사실을 알았더라면 역사의 모순은 덜하면 덜했지 더하진 않았을 것이다. 더구나 하늘의 뜻을 성대히 받들어 살아가는 민족이기에 육생의 술로 다스릴 수 있는 일이었다면 일어나지도 않았을 뿐더러 채찍을 가하지도 않았을 것이다. 제 아무리 부처의 도력이 크다 한들 이는 하늘의 뜻인지라, 불법의 술로써는 물리칠 수 있는 그 무엇이 아니었던 것이다.

누군가가, 강대국에 붙어있는 약소국은 현실적으로 그 영향권에서 벗어나기 힘들다고 말하면서, 이러한 여건에 우선해야 할 일은 국력신장이 아니겠느냐고 말했다. 당연히 인생은 육생량이 마련되고나서 살아가야 하는 차원이고 보면, 무엇보다 국방력이 우선이 아닐 수 없다. 하지만 강대국에 둘러싸인 약소국이란 인식을 떨치지 못하는 한 국방력을 제아무리 늘려본들 육생살이 강대국을 어찌 할 수는 없는 노릇이다. 뿌리라는 운용주체의 특성을 살리기 위한 방편으로 자리하는 것이 국방력이므로 이에 미치지 못할 경우 몸통의 힘 앞에 굴복당할 수밖에 없는 게 현실이라 어찌할 방도가 없다. 그리고 몸통의 육생법까지 뿌리에 내린다면 어찌되겠는가. 가지·몸통은 육생살이라 국방력으로서 해결해야 할 일도 없진 않겠지만, 뿌리는 인생살이라 정신량으로 해결해 할 일밖에 주어지지 않는다. 가지와 몸통 대 뿌리의 만남은 육생 술과 인생 법의 만남이라 하겠으니 술과 법이 통하는 날에는 살맛나는 세상이 펼쳐진다.

대자연의 거룩한 뜻 이어받은 뿌리민족은 육생살이를 위해 이 땅으로 보내지 않았다. 진인의 땅인 만큼 비록 육생의 출발기점에서 살아갈지언정 종착역은 인생이라, 힘의 맞불은 곤란하다. 육생살이 민족에게 밀리는 일은 지극히 당연한 일일 터이고, 천부의 가르침으로 거룩한 삶을 살아온 관음민족에게는 분명 다르지만 서로 도우며 살아갈 접점을 찾는 행위는 그리 어려운 일이 아니다. 이는 사실 밖의 육생량을 바라보느냐 안의 정신량을 바라보느냐에 대한 문제인데, 한 마디로 이롭게 할 때만이 총 칼도 녹아들게 만든다는 것이므로 힘으로 대적한다면 그 결과가 어떠하겠느냐는 것이다.

두둑은 뿌리 보호막으로서 북동부에서 남서 방향으로 자리한 화산섬인 데다가 지정학적으로 뿌리 뭍과는 한 걸음에 달려갈 수 있는 위치여서 육생량 발전을 위해서라도 쉴 새 없이 드나들지 않으면 안 되었다. 대자연의 은총이 가득한 지판의 뿌리를 만들 즈음에 갈려 나갔던 본향이기도 하기에 왜인들이 찾아오는 것은 지극히 당연한 일이다.

거기에다 뭍은 그야말로 사람 사는 세상을 구현해야 하는 신세계이다 보니 육생량을 방편으로 수시로 드나들어야 했던 것이었다. 뿌리는 몸통·가지를 위한 신세계로서 적어도 두둑열도 화산섬에는 어떠한 민족이 살아가고 있는지 대한 관심을 한 번 정도는 가져봐야 하지 않을까. 그렇다면 그들이 누굴 의지하고 살아가야 하는지에 대해서도 잘 알 터이고 분명 뭍은 그에 상응하는 삶을 살기 위해 노력했을 테니 말이다. 당연히 몰라서 못한 것이라고 하겠지만 그들을 이해하기 위한 노력은 해보기라도 했던 것일까. 알았다면 뿌리와 두둑의 관계가 가깝고도 멀지는 않았을 것이다. 은총을 받은 만큼 호사할 터이니 그 호사를 나누려 했다면 변방몸통에게 호되게 당하지 않았을 것이며, 무지렁이 취급을 두둑에게 받지 않았을 것이다.

절실해서 찾아오는 이들이었다. 정작 필요한 것을 주려하지 않을 땐 어찌 해야 하겠는가. 뿌리에너지는 하나 되기 위해 주어진 자원이다. 누구의 잘못이란 말인가. 있기에 찾아가게 되는 것이고 부족하기에 채우려가는 것이다. 네게 필요한 것이 내게 있어 너는 나를 찾아왔다. 없어서 못주는 것과, 있어도 못주는 것, 그리고 있어도 안 주는 것에 대한 분별을 정립시키지 못한다면 가지고 누리는 자들에 대한 불평 또한 없어야 하는 법이다. 뿌리가 이로웠다면 몸통은 하나 될 터이고 두둑이 궂은 일처리를 다할 것인데 이로움을 주지 못해 결국 무지렁이 국가로 전락하고 말았다.

적대적 공존에 따른 작용반작용의 법칙이 적용되는 인간관계에서는 선과 악이 존재하지 않는다. 내 앞의 인연은 나 하기 나름에 따라 달리 나타나는 상황을 분별해 보면, 누구나가 내게 득이 될 때는 악이 될 수 없기에 선이라 할 것이며, 내게 득이 되지 않을 땐 선이 될 수 없기에 악이라 할 것이기 때문이다. 이도저도 아닌 일은 아무 일 아닌 듯싶지만 보거나 혹은 들었다면 대비하라는 뜻이므로 후에 분명하게 유사한 일이 벌어진다는 것이다.

이롭게 살지 못해 당해야 했던 침탈을 불력으로 모면하고자 했다면 상대성으로 일어나는 표적의 진정성을 모르는 바와 같아 사랑 그 행위의 당위성을 어찌 알겠으며 0차원의 행복을 느껴 보기나 했었겠느냐는 것이다. 북방몸통 원나라의 침입을 물리치기 위해 1236년부터 1251년까지 16년간에 걸쳐 8만장이 넘은 재조대장경을 만들어 놓았다 하는데, 24대 왕 원종(1259~1274)15년 때인 1274년에 1차, 25대 충렬왕(1274~1308)7년 때인 1281년에 2차로 두둑을 정벌하러 나섰으니 적반하장도 유분수라고 해야 할까. 여하튼 이러한 모순을 또 어디에서 찾아볼 수 있겠는가. 뿌리의 질량을 잃고 몸통의 육생량에 의지하려다가 도리어 호되게 당하는 모습을 보인 건 정신량을 놓치면 육생량의 구렁텅이에 빠져 헤어 나오지 못한다는 사실을 보여주기 위한 본보기였다. 고대부터 뿌리를 찾은 두둑의 열도인들을 왜인이라 불렀고 노략질을 해댄다하여 왜구라 불렀다고 하는데, 삼국시대에도 침입한 바 있지만 침입규모가 그리 큰 편은 아니었다. 그러나 고려 말부터 조선 초기에 걸쳐서는 해마다 침입해 피해도 막대하여 왜인(倭人)들이 노략질했다는 뜻인 왜구(倭寇)가 이때부터 두둑열도의 해적집단을 총칭하는 말로 쓰이게 되었다고 한다.

사실 삼국시대까지만 해도 두둑은 가야와 백재의 교류로 노략질의 필요성을 크게 느끼지 못했을 것이고, 더구나 고구려와 신라의 교류도 있고 하니 적대행위가 있다한들 그다지 크게 일어나지 않았다. 600여 년 지속되던 뿌리의 삼국시대를 결국 나·당연합군을 결성한 신라가 통일로서 마침표를 찍자 동맹국을 잃은 두둑은 강성해진 신라에 대한 두려움을 갖지 않을 수 없었을 것이다. 무엇보다 이 시기가 신라에게 있어서는 두둑과 돈독한 외교관계를 유지해 나갈 수 있는 절호에 기회이기도 했었는데 신라 특유의 근성이라 해야 할까. 문제가 일기 시작했었다. 이에 두려움을 느낀 두둑이 759년, 763년 두 차례에 걸쳐 발해와 침공을 논의했다는 자체가 신라가 삼국을 전체가 아닌 일부만을 흡수했기에 충분히 오갈 수 있는 안건이다. 발해와 신라의 관계를 알 수 있는 대목이지만 자칫 했으면 조선시대보다 800년 앞선 남북국시대에 두둑의 대란을 겪었을 지도 모를 일이다. 물론, 7세기 전반에 아스카 문화를 꽃피웠다곤 하지만 날로 번성하는 뭍의 문명을 끊임없이 교류를 통해 가져다 써야 하는 두둑의 입장이 아닐까. 노략질이라는 표적을 받아야하는 이유가 어디에 있는 것일까. 이때부터 외교적 교류가 무단침입으로 변하여 노골적으로 노략질해대는 꼴이 되고 말았다. 당시 그들에게 필요한 것은 정작 사대부에서 쓰던 우아하고 고품서린 청자나 백자가 아니라 흔하디흔한 막사발이었다고 하는데, 그렇다면 정작 도자기로 대접하기 위한 대접을 빚으면서 왜 대접은 하지는 못한 것일까. 대접의 의미를 알고 있기나 하는 것일까.

고려의 국력소모는 거란·여진에 이은 물론 몽골의 침입이 결정적이었지만 이는 1안의 육생안에 불과하고 2안의 인생안으로서는 여원연합군을 조직하여 두둑열도를 정벌하려는데 있었다. 물론 고려를 통해 두둑을 복속시키려는 북방몸통 원나라의 욕망 때문이기도 하겠지만 핫바지에 불과했던 뿌리가 문제였던 것이다. 두둑은 뿌리의 보호막이라 떼래야 뗄 수 없는 사이다. 두둑 없이는 지판에 인(人)의 뿌리를 내리기는 힘들고, 뿌리 없는 두둑은 있을 수도 없는지라 무엇보다 두둑이 손상된 만큼 뿌리발육에 장애가 따르게 되어있다. 물론 몸통과는 더할 나위없는 사이지만 뿌리가 건재해야 몸통도 건재 하는 것이고 두둑이 온건해야 뿌리가 건사하듯이 두둑의 문제는 곧 뿌리의 문제이기도 한 것이다. 자칫 두둑으로 인해 뿌리가 손상되면 피해는 몸통까지 미치게 되는데 핵심몸통이 뿌리를 어찌 하지 못하듯 뿌리와 몸통이 두둑을 어찌하지 못한다. 가뜩이나 운용주체 민족이 하나 되어 나가려 하기보다는 힘으로 굴복시키려 하는데 그 무슨 이유가 성립되겠는가. 고려말기 33대 창왕(1388~1389)1년 조선개국을 3년여 앞둔 1389년엔 왜구를 소탕키 위해 두둑 대마도 정벌을 나서고 말았다.

불안전하다는 것은 안전하지 못하다는 것인데 알았다면 스스로 안전한 길을 찾아 나서기 마련이다. 패여 나간 뿌리 밑동부분도 7천3지 음양화합 0의 수를 이루기 위한 과정이었던바, 몸소 체험을 통해 찾아가던 중이었다. 뿌리의 주체성 회복은 운용주체의 본분을 다하는데 있음으로 그 본분이 무엇인지를 아는 것이 우선이었다. 밑동이 패여 나간 만큼 불완전한 사고는 지금까지도 뿌리민족이라는 사실조차 모르고 살아가고 있으니 1대 태조 왕건으로 시작해서 34대 공양왕 때까지 대내외적으로 평탄한 날이 있을 수 없었다. 뿌리의 가치를 상실해버린 고려의 474년의 세월을 뒤돌아보면서, 새로운 뿌리의 역사를 써내려가기 위해 부여해준 시간이 바로 0의 수를 갖춘 조선시대였다. 문제는 뿌리의 삶이 무엇인지 모른다는데 있었다.

7. 뿌리의 모습을 갖추어 주긴 했으나
-조선시대-

   미리 정해놓은 일은 없다. 내 앞의 인연으로 하여금 지금 여기에서 해야 할 일이 주어지는 것을 놓고 이미 정해진 일이 아니었던 것이냐고 가하는 반문도 만만치 않다.

   육생을 추구하는 행로야 인생의 정신량을 찾아가는 중이라 이를 위해 반드시 해야 할 일이 있는데 그것은 바로 받아온 육생의 기본의 자리에 올라서는 일이다. 혹여 받아온 자리에 올라서려는 행위를 가지고 정해진 바대로 움직이는 것이 아니냐고 할 수도 있다. 물론 육생량은 선천적인 부분이 가미되어 틀린 소리도 아니지만 그렇다고 맞는 소리라고 할 수도 없다. 선천적 육생량은 후천적 자유의지로 찾아가는 과정이고, 찾았다면 정신량을 가미해 인생을 살아가야 하는데, 정신량은 후천적 자유의지로 창출되는 부분이다. 저마다 받아온 육생의 기본의 자리에 오르기까지 만나는 인연은 보완적이기도 하지만 상대적이자 극과 극일진대 오르고 못

오르고는 자기하기 나름이라서 그렇다는 것이다. 태어난다는 것은 죽어야 한다는 명제가 붙지만 언제 어느 때 어떻게 죽는지에 대해선 정해지지 않았다.

상대성으로 이리하면 이리된다는 작용반작용의 법칙에 따라 인간관계가 형성되므로 사자 짓거리를 해대는 내 앞의 너를 통해 내 행위가 바뀌지 않는다면 나도 너처럼 그렇게 될 수 있다는 표적으로 일어나는 일이 인간관계(人間關係)다. 또한 그 행위를 통해 내 모습을 바꾸어 살아가는 것을 가리켜 후천적 자유의지라고 말한다. 과일나무에 과일이 열리는 것은 정해졌다고 할 수 있는 선천적 요인의 육생량이다. 하지만 후천적 요인으로서는 과일나무가 얼마나 오래 갈 것이며, 얼마나 열매가 칠칠하게 여물게 할 것이냐는 나하기 나름에 딸린 사항이므로 선천적 육생에 후천적 정신량을 가미하는 일이야말로 사랑행위를 통해 행복을 영위하는 길이다. 육생량이든 정신량이든 당연히 해야 할 일만 있을 뿐이지만 육생량을 찾는 중에 개별적으로 벌어지는 일들은 정신량을 위해 주어지는 표적으로서 그 변화가 무쌍한데 이는 국가나 사회나 개인이나 상황은 별반 다르지 않다.

선천적 자유의지는 받아온 육생의 기본금을 찾아가는 과정이라 나를 행한 것이고, 후천적 자유의미는 육생의 바탕위에 정신량을 창출하는 부분이라 너를 향한 것이므로 선천과 후천이 0의 수를 이루지 못하면 아주 자연스럽게 표적을 받게 된다. 예를 들어 고통스럽다거나, 아프다거나, 예상치 못한 사고를 당한다거나, 괜한 손해를 본다거나, 송사에 휘말린다거나 하는 등의 일들이 벌어지는데, 그렇다면 0의 수를 이루지 못하는 일은 언제 발생하는가. 내 뜻대로 되지 않을 때 화부터 내는 것을 보면 내 뜻만 받아주면 탓 하지 않으리라는 데에서부터 기인된다고 하겠다. 너 보다는 나를 우선할 때마다, 네 뜻을 받아드리기 보다는 내 뜻에 굽힘이 없을 때 벌어지곤 하는 일인데, 이에 대한 시비를 놓고서라도 이기적으로 만드는 것이 육생량이라 인간에게 있어 적대적 공존은 진보의 표상이었다. 또한 행로가 뒤틀리기 시작한 시점이고 보면, 우리는 항상 내 앞의 일을 바르게 처리하지 못해 어려워졌다는 사실을 잘 알면서도 같은 실수를 되풀이하는 것도 육생량에 얽매인 이기적인 성향이 그렇게 만든다.

선과 악도 상대성에 의해 들어나듯이 벌(罰)의 개념 또한 육생논리라 죄(罪)를 짓는다는 개념도 이에 따른 사항이다. 세상사 세 개의 차원으로 나뉘진 육생량은 욕심의 발로라, 그 기본금 사주량에 의해 벌어지는 일들을 가지고 죄를 논하고, 벌을 논하며, 신의 뜻을 운운한다. 대자연은 유한한 공간 대우주와 선천적인 영역을 관할한다면, 인간의 소임은 후천적인 자유의지를 통해 육생 넘어 인생을 살아가는 일에 있다. 해서 무형의 사(四)차원에서 받아온 사주(四柱)는 유형의 삼(三)차원에서 육(肉) 건사를 위해 필요한 육생량이자 소통의 방편으로서 주어진 개개인의 사주(私主)량일 뿐이다.

네가 잘생겼기에 나는 못생겨야 하는 것이고, 내가 크기에 너는 작아야 하는 것이며, 네가 더한다 했기에 내가 덜해야 했던 것이고, 내가 많이 가지고 태어났기에 네가 덜 가지고 태어나야 했던 것이었다. 모두가 하나같이 잘나고 잘생긴 이들이라면 못생겼다는 관념은 없을 터이니 잘생겼다는 관념도 없을 터이고, 한결같이 똑같은 조건을 가지고 태어났다면 의논이든, 화합이든, 합의든 불필요한 행위에 불가할 터이니 그저 나 잘 먹고 잘살면 그뿐 아니겠는가. 육생살이가 전부라면 모두에게 똑같은 조건을 주었겠지만 인생을 살아가야하는 인간인지라 숨소리만큼이나 강약중간약의 리듬이 주어졌다.

자연풍광이 아름다운 것은 만물이 있어야 할 자리에 있기 때문인데 제자리를 벗어나 살아가는 인간들의 행위가 어찌 아름다울 수 있겠는가. 벗어났다는 것은 이탈했다는 것이다. 이는 곧 제구실을 다하시 못한다는 의미이고 보면, 육생살이 제구실만을 하기 위해서라도 불완전함이 가져다주는 표적의 진정성을 바로 알아야 한다. 그렇다고 완전해야 한다고 말하려는 것이 아니다. 불완전함이 무엇인지 모르고서는 완전함이 뜻하는 바가 무엇인지 알 수 없기에 하는 소리다. 불완전함으로 인해 불안함이 생겨나고 그 불안함을 통해 완전함을 추구하기 마련이라, 완전함은 안전함에서 비롯되는 만치 후삼국을 흡수하여 하나로 통일된 뿌리의 국명이 고려였다가 도태되어 조선으로 국명을 바꿔야 했던 이유가 여기에 있었다.

474년간 왕(王)씨가 34대에 걸려 집권했던 고려는 밑동이 파인만큼 이념과 사고도 시간이 지날수록 파였나갔다 하겠으니 0의 수 뿌리복원을 위해 주어진 시간이었음을 어찌 알 수나 있었겠는가. 조선태조(1392~1408) 이성계(1335~1408)가 1392년에 고려를 무너뜨리고 건국한 조선(1392~1910)은 1차적으로 뿌리가 복원된 상태라 그에 걸맞은 삶을 살아가는 일만 남았다. 이를 위해 518년간 이(李)씨가 27대에 걸려 집권했었던 것이다.

뿌리복원의 1안은 7천3지 음양화합을 이룬 지형이며 2안으로도

7천3지 음양화합을 이루어 살아가야 할 지형이라는 것이다. 그리고 이때야말로 뿌리민족이 혼을 되살린 그날이 될 것이다. 한편 1차적인 음양화합에 이바지해야 할 뿌리의 표류가 길어지자 북방몸통 몽골이 변방몸통 금나라(1115~1234)와 핵심몸통 송나라(960~1279)를 차례로 밀어내고 원나라(1279~1368)를 건국할 수 있었던 것은 한 가지 사자 역할을 하기 위함에 있었다. 1안으로써야 불세출 테무친(칭기스 칸)이 역사상 가장 넓은 영토를 차지하면서 몸통은 백여 년 동안 그의 왕국이 되어주었던 것 밖에 없다고 하겠지만 이는 보이는 상황에 불과한 것이고, 보이지 않는 연출은 바로 영토 확장의 과정에 있었다.

몸통이든 두둑이든 뿌리의 결박을 원치 않는다. 모두 하나로 이어지는 관계라 뿌리가 자유롭지 못할 땐 그만큼의 영향이 자신에게도 미친다는 사실을 무엇보다 잘 알고 있는 터라 언제나 역동적인 관계유지를 소원한다. 이는 뿌리스스로 결박하지 않는 한 그 누구도 결박하지 않는다는 바와 같아 이를 통해 알아야 하는 것은 몸통의 잦은 바람은 곧 뿌리로 인해 인다는 사실이다. 따라서 뿌리의 바람이 잘 때 몸통의 바람도 잔다 하겠으니 몸통의 바람을 잠재우려면 뿌리의 바람부터 재워야 한다. 또 하나 운용주체인 뿌리가 가지·몸통을 위한 운용주체라는 사실을 깨닫지 못하는 한 스스로 결박한 결박을 풀지 못한다는 것이 가장 큰 문제이고, 이 영향으로 결박이 된 몸통이 그 결박을 풀 때서나 풀려나게 되어있다는 것이다. 분명 부자연스러울 때 뿌리에 겁탈을 가하는 것을 보면 몸통·두둑으로부터 받아야 했던 속박도 뿌리가 자처한 일임을 알아야 한다. 무엇보다 뿌리가 살아야 몸통·두둑이 산다는데 있어서 1안으로 그들의 침략은 그들의 세력을 넓히기 위함에 있었다고 하겠지만 2안으로서는 뿌리를 살리기 위함에 있었으니 그들은 그렇게 사자 짓을 해대야 했던 것이었다.

이쯤 되면 북방몸통의 침입을 2안으로 해석이 가능하리라 믿어 의심치 않는 바이고, 칭기스 칸의 대를 이은 태종(1229~1241) 오고타이 칸(1186~1241)은 1231년 고려23대 왕 고종(1213~1259)18년 때 1차 침입을 빌미로 1270년 고려24대 왕 원종(1259~1274)11년 때 여몽이 연합하여 삼별초를 토벌할 때까지 40여 년 동안 사자가 되어 뿌리의 토양을 완전히 바꾸어 놓아야 했던 것도 이 때문이었다. 이때 변방 몸통 금나라는 1234년에 북방몸통 원나라에게 흡수되었고, 1279년 엔 핵심몸통 송나라마저 몰아내고 권좌에 앉았다. 역할을 끝마치고 90여년이 흐른 1368년에는 핵심몸통 명나라(1368~1644)에게 바통을 넘겨주었던 것은 북방몸통의 역할은 거기까지였던 것이었다. 이어 바통을 받은 이가 바로 명나라를 건국한 주원장(1328~1398)이다. 이는 뿌리의 재탄생을 알리는 신호탄이기도 했지만 반면 몸통의 사상을 받아드려야 했던 계기가 만들어짐으로서 뿌리는 몸통사상의 굴레를 벗어나기 힘들었다. 물론 그 이전의 역사도 몸통의 사상에 물들어 있었지만 본향에 묻어두고 온 채취 때문이자 열국에서부터 고려시대까지는 하나 되어 오는 과정이었었다.

하지만 하나 되어 살아가는 과정하고는 사정이 엄연히 다르다는 사실이다. 뿌리지형의 7천3지 본모습을 되찾고 건국한 조선이므로 이념 또한 음양화합 0의 수를 이루는 뿌리이념과 동부(同符)되어야 했었다. 자유의지가 부분적으로 배제된 몸통사상을 받아드림으로 서 하나 되어 왔던 과정마저 상실하고 말았으니 어처구니없는 민족으로 살아야 했던 것이었다. 한편 1388년 고려32대 왕 우왕(14)

때 명나라 요동을 공략하기 위해 출정나선 이성계(1335~1408) 등이 위화도에서 회군을 했던 것 또한 두만강과 압록강을 경계로 길이는 3천리 둘레는 7천리 음양화합 0의 수를 확인하는 과정이었었다. 다시 말해 몸통과 뿌리의 경계선을 확인하기 위한 과정으로서의 요동공략은 방편이었다는 것이다.

한편, 패여 나간 뿌리의 국명이었던 고려(高麗)가 자연 도태됨에 따라 7천3지의 뿌리지형의 실체가 완연히 드러났으므로 자연스럽게 국호도 조선(朝鮮)으로 개창되었다. 그러니까 고려에 이은 조선은 그야말로 고조선(古朝鮮)을 뜻하는 바라, 뿌리민족의 혼을 되살리기 위해 주어진 시간이었다는 것이다. 물론, 옛 고(古)와 높을 고(高)는 문자 상으로 극명한 차이가 들어나지만 고조선의 건국이념 홍익인간이 뜻하는바가 널리 세상을 이롭게 하자는데 있는 만큼 인류의 시원이 아니면 함부로 내걸 수 있는 이념이 아니라는 데에서 부합한다는 것이다. 즉 인류의 뿌리로서의 고(古)와, 고조선 패망 후 뿌리로 들어와 열국에서 시작하여 하나 된 민족국가를 이룰 때까지의 과정을 몸소 체험한 민족의 사상과 이념은 높을 수밖에 없었기에 높을 고(高)의 고려이어만 했었다. 비록 밑동이 깊숙이 패여 나갔을망정 사람 사는 세상을 구현코자 함이었으니 밑동이 자연 복원되면서 국명도 자연스럽게 고려에서 조선으로 개창된 것이었다. 이에 따라 뿌리의 혼을 불사를 이념마저도 홍익인간이어야 했으나, 태조 이성계(재위 1392~1398)가 정립한 이념은 유교에 철학적 세계관을 부여하고 심성수양의 도리로 확립한 성리학이었으니 뿌리조선의 미래가 보드기라 달갑지 않았다.

고려도 후기에는 우주 근본원리와 윤리도덕으로서 군신부자의 의리와 정통과 대의명분을 강조한 성리학을 신흥사대부들이 수용했었다. 하지만 초기 고려의 이념이었던 융화정책, 북진정책, 숭불정책과는 다르다하는데 인간의 후천적 자유의지를 감안하지 않은 점에 있어서는 알맹이가 없는 빈껍데기는 마찬가지였기에 고려에 이은 조선은 고조선의 이념을 곧추세워야 한다는 사실을 알 리가 없었다.

무엇보다 강요나 억압에 의해서가 아니라 자연도태 되었다가 곧바로 자연복구 됐다는 것은 진화발전을 갈망하는 대자연의 뜻이 서려있었기에 숭불정책이든 성리학이든 간에 그에 걸맞은 삶을 살아가기만 하면 되었다. 아무런 준비 없이 과연 그러한 삶을 살아갈 수 있느냐는 것이었다. 사람들과 사람처럼 살아 갈 수 없다면 결과는 빤한 일이고 또 그렇게 진화의 모순도 드러내 보일 텐데 자연발광하는 그 모순을 볼 수 있느냐가 관건이었다.

적대적 관계는 진화의 촉진제 이듯이 자연복구체제에 이후에 드러난 모순을 무조건 배척하려 한다면 그 속 깊이 잠재된 모순을 보지 못한다. 함께 한다는 것은 지향하는 바가 같다는 것인데 독재나 독주나 독선은 자연도태의 대상이라 누구에게도 이로울 것이 없다.

인간이기에 사람으로 승화되어 사람들과 사람답게 살아가려 하는 것이지 동·식물로 태어났다면야 승화의 차원을 알 수 없을 터, 자연 속에서 그렇게 혼자 살다 가도 그만이다. 뿌리는 몸통과 두둑 그리고 가지를 아울러 살아가야 하므로 홀로 가려한다면 몸통·두둑의 피탈은 불가피한 일이다. 물론, 과도기는 변태중이라 이것저것 맛을 볼 수도 있는 일이지만 정작 어려웠을 때를 뒤돌아보면 필요한 일은 등한시하고 불필요한일에 온힘을 쏟아 부었으니 입맛이

보약이라는 생각을 가지게 됐던 모양이다. 지배층의 곶감놀이로 만백성을 현혹시키고 있으니 말이다.

북방몸통 테무친은 육생량의 불세출이었듯이 뿌리조선의 태조 이성계는 정신량의 불세출이 분명할진대 어찌 이기적 인간의 본성을 바로 꿰뚫지 못한 것일까. 진화하기 위해 벌어진 전대의 모순을 바로 보지 못한다면 당대에 변화를 구하지 못한다. 양의 기운이 넘쳐나는 업그레이드 시대에서도 매한가지다. 양의 기운 육생량의 모순은 음의 기운 정신량을 흡수하기 위해 쉴 사이 없이 벌어지는데 정신량을 마련하는 이들이 없다는 것이다.

진보는 앞서간 이들의 행적에 따라 이루어지듯이 앞서 벌어진 일들에 대한 모순을 볼 수 없다면 발전을 일으킬 수 없다. 선천적 육생량을 성취하기 위한 행보에 있어서도 그렇고 정신량을 부가시켜 후천적 출세가도를 달리는 일에 있어서도 그렇고 상호 이로움을 주고받는 행위를 본바탕에 깔아두지 않았다면 무엇 하나 성사시키기 어렵다. 물론 받아온 육생량 기본의 자리에 올라 설 때나 가능한 일이겠지만 무엇보다 후천적 자유의지(본질)를 스스로 구속시켜가며 이로운 삶을 살아가지 못한다. 만약 있다고 한다면 그것은 육생논리의 월권행사로 일어나는 일이라서 그 모순의 티끌은 쌓일 터이고 또 그렇게 쌓인 티끌은 언젠가는 폭발하게 마련이라 앙금의 골만 깊어질 뿐이다. 후천적 자유의지에 따른 권리행사라면 상호상생이라 하나 된 결속력은 쉬 풀리지 않는다. 말하자면 인간이 인간을 위한다는 명분으로 인간을 구속시키거나 혹은 스스로를 구속시키며 이롭게 살아보려 한다면 그 행위가 과연 얼마나 이로움을 줄 수 있느냐에 대한 물음이다. 길들인다는 것은 본능차원까지도 말살시키는 행위라고 하겠는데 인생은 물론 결국에는 육생까지도 제 짓거리 다하지 못하게 만든다. 너를 위한다는 건 분명 나를 위한 행위에서 비롯된다고 하겠으니 일방적으로 줘도 문제가 일고 받아도 문제가 일기 마련 아닌가.

효(孝)와 충(忠)에 있어서도 마찬가지다. 운용주체인 부모가 활동주체인 자식을 낳았다고 하여 노후를 위해 효를 부르짖는 것처럼 큰 모순은 없다. 물론 노모를 모시는 일처럼 지극한 당연한 행위는 없다. 하지만 나를 위한 어린 육생시절의 성장여부에 따라 너를 위한 성인 인생시절의 행위여부가 달리 나타나므로 효는 그야말로 자식의 삶을 사느냐 못 사느냐에 딸린 사항이다. 어린 육생시절에 제 구실 행위를 배웠다면 그나마 성인 인생시절에 제 짓거리를 할 것인데 효는 기본덕목이라 아무런 문제가 되지 않는다. 그러나 제 구실을 다하지 못하는 이들은 어린 육생시절을 다하지 못함에서 비롯되노니 혹여 제 육 건사마저 힘들어 할 지경에 빠졌다면 무리한 요구다. 하기 싫어 안 하는 것이 아니라 할 수 없어 못하는 것이고, 또 할 수 없게끔 키워놓고서는 하지 않는다고 나무라기만 한다면 어찌하란 말인가.

국가가 나를 위해 무엇을 해주기를 바라기 보다는, 내가 국가를 위해 무엇을 해 줄 수 있는가를 생각하라는 케네디(John F. Kennedy, 1919~1963)의 연설은 육생량을 추구해나가는 활동주체 가지에서나 바람직한 말이다. 물론, 운용주체로서의 국가가 존재하기에 활동주체로서의 내가 태어나 살아가게 된 것이므로 국가에 대한 헌신(충성) 또한 지극히 당연한 행위다. 그리고 무엇보다 중요한 점은 국가를 위해 헌신할 시기인데 이는 너를 위한 성인 인생시절이 돼서나 가능한 일이고 국가가 만백성에게 나를 위한 어린 육생시절에 무엇을 해주었느냐에 따라 인생시절의 헌신의 정도가 달리 나타난다는 것이다.

너를 위해 살아가야 할 때 나를 위해 살아간다면 어린 육생시절에 보고 배운 것이라곤 고작 철밥통 지키려는 작태를 답습한 결과라고 하겠으니 나무랄 수만은 없는 일이다. 인간으로 태어났다면 육신이든 정신이든 성인으로 성장시킨 후에서나 대내외 활동이 가능한 터라 활동은 행의 현장(사회)으로 진출하는데 있다. 행 그 현장이야 말로 너를 위해 살아가야 하는 터전이기에 어린 육생시절은 나를 위해 살아와야만 했던 것이었다. 나를 위해 살아야 한다는 것은 성인으로 성장할 때까지는 너를 위해 살아가고 싶어도 살아갈 수 없다는 것을 뜻하는 바라, 때문에 1차 육 성장을 위해 입으로 물질을 섭취하고 있으며 2차 정신량 숙성을 위해 눈과 귀로 매 순간의 상황을 흡수하고 있다. 어린 육생시절의 1안의 의식주의 육생량은 지극히 당연한 기본권으로서 이로 인해 벌어지고 있는 2안의 의식주의 정신량은 흡수케 하는 일은 누구의 몫인지를 알아야 한다. 활동의 주체 국민이 육생량 생산에 총력을 기울이는 일이 국가에 충성하는 일이라고 한다면, 국민이 국가를 위해 생산해낸 육생량 만큼이나 사람답게 살아가는 세상을 구현해 나가야 한다. 만에 하나 정신량이 육생량에 미치지 못할 경우 혼란은 걷잡을 수 없이 번질 터인데 이때는 누구의 책임인가.

가지는 육생량을 위해 살아가는 활동주체이고 뿌리는 정신량을 위해 살아가는 운용주체라 육생논리가 가미된 케네디의 연설은 가지에서나 맞을 법한 사안이다. 힘이 가미된 육생논리는 육생 추구를 반영한 것이므로 상생이라 할 수도 있겠지만 양질의 육생량이 넘치고 나면 반쪽반생의 모순은 반드시 들어날 터 이쯤 되면 상호상생에 목말라 할 터이고 또 갈증해소를 위해 최고 음질의 정신량을 찾아 나서게 되어있다. 즉 가지와 뿌리의 본말(本末)이 전도(顚倒)되지 않을 때서나 상호상생은 가능하다 하겠으니 운용주체인 국가가 활동주체인 국민을 주도해 나갈 때 국민도 국가를 위해 헌신하게 되는 것이다.

1안의 의식주 육생량조차 해결치 못하는 상황에까지 다다른다면 2안의 인생살이 정신량 교육은 고사하고 육생교육마저 만백성의 부담거리일 텐데 효는 웬 말이며 충은 또 무슨 말인가. 민초들의 희생만 강요할 것이 아니라 피와 살로 무엇을 했느냐는 것이다. 당대 뿌리의 활동주체를 위한 연설문이 아닌 운용주체를 위한 연설문이라 하겠으니 일말의 염치가 있기라도 한다면 그리 쉽게 입에 오르내려서는 안 된다. 만약 운용주체의 본질을 바로알고 한 연설이라면 군신(君臣)과 정경(政經)이 하나로 나갈 그 무엇이라도 알고 있어야 하지 않을까. 제 명(名)내기 위한 행위만 자행하다보니 만백성이 요 모양 요 꼴이라 무엇을 어찌하라는 것인가. 조국과 민족을 위한다는 명분으로 활동주체에게 무조건적인 희생만을 강요하는 처사는 사랑행위의 본질을 왜곡한 행위라 상호지간에 이로울게 전혀 없다. 사랑은 일방적인 행위로는 이룰 수 없다 하겠으니 통하지 못한다면 백약이 무효다. 비록 어려움이라는 망할 놈은 나로 인해 비롯됐을망정 후천적 지유의지의 방향만이라도 제시해 줘야 하는 정부인데 그저 불신만 쌓여가는 듯싶으니 구걸까지도 불사하고 있지 않은가.

각설하고, 어려움을 느낀다는 건 있다가 없을 때 받는 고통이다. 성인 인생시절이라 하더라도 기본의 자리에 오르기 전까진 느끼는 어려움은 육생량 부족으로 느끼는 소외감 혹은 인간관계의 불편함 정도라 하겠고, 오른 뒤에 겪는 어려움은 정신량 부재에 따른 고통이거나 아니면 쌓은 것을 잃어버리는 중이거나 완전히 잃고 난 후에 받는 절망감이다.

때문에 있다가 없을 때 받아야하는 어려움이라는 자체는 잘못 살았다는 방증이기도 한바, 소통의 방편으로서 기본금 육생량은 꼭 이렇게 해야 한다고 정해진 바도 없고 그렇다고 누굴 위해 어떻게 써야한다는 법도 없다. 상대성으로 자연스럽게 쓰이는 것이 육생량임으로 일방적이거나, 강요에 의해서거나, 마지못해 어쩔 수 없이 하는 행위는 반쪽반생에도 미치지 못하는 것이므로 이로운 게 전혀 없다. 틀에 맞추어 살아가라고 준 육생살이 기본금이 아니다. 마음과 하나 되어 살아가기 위해 주어진 인생의 기본금으로서 상대성을 무시한 개념은 배척으로 일관하다 부딪치고 마는데, 성취하기 위한 행위든, 하나 되기 위한 행위든, 철밥통을 지키기 위한 행위든 부딪침은 성장통의 일환이므로 여기에 머물면 실패일 터이고, 그에 따른 통증은 정신량 축출물의 과정이라 말도 많고 탈도 많이 따른다.

뿌리조선의 성리학의 원류는 근본이 배제된 몸통인바, 누구한테는 맞고 누구한테는 틀릴 터이니 개국을 주도한 신흥사대부와 무장세력 그리고 문인들의 이념이었다고 해도 무방하다. 물론, 보이지 않는 상중하 질서체계에 준하여 세 개 차원으로 나뉜 보이는 세상에서는 인간의 정신량을 중심에 두고 음(陰)이라는 신본(神本)이념과 양(陽)이라는 인본(人本)이념이 평행을 이룰 때 인류평화가 깃

드는 법이므로 조선의 이념은 뿌리의 이념을 밝히는 데 주력해야 했다는 것이다.

육생을 주도해온 신본과 인생을 주도해 나갈 인본과 그 중간층에 자리한 정신, 이렇게 세 개 차원 삼각구도의 근본원리를 바로알지 못하면 수평유지는 힘들다. 무엇보다 마음속에 자리한 지혜의 빛은 너를 위하는 염원체라 나를 위해 쓸 그 무엇이 아니다. 육생량을 위한 생각과 인생량을 추구하는 마음 그 속에 자리한 정신량은 인간만이 머금은 사랑의 에너지원으로 자리하고 있다. 싸우고 충돌하고 부딪친다는 것도 나를 우선할 때 벌어지는 일들이라, 나하기 나름에 달리 나타나는 일상(日常)의 법도와 관행의 틀을 벗어나기 위한 육생(肉生)의 법도와 하나 되어 나가기 위한 인생(人生)의 법도 3개 사항 모두 평행유지에 필요한 부분이므로 어느 하나 등한시해서는 아니 된다.

15세기 조선사회의 신분질서를 살펴보면 양반, 상민, 천인 세 계층으로 구분이 엄격했으나 16세기에 들어 중인층이 형성되어 양반, 중인, 상민, 천인 네 계층으로 나뉘었으나 문제는 중인층의 형성과정이었다. 이들은 그야말로 당대에 사짜 직업을 가진 이들이라고 하겠는데 자연스럽게 상층으로 아니 기울 수 없다. 그리고 당연히 사대부가에서는 차별을 두려하겠지만 어찌됐건 중상층(中上層)이 늘어날수록 하부구조 수탈은 뻔한 노릇이고, 중산층(中産層)도 치우칠 수밖에 없음으로 수직현상은 자동화다. 이들 층이 치우쳤다는 것은 상하 수평의 구심점이 되어줄 중층이 무너졌다는 소리인바, 사실 이념이 불투명했던 관계로 역할이 별 볼 일 없어졌음을 알 수 있는 대목이다. 무엇보다 세 개의 층으로 유지되지 않으면 순환의 이치를 거스르는 바라 삶의 질이 그만큼 나아질 리 없다는 것이다. 반드시 있어야 할 것과 더불어 있어야 할 것 그리고 없으면 안 될 것이 있다. 이는 꼭 필요한 3가지 사항이고 여기에 있으나마나 한 것 까지 덧붙였다면 과연 성리학에는 네 계층을 세 계층으로 흡수하는 방안이 나와 있어야 하는데 있기라도 하는 것일까.

고려에 이은 조선은 고조선의 그림자로서 뿌리민족의 성향이 뚜렷이 나타났으며 하나 된 민족국가체제가 성립됨에 따라 필요한 부분을 채워나갈 운용의 주체도 절실했었다. 그리고 그만한 위인들이 함께 했기에 가능했으며 고려의 모순 개혁이라는 명분으로 위화도에서 회군을 감행한 이성계가 몸통의 성리학을 지도이념으로 삼자 조선의 문치주의는 더욱 힘을 얻는 듯 했다. 이로움을 근본으로 삼는 뿌리에서의 문치주의 바람은 지극히 당연한 일이다. 몸통에서야 덕과 힘은 대립적 관계라 무단정치가 기세를 떨칠 수도 있고, 나름의 문치주의를 부르짖다가 육생안을 마련할 수도 있다. 부분 인듯하나 부분도 아니고 전체 인듯하나 전체도 아닌 몸통은 늘 그렇게 채우려 해도 채울 수 없는 이념들로 가득 차 있는데, 천자의 위치보단 제후의 위치라서 그렇다.

채울 수 없는 부분은 뿌리의 몫이므로 채우기 위해서라도 응당 내려와야 하는 것이겠지만 몸통의 것을 검증조차 하지 않고 뿌리에 무턱대고 맞추려 했던 문신과 무신과의 충돌은 불가피한 일이다. 발이 운용주체라면 신발은 활동주체다. 운용주체인 발이 활동주체인 신발에 맞추었다면 행보가 어긋날 수밖에 없는데 운용주체인 문신이 활동주체인 무신과 의논합의를 이루어 나가지 못했던 만큼이나 조정은 허정개비였을 것이다. 단일체제 고려에서 조선으로 이어진 법안은 개국이념과 철학을 명문화하여 극명하게 제시하는 듯싶지만 무엇을 채워야 하는지도 모르고 고작 육생안만 덧붙였다.

죄인을 다스리는 내용이 중심이었던 고려의 법을, 고려 말부터 조선 성종15년까지 100년간에 반포된 법령, 교지, 조례 및 관례 따위를 총망라해 정치, 경제, 문화, 사회의 종합적인 내용을 담은 법안을 마련한 것이 경국대전이다. 조선 왕 7대 세조(1455~1468) 때부터 만들기 시작하여 1485년 9대 왕 성종(1469~1494) 때 완성시킨 경국대전을 살짝 들춰보면, 6조의 직능에 맞추어 이(吏), 호(戶), 예(禮), 병(兵), 형(刑), 공전(工典)의 6전으로 구성되었고 각기 14~61개의 항목으로 이루어져 있으며 행정사무는 모두 6조에 집중, 6조는 필요한 규정을 국왕에게 비준을 받아 수교나 수판으로 법조 시킨 내용이다.

인간이 제정한 1안의 육생법안은 2안의 인생법이 자리하는 동안에 죄라는 명분으로 선천적 자유의지 육신을 잠시 구속시키는 행위는 후천적 자유의지를 발산시키고자 함에 있다고 하겠으니 이에 따른 분명한 제도장치가 마련되었어야 한다. 나 하기 나름에 달리 나타나는 일상의 법도가 수급 적용될 때까지의 규율과 질서는 육생의 안위를 위해 필수 불가결한 조건이다. 선천적 자유의지는 받아온 기본금 육생량을 찾아가는 중이므로, 나를 위해 살아가는 육생의 행태에서는 언제 어느 때 어떤 일이 일어날지 모르기 때문에 후천적 자유의지를 구사할 때까지 필요하다. 관행의 틀을 벗어나기 위한 육생안의 규제나 구속은 육생량에 국한되어 벌어지는 일이고, 자율과 자발에 정신량을 불어넣으면 인생안에 다다르게 된다.

나무의 최고봉이 뿌리는 천지기운을 흡수하는 곳이므로, 몸통질량은 그 무엇이든 참고 사항일 뿐이다. 여물지도 않은 조항을 최고의 기운이 운집한 뿌리에 적용시키려 드는 한 거대몸통이 빚어낸 육생논리 그 틀에서 벗어나기 힘들다. 정신량을 바탕으로 인생을 살아가야 하는 뿌리에서는 육생의 죄를 만들어 형벌로 다스리기 전에 육 건사를 위해 일어났던 과정을 반드시 작용반작용의 법칙 상대성원리를 인생방정식에 적용시켜야한다.

　활동주체 육생민족에 가까워질수록 육 건사가 최우선이다. 물론 육을 건사시킬 때서나 정신량을 논하는 법이지만 운용주체 인생민족에 가까울수록 삶의 비중은 정신량에 둔다. 때문에 육생민족이 육을 건사를 위해 적절치 못한 행위를 자행했다면 인간논리의 죄라는 틀에 가둬 육신을 구속하거나 고통을 주는 행위만으로도 대가를 치렀다고 할 수 있다. 그러나 운용주체 민족이 육 건사 문제에 걸려있다면 이는 누구의 잘못이며 또 어떠한 대가를 치러야 하느냐는 것이다. 그러니까 육생민족야 육생살이 재활을 위한 육생의 죄를 얼마든지 수급 적용시킬 수도 있지만, 인생민족이 육생량을 해결치 못해 벌인 일이라면 인생살이 부활을 위한 죄를 성립시켜야 하는데, 그 대가를 과연 어떻게 치러야 하느냐는 것이다.

　원죄(原罪)를 운운하고 본죄(本罪)를 운운해 본들 내 앞에 온 인연과 합의점을 찾지 못한다면 관념적 논쟁거리일 뿐이다. 육생을 먼저 살아야하니 이기적일 수밖에 없다하겠고 사람으로 승화하지 못하면 이기적인 인간 그 자체로 살아가야 하는 것인데 이러다가 자신을 도와줄 인연을 영영 못 만날지도 모른다. 이는 있기는 있으되 순전히 자기 욕심으로 보지 못할 수도 있다는 말과 같다. 조건을 내걸어 찾아온 인연과, 조건을 보고 찾아간 인연과, 동등한 조건으로 만나는 인연이 있으며 분명 찾아가는 것하고 찾아오는 것하고는 책임량이 극명하다. 그리고 동등한 조건으로 맺어진 인연도 경우에 따라 운용주체가 되었다가 혹은 활동주체가 되기도 한다. 그러다가 하나 되어 가지 못하면 충돌을 빚는데 이때의 책임은 누구에게 있느냐는 것이다. 이를 분별치 못하면 정죄(定罪)를 거론하는 것조차 부끄러운 일이 될 수밖에 없다. 왜냐하면 스스로의 죄를 인정하려는 짓이나, 이러한 이들을 잡아들이는 짓이나, 제 삼자가 단죄하려는 짓이나 육생범죄 행위는 정신량을 부가키 위해 벌어진다는 사실을 모르면 모두 똑같을 수밖에 없어서다. 하지만 그것을 범한 자가 육생의 죄인이 분명하지만 그것이 죄라는 원리를 밝혀내지 못한다면 이기적인 인간이 이기적인 인간을 나무라드는 형국인데 어찌되겠는가. 이기적으로 육생을 추구하는 인간이 이기적인 인간을 나무랄 자격은 없다.

이기(利己)와 이기(利己)가 만나면 부딪칠 수밖에 없는 일이고, 이타(利他)와 이타(利他)가 만나면 더 말할 나위 없겠지만 이기(利己)가 이타(利他)가 만날 때서나 의논합의가 가능한지라 이타의 과정까지 누가 승화시킬 것이냐 인데 이를 해결치 못해 육생살이 원한만 가득하다. 본래 죄의 성립은 없다 하겠으나 육생살이 이기에서 인생살이 이타로 이끌어가야 할 운용주체의 책임을 간과해서는 정신량 축척지 어렵다는 사실을 알아야 한다.

몸통의 유교사상은 오늘날까지도 뿌리에 영향이 지대하다. 물론, 몸통의 골격이 뿌리로 내려 온 것은 살붙이기 위함이지만 문제는 뼈대 그대로 뿌리의 얼로 자취를 남겼다는데 있다. 본래 뿌리민족이념이었던 홍익사상이 오랜 시간 변이되어 몸통의 이념이 되었던 관계로 살을 붙이지 못한 곳곳에선 모순들이 술렁거린다. 몸통은 뿌리가 될 수 없는 고로 언제나 최고나 최대를 추구했던 바라 현실성이 결여된 말만 있고 실제가 없는 일들이 비일비재하다. 뿌리는 최고봉인 만큼 허구마저도 실재하게 만들 정도라 하겠으니 몸통사상이 뿌리에서 성리학으로 변신을 꾀하면서 최고마냥 불교는 마음의 극단으로 치닫고 도교는 기의 극단으로 치닫는다는 등으로 폄하를 일삼았고, 변방몸통 청나라(1644~1911)를 오랑캐의 나라로 배척했었다.

조선중기에 걸쳐 후기에 이르기까지 사회개혁 사상으로 실학이 자리할 수 있었던 것은 화이론적(華夷論的) 세계관 때문이었다고 말한다. 한편 유교는 인간관계(人間關係) 불교는 인과관계(因果關係) 도교는 무위자연(無爲自然)의 색채를 들어내며 유·불·선(儒·佛·禪) 3개의 사상이 뿌리에 드러난 시기가 배불시대 조선이라고 하겠다. 물론 숭불시대 고려를 지나 삼국시대에도 자리했었다는 문헌의 기록이지만, 공자(B.C. 551~479)와 맹자(B.C. 372~289)의 사상이 집대성된 때와 같이해왔었다고 해도 무방하다. 그야말로 조선시대에 들어 동북아 삼국시대의 막을 열었는데 이러한 사실을 몰랐으니 탈이 나야 했던 것이다. 주도적 입장에 서려했던 성리학이 치우치지만 않았더라도 유·불·선 삼각구도를 통해 뿌리·몸통·두둑 동북아 삼국이 하나 되어 나가는 이념을 보았을 텐데, 자기 우월이 하늘을 찌르다보니 10대 왕 연산군(1494~1506)이 집권하면서 조정의 혼란이 끊이지 않은 이유를 여기에서 찾아볼 수 있다. 이후 두둑이 일으킨 임진왜란(1592~1597)과 몸통이 일으킨 병자호란(1636.12~1636.1)이 뜻하는 바를 알지 못해 가지서양과 두둑열도의 거센 저항의 물살에 부딪쳐야 했던 것이며, 더군다나 서학(천주교)의 질펀한 대립에 맞서야 했던 것이었고, 끝내 대한제국(1897~1910)의 수의를 갈아입고 말았다. 무엇보다 나아갈 방향을 잃은 유·불·선을 견제키 위해 기독교가 뿌리에 자리 잡아가고 있었다. 잘나서가 아니라 하나 되기 위해서다.

♻ 말 문화와 글 문화

아마 심은 대로 거두리라는 말처럼 쉬운 말이 또 있을까. 왜 그런 것일까. 첫째로는 그것은 아마도 무얼 어떻게 심어야 하는지를 모르기 때문이 아닐까. 둘째는 심어놓은 것을 어떻게 가꾸어 나가야 하는지를 모르기 때문일 것이며 셋째는 수확의 결실을 어떻게 써야 하는지를 모르기 때문일 것이다. 이는 사실 신혼부부에게 행복하게 잘 살아야 한다고 건네는 말과 별반 다를 바 없다. 결혼은 누구나가 행복하자고 한다. 저마다 가치관에서의 차이는 나겠지만 추구하고자 하는 행복이 무엇인지도 안다. 허나 어떻게 해야 그 행복을 구가해 나갈 수 있는지는 아무도 모른다. 그래서 심으면 꼭 거두어 드릴 수 있을 것만 같아서, 결혼만 하면 꼭 행복하게 살 수 있을 것만 같아서 하고 있다.

행복은 심는 행위에 있는 것도 아니고 결혼행위 그 자체에 있는 것도 아니다. 심은 대로 거두리라는 말만 하지 말고, 행복하게 잘 살라는 말만하지 말고, 심은 대로 거둘 수 있는, 행복하게 잘 살 수 있는 방안까지 제시해 줘야 하는 것이 아닌가. 흉년도, 파탄도, 파산도, 파혼도 대안이 부재라고 표적으로 받는 것인데 말만 있고 실제가 없으면 역시 빛 좋은 개살구다. 심어서 거두는데 까지가, 태어나서 결혼하는데 까지가 받아온 기본금 육생행위이므로, 육생의 결실을 맺었다면 하나 되어 살아가는 일만 남았는데, 이 길을 제시해 줄 이가 없는 모양이다. 사랑으로 인생량의 행복을 영위치 못한다면 육생량의 결실을 위해서라도 정신량을 투여를 위한 표적은 들어간다.

활동주체 이기와 운용주체 이기가 만나서 살아간다는 것은 여물지 않은 인간끼리의 만남이라 고통은 사랑행위를 통해 행복의 결실을 맺지 못할 때 받는 표적이고 보면, 나 하기 나름에 달리 나타나는 법칙에 수식어처럼 따라붙는 생로병사(生老病死)는 그야말로 생로수사(生老收死)의 촉진제다.

앞선 장에서도 설명한바가 있지만 작용반작용의 법칙 인생방정식을 이해하기 위해서라도 재차 생로병사(生老病死)를 육생량으로 해석해보면, 생로(生老) 태어나면 늙기 마련이고, 노병(老病) 늙으면 병들기 마련이고, 병사(病死) 병들면 죽기 마련이라는 것이다. 이는 정확히 인간으로 태어나 이기적인 육생살이에 머물렀다면 피해 갈수 없다는 말에서 만들어진 말이다. 춘하추동(春夏秋冬)이 순환의 이치를 대변해 주듯이 희로애락(喜怒哀樂)은 삶의 활력을 불어넣기위해 상대성으로 자연스럽게 만들어진 말이다. 이를테면 춘(春)에 파종하여 하(夏)에 생장시켜 추(秋)에 수확하여 동(冬)에 저장하는 것은 다시금 찾는 봄의 파종하기 위해서다.

희로애락은 적대적이지만 상호보완적인 관계를 끌어낸다. 즉 즐겁고 기쁘다는 희(喜)는 꾸짖고 성낸다는 노(怒)와는 적대적이지만 분명 즐거움은 너와 함께 할 때 느끼는 기쁨이라 하겠고, 화는 내 뜻대로 안 될 때 부리는 성깔이라 하겠으니, 희로(喜怒)는 네 속에 내가 있음을 가리킨다. 슬프다는 애(哀)와 즐겁다는 락(樂)도 마찬 가지로 가슴 저미도록 슬픔이 찾아오는 건 즐겁지 못해 벌어지는 일이다. 생장시켜 수확치 못한 슬픔도 슬픔이거니와 사랑하는 님 을 떠나보내야만 하는 슬픔과의 차이는 이루 말할 수 없으니 맺은 결실로 함께 하는 즐거움을 밝혀내야 한다는 것이다. 그야말로 생 로수사(生老收死)라는 한마디가 이 모두를 대변한다.

생로(生老), 태어나서 늙을 때까지 로수(老收), 뿌린 대로 거두어 살 아가는 건 행복이라 수사(收死) 그 결실을 맺고 떠나면 더함이 없으 리라는 것이다. 이를테면 21세 성인이 되기까지 나를 위해 자라나 는 어린 육생시절은 동(冬)에 저장된 씨앗의 상태라 할 수 있으니 봄의 파종을 위해 어떠한 거름을 주어 여름에 어떻게 생장시키느냐 에 가을의 결실이 달리 나타난다는 것이다. 20~30세는 봄의 파종기 라 하겠고 30~40세는 여름으로써 생장시키지 못하면 40~50세는 가 을로써 수확량이 없으리니 이후에 삶은 눈물로 지새울 병사와 함 께 하리라는 것이다.

또한 심은 대로 거두리라는 말은 언행일치와도 같은 말이다. 운 용주체가 심기만 하고 활동주체가 생장시키지 못하면 음양화합을 이루지 못한 바와 같고, 언행일치(言行一致)도 마찬가지다. 운용주 체의 말만 앞세웠다가 활동주체의 행위가 뒤따르지 못한다면 음양 화합을 이루지 못할 터, 그렇게 생로병사와 희로애락이 전부인 마 냥 육생살이 탓만 해대다가 떠나야 하는 것이다. 결코 로애(怒哀)는 희락(喜樂)을 위한 표적이니만치 둘 사이는 음양화합을 이루어야 하는 운용주체와 활동주체의 사이가 아니라 진화를 위한 적대적사이다. 말이 있어 행이 있고, 행이 있어 말이 있다고 하겠지만 풍부한 말을 구사할수록 소통이 자유롭다 하겠으니 육생 넘어 인생을 살아가야하는 인간에게 주어진 최고의 방편이 말이다. 여기에 행위까지 뒤따른다면 수사(收死)의 이룰 터이니 더 말할 나위 없다. 말과 행동이 불일치 할 때마다 소통의 장애를 일으켜 어려움이 드러나곤 하는데 그 이면에는 신용의 평판까지도 따라 붙는다.

언행일치로 얻은 신용은 천심을 얻은 거와 마찬가지로서 이는 육생 넘어 인생을 살아갈 때나 가능한 일이다. 그만큼 말이 뛰어난 민족일수록 천의 기운을 머금었다 하겠으니 소통행위가 뛰어날 터이고 그 말을 기록할 문자도 그만큼 뛰어날 수밖에 없다. 말을 통해 생성되는 문자의 편의성에 따라 삶의 질이 판이하게 차이나는 것도 그 속에는 0차원의 촉진제 화합의 질량이 담겨있어서다. 물론 가지권에 가까울수록 정치·경제·사회·문화·과학등 기타의 관한 사항을 육생량 인프라에 국한되게 담아 둘 것이며, 뿌리에 가까울수록 정신량 인프라에 가깝게 담아둔다 할 것이다. 말의 표현의량이 부족할수록 소통의량도 단순하니만치 문자의 기록도 단순할 수밖에, 해서 진화의량도 육생 그 이상을 넘기가 힘들다. 말의 표현의량이 깊고 문자기록 차원이 넓을수록 화합의 진화의량이 클 수밖에 없다. 특히나 정신적인 진화는 자기모순을 통해 이루어지므로 말을 기록할 문자가 뛰어날수록 정신적 차원이 깊은 관계로 삶의 질이 달리 나타난다.

음이든 양이든 이기와 이기의 소통은 이로움을 줄때나 가능하지만 어떻게 줄 것이냐가 문제다. 입으로 섭취하는 육생량이 부족한 이들에게 있어서의 이로움은 우선에 육 건사를 시켜야 소통이 가능하다. 하지만 육생량의 차원을 넘어선 이들은 삶의 질을 높여나가며 소통해야 하는데, 그것은 바로 육생량이 아닌 정신량을 귀로 흡수케 하여 높여나가는 일이다. 육생과 인생을 분별치 못하면 육생논리에 빠진 상태라 이로운 행위를 해결하려 들 터이니 생장수장(生長收藏)을 바르게 이해하기 힘들다. 이렇듯 말과 문자가 뛰어난 민족일수록 활동주체를 이끌어 나갈 운용주체라 하겠고, 그들의 육생논리를 바르게 해석치 못하면 육생량에 휘둘릴 수밖에 없는 일인데, 나와 너에서 비롯된 일이 이웃과 이웃나라와도 비롯되므로 정신량이 육생량을 받아드려 소통치 못하면 충돌은 불가피하다.

조선의 4대 왕 세종(재위 1418~1450)이 대왕인 이유에 대해 의견이 분분하지만, 필자의 소견으론 한글창제(1446)와 두만강·압록강을 경계로 4군6진을 설치한 일이다. 물론 개국공신들이 2십여 년간 다져놓은 기반을 토대로 과학·기술·예술·문학 영토 확장 등의 다방면에 기여, 뿌리조선의 생(生)에서 장(長)의 기간에 걸맞은 대왕의 타이틀은 인의 기운을 통한 천의 기운이 씌워준 왕관이다. 하지만 문제가 하나 있는데 그것은 바로 1419년 세종1년에 감행한 대마도 정벌이었다. 이 문제는 차후에 논하기로 하고, 지구의 오대양육대주나 인체의 오장육부나 뿌리의 팔도나 7천3지 음양화합 0의 수를 이루는 곳에서만 나타나는 소통기관이다. 우선 육신의 오장육부의 기능이 원활해야 지구의 오대양 육대주의 소통이 원활해진다는 것인데 무엇보다 뿌리에서 사통팔달 하나 되어나갈 때 가능하다. 아울러 뿌리민족의 삶이 그만큼 중요하다는 것인데, 그만큼 지구의 리듬이나 인체의 리듬은 인간관계 리듬에 준한다고 하겠으니 삶의 변화를 줄 때마다 인체의 리듬이 변하고 지구의 리듬도 변한다는 것이다. 따라서 이기와 이기끼리 소통하지 못하면 개인이든 사회든 국가든 배알이 하는 일은 마찬가지라, 이로움이라는 소화제를 복용해야 하는데 처방전을 구할 수 있느냐는 것이다.

군신(君臣)은 하나이어야 하듯, 하나 되어 나가기 위해 대왕과 그에 걸맞은 문무대신들도 함께 하기 마련이고 보면, 질서체계는 어느 하나에 의해 바뀌는 것이 아니라 역시 다수가 하나 되어 나갈 때 바뀐다는 사실이다. 세종(1397~1450) 때 유교기반을 다지고 집현전을 설치하여 많은 인재를 양성시켜 찬란한 문화를 이루어 군권과 신권이 조화를 이루어 민족국가의 틀을 확고히 다진 그야말로 생(生)에서 장(長)으로 진보한 성수기다. 무엇보다 배불정책과 유교숭상을 외친 개국공신 정도전(1342~1398)의 세력이 약화되어 그런지는 몰라도 성수기의 진정성을 아는 유생(儒生) 하나를 배출시키지 못했다. 한글창제와 두만강·압록강을 경계로 4군6진을 설치한 이유에 대해 고작 우리글에 우리영토를 되찾았다는 해석일색이라서 하는 소리다. 3백여 년이 지난 조선후기 무렵에 김정호(1804~1866)의 대동여지도(1861)를 통해 뿌리의 실체가 확연히 드러나면서 조선팔도의 경계가 드러났다. 또한 1446년 세종28년 훈민정음을 반포한 후 한문을 고수하는 사대부에서 경시하는 바람에 3백 5십여 년 묶여 있다가 1894년 갑오경장(1894~1896)을 통해 나라글로 선정됐다. 주시경(1876~1914)이 한글이라는 이름을 사용하면서 비운의 대한제국(1897~1910)을 걸쳐 식민통치시대 두둑강점기(1910~1945)를 맞이했다. 이후 광복(1945.8.15)과 더불어 남북으로 이념의 선이 처지고 1950년 6.25일 동족상잔이 발발하여 1953년 7월 27일 휴전협정을 체결할 때까지의 3년여 동안은 사실상 신구세대교체의 시기였었다. 식자층 그러니까 유자적(儒者的)소양을 지닌 대부분의 이들이 유명을 달리했거나 갇혔거나 초야에 묻혔다. 전후 태어난 베이비부머 새날의 씨앗은 창출세대이자 한글세대인데, 말과 글이 뛰어나니만큼 삶은 육생량이기보다 정신량에 초점이 마쳐진 세대다. 따라서 1988년에 도래한 업그레이드 시대의 주역으로서 한류열풍과 함께 다문화가정과 축제문화 열기 속에 귀농바람을 일으킨 한 장본인들이다.

이후는 차후내용이니 이쯤에서 접고, 생에서 장으로 진보한 성수기의 진정성을 알아야 한다는 것은 파종하는 것도 생장하는 것도 수확하는 것도 그에 걸맞은 행위가 뒤따를 때 확실한 결실을 맺기 때문이다. 쇠퇴기를 맞이한 고려 말 31대 공민왕(1330~1374) 때 핵심몸통 홍건적과 두둑왜구가 창궐했던 이유는 무엇보다 조선의 건국이 임박했음을 알리는 표적이었다는 것이다. 핵심몸통 홍건적이 1359년 공민왕(재위 1351~1374)8년 때 1차로 침입한데 이어 2년 후 공민왕10년 때인 1361년 2차 침입을 감행할 당시 홍건당 주원장(재위 1368~1644)이 핵심이 되어 개경을 함락하였으며, 이성계도 변방몸통 여진족과 친병을 조직 개경 탈환작전에 나섰다. 당시 북방몸통 원나라는 몽골귀족끼리 후계자 쟁탈전을 벌여 국력이 소진된 상태인데다가 중앙정국이 혼란스러운 틈을 타 1348년 절강의 방국진(1319~1374)이 해상반란을 시작으로 1351년 백련교인 홍건당이 봉기하면서 두각을 나타내기 시작한 주원장이 화남을 통일해 1368년 마침내 몸통핵심 명나라를 건국하기에 이르렀다.

홍건적이 침입한 것은 다름 아닌 뿌리조선의 태조와 핵심몸통 명나라 태조의 기상을 보기 위함이었다고 하겠으니 1350~1389년 사이에 왜구의 노략질이 노골화된 것은 보호국을 자처한 원나라가 쇠퇴기에 접어든 이유도 있겠지만 뭍에 것은 뭐든지 가져다 쓸 수밖에 없는 특히 두둑 대마도의 지정학적 위치 때문이었다. 게다가 잦은 흉년에 기아를 면키 위해서라도 뭍의 문을 두드릴 수밖에 없는 처지였었고, 주지 않으니 어떡하겠는가. 무엇이 어찌 되었든 뿌리는 조선개국을 앞둔 시점에 몸통의 홍건적과 두둑왜구는 시험지였었으나 이를 알 리가 없는 고려는 홍건적으로부터 국력이 바닥을 쳤음에도 불구하고 왜구가 창궐하자 고려 33대 왕 창왕1년(1388~1389) 1389년에 1차 대마도정벌을 나섰다. 고려 32대 우왕 재위(1374~1388) 14년 동안 샐 수도 없이 창궐한 왜구의 소굴이 두둑 대마도라 여겨서 그랬다는 것이다.

태조 이성계가 1392년에 조선을 개국하고 두둑과의 교류가 활발했음에도 불구하고 왜구의 노략질이 빈번했다는 것은 참으로 아이러니하다. 분명 교류의 조건은 주고받음으로 성사되는 일인데, 그건 그렇다 치고 늘 뭍의 것을 동경할 수밖에 없는 두둑의 처지라 뿌리는 통해보자고 찾아온 두둑 대마도와 하나 되어 나갔더라면 왜구의 노략질 횟수는 확연히 줄었을 것이다. 그것도 전체를 관장하는 운용주체 뿌리가 부분을 운영하는 활동주체 두둑의 빈 공간을 채워주지 못했다면 시험에 걸린 것이므로 몸통·두둑에게 받아야 했던 표적은 어쩔 수 없다.

육생량의 부분은 전체와 하나 되어야 하기에 선망하는 것이고, 정신량의 전체는 부분의 주도해 나가야 하기에 날갯짓한다. 왜구의 창궐은 부분과 하나 되지 못한 전체의 문제다. 즉 결과의 책임은 원인제공자가 더 크다 할 것인데 가뜩이나 인(仁)을 중시하는 유교이념을 숭상하는 마당에 채워주지는 못할망정 정벌은 가당치도 않다. 1396년 조선태조년 때 2차 두둑 대마도 정벌을 나선 연유도 이러해서다. 그러고서도 조선 3대 왕 태종(1400~1418) 때까지도 노략질이 끊이지 않았다면 분명 전체가 부분과 하나 되지 못한 이유라 하겠으니, 생에서 장으로 자리매김 할 즈음에 받아야했던 표적은 육생논리로 해결될 문제가 아니었던 것이다. 이보다 더 큰 문제는 1419년 4대 왕 세종(1418~1450)1년 때 감행한 3차 두둑 대마도 정벌에 있었다. 특히 세종은 역대의 다른 왕보다 해서는 안 될 일이 하나 있는데 그것은 바로 육생논리를 앞세워 힘으로 윽박지르는 행위다. 물론 보무도 당당하게 뿌리원형 그대로 복원하여 조선을 건국한 태조 이성계도 운용주체이지만 정신량보다 육생량을 우선하는 무관이었고, 세종은 문관으로서 전적으로 정신량을 담당해야 하는 운용의 주체라는 점에서 크게 다르다. 그만한 업적을 남길 수 있었던 것도 그에 걸맞은 기운을 받아왔기에 가능했던 것이므로 과연 그에 걸맞은 행위까지도 가능한 것이었을까. 세종에게는 집권초기에 육생량이 아닌 정신량으로 다가서는 일쯤은 아무런 문제도 되지 않았다고 할 것이다.

기운이 크던 작던 출발 선상에 다다르면 기운을 북돋기 위한 표적을 받기 마련이다. 세종의 경우에는 3대 태종의 18년이라는 재위(1400~1418)기간과 어린 육생시절과 맞물려 있음에서 알 수 있듯이 주어진 질량은 정신적인 운용주체인데 눈앞에 벌어지는 일들은 힘의 논리 육생량이라 가치관에 혼선을 빚은 모양이다. 크고 작은 노략질에 골머리를 알아야했던 태종(1367~1422)으로 인해 육생량이 움텄을 것이라는 소린데 이는 사실 그를 가리켰던 스승 이수(李隨, 1374~1430)의 몫이다. 그의 형이었던 양녕(讓寧, 1394~1462)은 무관의 기질인지라 좁은 공간내의 속박된 생활이 맞지 않아 변계량(卞季良, 1369~1430)이라는 뛰어난 스승이 있다한들 외면할 수밖에 없었다.

타고난 질량에 정신량의 가미는 스승의 몫이고, 으뜸의 정신량에 버금가는 분별력을 심어주기 위해 벌어지는 일은 상대성이다. 노략질을 해댈 수밖에 없는 왜구들의 처지를 눈곱만큼이라도 일깨워만 줬더라면 정벌이라는 우스꽝스러운 행위는 없었을 터, 그리 됐더라면 세종은 능히 당대의 정신량을 마련하고도 남을 인물이었다. 무엇보다 뿌리의 덕(德)을 저버리고 몸통의 인(仁)을 근본으로 삼은 유교시대임에도 육생부터 살아가야 하는 인간의 본질을 밝혀내지 못한다면 어진임금을 부르짖어 본들 아무 소용없는 짓이다.

건강은 받아온 삶의 질량을 채우지 못하면 받아야하는 표적인바, 건강을 잃은 운용주체에 행위에 따라 처방은 달리 들어가야 한다. 즉 문관으로서 정신량을 추구해 나가야 하는 운용주체인가 아니면 무관으로서 육생량에 가까운 운용주체인가에 따라 명약(名藥)과 영약(靈藥)의 제조가 달라야 한다는 것이다. 특히 정신량을 구가해 나가는 운용주체에게 있어서는 육생물질로 조재된 명약은 그냥 입으로 먹는 음식에 불과할 수도 있다. 육생량은 명약이고 정신량은 영약인바와 같이 입으로 섭취한 음식물을 오장육부가 소화치 못해 걸린 병이라면 물질의 명약으로 충분하지만, 눈과 귀로 흡수한 에너지를 생각차원에서 걸러내지 못했다면 인의 기운의 막힘이라 본연의 삶을 살아갈 때서나 치유가능하다.

상대방 입에서 내뱉은 독기를 소화하는 정도에 따라 삶의 질이 달리 나타난다. 그리고 상대방이 아무런 이유 없이 독기를 내뱉은 것일까. 사자 짓거리를 해댄 이들을 교화의 명분으로 죄명까지 붙이는데, 육생살이 이기적인 인간이 육생을 살아가는 이기적인 인간을 절대 교화시킬 수 없다. 작용반작용의 법칙을 무시하고 윽박질러 무릎 꿇려봤자 상대성원리는 부메랑법칙이라 시간이 문제지 나도 그리됨을 알 수 있으리라는 것이다. 육생량의 밥 한 숟갈보다는 정신량의 지혜로운 말 한마디가 소통의 질을 우수하게 만들 터이니 정신량을 좌지우지하는 운용주체의 건강은 정신량 소통하는 데 있지 육생량을 소통하는 데 있지 않다.

가지에서 몸통을 거쳐 오는 동안 가지·몸통의 언어까지 뿌리의 언어에 묻어 있는 건 0차원을 이루어야 살아야 하기 때문에 주어진 조건이다. 훈민정음이 창제된 이유도 지혜로운 한마디의 말이라도 저장하여 후세에 전해주기 위함에 있으니 그래서 한글은 다양한 말과 행동의 표현을 나타내기 위한 소리글로써 구성되었다. 그만큼 문자는 너와 나 우리 모두를 바르게 표현해 담을 수 있어야 한다는 것이다.

왕씨 고려에서 이씨 조선으로 바뀔 때는 분명 그에 상응하는 법이 필요했을 터, 밑동이 파여 나간 뿌리에서 7천3지로 복원된 뿌리는 음양화합 0차원이 성립된 상태라 하겠으니, 0의 수 대안마련을 위한 시스템도 함께 구축해야 나가야 했었다. 그리됐더라면 몸통에서 단일민족국가를 이루어 살아가던 고조선(古朝鮮)의 국호가 뿌리·몸통을 아울러 부르는 소리였음을 알았을 터이고, 918년 건국한 고려(高麗)는 밑동이 깊숙이 패여 나갔기에 불러져야 했던 이유도 알았을 터이니, 뿌리의 원형을 되찾고 1392년에 국호를 조선(朝鮮)이라 명명한 이유도 뿌리·몸통이 0차원으로 하나 되어 나가기 위한 염원이 서려있었다는 것도 알았을 것이다. 위의 해석은 운용주체 민족이기에 가능하며 몸통은 뿌리로 들어오는 중이라 음(音)의 표현에서부터 차이날 수밖에 없다. 또한 말을 받쳐주고 있는 한자 하나하나에는 말의 음과는 관계없이 일정한 뜻을 나타내는 표의문자라는 것이다.

뿌리는 진화의 최상단에 오른 만큼 40여 개의 음운으로 모든 것을 표현하는 한글은 말소리를 문자로 나타낸 소리글자로서의 표음문자이다. 이 때문에 11,000여 개 이상의 소리를 문자로 나타낼 수 있다고 하는데 한문은 400여 개 일본어는 300여 개의 소리만을 나타낼 수 있다고 한다. 아마도 한글의 표현력은 갈수록 점점 더 늘어나지 않을까. 정신량을 창출하는 만큼 늘어나야 할 테니 말이다.

둥치는 뿌리로 내려오기 위해 여무는 과정이라, 한문 하나하나에 저마다의 뜻을 가지고 있어 표현해야 하는 만큼 문자를 더 만들어 낼지도 모를 일이라, 아예 한글을 가져다 쓰려 할런지도 모를 일이다. 기원전 2333년에 단군이 건국한 조선과 기원전 194년에 위만이 건국한 조선과 구분하려는 의도에서 고조선이라는 명칭을 사용했다고 한다. 3,725년이 흐른 기원후 1392년 이성계가 세운 조선과도 구별하기 위하여 이 용어가 널리 쓰였다는 것이다. 오늘날에는 단군이 건국한 조선과 위만의 조선을 포괄하여 고조선이라고 부르고 있다는 것인데 이는 획일적인 해석일 뿐이다. 몸통의 문자로 표기된 고조선(古朝鮮)의 한자음을 살펴보더라도, 옛 고(古, 오랜 옛날에) 아침 조(朝, 맨 처음 시작) 고울 선(鮮, 곱고 선명하게 빛나다)담고 있으니, 인류의 시원들이 미래를 열어가는 곳이라는 뜻으로도 해석이 가능하다.

뿌리가 살아야 몸통이 산다는 전제하에 뿌리와 몸통은 각기 다른 삶을 살아가는 듯싶지만 종례에는 하나 되어 살아가야 한다는 의미를 담고 있다. 그 뒤를 이은 고려(高麗)는 사실 고구려(高句麗)를 계승했다는 의미에서의 고려가 아니라, 고구려의 뜻을 계승하겠다는 의미에서의 고려이다. 인류를 주도해 나갈 운용주체 민족은 뿌리 원형이 그대로 들어난 곳에서 살아갈 때 그 힘을 발휘된다 하겠으니 고려가 비록 밑동부분이 패여 나갔어도 이유가 어찌되었던 조선의 영광을 재현하려 했던 고구려의 뜻을 받들고 있었다.

고구려를 문자의 의미로써만 살펴보면, 높을 고(高, 뛰어나다·위엄 있다) 올가미 구(句, 함정·책략·굽다·휘어지다) 고울 려(麗, 곱다·아름답다·맑다·빛나다)로써 옛 영토를 찾기 위한 염원이 서려있다. 그리고 그 염원은 구(句) 자에서 나타난다. 구(句) 자는 한마디로 말해 매우 도전적인 글자다. 세상을 널리 이롭게 하자는 홍익인간 이념을 저버리고 육생논리로 고조선의 영관을 재현코자 영토 확장에만 힘을 쓴 나머지 쓰인 문자가 아닐까 싶다. 그러나 뿌리에는 이로움의 씨가 자리하므로 도전적이거나 호전적인 국호는 자연도태하기 마련이다.

말과 문자가 그대로 어우러진 고려라는 문자의 의미는 고(高)-높고 려(麗)-맑고 수려함이 자리한 곳이라는데 그렇다면 그곳에서 사는 이들은 과연 누구인가. 바로 하늘이 뜻하는 바였고, 그 하늘의 뜻이 맞닿은 곳이 지상의 낙원이었으며, 그 낙원의 정기를 해 돋는 땅 뿌리가 흡수하고 있다. 그야말로 하늘을 공경하는 질량, 만물을 사랑하는 질량, 세상을 널리 이롭게 하는 질량을 머금었으니 인류의 미래를 짊어진 민족이 살아가고 있다. 고려의 건국은 뿌리의 형태를 갖추어가는 과정이었고, 그리고 드디어 음양화합 0의 수가 드러난 완전한 뿌리의 모습을 갖춘 조선을 건국하기에 이르렀다. 세종 때 두만강·압록강 지역에 4군6진을 설치하여 뿌리·몸통의 경계를 확실히 해야 했던 것은 소임이 달리 주어져서다. 물론 훗날 하나 되기 위해서라고 하겠는데 이를 위해 시급한 것은 뿌리의 절대적인 안정이었다.

고조선이 분열하고 1천 년 후 하나 된 민족국가 고려를 건원칭제한 태조왕건의 왕씨(王氏)일가가 474년간 집권하였고 이어서 조선을 건국한 태조이성계의 이씨(李氏)가 이어받아 518년간 집권하였다. 뿌리복원에 따른 민족혼 부활 이었는데 사대교린 덕택에 몸통의 사상이 만연할 수밖에 없었다. 물론 몸통에서 뿌리로 내려온 만큼 몸통사상을 통해 뿌리의 이념을 창출해 내야 하는 것이겠지만 문제는 건원칭제는 고사하고 몸통사상에 빠져 헤어 나오지 못한다는 것이다.

거대몸통에서 언제부터인가 덕의 질량 정신량을 잃으면서 육생량과 혼돈하기 시작한 이후부터 줄곧 활동주체 몸통에서 밀려난다 싶더니 고조선을 건국하기에 이르렀던 것이었다.

아울러 고조선(古朝鮮)의 고(古)는 몸통을 지칭하고 조선(朝鮮)은 해 돋는 땅 뿌리를 가리키는 말이지만 뿌리민족 본연의 삶을 되찾아 하나 되어 살아가고자 하는 염원이 서려있었다.

육생가지 서쪽에서 교역의 땅 몸통 중쪽으로, 몸통 중쪽에서 정신량의 산물 뿌리 동쪽으로 진화하여 들어왔다는 것은, 인생을 위해 육생을 숙성시켜온 과정이라, 가지·몸통·뿌리의 삶이 각기 다름을 알 수 있었다. 육생을 주관하는 가지와 인생을 주관하는 뿌리와의 차이는 내외(內外)면이고, 내적인 량은 외적인 량을 거쳐야 가능한 일이라는 데서 먼저 해 지는 서쪽 가지에서 육생량을 수확하여 들어오게 되어있다. 또한 외적 육생량에 관한한 지배적이라 육생에 관해서만큼은 뿌리나 몸통에 비할 바가 아니다. 반면 내적 삶을 추구해가는 뿌리는 몸통·가지에게 육생량으로 견주어서는 이득볼 일은 없다.

육생량을 정신량으로 채워나갈 때 힘은 배가되어 뿌리를 살찌우고, 인생살이 뿌리의 완성도는 육생량의 뒷받침이 있어야 가능하므로 가지에서 육생량을 수확하여 들어올 무렵 뿌리는 정신량으로 충만해 있어야 한다. 업그레이드 시대에 몸통·가지의 미래는 뿌리하기 나름이라 하겠으니 조선도 바야흐로 이 흐름에 편승해야 했었으며 삼각구도는 뿌리만이 풀어낼 수 있는 상생구도라 조선(朝鮮)이라는 국호가 주어진 것이었다. 아침 조(朝) 하루가 제일 먼저 시작되는 고을에선 분명 선(鮮) 고운 기운이 선명하게 피어날 터이니 이에 걸맞은 삶을 찾아 나서야 했었다는 것인데, 아무리 정신량을 파종하지 못했다고 하더라도 그렇지 몸통의 법을 개헌하여 굴복시키려 들지는 말아야 했었다.

☾ 조선팔도

조용한 아침의 나라, 동방에 해 뜨는 나라, 단일민족, 백의민족, 동방예의지국 등의 각종 수식어가 따라 붙는 이유를 분명히 알아야 한다. 가지·몸통 인류의 기대치가 뿌리로 향할 무렵에 만들어진 조용한 아침의 나라의 의미는, 서쪽에서 외적 육생량을 지향해온 활동주체 민족이 동쪽 내적 정신세계를 동경하면서 자연스럽게 생성되어진 말이다. 동방에 해 뜨는 나라도 마찬가지다. 힘으로 부딪칠 때마다 육생 넘어 인생의 유토피아를 연상하곤 했는데 신기원을 이룰 곳은 해 지는 곳도 그렇다고 해가 중천에 뜬 곳도 아닌 해 뜨는 그곳에 있다는 것이었다. 그리고 단일민족은 그야말로 한 핏줄 하나의 민족을 뜻하는 바라 몸통의 고조선이 분열되어 뿌리에서 열국부터 시작해야 했었다는 것은 하나 되어가는 과정을 밝혀야 했기 때문이다.

　백의민족은 신선의 후예라 예의지국이 아니 될 수 없고 동방은 조종국이라, 인간으로 태어나 사람으로 승화되어 사람답게 살아가는 시원국이어야 하는데 그에 준한 삶을 살아가고 있느냐는 것을 물어보는 말이다. 백의민족은 음양화합 0의 수의 경계를 그어놓기 그 이전부터 입에 오르내리던 말들이었고, 조선건국 후 440여년이 흐른 1861년 25대 왕 철종(1849~1863)12년 때 김정호(1804~1866)가 제작한 대동여지도(大東輿地圖)에 의해 뿌리의 실체가 온 천하에 드러났다. 대동大東이란 한자 그대로 동방의 큰 나라 여輿는 땅을 가리키므로, 조용한 아침에 나라는 육안으로 보기에는 작은 반도에 불과하지만 조종국으로서의 기운에너지 만큼은 몸통·가지를 덮고도 남음이 있으리니 대동은 그야말로 그 기운에 걸맞게 붙여진 명칭이다. 세종이 뿌리의 경계를 확실히 긋고 인류의 말이자 뿌리의 말로 뿌리의 글이 창제했다는 것은 뿌리의 기운을 알리기 위한 1차 과정을 마쳤음을 예고한 것이었다. 그러나 유교가 강력히 부상하면서 뿌리의 경계인 압록강·두만강 부분에 4군6진을 설치해야만 했던 이유와 뿌리의 글을 창제한 이유에 조차 관심을 두지 않아 던 터라, 생(生)에서 장(長)을 맞이한 지 불과 50여년 만에 국정은 진통을 겪기 시작했었고, 10대 왕 연산군(1494~1506)대에 들어 쇠퇴역사와 환란의 표적은 불가피했었다.

지루한 4백여 년의 세월이 흐르고 난 뒤에서나 훈민정음이 공식적인 나라의 글로 선포됐다는 사실을 어찌 하는가. 이보다 백여 년 앞선 18세기 후반에 가지의 육생신앙 천주교가 들어왔다. 일련의 행보는 유·불·선을 견제하기 위한 기독교의 물꼬를 트기 위해서이며 이를 토대로 19세기 초중반에 개신교가 자리할 수 있었다. 이모두 19세기에 일어난 일인데 왜 그런 것일까. 우연이라고만 치부해야 하는 것일까.

몸통의 유·불·선을 견제키 위해서라도 뿌리에 필요한 요소라고 할 수도 있지만, 업그레이드 시대에 가지의 육생신앙 기독교단체의 사랑이라는 껍데기에 정신량의 알곡을 채워 넣기 위해 벌어지는 일이기도 했으나 행의 알곡은 유·불·선·기독교 등의 육생신앙만으로 불어넣을 수 있는 그 무엇이 아니다

450여 년 전인 1413년(태종13)에는 뿌리를 팔도로 나누어 행정구역 제정하였다는 기록이 있다. 7천3지 음양화합 0의 수로 이루어진 뿌리는 이미 팔도의 기운으로 나뉘어져 있는 터라, 면면히 이어져 오던 팔도명칭을 새롭게 제정했을 뿐이다. 몸통·가지도 뿌리팔도와 연결되어 있고, 하나로 연계된 지역의 특수성이 그대로 표출된다는 사실에 입각해 뿌리팔도 명칭의 형성과정을 살펴보면, 고려시대는 양광도, 경상도, 전라도, 서해도, 교주도로 해서 남쪽에 5도, 북쪽은 서북계와 동북계 5도양계로 구성되었었다. 이를 바탕으로 구획된 조선의 팔도는 경기·양광도, 전라·경상·교주강원, 서해황해 및 서북면 평안, 동북면 함경의 6도2면을 두었다가 1398년(태조7)까지 양광도를 충청, 교주강원도를 강원, 서해도를 풍해도로 고쳐 이들

행정구역을 일부 조정하여 6도2면의 체제를 유지하였다. 그 후 태종13년 1413~16년에 풍해도를 황해, 서북면을 평안, 동북면을 함길도로 고치면서 경기, 충청, 전라, 경상, 강원, 황해, 평안, 함경으로 팔도의 지방행정구역 체제가 갖추어지면서 팔도강산이니 팔도명물이니 하는 팔도의 말들이 만들어지면서 신토불이를 운운했다.

뿌리의 사투리가 뿌리팔도의 경계이고 그 사투리의 선을 중심으로 소임이 8개의 차원으로 나뉘었다고 할 것인데 뿌리의 팔도 중에 한곳이 표적을 받는다면 연계된 몸통·가지의 팔도 중에 한 곳도 필시 유사한 표적을 받는다는 사실이다. 초록은 동색이요 가재는 게편이라, 동서남북 사방팔방 소임이 다른 관계로 뿌리에서 지역감정이 붉어지는 만큼 가지·몸통에서는 민족갈등으로 피를 부르게 되어 있으며, 뿌리팔도가 하나 되어 나갈 때 몸통·가지도 하나 되어 나가게 되어있다는 것이다. 웬 뚱딴지같은 말이냐 할런지도 모르겠지만 뿌리는 몸통·가지와 하나이므로 이쯤에서 팔도로 나누어진 뿌리의 삶을 이해한다면 몸통·가지의 삶을 좀 더 쉽게 이해하지 않을까 싶다.

뿌리의 팔도의 지명을 살펴보면, 그 도에 속한 지명의 첫 글자를 따서 지었음을 알 수 있다. 함경도는 함흥·경성의 첫 자를 따온 것이고, 그 뒤에 도(道)를 붙인 것은 그리로 나아가는 길을 뜻한다. 이러한 방식으로 평양·안주로 나아간다하여 평안도, 황주·해주로 나아간다하여 황해도, 강릉·원주로 나아간다하여 강원도, 충주·청주로 나아간다하여 충청도, 전주·나주로 나아간다하여 전라도, 경주·상주로 나아간다하여 경상도다. 그러나 경기도만큼은 통치자가 살아가는 (서울 京경) 지역의 안 (경기 畿기) 이라는 뜻에서 경기(京畿)

라고 명명하였다. 아울러 경기는 수도를 둘러싼 지역으로써 왕의 직접통치권을 일컫는 말이며, 나아간다는 도道의 의미는 합의를 이루어 둘이 하나 되어 간다는 것이다. 1413년 태종(13) 때 팔도로 구획된 뿌리의 지명을 명명했지만 조선은 건국 초부터 고려와는 달리 문호개방이 시원치 않은데다가 유교적 틀에 벗어나지 못한 중압감으로 육생량 분별에 고초를 겪어야 했다. 즉 뿌리가 팔도로 구획된 만큼 몸통·가지도 팔도로 구획되었다고 할 수 있으며, 뿌리 팔도가 하나 되어 나갈 때 몸통·가지의 팔도와도 하나 되어 나갈 수 있다는 것이다. 하지만 몸통의 육생의 주체를 뿌리의 인생의 주체로 받아드리는 바람에 조선 5백 년의 역사는 썩어야 했던 것이다. 이처럼 성리학은 굳세어라 금순아인듯 싶었지만 19세기에 들어서야 상인과 천인의 반발로 홍역을 치르면서, 가지와 두둑에게까지 조정의 자위권마저 위협을 받으면서 이념적으로는 서학(천주교)과 부딪쳤다. 물론, 생에서 장을 이루었다 할 수 있는 16세기 세종 때에는 높은 철학적 사관을 드러냈다고는 하나 언행(言行) 즉, 운용주체의 말은 있으되 활동주체가 행하기에 많은 문제점이 드러남으로서 더 이상의 진보는 없었다.

 1592년 14대 왕 선조(1567~1608)25년 때 발발한 임진왜란(1592~1597)으로 뿌리조선과 두둑열도는 물론이요 핵심몸통 명나라까지 막대한 피해를 입었던 것도 핵심축인 뿌리의 소통부재로 인한 일이었다. 사실 동북아에서 삼국의 존재감을 이리 드러내지 않아도 되었을 텐데 성리학으로 뿌리가 몸통에 예속된 바람에 두둑의 존재감을 드러내기 위한 몸부림을 어찌 예견이나 할 수 있겠는가. 이윽고 1636년 16대 왕 인조(1623~1649)14년 때 변방몸통 청나라가 일으킨 병자호란 이후로 수세기동안 쇄국정책을 고수하며 몸통과 두둑의 사대교린 관계만을 유지해 온 것에 대한 문제가 발생하기 시작했다.

무엇보다 단일민족의 순수혈통을 지켰다는 데에서 사대교린과 쇄국정책의 의미를 부여한다. 혹자는 몸통과 두둑의 외침으로부터 순수혈통은 희석되었다고 하지만 뿌리에서 3대 1백여 년 안팎이면 자연 희석된다 하겠으며 몸통과 두둑도 30% 뿌리기운을 머금었다는 사실이다. 단일민족국가에서 다문화가정이 자리하기 시작한 시기가 업그레이드 시대이자, 1988년 3차 서세동점으로서 3세대 미래의 꽃 에코부머가 태어나기 시작할 즈음에 새날의 씨앗 창출2세대 베이비부머가 기성세대의 핵심으로 자리하기 시작하였다. 순수혈통을 지켰다는 것은 새날의 씨앗 창출2세대 베이비부머를 기계식 개척1세대가 낳을 때까지를 말하며, 진화의 최정상에 오른 정신량 창출2세대를 육생량 개척1세대가 낳아서 길러야 했던 이유야 많겠지만 그중에서도 가장 큰 이유를 들자면 이렇다는 것이다.

여진족 누루하치(1559~1626)가 만주를 통일 1616년에 후금(1616~1626) 건국, 후계자 홍타이지(1592~1643)에 물려주고 1626년 국호를 청으로 고친 후 핵심몸통 명나라 북경을 점령하여 변방몸통 청나라(1644~1911)시대를 열어가면서 1차 서세동점이 도래했었다. 두둑은 아즈치모모야마(1568~1603) 시대에서 에도(1603~1868) 시대 막을 열고, 서양가지는 16세기 대항해시대였었다. 한편 몸통 청나라에선 뿌리의 개혁을 꾸준히 부추겼으나 오랑캐의 나라라고 배척할 줄만 알았지 그들의 진정성을 받아드리지 못한 것은 유교적 폐쇄성 때문이었다.

사실상 뿌리와 몸통을 하나로 이어줄 핵심기운이 밑둥치가 삶의 터전이었던 여진족이지만, 겉으로 드러난 뿌리조선과 핵심몸통 명과의 사대교린 관계에서 뿌리가 헤어나지 못하여 스스로 혼란을 자초하였다. 오직 살길은 사대의 예로 생각하여 뿌리질량을 몸통질량에 흡수시키려 들었으니, 뼈골 빠지는 것은 상인에 천인이요 이들을 붙잡고 억지웃음 짓는 게 중인이고 양반이었다.

운용주체의 자원은 정신량이므로 육생국방력은 뿌리에게는 방편에 불과하다. 제아무리 국방력이 막강하다한들 활동주체가 육생국방력으로 흔들어대면 어쩔 도리가 없다. 육생량은 활동주체의 재원이고 정신량은 운용주체의 자원이므로 그 육생량에 정신량을 뿌리가 불어넣어준다면 육생량은 정신량을 떠받치고 살아가게 되어있다. 하지만 운용주체가 활동주체 육생량에 매달렸으니 몸통사상에 놀아나야 했던 것이고, 활동주체 몸통이야 육생량으론 당연히 대국이라 하겠지만 정신량으로는 뿌리가 대국인 것을, 제 짓거리를 다하지 못하면 분별이 어리석어 비굴해질 수밖에 없다. 또 비굴해 진만큼 뿌리의 혼을 사장시키고 말았으니 양의 기운이 넘쳐나는 업그레이드 시대에 음의 기운 뿌리의 혼을 불살라야 할 때라 이를 위해 태어난 세대가 베이비부머라는 것이다.

한편, 대동여지도는 1안으로서야 작은 반도를 그려낸 지도에 불과하겠지만 2안으로서는 이를 극복하기 위한 뿌리민족의 염원이 담겨있었으며 뿌리원형이 그대로 드러낼 무렵 본연의 삶도 함께 묻어나야 했었다. 뿌리의 실체가 만천하에 들어났다는 것은 해야 할 일이 있기 때문이었고, 해야 할 일이란 바로 뿌리의 혼을 불사르는 일인데 이를 위해 우선해야 할 일은 부패한 부분을 도려내는 일이었다. 문제는 어느 부분이 어떻게 부패했으며 그 부분을 또 누가 알고 있느냐는 것인데, 설령 알고 있다 해도 실행에 옮길 대안이 마련되지 않다면 광풍에 혼절은 따 놓은 당상이다. 물론, 그 당시 문호개방이 우선이었겠지만 몸통이나 두둑이라면 몰라도 이념이 바로 서 있지 않은 뿌리의 부패의 속도는 이루 말할 수 없다.

부패라는 것은 소통치 못해 막힌 부분이며, 팔도는 저마다 톡톡 튀는 사투리를 사랑하는 만큼이나 소통치 못할 터인데, 이렇게 쌓인 화의 때가 바로 지역감정이다. 다들 달갑지 않은 사투리가 들려오는 날에는 토끼몰이를 나섰다가 사분오열의 날을 세운 것도 팔도화합을 재촉하는 표적으로서 사투리와 사투리가 어우러진다면 가지·몸통·두둑과 통하는 일은 대수롭지 않다.

고조선이 분열되고 하나 된 민족국가 고려건국이후 조선의 4대 왕 세종이 압록강과 두만강 유역에 4군6진을 설치한 것은 1,400여 년이 지난 후였으며 440여 년이 지난 후에는 김정호의 대동여지도를 통해 7천3지 음양화합 0의 수로 이루어진 뿌리의 실체가 드러났다. 이는 곧 의논합의 0의 수의 사람 사는 세상을 추구해야할 시간이 다가옴에 따라 밝혀져야 했던 일인데 홍선대원군(1820~1898)의 쇄국정책은 시사 하는바가 크다. 물론 진화의 최정상에 선 새날의 씨앗 창출세대를 낳아야하는 이면도 없지는 않았지만 양의 기운이 넘쳐나는 업그레이드 시대 맞이를 위해서는 19세기 말 2차 서세동점(西勢東漸)은 필요한 부분이다. 가지의 육생량에 뿌리의 정신량을 가미할 때서나 동세서점(東勢西漸)의 기회가 주어지는 법이므로, 양물에 넣어줄 음기가 필요했으나 준비한 것이라곤 조선팔도 제정뿐이었다

전통적인 정신문화를 유지하면서 부국강병의 한 수단으로 물질과학 육생기술을 수용하려는 동도서기(東道西器)의 움직임도 있었지

만, 이미 뿌리의 혼은 몸통의 성리학 희석된지라 실효를 거두기란 불가능한 상태였다. 뿌리의 법과 몸통의 법을 분별치 못하면 뿌리·몸통 함께 호되게 곤욕 치를 일은 뻔하고, 두둑은 자립을 위해서라도 반드시 두둑의 법을 세워야 했던 때라 서세동점은 그야말로 두둑을 살찌우기 위한 시기이었다. 이를테면 두둑은 뿌리보호막으로 가지와 직접 맞닿을 수 있는 거리에 있어 그렇다할 것이고, 뿌리는 어느 시기까지는 가지의 육생량을 두둑을 거쳐 흡수해야 하는 입장이고, 몸통은 드러나지 않은 뿌리와 행보를 같이해야 하는 처지라 더딜 수밖에 없는 일이다. 물론 몸통도 1차 아편전쟁(1839~1842)과 1856년 애로호사건과 맞물린 2차 아편전쟁(1856~1860)의 뼈아픈 패배로 양무운동(洋務運動)이 일기는 했지만 이보다 뿌리에서 실효를 거두지 못한 일은 몸통에서 거두기 어렵다는 것이다.

태평천국(1851~1864)의 난이야말로 몸통의 간절함을 여실히 보여주는 사건인데 사실 깨어나지 못한 뿌리분발을 촉구하는 표적이었기에 1801년의 신유박해나, 1839년의 기해박해나, 김대건(1822~1846) 사건이나, 1994년 동학농민운동이나 마찬가지로 뿌리·몸통 개혁의 바람을 일게는 했다. 한편, 같은 의미의 두둑의 화혼양재론(和魂洋才論)이 실효를 거둘 수 있었던 것은 가지와 뿌리를 잇는 교두보라는 지정학적인 위치 때문이라고 할 수도 있겠지만 늘 취해 있는 뿌리를 깨우기 위한 역을 맡아야 했으니 명치유신(明治維新)과 더불어 제국주의는 사자 역할의 기반을 잡기 위한 행보이기도 했었다. 1897년 대한제국의 수의를 입어야 할 시각이 다가오자 1860년 즈음에 민중봉기가 일기 시작하여 동학농민운동이 발발한 것이었으며, 이를 방편으로 몸통을 불러들이고 열도를 끌어들였으니 동북아에 이상기류가 흐르지 않을 수 없었다.

이상기류란 다름이 아닌 부패된 뿌리와 골병든 몸통을 살리기 위한 집도가 시작되었다고 할 것이데 메스는 두둑열도, 중환자는 뿌리조선, 전염은 몸통 청나라 순이라고 할 수 있다. 어찌 보면 청일전쟁(1894~1895)이라는 수술대에서 동북아 삼국의 질서가 제 편성되었다고 하겠지만 보호막 두둑은 뿌리 하기 나름에 달리 나타나는 지정학적 위치인데다가 뿌리·몸통이 살아야 두둑의 가치가 인정되는 만큼 사자 역을 맡아야 했던 이유다. 그 수술준비 기간은 아마 18세기 가지의 산업혁명 전후로 시작되었다고 하겠는데 1882년 임오군란과 1884년 갑신정변 그리고 1895년에 일어난 을미사변을 통해 집도시기가 앞당겨졌다. 두둑강점기와 동족상잔 6.25 이후에 맞이한 기계식 시대는 육생량 회복기였었고, 아날로그 시대는 육생량 축적기로서 디지털 시대이자 업그레이드 시대까지 두둑을 거쳐 가지의 육생량이 들어오게 되어있었다. 이후 뿌리로 하여금 몸통이 되살아날 터이니 육생량도 가지에서 몸통으로 직접 왕래가 가능하므로 두둑의 사자 역할도 거기까지였기에 육생경제도 거기에서 멈췄다고 할 것이다.

대동여지도를 통해 운용주체 뿌리의 실체가 드러날 무렵 활동주체인 가지에서 육생량을 가지고 동북아삼국의 문을 두드리는 이유는 백 년 전후로 다가올 업그레이드 시대를 위한 행보였었다. 또한 육생문물이 들어온다는 것은 가지의 서양인들까지 들어오겠다는 의미인바, 그 어느 곳이든 육생문물이 앞서 들어가는 것은 검증받는 차원이라 별 탈이 없다싶으면 이후에 인연까지 들어가게 되는 것이 순환이치다. 언뜻 생각하기엔 두둑만 살고 뿌리·몸통은 죽었다고 할 수도 있겠지만 하나 되어 가기 위한 과정이었다는 것이다. 그리고 사실 뿌리조선은 4대 왕 세종(1418~1450) 때부터 9대 왕 성종(1469~1494)에 이르기까지 70여 년 동안 생(生)에서 장(長)을 수(收)급한 상태라 반드시 몸통질량을 통해 뿌리질량을 마련해야 했었다. 하지만 중심축 뿌리가 핵심몸통에 예속되었으니 변방몸통 청나라를 오랑캐라 배척하고, 두둑열도를 왜구라고 외면하는 바람에 19세기말에 두둑의 반전은 뿌리로 인해 벌어진 일이다.

제폭구민(除暴救民)은 척양척왜(斥攘斥倭)로 이루어 질 수 없는 사항이므로 서양의 가지는 육생량 교역을 위해, 동양의 뿌리는 정신량 촉구를 위해 반드시 교류는 이루어져야 했었다. 가지의 육생기(肉生器)는 뿌리의 정신기(精神氣)를 필요로 하고, 뿌리는 가지의 육생기술이 어느 정도 필요한지라, 가지의 부분적인 소프트의 술(術)과 뿌리의 전체적인 하드의 법(法)과의 교류는 지극히 당연한 순환법이다. 육생량과 정신량이 부합될 때 인생살이 시작된다고 하겠으니 뿌리로 가지의 열매가 들어오는 것은 영양소를 첨가하기 위한 것에 있었다.

작금의 뿌리사회가 최고명품들만 선호하는 것도 다름이 아니라 최고의 명품일수록 음양화합을 이룬 최고봉 뿌리에서 가치를 증명할 때 뿌리·몸통·가지에서 인정받기 때문이다. 문제는 육생의 명품만큼 정신량이 받쳐주지 못해 쏠림이 심화됐다는 것인데, 뿌리에서의 소통은 곧 검증이라, 소통이 자유롭지 못하면 어느 곳에서도 명품으로 인정받기는 사실상 힘들다. 반면 선호하는 물품일수록 최고의 가치를 부여하는 것이므로 가지에서 자부하는 명품들이 증명받기 위해 뿌리로 몰려오는 것이다.

한편 척양척왜도 개혁정치로서의 분명한 이유가 있어 외쳤던 만큼 정신량 마련의 초석이 되어야 했으나 쇄국정책으로 공염불이 되고 말았다. 물론, 당시의 시각으로는 절대적으로 국가의 이윤을 따른 행위였다고 말하겠지만 1안은 2안을 위한 사항이므로 5백여 년 동안 곪아터진 뿌리의 혈을 뚫기 위해서리도 흥선대원군을 역할자로 내세웠던 것이다. 막히면 시름거리는 병자이고 회복을 위해 막힌 부분을 뚫어야 하는데, 소통치 못하면 소통을 위해 사달이 나기마련이므로 이때 사자이다 싶은 이들이 들쑤실 경우 자기모순을 찾아야 한다. 소통을 위한 가장 좋은 방편이 육 건사 편리를 위해 주어지는 도구들인 만치, 때가 되어 가지에서는 통해보자고 육생의 도구들을 가지고 찾아왔지만 조선팔도가 붕당의 진정성도 모르는 판국에 소통이고 나발이고 어디 있기나 하겠는가.

동북아 뿌리·몸통·두둑의 삼각체제를 형성시켜 놓은 이유에 대해 앞선 장에서 나름 설명한바 있다. 그만큼 어느 쪽으로도 치우쳐서는 이로울 게 없는 관계가 바로 삼각구도 체계다. 사각형구도가 삼각형구도로 진화발전해온 것이므로 중심축을 잡아나가는 선이 치우치면 흔들릴 수밖에 없다. 세 개의 차원으로 나뉜 인간세상의 그 중심축에 뿌리가 자리하자 몸통에 그 질량이 그대로 투영되었고, 두둑은 뿌리의 보호막이라 그 삶에 준하여 살아가지 않을 수 없다. 이렇듯 삼각구도는 누구 하나를 위한 구도가 아닌 내 앞에 있는 너와 옆에 있는 너까지 하나 되기 위한 상생구도다. 이원화구도인 나 하기 나름에 달리 나타나는 작용반작용의 법칙 상대성원리도 삼각구도의 균형을 잡아나가기 위한 수단이다.

"덕 되게 사니 득이 되더라"는 인생방정식의 근본원리가 뿌리에 자리하면서 몸통이 관심을 보였고, 두둑이 뿌리보호를 자처하여 삶의 근본이 동북아시아에 자리했다. 해서 몸통·두둑의 행위는 뿌리 하기 나름이라 하겠으니 조선시대에 두둑의 행위는 그저 노략질로만 보아서는 안 된다. "무익하면 해가 되리니" 몸통 또한 뿌리의 행위가 이롭지 못할 시엔 그 여파가 몸통으로 일파만파로 번져 나가다가 독으로 되 돌려보낸 원리가 바로 속국이라는 표적 이다. 뿌리가 살아야 몸통과 두둑이 살기에 상대성으로 벌어지는 일이다. 대한제국의 수의를 입어야 했던 것은 썩은 혈을 뚫기 위해 대자연이 내리친 채찍이었다. 뿌리의 삶은 몸통·가지를 위한 것에 있으니 닫혀있다거나, 쏠려있다거나, 일방적인 행위라면 가치를 상실한다. 국수주의에서 비롯된 쇄국주의가 진화의 발목을 잡는 듯하지만, 곪은 부분을 터트린다면 발전은 이루 말할 수 없다 하겠으니 어느 정도 위험은 감수해야한다. 또 하나 운용주체는 곧 죽어도 머리 숙이지 않는 지도자라 처절하거나, 비참하거나, 굴욕적이지 않고서는 썩어가는 혈을 뚫을 방도가 없다는 것이다.

한편 18세기 후반에 천주교가 유입되고 19세기에 이르러 기독교가 상주했다는 것은 육생신앙 공화국이 될 것임을 암시한 부분이었고, 뿌리의 바른 이념을 곧추세우기 위해서라도 육생신앙과 육생신앙, 인생종교와 육생신앙, 인생종교와 인생종교, 이념과 이념 그리고 육생신앙과 인생종교와 이념의 팽팽한 삼각대립구도는 어느 정도 필요한 부분이었다.

유·불·선 삼각체제를 천주교와 기독교가 견제함으로써 오각체제를 이룰 무렵 아니나 다를까 사실 새날의 씨앗 창출2세대가 아날로그시대에 들어 하나둘씩 개척교회에 몸 담그면서 유교·불교·도교대 기독교체제로 팽팽히 맞서나가고 있다. 이는 유지해 나가기 위함이 아니라 확장을 막기 위한 구도체계다. 해 지는 가지의 삶은 육생량이어서 사랑도 육생안에 국한될 수밖에 없는 일이고, 사실 육생량과 인생량을 분별치 못하면 정신량은 육생안에서 찾아 해맬 것이 분명하다. 예수구원의 사랑행위도 가지권이라 1안의 육생살이 행위가 전부일 수밖에 없는데, 나를 위한 육생은 힘이 가미될 수밖에 없기 때문이요 너를 위한 사랑은 육생을 넘어 설 때나 가능한 일이라서 그렇다는 것이다. 육생 넘어 인생을 모르면 육생행위 그 사랑보다 더 큰 것은 없다하겠고 인생량을 길러내는 뿌리에서의 예수사랑은 정신량이 배제된 껍데기 사랑이라 유·불·선을 견제해가며 사랑행위에 대한 알곡을 불러 넣고자 왔다.

해가 중천에 떠있긴 하지만 몸통과 이웃한 곳에서의 삶이란 다음 생을 위해 살아간다 해도 무방하다. 내 안에서 나를 찾아 부처가 되고자 고행마저도 고맙다 할 것이라 몸통보다 분명 더 여물어야 할 것이며, 이때 내 앞에 온 너의 의미를 모른다면 수행은 참으로 무가치한 일이다. 자비를 부르짖는다 해도 방편행위에 빠졌다면 견월망지(見月忘指) 고행이 전부라 할 것이다. 해가 중천에 떴다면 몸통이라 할진대 여물어 뿌리에 들어오는 삶을 갈망하니 그나마 성리학을 완성할 수 있었다. 허나 모두가 하나 되어 살아가기에는 턱없이 부족한 터라, 상중하 수평을 이루어 나가지 못하면 부질없고, 인간관계가 우선이라 해도 작용반작용의 법칙 나 하기 나름에 달리 나타나는 상대성원리를 모른다면 의미 없다. 그래서 역시나 모두가 해 돋는 뿌리로 들어와야 했던 만큼이나 대립, 견제, 충돌은 불가피했던 일이었다. 그 불가피한 모순을 보아 무엇이 이로운 삶인지를 알지 못한다면 이 또한 불가피한 일이라고 하겠다.

해서 유·불·선과 기독교가 육생신앙의 축으로 자리할 무렵에 사람처럼 살아가는 세상을 갈망한다면 육생살이 모순 그 악성종양의 근본을 제거해야 한다. 기원후 3번째 맞이하는 밀레니엄 시대는 서양가지의 육생살이 양물과 동양뿌리의 인생살이 음기가 몸통에서 만나 음양화합 0의 수를 이루어야 하는데, 이러한 대안은 반드시 인(人)이 마련해야 한다는 것이다. 2번째 밀레니엄 시대(고려~조선)까지만 하더라도 신이 부여해준 육생살이 육생시대였다는 사실을 이해하려면 우선 2안으로 기원후가 적용된 이유부터 알아야 한다.

물론 1안으로서의 서기야 예수탄생을 기원으로 한 기년법으로 현재까지도 뿌리·몸통·가지 전체에서 통용된다는 사실을 다들 아는 바와 같다. 일단 기원전 서기는 여기에서는 접어두고, 기원후는 0년이 존재하지 않으므로 1년을 시작하는 해(年)를 '기원'으로 삼았다. 기원후의 첫 해가, 첫 번째 맞이하게 되는 밀레니엄으로서 운용의 주체 천기가 삼라만상을 관장하는 시기라고 하겠으며, 열국시대에 이은 삼국시대와 남북극시대까지의 1천 년이 마감기간이다. 이 시기는 육 건사 기본행위조차 받아온 육생의 기본금에 전적으로 의지할 수밖에 없었던 시대였었다. 그러니까 삼라(森羅)는 지상3차원, 만상(萬象)은 만물(萬物)이므로 황무지나 다름없는 지구에서의 육 건사 행위는 인간스스로 갈고 닦고 씨 뿌리는 개척시대였던바, 천기의 도움 없이는 어느 것도 불가능했었다는 것이다.

두 번째 밀레니엄은 1천 년대를 열어가는 시점이고, 비록 밑동이 패여 나갔을망정 고조선분열 이후 뿌리민족이 뿌리에서 하나 된 민족국가 고려를 건국했으며, 조선이 뿌리의 팔도를 만천하에 드러내 놓으면서 두둑강점기와 동족상잔 6.25를 치러야 했고 이후 업그레이드 시기까지 활동주체 지기가 육생살이를 주도해왔다. 다시 말해 두 번째 밀레니엄 시대는 운용주체 70% 천기가 부여한 육생의 기본금을 바탕으로 활동주체 30% 지기가 육생물질 대량생산체제를 마련하여 1안의 육생살이 인프라를 구축한 기간이다. 이를 가지고 동양뿌리로 가지고 들어오기까지의 1천 년의 세월, 918년 고려건국에서부터 1988년 업그레이드 시대까지를 가리킨다. 사실상 1918년 즈음이어야 하지만 천지기운의 회초리를 맞은 70년의 세월을 어찌 생각할 것인가.

무엇보다 천지가 부여한 1안의 육생량에 인이 2안의 창출한 정신량을 부여하는 기간이 남았다 할 것인데, 1988년부터 시작되는 세 번째 밀레니엄을 위한 준비기간은 3대, 1백 년 안팎이다. 그 1세대가 두둑강점기 세대로서 소임은 육생량 개척이며, 2세대는 전후 새날의 씨앗 베이비부머로서 소임은 정신량 창출이다. 3세대는 업그레이드 세대로서 에코부머 미래의 꽃으로서 정신량을 실어 나라야 하는 메신저다. 이렇게 육생개척, 정신창출, 메신저로 이어진 3대 스토리(store)에 있어서 중요부분은 창출2세대 새날의 씨앗이 상하 스토리를 연결 짓지 못하면 인류가 소통장애를 겪어야 한다는 것이다. 사실 지금도 이러한데 육생량이 전부인 냥 살아왔던 시대만 하더라도 막연히 꿈꾸어왔던 유토피아는 1안의 풍광과 1안의 육생량이 맞물릴 때 가져다주는 정도의 쾌락적 만족을 행복으로 오인할 수밖에 없다.

정신량을 통해 인생을 알아갈 즈음에 육생만족이 결코 인생행복이 될 수 없음을 알 것이고, 늘 그렇게 꿈꿔왔던 이상향은 결코 주어진 풍광과 받아온 육생량이 맞물려 찾아오는 그 무엇이 아니라는 것도 알게 될 것이다. 육생만족은 언제나 나를 위할 때 찾아드는 것이고 보면 인생행복은 너와 하나 되어 갈 때 스며든다는 사실도 알 수 있으리라.

0차원을 이루기 위한 사랑행위는 행복구현을 위한 하나의 장르다. 그리고 육생이나 인생이나 획일적인 삶을 살아가던 시대의 논리는 훗날 진리구현을 위해서라도 쉼 없이 나와야만 했었다. 세 개 차원으로 나뉜 인간 세상은 1天2地3人의 세계를 가리키며, 1천2지가 빚어낸 만물에서 육생량을 개척해온 육생시대 그 한 획을 그은 서양가지를 위해서라도 뿌리의 3인은 반드시 정신량을 창출하여 인생시대를 열어가야 한다. 물질은 정신을 위해 존재하고 육생은 인생을 위해 주어진 시간이라 무엇 하나 소중하지 않은 것이 없다. 1천2지 만물에서 혼화한 육생량과 3인의 정신량이 합의를 이룬 1천·2지·3인의 화합은 그야말로 인간으로 태어나 사람으로 승화되어 사람들과 사람답게 사는 세상을 만들어가기 위한 최상의 것이기 때문이다.

다시 말해 1천은 上이고 2지는 中이라 그래서 1, 2차 밀레니엄 시대는 천지가 부여한 육생시대였다는 것이다. 3인은 下로서 3차 밀레니엄 시대는 업그레이드 시대라 인(人) 즉, 나 하기 나름에 달리 나타나는 인생시대는 그야말로 천지기운 가만히 계시사 인이 동(動)하여 음양화합 0차원을 이루어 나가야 하는 업그레이드 시대라는 것이다.

천지가 빚어놓은 육생량은 필요하면 있는 것이고 필요치 않으면 없는 것이라, 이는 곧 천지마저도 인이 하기 나름에 달리 나타난다는 것을 의미하고 있다. 이로운 행위 정도에 따라 육생의 방편은 언제나 많고 적고, 있고 없음이리니 분별이 어리석어 행위가 이롭지 못하면 고통과 어려움은 언제든지 수반된다. 천지는 인하기 나름이듯 내 앞의 인연도 나 하기 나름이라 하겠으니 기도한다고 해결될 일도 없고, 절한다고 풀릴 일도 없으며, 빈다고 주는 세상이 아니다. 천지가 육생량을 주도해온 육생시대는 너보다 나를 우선할 수밖에 없었으니 법이라 한들 힘의 논리가 가미된 육생법일 수밖에 없다. 너를 우선한다면 힘보다 지혜를 우선할 터이고 이쯤 되면 부딪쳐야 했던 모순들을 볼 터이니 어려워졌던 이유와 고통받아야했던 이유를 알게 될 것이다.

육 건사가 우선이었던 육생시대야 어려워졌던 것도 고통스러워진 것도 행위가 육생량에 국한되어 벌어진 일이다. 때론 천지 앞에 무릎 꿇고 애원하면 통할 때도 있었지만 인생시대는 그야말로 하늘은 스스로 돕는 자를 돕는 시대다. 분명 어려움은 내 앞의 인연과 하나 되어 나가지 못할 때 받는 표적이라 할 것인데, 무조건 빌도록 부추기기에 앞서 나 하기 나름에 달리 나타는 일상의 법도를 깨우칠 수 있는 제도를 마련해야 한다. 업그레이드 시대가 다가올수록 선천시대와 후천시대를 거론하며 개벽을 거론하는 이들이 부지기수인데 삶이 육생에 있지 않음을 알기에 일렁이는 물살이다. 그리고 개벽은 천지가 뒤틀리어 삶의 형태를 바꿔놓는 것에 있지 않다. 육생진보를 위한 시대가 아니라 인생진화를 위한 시대일지니 수정구슬 보다 더 투명한 시대로의 항해를 뜻한다.

☾ 밑둥치 복원(철령위)

조선이 고려에게 물려받은 과업이 철령위라고 하겠지만 이는 분명 뿌리민족 숙원사업의 하나였던바, 북방몸통 원나라(1279~1368)

가 핵심몸통 명나라(1368~1644)를 건국한 주원장(1328~1398)에게 패해 북방으로 물러날 즈음에 벌어지고 있었다. 이치야 뿌리에 의해 몸통이 움직이는 것이 당연지사 아니겠느냐마는 경우에 따라 몸통에 의해 움직이기도 하는데 이럴 땐 필시 고사 직전이거나 혹은 길을 잃고 헤매 일 때다. 물론 하나 된 민족국가 고려를 개국하고 나서 몸통에 예속되어버린 어처구니없는 경우는 제외다.

정신량으로 살아가야 할 운용주체가 육생량에 의지했으니 육생량으로 살아가는 활동주체를 어찌하지 못한다는 것은 빤한 사실이지 아니한가. 분명 몸통의 성장은 뿌리를 통해 이루어지는 법이거늘 이를 거슬러 성장할 수는 없다. 하지만 뿌리가 고사 직전이라면 뿌리를 살리기 위한 일을 벌이는데 그 일이 바로 명나라 건국이었다. 하나 된 국가체제이후 뿌리부패의 원인은 고려 6대 왕 성종(981~997) 때 발생했다고 언급한바 있지만, 이 시기가 핵심몸통체제를 뿌리에 그대로 반영하여 생에서 장을 수급하던 수성기였었다. 거기에 그렇게 머물러 993년 변방몸통 거란의 1차 침입의 이유를 바로 보지 못했던 것이었다. 아주 훗날이지만 13세기 이후에 1백여 년 동안 원나라의 속국이 되어야 했었던 이유와 말기엔 내부갈등 증폭과 북쪽으론 홍건적 남쪽으론 왜구의 잦은 침입으로 국력은 대내외적으로 소진되고 말았는데, 이 원인을 어디에서 찾아봐야 할까.

생장은 수급을 위한 것이라면, 수급은 진보를 위한 것이고, 진보는 생장과정에서 추출해야하는 원액이다. 고려 31대 공민왕(재위 1351~1374) 때는 원명(元明)교체라는 몸통정세 흐름에 편승해 실지를 찾기 위해 1356년 쌍성총관부 철령위를 수복하였고, 이때 혁혁한 공을 세운 이성계의 아버지 이자춘(1315~1361)은 동북병마사가 되었다. 대자연이 몸통에 투여한 영양제가 1368년 명나라 개국이었다면 뿌리의 행보는 1392년 조선개국에 있었으니 2안으로서 말기 공민왕(1330~1374) 때의 북진정책은 밑동복원을 위한 것에 있었다. 물론 북방몸통 원나라 속국의 한을 풀어내기 위한 행보이기도 했었겠지만 이는 1안이고 반원정책을 써야했던 이면은 핵심몸통 명나라가 자리하고 있어서다. 그러나 이도 사실 조선개국을 위한 방편이었다.

무슨 소리냐 하면, 북방몸통 원나라에게 조공을 받치던 공민왕이고 보면 핵심몸통 명나라를 건국한 주원장과의 외교도 필요한 부분이다. 그러나 준비 없이 양면외교에 가재미눈이 되기보다는 분명하게 자기색깔을 드러낼 필요가 있는 시점에 명나라와 합동으로 요동에 남아 있던 원나라의 잔여세력을 공략했었다는 부분에서는 친명정책이라는 나름의 색깔은 분명했다. 문제는 바뀌어야할 시기가 다가옴에 따라 반원정책을 부르짖던 공민왕은 져야했던 것이었고, 친원정책을 부르짖는 고려 32대 우왕(재위 1374~1388)이 재위하면서 최영(1316~1388) 등의 무신세력과 함께 해야 했다는 것이었다. 사실 2안으로써 이성계의 조선개국을 부추킨 3인방을 꼽자면 최영과 우왕(1365~1389) 그리고 명나라 태조 주원장이다. 이중에서도 특히 작용반작용의 법칙 상대성원리를 극명하게 드러낸 관계가 최영과 이성계였다. 음의 기운 문신이 배제된 양의 기운 무신과 무신끼리의 대립은 피를 부른다는 것은 자명한 사실이고, 시대의 흐름에 따라 이성계의 본질적 소임을 일깨워주기 위한 사자 역을 최영이 맡았다. 상하좌우 모두 하나 되어 나가기 위한 조건은 근기마다 달리 주어지지만, 필경 조건이 주어질 때는 그만한 이유가 있다 것이다. 그러고 보면 시작이나 결말이나 그에 상응하는 일들이 꼭 벌어지는데, 이는 사실 이리하면 이리된다는 혹은 이러했기 때문에 이리됐다는 표적이고 분명 선후단초를 제공하는 섭리가 묻어나올 테니 설마나 우연으로 생각한다면 앞날은 낭패뿐이다.

조선개국 공신 정도전(1342~1398)과 고려 말의 충신 정몽주(1337~1392)와의 관계는 행위자와 역할자의 위치로 보면 되겠다. 시대의 흐름에 편승한다는데 있어 상호보완적이지도 않고 그렇다고 적대적이지도 않다. 고려에서 조선으로 넘어가야 한다는 역사적 흐름을 안다면야 충신과, 공신과, 역적은 없다고 하겠지만 1안의 육생안에 묶여 흐름을 안다고 해봐야 자기 생각차원이 전부라 하겠으니 충신도, 공신도, 역적도 입맛에 따라 달리 나타난다는 것이다.

2안의 인생안은 나보다 너를 우선할 때 쓰이는 지혜의 차원이고 보면 어느 쪽이 옳고 어느 쪽이 그르다는 극단으로 치우치지 않는다. 어느 시각에서 보느냐에 따라 달리 나타나는 면도 없지는 않다. 무엇보다 육생안은 나를 위한 행위에 지나지 않아 자칫 시대의 흐름마저도 자기에게 맞추려 든다면 남 탓마저도 정당화 시키려 들 터인데 이쯤 되면 어떠한 분별도 논하기 어렵다. 네가 있어 내가 있다는 것은 너로 인해 바뀌는 것은 네가 아니라 나야 한다는 것이다.

정도전과 정몽주는 시대가 일으킨 작용반작용 법칙 인생방정식으로 대입은 뿌리복원 역사의 몫이다. 분명 시대의 흐름은 사람답게 살아가는 세상을 지향하지만 아직은 육생량에 정신량이 투여되기 전이다보니 적대적 사자 역할자를 보여주곤 하는데 너보다 나를 우선하는 이들의 행로는 비참하다. 이는 권선징악이 아니다. 나

하기 나름에 달리 나타나는 이치가 드러나는 것일 뿐이다. 물론 주관이 얼마나 바로 섰느냐, 어떤 이념을 가지고 살아가느냐도 중요한 부분이지만 분명 필요하면 있고 필요치 않다면 없는 게 방편이듯, 전체를 관장하는 운용주체 뿌리는 부분의 육생량에 국한되어서는 안 된다는 것이다.

한편, 공민왕의 배원친명 정책과는 달리 우왕과 최영의 배명친원 정책으로 말미암아 명나라에게 무리한 조공과 철령위 관청설치의 명분을 제공하고 말았다. 1안으론 분명 실력행사이자 무관 최영을 자극하는 행위겠지만 2안으론 조선개국이 임박했음을 시사하는 바라, 이성계가 4불가론을 상소해본들 이도 권력 장악의 자원이라 위화도 회군은 이미 결정된 사항이나 다름없다. 또 뿌리지형은 압록강·두만강을 경계로 삼면이 바다로 둘러싸인 잠룡(潛龍)이므로 더도 덜도 없을 때 그에 따른 삶을 살아가게 되어있다. 용천지리산(智異山)을 통해 단전태백산(太白山)을 지나 백회백두산(白頭山)으로 이어지는 용맥은 중쪽 몸통에서 동쪽 뿌리로 들어왔기에 업그레이드 시대를 전후로 해서 뿌리에서 몸통으로 용트림 하리라 말하는데, 그 무렵 몸통의 요동이 뿌리에 투영되었다. 고려 말 1388년 32대 우왕(1374~1388)14년 때 이성계(1335~1408)가 위화도에서 회군한 사건은 뿌리 복원의 시간이 다다랐기 때문에 벌어진 일이다.

사실, 트집 잡는다거나 시비를 걸어온다는 것 또한 작용반작용의 법칙으로 받은 표적이므로 뿌리 특유에 불뚝 성질로 맞불 놓기보다는 받아야만 했던 원인규명에 힘을 써야 한다. 운용주체 문관의 기개가 날개 짓하면 활동주체 무관의 기백은 춤을 추듯이 역시 무관의 기세는 문관하기 나름이라 하겠지만 혹여 문관의 기개가 무관의 기세에 꺾이면 정신량이 육생량의 눈치를 보는 꼴이라 조정의 바람은 잘 날이 없다. 특히 이성보다는 감정을 앞세우는 경향이 짙을수록 시대적 흐름에 둔감할 수밖에 없다고 말하는데 그렇다면 막장으로 치달은 이유를 알 수 있다.

정신량은 때리고 말리는 가운데 창출되는 부분도 없지는 않지만 문관이 이루어 나가는 균형은 곧 시국의 안정이라 하겠으니 문관의 줏대가 숙지면 무관의 불균형이 나타나므로 대외적으로 난리를 치러야 한다. 말인 즉은 문무합의 없는 육생량으로 제아무리 용트림을 써봤자 속국신세 면키 어렵다는 것이다. 숱한 외침 속에 이러한 사실을 모를 리 없건만 합의를 이루어나가지 못한 대가가 비겁하게 육생량에 주눅 들어 사는 일이었다. 물론, 밑동이 패여 나간 만큼 기대치에 미칠 수 없는 것이라고도 할 수 있다. 허나 그 기대치에 부흥코자 뿌리·몸통의 경계선인 위화도를 확인하고 회군 한 것이 아니었던가. 그리고 그렇게 해서 복원했다면 살맛나는 세상이어야 하는데도 불구하고 여전히 속국신세라면 부딪치며 살아야 했던 이유를 모르는 것이 아닌가.

몸통에서 뿌리민족이 몸통민족을 아우르고 살아왔다면 뿌리에서의 열국시대는 없어도 될 것인데 하나 되어 살아오지 못한 관계로, 하나 되어 살아가기 위해, 하나 되어 가는 과정을 몸으로 체험하며 밑동이 깊숙이 파인 상태로 뿌리에서 하나 된 민족국가 고려를 건국해야 했었다. 조선의 건국은 뿌리복원에 있었고, 팔도가 드러난 만큼 톡톡 튀는 사투리와 지방색이 도드라지게 나타내는데, 뿌리의 숙원이 바로 팔도가 하나 되어 나가는 일이다. 뿌리팔도가 하나 되지 못하면 몸통도 하나 되지 못하니 뿌리와 몸통이 하나 되어 나갈 수 없다. 뿌리의 응집은 몸통의 결속을 다져주는 원동력이므로 뿌리의 응집력이 없고선 몸통의 결속력도 있을 수 없다는 것이다.

조선의 개국군주나 공신이나 고려의 마지막 왕이나 충신이나 1안으로서는 분명 극과 극이겠지만 2안으로서는 보완적인 관계다. 특히 하나 된 민족국가의 특수성을 감안하면 역할분담은 자기 하니 나름에 따라 달리 나타나는 부분이다. 하지만 고려의 마지막 34대 공양왕(재위 1389~1392)은 물론이요, 역사의 대미를 장식할 인물은 나 하기 나름에 따른 부분은 달리 적용된다. 게다가 주어진 역할이 거기까지라고 하겠으니 달리 해보려한들 문무대신들이 돌아선 판국이라 고충만 가중될 뿐이고, 유종의 미란 있을 수 없다. 끝과 또 다른 시작으로 연결 짓는 순환 고리인 만치 바통 터치만 있을 뿐이다.

작용반작용 법칙은 충신이나 개국군주나 공신들에게는 반드시 적용되는 법칙이며 뿌리복원은 홍익인간을 구현키 위함이니 고려처럼 몸통의 속국을 면치 못한다면 조선도 변화가 없기는 매 마찬가지라는 것이다. 물론 개국이나 혁명이나 개혁을 일으킨 대다수가 활동주체가 무신이라는 점을 감안한다면 핵심운용주체가 되어보려는 활동주체 무신의 사고를 운용주체 문신이 바로잡아 나가야 한다는 것이다.

이러한 문제는 이쯤에서 접고, 개국군주와 공신의 의논합의 한 질량여부에 따라 뿌리의 미래가 달린 것도 달린 것이지만 몸통의 미래까지도 좌지우지 한다는 부분을 상기해야 한다. 어찌 보면 고려가 못다 이룬 꿈을 조선이 이루어야 한다는 강한 뉘앙스가 풍기는 부분이 없지는 않다. 기본금으로 받아온 육생량에 머물러 문제가 됐다는 것이지 육생량을 채우지 못해 문제됐다는 소리가 아니다. 나를 위한 육생 넘어 너를 위한 인생이 기다리기에 육생의 고개를 넘기 위한 에너지를 창출해야 하는 뿌리가 육생량 꺼둘려 제 짓거리 다하지 못했으니 뿌리원형을 복원한 조선은 팔도의 사투리까지 응집하여 0차원을 이루어 나가야 했었다는 것이다. 생(生)의 과정 고려시대에서 장(長)의 과정 조선시대였다면 업그레이드 시대 즈음에 분명 수장(收藏)의 삶을 살아가고 있었을 텐데 예나 지금이나 안타깝다.

  고려는 익어가는 생(生)의 과정에서부터 사상부재로 몸통과 두둑에게 골병들고 말았으니 결실을 맺어야 하는 조선은 장(長)의 과정은 그렇다 치더라도 고려의 무장에서 조선의 태조로 변신에 성공한 이성계는 생의 과정부터 재연해야 한다는 사실을 알고나 있었을까. 극과 극이지만 상대성으로 결말부분을 담당한 이야 결말이니만치 생장(生長)이니 수장(收藏)이니 하는 말들을 몰라도 상관없지만 시작을 담당하는 이에 있어서는 전체를 주관해 나가야 하는만큼 생장수장의 이치를 훤히 꿰뚫고 있어야 한다. 이는 사실 개국군주의 몫이기보다는 개국공신의 몫이라 하겠으며, 물론 개국군주가 무장이어야 하는 이유도 없고 무신이어야 하는 이유도 없다. 의논합의를 이끌어 내야 하는 것이 개국군주의 몫이고 보면 이념을 곧추세우지 못한 문신들의 육생량에 대한 분별력이 무신들에 미치지 못할 경우 만에 하나 작은 나라 거론하며 몸통의 속국을 오히려 속 편케 생각했을지도 모른다.
  요동정벌을 계획한 무장 최영과의 대립은 대사를 부추기는 원동력이었으며 생과 장을 현황을 모르고 감행한 위화도에서의 회군은 순수 이성계의 몫이라 할진대 이도 받아온 육생량이니 만큼 시작을 담당하는 무장에게 필요한 것은 개국 이념을 바로 세워 줄 문신이었으며, 결말을 담당하는 무장에게도 필요한 것은 그러한 문신이었다. 제아무리 지도력이 출중하더라도 이념을 세워줄 문신이 함께 하지 않는다면 부분에 주력할 수밖에 없는 일이요, 지도력이 이에 못 미치더라도 이념을 곧추세워줄 문신이 함께 한다면 전체를 주관해 나갈 것인데, 인재발굴은 개국군주의 몫이라 결국 사불가론(四不可論)과 성리학과 명나라가 알고 보면 뿌리의 미래였던 것이었다.

어느 편에서 보고 듣느냐에 따라 만들어지는 핑계와 구실은 상하좌우 대립구도라 지상의 인구수가 70억이 훌쩍 넘은 만큼이나 빙자되겠지만, 내 앞의 인연과 소통여하에 따라 추담이거나 방편이 된다. 바르다는 정(正)을 모르고 치우쳤다고 말하는 사(邪)의 세상이나, 치우침이 무엇인지 모르고 살아가는 사의 세상이나, 정도 사고 사도 사인데 이것이 정이라고 부르짖는 세상이나 이 모두 0차원을 동경하는 아우성이다.

크게 다루어야 할 부분이 있고, 작게 다루어도 그만일 부분이 있고, 있으나 마나할 부분이 있다. 사불가론이야말로 정신량 부재로 육생량에 허덕이는 뿌리의 실체를 적나라하게 드러낸 실기다. 물론 고려무장의 육생안으로 바라본 실체이기 하겠지만 바라봤기에 개국군주가 되었던 것이므로 그에 걸맞은 대안까지도 마련해야 했었는데 고작 해봐야 배불정책에 몸통의 성리학을 받아드리는 것이 전부였으니 보드기 꼴 면치 못했다. 기실 동북아에서 뿌리·몸통·두둑 삼각체제를 이루어 살아가는 이들이나, 뿌리·몸통·가지 세 개 차원으로 형성된 지구에서 살아가는 이들이나, 육생 넘어 인생을 위해 필요한 정신량을 알 리 없겠지만 당대의 정신량을 주관하는 정신적 지도자 임을 자처하는 이들이 있었다. 무신이야 육생국방력을 우선할 터이고 문신이야 왕과 무신의 균형을 잡아나가야 할 터이니 동북아의 삼각체제나 세 개의 차원으로 나뉜 지구순환의 이치나 모를 수도 있다고 하겠지만 받아온 질량이 남다른 이들이 정신적 지도자라 근본원리를 밝히려 했다면 초석이 되었을 것이다.

사불가론을 들춰보면 첫째, "작은 나라가 큰 나라를 거스르는 일은 옳지 않다"는 것인데 속국은 따 놓은 당상이라 참으로 가슴 아픈 부분이다. 필자가 주구장창 외쳤던 소리가 뿌리의 자원은 육생량이 아니라 정신량 기운에 있다는 말이었다. 육생량으론 작은 반도에 불과할지 모르나 정신량은 온 지상을 덮고도 남음이라 했거늘 뿌리민족이 뿌리에서 비굴하게 살아야 했던 이유도 주어진 자원이 무엇인지도 모르고 육생안에 초점을 맞춘 결과다. 둘째가 "여름철에 군사를 동원하는 것은 부적당하다"는 것이며 셋째가 "요동을 공격하는 틈을 타서 남쪽 왜구가 침범할 우려가 있다"는 것이고 넷째가 "무덥고 비가 많이 오는 시기라 활의 아교가 녹아 무기로 쓸 수 없고 병사들도 전염병에 걸릴 염려가 있다"는 것에서도 알 수 있듯이 개혁과 혁신을 일으키기 위한 뿌리의 개국군주이기 보다는 몸통의 사상을 받아드리기 위한 개국군주였다는 것이다.

물론 조선 4대 왕 세종 때에 이르러 두만강과 압록강 이남에 4군 6진을 설치해 영토를 완전 복구하였으나 복구차원을 실지하는 것에 두어 안타깝게도 그만 정신량은 몸통의 육생문화수준을 넘지 못했다. 인간에게 있어 만물은 방편이고 주어진 방편은 쓰는 자의 것이라 했듯이 받아온 육생의 기본금도 나 하기 나름에 달린 것이다. 따라서 사단은 있을 때 받는 표적이고 희망사항은 육생량을 찾기 위한 바람이라, 희망이 절망으로 바뀌는 순간이 바로 실패했을 때인데 그렇다면 실패의 표적을 왜 받아야 하는 것일까. 좌절도 실패와 마찬가지로 육생의 기본 자리에 올라서고 맛보는 고통이다. 행복은 고통으로 일구어나가는 이상향이라고 하겠지만 육생량은 분명 행복을 위한 방편이자 인생의 길라잡이 이므로 육생의 쾌락적 만족과 사랑 그 행위를 통해 0의 수를 이루어 나가는 행복차원과는 천양지차라는 것이다. 육생만족은 받아온 기본금 육생량을 성취할 때 맛보는 차원이고, 인생행복은 육생량을 필요로 하는 인연들과 0차원을 이루어 나갈 때 맛보는 차원이라서 그렇다.

나를 위한 받아온 육생의 기본 자리에 올라섰다면 너를 위한 인생을 살아가는 길만 남았는데, 그렇다면 과연 너를 위한 삶을 무엇이고, 어떻게 살아가야 너를 위한 삶이 되는 것일까. 이들 알고 이가 있기라도 하는 것일까. 실패, 낙담, 좌절, 고통, 절망, 어려움, 배신 등등의 사항은 인연을 맞이할 줄 몰라 만들어내는 것이라고 하는데, 이러한 일상마저 풀어내기 위해 주어진 인연이 있는데 바로 무학대사(1326~1408)와 유학자 정도전(1342~1398)이었다. 그리하여 조선개국의 삼각편대가 들어선 것이었고 이들에게 뿌리의 미래가 달려있었다. 이성계와 승려 무학대사는 군신의 도리를 떠나 격의 없이 지낸 막역한 사이였음을 세간에 알려진 바와 같고, 삼봉 정도전과는 고려말기 함주 장수로 있을 때 인연 지어졌다는 기록이다. 조선을 개국한 태조 이성계는 무학과 삼봉이 이끄는 쌍두마차에 올라타면서부터 이씨 왕조 5백 년 역사의 막이 올렸다.

삼고초려는 아닐지라도 활동주체 무장이 군주가 되어 운용주체 문관을 찾아가 회유하는 것은 타고난 본래 그들의 지혜를 쓰기 위해서다. 문관이 무장을 찾아가 회유한다는 것은 찾아오면 모를까 사상이 올곧지 않고선 여간해서 힘든 일이다. 언뜻 문무를 겸비했다는 것은 양수겸장이라 최고가로 생각할 런지도 모르겠지만 문무는 무관을 받쳐주기 위함이요, 무관은 문관을 받쳐주기 위함이고, 정신적인 지도자는 문무 모두를 받쳐줘야 하는 데에서 알 수 있듯이 본질은 하나로 나갈 때 잘 나타나는 법이다. 그리고 실상은 군주를 받쳐주기 위함인데 이리된다면 군주는 덕으로 민심을 움직여 천심까지 사로잡아 사람 사는 세상을 만들어 갈 수 있을 터, 정신적 지도자의 이념이 문무합의를 이끌기에 부족하다보니 조정의 기초 질서가 자리할 수 없었다. 물론 대립을 통해 대안이 만들어지기도 하지만 여야나 문무나 근본적 정신량의 공급원이 누구냐는 것이다.

개국이념이 바로 서지 못하면 문무 모두 본질을 왜곡할 수밖에 없다. 섭리와 이치를 운운하는 이들에게는 정신량, 지식차원의 글문은 문관, 육생량 힘은 무관에게 부여했다. 육생량을 우선하는 육생시대라 해도 정신량을 운운하는 이들의 서열은 최상위이니만큼 문무의 에너지 공급처다. 작금도 마찬가지로 무장의 육생량을 앞세워 문관의 지식을 흡수하려 들지만 전체를 주관하는 정신량 지혜가 받쳐주지 않는다면 부분을 주관하는 지식차원의 육생논리가 전부일 수밖에 없다. 앞서 언급 했듯이 고려는 생(生)의 과정이어야 했고 조선은 장(長)의 과정이 되어야 했었다. 이는 곧 나를 위한 육생살이 세상에서 장(長)이라는 정신량을 생성시켜 너를 위한 인생살이 세상 즉 하나 되어나가는 수장(收藏)의 시대를 열어가기 위한 수단이었다는 것이다.

무장의 개국군주를 위해 문무편대가 들어섰기는 했으나 정도전의 유교이념과 무학대사의 불교사상이 과연 뿌리사상의 초석이 될 수 있느냐가 관건이었으나 장(長)을 일구어내지 못하는 바람 잘 날이 없었는데 그렇다면 일구어내지 못한 이유를 어디에서 찾아봐야 하겠는가.

육생량의 힘을 바탕으로 육생을 살아가던 세상이라 삼봉과 무학의 인연으로 주어졌던 것이었으며 이성계가 고려장수로 살아온 세월 또한 조선태조의 길을 걷기 위한 행보였었다. 누구나가 마찬가지다. 지금 여기에서의 삶은 진보를 위한 행위이니만큼 수행의 아닐 수 없고, 그 과정은 내 앞에서 벌어지는 일을 처리하는 일인데 이때 싸우고 부딪치고 충돌하는 자기모순을 일깨워 줄 수 있는 선지식과 함께 한다면 이보다 좋을 수는 없지 않은가. 그러한 이들과 함께 할 수 없다면 가르침이라도 있어야 할 것인데 생의 과정에서 부패하기 시작했으니 장의 과정은 오죽하랴.

태평성대는 왕의 몫이고 국방담당은 무관이며, 문관의 소임은 왕의 뜻을 받들어 국정운영을 해나가는 일이다. 그리고 정신적 지도자는 국가의 이념을 바로 잡아나가는데 있다고 하겠으니 태평성대의 진정성은 이들의 손에 있었다. 물론, 나라의 존망은 왕권에 있고 미래는 문무대신들에게 달려있다. 좌파우파 대립도 이념 때문이고 보면 하나 되어 살아가는 일도 이념이 같아야 가능한 일이라, 이념대립의 모순을 바로 볼 수 있는 자가 누가 있었느냐는 것이다. 안타깝게도 배불시대에 개국공신에서 멈춰버린 이가 있는데 그가 바로 무학이다. 이성계와의 많은 일화가 전해 진을 것을 보아하니 조선태조가 되기까지 그를 그만치 도운이도 흔치 않다는 것을 증명하는 바지만 왕의 길보다 정신적 지도자의 가치가 더 특별하다는 것을 알아야 했었다. 모두가 가야하는 길이 다른듯하지만 같은 방향이며, 그 방향으로 가기 위한 소임이 같은듯하나 달리 주어졌다. 저마다의 소임을 가지고 일사분란하게 움직이게 하는 몫이 왕의 일이라면, 일사분란하게 움직여야 하는 이념을 바로잡아 나가야 하는 것이 정신적인 지도자가 해야 할 일이라는 것이다. 쌍두마차로 개국과 개혁이라는 변화의 물살을 일으키는 이들인 만치 수행을 통해서건, 생활을 통해서건, 그 어떠한 수단을 통해서건 사람답게 살아가는 법을 찾아내야 하는 이들이었고, 또 찾아 나섰다면 능히 마련했으리라는 것이다.

이들은 누구보다도 섭리와 이치와 순리에 벗어나선 이로울 게 없는 이들이다. 개국에 개혁을 추진하는데 있어 머무른다거나 치우친다거나 하는 날에는 돌연변이 이념들이 날뛸 터인데 당파질로 멍든 조정의 실정이 잘 대변하고 있다. 해서 상(象)이나 경(經)에 빠지면 거기에 머물러 치우쳤다고 말한다. 이정표에 불과한 부분적 방편에 빠져버리면 전체적인 면을 보지 못해 고통수반은 물론 어려움은 따 놓은 당상이다. 또한 머물러 치우쳤다는 것은 육생량에 주저앉았다는 것인데, 기실 이러한 일들은 나 밖에 모르는 행위에서 일어나므로 상과 경에 빠져버리는 것도 매 한가지다. 물론 너를 위한 상이고 경일 터이지만 육생량 그 이상을 넘지 못하면 너를 위한다고는 하나 모두 나를 위한 행위 밖에 안 되어 문제가 일어나는 것이다.

받아온 육생량 사주(私主)나, 수행 중에 주어지는 도술(道術)이나 하나 되어 나가기 위해 인연을 불러들이는 수단에 불과한 것이다.

이에 정신량을 부과시키지 못하면 업주가 되고나서 사단이 나듯이, 도술을 부리고 나서 사단이 나는 것이다. 누구는 머물고 싶어서 머무는 것이냐고 볼멘소리를 하는 이들이 적지 않으나 사실 살아온 연식만큼이나 자기 식에 고착되어 있으니 여간해서 바뀌지 않는 것이 문제다. 이렇듯 기본육생단계에 머문다면 주어지는 것이라곤 고통에 남 탓하는 짓거리라 설령 구했거나 재기했다 한들 길어야 3년 안팎이다. 제아무리 육생량이 좋아봐야 정신량이 부가되지 않으면 등을 지거나 피를 부를 수밖에 없는 일이고, 육생 넘어 인생이 무엇인지 모르기에 나밖에 모르는 육생량의 껍데기에 희한한 모순을 집어넣었던 것이고 그 결과 희한한 삶을 살아가고 있는데도 모르고 있다.

어쨌거나 무학정도면 조선개국의 의미를 충분히 바라 볼 수 있었다는 소리인데 그만 상과 경에 빠지고 말았으니 개국군주의 말로가 좋을 리가 어디 있겠으며 또 태조의 말로가 조선의 미래라는 사실을 어찌 알 수 있었겠는가. 인생시대를 대비해 불교의 무학과 유교의 삼봉을 적대적이자 보완적인 관계로 대립시켰던 것이었다. 조선후기에 기독교가 왜 자리했는지를 알아야 한다.

부딪친다는 건 내 뜻대로 해보려 할 때 이는 일이고, 0차원의 합의가 이루었다는 것은 네 뜻을 받아드렸을 때 일어나는 일이다. 내 뜻을 내세울 때와 네 뜻을 받아드릴 때를 아는 이라면 그가 바로 운용의 주체자다. 내가 네 뜻을 받아주지 않는데 어찌 네가 내 뜻을 받아 주기나 하겠는가. 만약 있다고 한다면 운용의 주체자이거나 혹은 제 득 볼 심산으로 하는 짓일 터이고, 육생에 머문 만큼 부딪치며 살아야 했던 것이었다. 태조의 말년이 그다지 좋이 않았던 이유 중에 하나가 유·불 관계 때문이었다. 적대적이지만 보완적 관계를 유지해 나갔다면 아마 작금의 남·북은 이념의 희생양이 되지 않았을 터이고, 동·서는 지역감정의 핏대를 세우며 살아가지 않을 것이다. 그나마 삼봉은 유교의 실체를 드러내기라도 했지만 무학은 이성계를 태조의 자리에 앉히고 도읍을 정하는 1안의 행위에 그치고 말았으니 조정은 붕당으로 그렇게 붕괴 되어가야 했던 것이었다. 행동하지 않는 선보다 행동하는 위선이 낫다는 말처럼 몸통의 유·불을 체화했다면 실사구시(實事求是)라, 애석하게도 상과 경에 묻히고 말았으니 뿌리가 두둑에게 침식당하여 갈 길을 잃고 말았다. 뿌리가 있어 몸통이 있고 두둑이 존재하건만 뿌리의 가치가 상실될수록 두둑은 존재하기 위해 뿌리를 흔들지 않을 수 없었다.

☾ 두둑왜란과 몸통호란은 항명이었다(임진왜란과 병자호란)

뿌리, 몸통, 두둑의 삼국체제에 있어서 뿌리는 핵심인 관계로 두둑의 왜란도 항명이었고 변방몸통의 호란도 항명이었던 것이었다. 몸통의 성장은 뿌리를 통해야 가능한 것이며 두둑은 뿌리가 있어 존재 하는 것이기에 자기방어 차원이라면 몰라도 항명은 있을 수 없는 일이다. 근본을 모른다면 비통하고 원통하다고 하겠지만 이조차 강변의 소지를 제공할 수 있는 말이니 삼가야 한다.

인간세상은 바야흐로 뿌리, 몸통, 가지 세 개의 차원으로 나뉘어 운행되는데 1안의 육생량을 담당한 가지는 해 지는 서녘에 위치함에 따라 양의 기운 육생물질 수확을 위한 삶을 살아가야 하므로 그에 따른 법을 마련했지만 힘의 논리가 가미된 육생량 일수밖에 없다. 몸통은 해가 중천에 떠 있는 중년인 만큼이나 행의 현장 교역의 장소라 할 것이니 이를 모토로 인간생활을 운운하는 성리학이 움텄으며, 해 돋는 의미를 모르는 동녘은 규율과 규제가 적용된 몸통만을 위한 몸통의 법을 가져다 썼다. 해 돋는 곳에 자리한 뿌리는 음의 기운이 서린 곳이므로 몸통·가지 모두를 아우르며 살아가야 하는, 전체를 관장하는 정신량의 보고이므로 인생량 습득을 위해 두둑은 뿌리보호막을 자처하고 나섰다. 육생량 물질 가지의 구심점은 몸통이요, 육생량과 정신량의 교차지점 몸통은 중심점을 뿌리에 두고 있는데 어디 항명이 있을 수 있으며 항거가 있을 수 있겠는가. 뿌리는 천지기운 정신량이 응집되어 팔도로 나뉘어야 했으며, 팔도의 기운이 몸통·가지에 그대로 투영되어 뿌리하기 나름에 정신량이 좌지우지 된다. 게다가 뿌리는 팔도로 나뉜 만큼이나 저마다 기질이 독특하여 화합하기가 여간 만만치 않은데다가 화합을 했다 하더라도 하나 되어 나가는 이념을 곧추세우지 않으면 15세기 훈구파와 사림파로 붕당이 형성되면서 분열하기 시작한 조선의 역사는 되풀이 될 수밖에 없다.

뿌리에서 하나 된 민족국가를 이루어 살아가기 시작한 고려시대부터 몸통에 호되게 짓눌려야 했던 이유도 이유거니와 무엇보다 뿌리에서 산다는 건 뿌리만을 위한 삶이 아닌 모두를 위한 삶을 살아가야 한다는 의미에서의 받아야했던 표적이 바로 항명이었다. 하지만 뿌리민족의 삶을 그저 보이는 육생량에 비교해왔으니 연약한 민족이 될 수밖에 없었던 터라, 몸통에 사대하고 변방과 두둑의 교린이 전부일진대 어찌 16세기에 두둑으로 불어온 1차 서세동점을 바르게 이해할 리 있겠는가.

물론, 육생량을 우선하는 육생시대라 뿌리보호를 자처하고 나선 두둑을 통해 가지의 육생량이 들어오는 것이 당연지사다. 허나 뿌리의 본분도 모르고 몸통에 사대(事大)한 결과가 되레 교린(交隣)관계였던 두둑과 변방에게 사대의 예를 올려야 하는 반전이 일어났다. 사실 여진족은 압록강·두만강을 경계로 살아가는 밑둥치 민족이라 핵심몸통 만큼이나 가까운 관계다. 말하자면 그 어느 민족보다도 나 하기 나름에 달리 나타나는 밑동사이라 줄곧 사자가 되곤 했었다. 북방도 변방도 아닌 그렇다고 몸통도 뿌리도 아닌 그러기에 가깝게 다가오려 했지만 가깝게 다가올수록 받아주지 않았던 여진족이나 두둑의 왜인도 마찬가지였다. 고려시대는 밑동 국경지대인 쌍성총관부 철령위 부근에 살면서 노략질을 해대다가 조선시대에 압록강·두만강 부근에 4군6진을 설치하자 도와 달라고 수시로 들락거리던 밑둥치 민족이었다.

2안으로는 몸통으로 올라가는 뿌리의 기운을 정화시키기 위해 만주에 상주시킨 민족이라 무엇보다 뿌리에 민감하게 반응하게 되어있다. 민감하다는 것은 곧 몸통의 흥망성쇠가 달린 사안인 만큼 다른 변방이나 북방민족의 표적보다 강도가 달리 나타난다는 것인데, 불과 두어 달이 채 걸리기도 전에 두발 두 손 다들 게 만든 병자호란(1636.12~1637.1)이 바로 그 예다. 두둑이야 뿌리보호막이자 섬나라의 입장이라 뭍의 막사발도 그저 고마울 따름이라 그들의 처지를 바로 보았다면 항명은 없었을 터인데 안타깝게도 대접하기 위한 대접을 빚는 민족이 막사발전쟁을 거론한다는 것보다 코미디는 없다. 뿌리가 제 짓을 다하지 못하자 두둑에서 들고 일어나 7년 고통에 휘달려야 했던 전쟁이 임진왜란(1592~1598)이다. 고려(918~1392)와 핵심몸통 송나라(960~1279) 관계를 보더러도 그렇고 조선(1392~1897)과 핵심몸통 명나라(1368~1644)의 관계도 그렇고 둘이지만 하나인 관계로 뿌리의 항명은 없었다.

뿌리조선의 북방에선 여진이, 남방에선 왜구가 창궐할 무렵 핵심몸통 명나라도 북방에선 몽골에게 남방에선 왜구에게 시달림을 당해야 했다. 혹여 누군가는 잘도 꿰다 맞춘다고 할지도 모른다. 그렇더라도 내 앞의 인연이 내 모습이라는 이유와 내 앞의 인연과의 일은 상대성으로 벌어지는 일이라는 것이다.

이 또한 원리를 설명한다 해도 관념적이거나 사변적 일수밖에 없다. 그러나 표적을 받고 혹은 줄때의 행위를 관찰한다면 충분히 이해할 수 있지 않을까. 상호 작용반작용 법칙을 받아드린다면 적어도 흡사한 행위는 일어나지 않는다. 무엇보다 반복적으로 유사한 행위가 일어난다는 것은 타박이나 해대며 남 탓으로 돌리는 경향이 잦을 때 일어나고 있다.

한편, 1392년 조선건국 후 30여 년 동안, 즉 조선 3대 왕 태종(1400~1418) 때까지 정치·사회 등의 다방면에서 두루두루 안정을 취하는 시기라고 하는데, 이때까지가 뿌리민족 생(生)의 과정이었었다. 그리고 1418년 4대 세종 때부터 1494년 9대 성종(1469~1494)에 이르기까지 70여 년의 기간은 뿌리사회 발전을 이룬 수성기였다고 말한다. 그렇다면 장(長)의 과정이었다는 소리다. 수확은 생도 중요하지만 장의 과정여하에 따라 달리 나타나는 부분이라 진정 뿌리에 걸맞은 장의 시기였다면 10대 연산군(1494~1506) 때부터 수확기여야 하지 않았겠나. 그러나 그의 폭정으로 말미암아 사대사화(四大士禍)가 일어나고 말았으니 이를 어떻게 받아드려 해석할 것이냐.

몸통의 육생량을 토대로 뿌리의 정신량이 창출된다고 하겠으니 장의 과정에 들어섰던 4대 세종 때부터 대안을 마련했더라면 두둑의 임진왜란과 변방몸통의 병자호란이라는 항명은 일지도 않았을 것이다. 생장(生長)을 넘은 수확의 시기가 수장(收藏)이라, 생장의 수성기를 넘어 수장의 수확기에 접어들 무렵에 50여년의 세월동안 사대사화를 치러 조선팔도에 멍에를 씌우고 말았으니 개국 초기에 본립도생(本立道生)을 놓친 결과였다.

　　사대사화는 곧 1392년 개국한 뿌리조선보다 20여년 앞선 1368년에 개국한 핵심몸통 명나라의 멸망을 알리는 표적이기도 했었다. 물론 열도의 항명 왜란을 통해 동북아의 뿌리, 몸통, 두둑의 삼국체제가 만천하에 들어났지만 뿌리가 뿌리에 못 미치는 삶을 살아가는 바람에 어느 사인가 반전이 벌어져 뿌리·몸통이 두둑에게 사대의 예를 갖춰야 했었고 그 결과 몸통과 두둑사이에서의 뿌리는 경전하사(鯨戰蝦死) 꼴을 면치 못하고 있다.

　　눈빛만으로 통해야 하는 몸통, 하나처럼 가까워야 하는 두둑, 그 사이에서 새우가 되어버린 뿌리 그래서 몸통과는 눈빛만으론 통할 수 없게 되었고, 두둑과는 하나처럼 가까워질 수 없는 사이가 되어버린 것도 조선시대에 일어난 일이다. 분명한 것은 뿌리와 몸통은 둘이지만 하나인 관계로 핵심몸통은 여간해서 뿌리에 항명하지 않는다는 것이다. 뿌리고려와 핵심몸통 송나라와의 관계에 있어서도 그렇고 뿌리조선과 핵심몸통 명나라와의 관계에 있어서도 그렇다. 변방몸통 거란족 요나라(907~1125)와 변방몸통 여진족 금나라(1115~1234)와도 그렇다. 그리고 북서부에 위치했던 티베트계 탕구트족의 왕조 북서몸통 서하(1032~1229)와는 위치상 이렇다 할 교류의 흔적은 드러나지 않고 있지만 핵심몸통 송나라와 전쟁을 치르다 모든 국가가 북방몸통 몽골 원나라(1279~1368)에 의해 멸망하고 말았다. 뿌리가 죽으면 몸통도 따라 죽는 법이라 멸망보다 본질을 알 때까지 속국 신세 면치 못해야 했는데 작금도 알 리가 만무다. 주원장이 원나라 몸통북방으로 몰아내고 1368년에 핵심몸통의 위상을 드러내며 명나라를 건국하자 뿌리에서는 2십여 년이 지난 1392년에 왕시 고려에서 이씨 조선을 건국하기에 이르렀다.

몸통의 향방에 따라 뿌리의 행로가 결정되는 것이 아니다. 뿌리가 행로를 잃을 때마다 몸통의 너울파도가 일렁였던 것이었다. 하나 된 지형에서 하나 된 민족국가를 이루어 살아가는 조선시대는 그 어느 시대보다 삶의 질량이 남달라야 했었다. 허나 훈구파와 사림파의 붕당놀음에 그나마 있었던 뿌리의 육생질서마저 깨뜨리자 핵심몸통 명나라의 질서도 1449년에 일어난 토목의 변(土木之變)을 계기로 무너지기 시작했다.

뿌리조선의 10대 왕 연산군(1469~1494)이 사자로 돌변하면서 명나라는 멸망의 수순을 밟아야 했었다. 그렇다면 과연 폭군이라 일컫는 연산군을 누가 만들어 낸 것이었을까. 시대가 만들어 낸 것일까. 아니면 시국이 만들어낸 것일까. 이는 호사다마(好事多魔) 차원의 예를 훌쩍 넘긴 상황이다. 설령 그렇다 할지라도 무엇이 좋은 일이고, 무엇이 안 좋은 일인가에 대해 분별이라도 바로 서야 하는데, 바로 서 있었느냐는 것이다.

훈구와 사림으로 나뉜 붕당체제만큼 진보적인 구조는 없다. 문제는 운용주체와 활동주체의 보완적이고 적대적인 이원화체제를 얼마나 이해하고 있느냐는 것이다. 의논합의 0의 수는 네 목소리보다 내 목소리가 커야 한다는 것에 있지 않다. 네 주장을 묵인하고 내 주장을 드러내는 것에도 있지 않다. 천상의 소리는 그야말로 네 음률에 내 화음을 녹아들어갈 때 어울리는 하모니라 누가 운용주체이고 활동주체인가 아는 일이 중요하다. 이쯤이면 붕당은 분명 하나 되는 길을 제시할 텐데 제 잘난 목소리만 키우는 바람에 당쟁만 일삼아야 했던 것이었다.

1안의 뿌리지형이 음양화합 0차원을 이루었다면 2안의 뿌리에서 의논합의 0의 수를 이루며 살아가야 하는데 붕당의 진정성을 모르는 바람에 질서체제가 흔들리어 몸통과 두둑의 항명이라는 표적을 받아야 했던 것이었다. 그나마 조선 나름의 육생량이라도 마련해가던 무렵 핵심몸통 명나라는 건국 후 1백여 년이 흐를 즈음에 북로남왜(北虜南倭)의 위기에 봉착하여 1449년 정통제(재위 1435~1449, 1457~1464)14년 때 몽골 부족을 통일한 되르벤 오이라트(1399~1636)와의 전쟁 중에 핵심몸통 역사상 처음으로 야전에서 포로로 잡히는 초유의 시태가 벌어지고 말았다. 앞서 언급했듯이 이를 토목의 변(土木之變)이라고 한다. 세종의 업적이 무르익어갈 무렵이기도 하니 주목해야 할 부분이다.

이후 1백여 년이 흐르고 몽골의 다얀 칸(재위 1464~1543)이 몽골의 재통일을 이룩하였고 손자 알탄 칸(재위 1551~1582)은 16세기 중반에 빈번하게 명나라를 약탈하다가 그만 1550년에는 북경을 포위하는 사건을 벌였는데 이를 경술의 변(庚戌之變)이라 한다.

핵심몸통이 북방몸통과 왜구의 항명에 몸살을 앓던 1449~1550년의 약 1백 년의 시기를 뒤돌아보면 뿌리는 1494년 연산군의 즉위하면서부터 육생문화의 생장기는 수확(收)이 없는 장(藏)의 길로 곧 바로 접어들었다.

이 기간을 간단 요약해 보면 1453년 단종(1) 때 수양대군 일파의 군력장악으로 파직 당한 것에 대한 불만을 품은 이징옥(1399~1452)이 일으킨 난이 있다. 2년 뒤인 1455년 단종(3) 때 수양대군(세조)이 단종을 폐위시키고 왕위에 오른 세조반정이 일어났으며 이때 6대왕 단종(1452~1455)과의 절의를 지킨 생육신(生六臣)이 있었다. 뿌리민족 운용주체 절개인 반면 정신량 마련을 위해 치달려야 하는 뿌리이고 보면 참으로 무상한 일이다. 1467년 세조(13) 때 집권정책에 반대해 이시해(?~1467)가 일으킨 반란이 있었으며 사실 이 시기까지만 해도 지방에서 사림파(士林派)는 성장하는 중이라 기득권층인 훈구파(勳舊派)와의 대립은 없었다. 15세기 말 즈음에 조정으로 진출하면서 사대사화(四大士禍)가 일어났는데, 사대(四大)란 크게 4번 사화(士禍)란 사림파가 화를 입었다는 것이다. 그 첫 번째 사건은 1498 무오년 연산군(4) 때 일어난 무오사화(戊午士禍)이고, 두 번째 화를 입은 사건이 1504 갑자년 연산군(10) 때 일어난 갑자사화(甲子士禍)다. 이를 계기로 2년 후 1506 병인년에 연산군이 폐위되는 중종반정(中宗反正)이 일어났다. 세 번째 화를 입은 사건은 1519 기묘년 중종(14) 때 일어난 기묘사화(己卯士禍)이며, 마지막 네 번째로 화를 입은 사건이 1545 을사년 명종(1) 때 일어난 을사사화(乙巳士禍)였다. 여하튼 핵심몸통 명나라 황제 정통제가 1449년에 북방몸통에게 포로가 된 사건이나 뿌리조선에선 1455년에 세조가 단종을 몰아내고 왕위를 찬탈한 사건이나 별반 다를 바 없다. 그리고 1백 년 후에 핵심몸통 명나라를 멸망하게 만든 결정적인 한방과 붕당정치의 해법을 찾지 못해 1897년 대한제국의 수의를 갈아입을 때까지 250여 년 동안 병석에 누워있어야만 했던 결정적 한방은 바로 1592년 선조(25) 때 발발한 두둑의 항명 임진왜란(1592~1597) 때 문이었다.

신구(新舊)의 화합은 진화의 앙상블이 분명한데, 화합을 어찌 일으켜야 하는지를 모른다면 여세추이(與世推移)는 불가능하다. 혹여 세상 돌아가는 이치를 몰라 신구화합을 이루어 내지 못한 것인지 아니면 신구화합을 이루지 못해 이치대로 살아가지 못하는 것인지에 대해 물어온다면 해법은 둘 다에 있다고 하겠다. 무엇이 우선인지에 대한 문제는 닭알 논쟁일 뿐이니 이쯤에서 접어두고, 의논합의를 이루지 못하면 가정이건 사회이건 국가이건 거기에 머무를 터이니 진보가 어렵다는 점을 알면 좀 더 쉽게 다가오지 않을까.

뿌리와 몸통이 하나 되어 나간다면 두둑은 흡수는 자연발생적이고, 뿌리와 몸통이 대립한다면 두둑은 사자로 변할 터이고, 뿌리와 두둑이 반목할 때면 몸통이 중제에 나서야겠지만 뿌리가 치우친 만큼이나 몸통도 치우쳤을 터이니 사자로 돌변한 두둑은 기고만장할 수밖에 없다. 무엇보다 몸통과 두둑의 중심에 우뚝서야하는 위치라 몸통과 두둑의 관계는 뿌리하기 나름이다. 그야말로 뿌리가 뿌리의 삶을 살았더라면 몸통과 하나 되어 나갔을 터이고 이쯤 되면 두둑은 자연흡수라 임진왜란의 항명은 있을 수 없다. 뿌리 따로 몸통 따로 놀아나다 받아야 했던 임진왜란의 표적은 그야말로 몸통에게는 신구교체 뿌리는 신구화합을 하기 위한 것이었다. 물론 기록에는 16세기에 훈구파의 탄압을 이겨낸 사림파가 중앙정계를 장악한 이후 서인과 동인으로 분파되어 붕당체제를 열어갔다는 기록이지만 사실은 전체를 주관하는 운용주체가 부분을 관장하는 활동주체를 주도하여 0의 수를 이루어나가야 한다는 부분은 어디에도 없다. 왜일까. 모르기 때문이다. 14대 선조(1567~1608) 즉위 후 당쟁격화로 정치수행이 어려워지자 국방의 기능마저 잃고 말았다고 하는데 당연한 귀결이지 아니한가. 두둑에게 있어 16세기는 무엇보다 1차 서세동점을 통해 가지의 육생문물을 움트게 함으로서 뿌리문물과 혼합할 기회를 맞이하였다. 하지만 정신량이 전무한 두둑으로선 해 돋는 뿌리를 깨우지 않을 수 없었고 여전히 사대교린을 고수한 뿌리는 음의 기운 가득한 신비의 땅으로 묻히려 했었다.

물론 두둑의 대대적인 항명이 일어나기 까지 크고 작은 노략질이 끊이지 않았지만 예나 지금이나 그들의 열망은 정신량이었다. 당시 두둑이 일으킨 대표적인 난(亂) 몇 개를 꼽자면 1544년 중종(39) 때 경남통영에서 일으킨 사량진왜변과 1555년 명종(1545~1567)10년 때 전남 강진과 진도 일대에서 일으킨 을묘왜변이 있다. 아무리 훈구와 사림에 의해 조정이 들썩일 때였다곤 하지만 이러한 표적을 외면한 체 의석싸움에 혈안이 되어버린 당시 조정대신들에게 묻고 싶다. 누굴 위한 행정이었으며, 누굴 위한 권력질이었는가에 대해서 말이다.

태조 이성계(1335~1408)는 조선건국을 위해 태어난 불세출이었다면 이순신(1545~1598)은 뿌리조선을 지키기 위해 태어난 무장 불세출이었다. 당연히 개국 때부터 이념이 쏠렸던 만큼이나 불세출의 무게는 조선의 미래이기도 했던 이순신에게 가중될 수밖에 없다. 무장의 타고난 근기는 정신량보다 육생량이므로 부분을 관할하는 활동주체는 적을 물리치거나 막아내는 것이 1차적 소임이고 보면 그나마 육생량에 바짝 다가선 인물이 이순신이다. 문신은 전체를 주관하는 운용의 주체라 소임은 적을 물리치거나 막아내는 것에 있는 것이 아니라 하나 되어 살아갈 방도를 마련해 내는데 있다는 것이다.

쳐들어온다는 것은 그들과 하나 되지 못한 결과이고 보면 책임량은 활동주체 무장보다는 운용주체 문신이 훨씬 크다. 이보다 당대에 무한 책임을 져야하는 이들이 있는데 그들이 바로 정신적인 지도자들이다. 무관과 문관을 위한 운용주체이고 나라의 이념을 곧추세워 나가야할 운용의 주체자로서 왕의 정신적인 지주가 되어야할 이들이 그들 말고 누가 또 있었겠는가. 제아무리 숭불정책 거론하는 시대이더라도 타고난 정신량은 쓰는 만큼 주어지게 되어 있거늘 그들의 삶은 질량은 뿌리의 최상위가 아닐 수 없다. 전란에 휩싸인 국가를 위해 초개와 같이 한 목숨 버릴 각오로 승병을 모집해 적을 무찌른 행위는 거룩하다. 하지만 누가 적을 무찔렀느냐는 것이다. 민초들이 무찌른 행위는 참으로 거룩하고 거룩하다 아니할 수 없지만 당대 최고의 정신적인 지도자를 자처하는 이들이 그것도 승병을 모집해 적군을 무찔렀다면 당최*이는 무엇이 어찌 된 노릇인가.

최고의 정신량을 받아가지고 온 운용의 주체가 민초들의 의병활동마냥 승병을 모집하여 전장에 나선다면 민초들의 삶과 별반 다를 바 없다. 무엇보다 조국과 민족을 위해 아낌없이 한 목숨 바친 이들의 숭고한 정신과 의병활동에 나선 이들의 애국애족 고취도 문제이려니와 정신적인 운용주체가 활동주체마냥 총칼이나 들이댄다면 과연 나라의 이념을 누가 잡아나가야 하는 것인가. 이것이 문제였다. 정신량을 외면한 총칼은 육생량만 옹호할 뿐이므로 도탄은 불 보듯 빤한 일이다. 문무합의를 이끌어내지 못하는 조정도 문제이지만 정신량을 총칼로 바꿔버린 정신적 지도자들의 문제가 더 크다 할 것인데 휴정(休靜) 서산대사(1520~1604)와 그의 법을 이어받은 유정(惟政) 사명당(1544~1610)이 대표적이다.

정녕 항명에 통감해야 하는 이들이 누구인가. 한편 1494년 연산군이 즉위하고 1592년 두둑의 항명 임진왜란이 일어날 때까지 심성(心性)을 방편으로 이(理)와 기(氣)를 핵심으로 다룬 성리 학자가 몇 있는데 화담(花潭) 서경덕(1489~1546)과 퇴계(退溪) 이황(1501~1570) 그리고 율곡(栗谷) 이이(1536~1584)의 예를 들어 보겠다. 이유는 사대 사화가 일어나기 전인 1497년 까지가 수성기라 일컫는 생(生)을 통한 장(長)의 과정이었다면 이후엔 결실을 맺는 수장(收藏)의 과정이어야 했으나 1498년 연산군으로 말미암아 첫 번째 무오사화가 일어나면서 수장의 시대가 아닌 수난시대의 성리학의 거장들이라는데 있다. 수장과 수난은 진보적인 이원화체제로서 적대적이자 보완적 관계인 바와 같이 이기에 있어서도 마찬가지다. 음양이든 의논이든 0차원을 이루었을 때 사람답게 살아갈 수 있는 것처럼 이(理)와 기(氣)가 하나 될 때 지혜가 발휘되는 원리도 이와 같은바 이는 곧 생장의 과정이나 다름없다.

수장은 수확의 과정이므로 나 하기에 달려 있는 바라 수장의 대안은 이들의 손에 달려있었다. 한편 이기(理氣)는 혼백(魂魄)의 차원이라 말할 수도 있고, 여기에 육(肉)까지 더해져 하나 된다면 세 개의 차원으로 나뉜 세상에서 인간이 살아가게 되는 것인데 천·지·인, 불·법·승, 성부·성자·성령의 삼신사상도 하나 되어 살아가기 위해 나뉜 차원이지 별다른 이유가 없다. 그래서 이기에 육을 더하면 수장의 차원이 되는 것이고, 이기에 육이 없다면 혼백차원이라 할 것이요, 육에 이기 둘 중에 하나가 없다면 동물차원이라 할 것인데 이와 기가 둘로 나뉘듯 혼과 백도 둘로 나뉘었다.

기회가 주어지면 이기와 혼백의 깊이를 논하기로 하고, 이처럼 이기를 논할 수 있는 이들에게 주어진 능력이 있는데 그것은 바로 도술이다. 이는 타고난 육생량일 수도 있고 살아가면서 덤으로 주어진 육생량일 수도 있다. 문제는 모두 나를 위해 쓸 것이 없다는 것인데 실지에도 이러한 기운은 누구에게나 주어지지 않는다. 미래를 예측 할 수 있다는 것은 상호 부족한 부분을 채워가며 살아갈 수 있다는 것을 의미하므로, 정신량 중에서도 가장 으뜸이 아닐 수 없으며, 이는 국가의 이념을 바로잡아 나가야하는 정신적 운용주체에게 주어지는 매우 특별한 기운이다. 육생 다음에 인생이듯 도술을 넘어야 도법에 다다른다. 이는 기본금으로 받아온 술(術)로 인연을 불러들였다면 하나 되어 살아가는 일만 남았는데 0차원의 법은 예언을 행하는 자의 몫으로서 행위 그 자체에 머물면 육생량에 머문 것이라 삶이 평탄치 않다.

이황은 그야말로 갑자사화에 중종반정 그리고 기묘사화와 을사사화까지의 모든 모순을 겪어온 운용주체다. 해서 두둑의 항명이 일어나기 전에 그들과 함께 해나가는 방안을 충분히 모색 할 수 있었으리라는 것이다. 한편 이이의 십만양병설 예언 여부에 논란이 많은 모양인데 예나 지금이나 경이나 문자에 빠져들면 헤어 나오지 못하는 것은 마찬가지다. 물론 수장해야할 시대가 오히려 수난의 시대로 돌변해 버렸으니 이 시기에 이이 같은 걸출한 인물이 태어났다는 것은 수난을 통해 수장의 시대를 열어야 하는 소임을 부여받았을 것은 분명한데 다하지 못한 만큼 훗날 입방아라는 놀이감이 되는 것이 당연하다. 그렇다 하더라도 작금은 업그레이드 시대다. 입을 떠어 삶의 질량이 확연히 나아진다면 모를까 업그레이드가 무얼 의미하는지 알고나 하는 소릴까. 88서울올림픽 이후에 뿌리에 축제의 열풍이 왜 불어 닥쳤는지도 모르면서, 2세대 새날의 씨앗 베이비부머가 귀농을 왜 해야 하는지 모르면서, 한류열풍이 부는데도 미래의 꽃 3세대 에코부머의 앞날이 왜 어두운지도 모르면서, 단일민족국가에 다문화가정이 자리해야 하는 이유도 모르면서, 뿌리민족은 맞벌이를 하면 할수록 어려워진다는 사실을 모르면서, 자살률은 높아만 지는데 여행을 빙자로 유커가 찾아드는 이유도 모르면서, 이보다도 더 큰 문제는 2018년 뿌리평창 동계올림픽에 이어 2022년 몸통베이징 동계올림픽이 왜 열리는지도 모르면서 입을 대면 곤란하다. 이를 대비치 못하면 물갈이 경술국치보다 밭갈이 동족상잔 6.25보다 더 큰 대가를 치러야 한다는 사실이다.

혹자는 원균(1540~1597)은 과연 이순신(1545~1598)의 사자였는가를 물어온다. 중장거리 스포츠 경기에서 페이스메이커(pace maker)라 불리는 이들이 있는데 우승 후보의 기록을 단축하기 위해 전략적으로 투입된 선수를 가리키는 소리다. 합의하에 투입된 선수 그러니까 1등을 위해 달리되 1등을 할 수 없는 선수라는 것이다. 하지만 인간관계는 나 하기 나름에 달리 나타나는 상호 작용반작용의 법칙이 그대로 적용되므로 정해진 것이라곤 없다.

이처럼 누가 사자였는가를 밝히기에 앞서 임진왜란을 통해 뿌리역사의 한 페이지를 장식한 인물이 분명하기에 두둑에서 항명을 일으킨 무장 도요토미 히데요시(1537~1598)를 빼 놓고선 설명이 어렵다. 앞서 이순신을 뿌리조선을 지키기 위한 불세출이라 말했던 것은 수확이라는 수장(收藏) 없이 곧바로 수난의 시대를 맞이해서다.

또 수난은 생장시기에서 비롯되니 만큼 생장에 활기를 불어넣어 수장의 시대를 열어가야 하는 일은 뿌리의 몫이자 대자연의 몫이기도 한바, 뿌리·몸통·두둑 삼국은 히데요시가 일으킨 항명의 구렁텅이에서 하나 되기 위한 수난의 기운을 씻어내야만 했던 것이다. 뿌리의 수난은 몸통의 고난이요, 두둑의 분열을 예고 하지만 가지의 육생량에 뿌리의 정신량을 1차 혼화시킬 때가 다가옴으로서 동북아 삼국의 위치도 드러내야만 했었던 것이었다. 그리하여 도요토미 히데요시는 두둑에서 1백여 년 지속된 군웅할거 전국시대(1477~1573)의 막을 내리고 오다 노부나가(1534~1582)와 도요토미 히데요시가 실권을 잡은 이즈치 모모야마 시대(1568~1603)를 열었다.

분명 두둑의 항명은 도요토미 히데요시로부터 시작됐다고 하겠는데 1안의 육생안으로써야 저마다 자기 계산법일 터이니 이쯤 해두고 2안의 인생안으론 16세기 서양가지의 대항해시대로서 양의 기운이 몰려오는 시점에 동북아 음의 기운 뿌리·몸통·두둑의 삼국 관계를 하나로 유지해 나가기 위함에 있었다는 것이다. 히데요시가 실권을 잡은 이즈치 모모야마 35년의 역사에 잘 나타나 있듯이 임진왜란이 끝나자 핵심몸통 명나라(1368~1644)는 변방몸통 청나라(1644~1911)를 건국한 홍타이지(1592~1643)에게 1644년에 북경을 빼앗겨 물러나야 했다. 두둑도 1603년에 도쿠가와 이에야스(1543~1616)가 이즈치 모모야마 시대의 막을 내리고 에도 시대(1603~1868)의 막이 올렸다. 아시다시피 몸통·두둑의 역사가 아주 길어야 3백 년 안팎이지만 하나 된 민족국가를 이룬 고려나 조선의 역사는 5백 년 전후인데 그 이유가 어디에 있겠는가.

한편, 도요토미 히데요시가 뿌리의 개방과 개혁을 요구하기 위해 어린 시절 두둑열도에서 사자로 크는 동안 8년 후 뿌리조선에서는 이순신이 자라나고 있었으며 이보다 5년 앞서 원균도 조선의 무장이 되기 위한 길을 걷고 있었다. 세 인물이 자라난다는 것은 0의 차원을 이루어 나가기 위함에 있었으니 힘으로 피를 부를 것이냐 아니면 지혜롭게 하나 되어 살아갈 것이냐는 운용주체 뿌리 민족의 손에 달린 문제였다.

뿌리가 두둑을 통해 들어오는 가지의 육생문화를 받아드린다면 항명은 없을 것이요, 사대교린 정책만 고수하려 든다면 있을 것이리니 사실상의 사자가 되어버린 도요토미 히데요시도 뿌리하기 나름이었다. 물론 불새출로 태어났다한들 이순신도 조정하기 나름이었으니 원균도 마찬가지다. 하지만 이미 사대사화로 썩을 대로 썩어버린 뿌리의 조정을 어찌 할 수 없는 노릇이라 히데요시는 사자가 되어 항명을 해야 했던 것이고, 원균은 이순신의 불세출의 원력(原力)을 끌어올리기 위해서라도 사자가 되었던 것이다. 물론 되고 싶다고 되는 것도 아니요 그렇다고 해서 안 할 수도 없는 것 또한 사자 짓이다. 옹호하는 자들이 있으면 자신만 모를 수밖에 없는 일이라 사자 역할은 그렇게 시국이 만들어 가고 있었다. 물론 자신의 분별력을 통해 충분히 알 수 있는 부분도 있겠지만 이는 3자의 입장이라야 가능하다. 어느 쪽 이익을 우선하느냐에 따라 그리고 이미 상황이 진행 중이라면 옹호하는 이들조차 분별이 어리석어질 터이니 그래서 영웅은 시대가 만들어내는 것이라고 말한다.

1안의 육생안으로는 이순신은 영웅이요, 원균은 비겁자이고, 도요토미 히데요시는 임진왜란을 일으킨 원흉이 분명하다. 허나 임진왜란이 왜 일어나야만 했느냐는 것이다. 또 그 빌미를 제공한 자가 누구냐는 것이다. 도요토미 히데요시가 임진왜란을 일으킨 것은 분명하지만 그렇다고 원균이 비겁자가 되기 위해 전장에 나간 것이 아니다. 이순신이 또한 영웅이 되고자 숱한 해전을 치렀던 것도 아니다. 역사의 흐름에 한 부분을 담당해야 하는 이들이므로 누구는 침략의 원흉이 되어야 했었던 것이며, 누구는 비겁한 겁쟁이로 전락해야 했던 것이었고 그로인해 누구는 민족의 영웅이 된 것이었다. 비록 전쟁으로 지어진 인연이라고 하지만 활동주체 소임을 위해 또 그렇게 피 흘리며 쓰러져가야만 했던 이들이 바로 무장이다.

무슨 소리냐면, 히데요시가 두둑의 전국시대를 마감시키고 1568년 아즈치 모모야마를 건국한지 불과 35여년 만인 1603년에 도쿠가와 이에야스에게 힘없이 밀려난 것도 다름 아닌 이순신, 도요토미 히데요시, 원균 등등이 뿌리를 깨워 동북아 삼국의 건재함을 알리고자 함에 있었기 때문이었다. 제2차 항명 정유재란의 발발원인을 살펴보면 명나라 황녀를 일본 덴노와 혼례 시켜야 한다는 조항과 조선 8도 중 남부 4개도를 할양하라는 히데요시 요구사항에 잘 나타나있다. 뿌리·몸통이 두둑에게 사대의 예를 올리라는 요구는 3인의 역할이 끝날 무렵임을 암시하는 부분이며 변화변동의 급물살에 올라탈 주자에게 바통 터치도 자연스럽게 이루어질 것이라는 전망을 예보하고 있다. 전장에서 얼굴을 마주치지 않았지만 활동주체 무장들은 그 상황이 종료되면 떠날 이들이기에 정유재란을 끝으로 비겁자여야만 했던 원균은 1597년 7월 칠천량해전에서 전사했으며, 침략의 원흉이어야 했던 도요토미 히데요시는 1598년 9월 두둑열도에서 사망하였고, 1598년 11월 이순신은 노량해전에서 전사하자 7년간의 전쟁의 막을 내렸다는 부분이 중요하다. 문제는 임진왜란 발발과 이들의 죽음이 뜻하는 바가 분명 있을 터인데 이를 아는 이가 있느냐는 것이다.

동북아 삼국의 싸움이 되어야 했던 것은 하나 된 민족국가를 이루면서 몸통에게 사대의 예를 갖추고 두둑에게는 교린정책을 고수해온 결과였다. 임진왜란은 뿌리·몸통에 대한 두둑의 항명이라 승자도 패자도 있을 리 없는데 승장과 패장이 있을 리가 있겠는가. 만약 있다고 한다면 이는 정신량을 담당하는 운용의 주체 문신을 가리키는 소리다. 활동주체 무장들이야 전장에서 싸우다 죽으면 제 몫을 다 한 것이 되겠지만 전쟁이 났다는 것은 이미 운용주체 문신들의 소임을 방관한 결과라 무장 원균보다도 그 책임은 무지하게 크다 할 것이다. 대비하고 방어하고 전장에 나가 싸우다 죽는다거나 하는 일이 활동주체 무장의 몫이라고 한다면 소통의 방도를 강구하여 0차원의 삶을 살아가도록 이끌어야 하는 것이 운용주체 문신의 몫이다. 부딪침은 이 대안을 마련치 못할 때마다 받아야하는 표적임을 볼 때 정신적 지도자나 운용주체 문신들의 배임으로 벌어지는 일들이 무엇인지를 바로 알아야 한다.

원균이 가니 도요토미 히데요시도 가고 이순신마저 떠나버리자 동북아 삼국의 형세는 변화의 급물살을 이루었다. 두둑에는 도쿠가와 이에야스 이즈치 모모야마 시대를 마감시키고 에도 시대의 막을 열 무렵 가지의 육생문물과 뿌리의 정신량과 혼화시키기 위한 1차 변화의 바람이 불어왔다. 그 때가 16세기 전후인데 압록강과 두만강은 뿌리·몸통 경계부분인 밑둥치로서 1616년 몸통 만주일대에 흩어져 살아가고 있던 여러 부족을 여진족 누루하치(1559~1626)가 통합하여 후금(1616~1626)을 건국하였고, 그의 후계자 홍타이지

(1592~1643)가 후금을 청(1626~1643)으로 명명하여 1644년 핵심몸통 명나라의 수도 베이징을 점령하면서 변방몸통 청나라의 시대로 접어들었다.

뿌리도 두둑과 몸통에 불어 닥친 변화의 바람에 편승하여 임진왜란을 겪은 14대 왕 선조(1567~1608) 때와 15대 왕 광해군(1608~1623) 때 대대적인 개혁을 단행해야 했으나 성리학과 붕당으로 그마저 썩히고 말았으니 1623년에 인조반정이 일어났던 것이다. 물론 눈에 차지 않으면 성에 차지 않는 것이라 하겠으니 이쯤 되면 물러나야 하겠지만, 누구의 성에 차야 하느냐는 것이다. 이조차 알 턱이 없는데 두둑의 변화를 어찌 알겠으며 핵심몸통 명나라가 변방몸통 청나라에게 밀려나야 한다는 사실을 어찌 알 수 있었겠는가. 두둑에 변화는 그렇다 치더라도 유교와 사대로 당쟁을 일으켰다면 적어도 몸통의 정세정도는 읽어 내야 하지 않았을까.

16대 왕 인조(1624~1649) 때 유교학자 저마다의 계산법으로 발발케 한 1차 정묘호란(1627.1~1627.3)과 오랑캐 운운하며 향명배금 정책을 고수하자 10년 뒤 2차로 발발한 치욕의 병자호란(1636.12~1637.1)으로 말미암아 변방몸통 청나라에게 250여 년 동안 예속되고 말았다. 나라를 좌지우지하는 조정대신들이 합의를 의루지 못해 왕의 분별을 흩트려놓은 결과이기도 하겠지만 1차적으로 찾아온 시대의 흐름에 편승하지 못한 사대부와 사대사상이 받은 표적이었다. 임진왜란의 발발과 종전을 맛본 선조 때야 어쩔 수 없는 일로 치더라도 광해군 나름 전후 내외정의 비범한 역량을 발휘할 때 조정대신들이 하나 되기 위해 노력했더라면 적어도 인조반정이라는 속국의 절차를 받지 않았을 것이다.

동북아에 불어오는 변화의 바람 첫 단추를 잘못 끼웠던 조정에
서부터 또 다른 불협화음은 일기마련이었고, 부패의 원음이자 부
딪침의 원인이기도한 불협화음을 소생시키려면 부패부위를 잘나
내던가 아니면 페니실린을 투여하던가 해야 한다. 사실 변화하는
데 있어 몸통과 두둑은 뿌리와의 호흡 없이는 보드기 꼴을 면치 못
할 터이니 제아무리 육생문물을 받아드린다 해도 알곡 없는 껍데
기라 많은 문제가 일수밖에 없다. 해서 삼국이 하나 될 때 육생량
의 껍데기에 알곡은 스스로 채워지는 과정에 있어서 때로는 몸통
이, 때로는 두둑이, 뿌리를 해코지 하는 듯싶지만 실상의 내용은
하나 되어 나가자는 데 있다.

패한다는 것은 음양이든 의논이든 합의를 이루지 못한 결과론인
데, 군주가 뛰어난들 조정대신들이 응해주지 않으면 그만이요, 조정
대신들이 제아무리 뛰어나본들 문무합의를 이루지 못하면 그만이
라, 허나 조정대신들의 합의를 이루면 군신과의 합의는 스스로 이루
어 질 터이니 따 놓은 당상이다. 문무합의는 물론 군신과의 합의조
차 어깃장이 나는 것은 첫 단추를 잘못 끼웠다는 강력한 표적이다.
이렇듯 뿌리의 수뇌부 조정에서 너 따로 나 따로 놀아나는데 밑둥치
에서 벌어지는 일에 무슨 재간으로 합의를 이끌어 낼 수 있을까.

뿌리와 몸통의 핵심 고리를 연결해 주는 지형이 만주이고 특히
열국과 삼국에 이은 남북국시대에서 하나 되어 살아온 고려·조선
에 이르기까지 뿌리의 국경지역을 삶을 터전으로 삼아온 민족이
여진족이다. 그만큼 뿌리민족과 몸통핵심민족을 하나로 연결시키
는 순환민족은 한 치 건너 두 치 변방민족과는 차원이 다르다. 몸
통의 핵심에 다다를 수도 있고, 뿌리와 하나 되어 나갈 수도 있어
뿌리의 일부분이라 할 수도 있고, 몸통의 일부분이라 할 수도 있는

순환의 민족으로 함께 해왔기 때문이다. 인존정신을 지향하는 성리학의 나라 뿌리조선은 이(夷)민족이라 배제시켰고, 오랑캐라고 배척시켰으니 참으로 아이러니한 노릇이다.

돌이켜보면 하나 된 민족국가를 이룬 고려나 조선이나 오랑캐민족이라 불렀던 민족에게 비참하게도 속국신세를 면치 못했으니 무엇이 잘못 되어도 단단히 잘못된 것이 아닌가.

그렇다면 과연 뿌리가 할 일이 힘을 앞세운 육생량으로 활동주체의 삶을 살아가야 하는 것일까. 아니면 하나 되어 나가는 정신량을 발휘해 운용주체의 삶을 살아가야 하는 것일까.

한때는 고려를 부모의 나라로 섬기였던 여족진과도 하나 되지 못했다면 무얼 어찌하란 말인가. 격암 남사고(1509~1571)가 참위·천문·지리·역학·관상 등등에 조예가 깊어 예언을 내린다 한들 대안을 마련치 못하면 무슨 소용 있겠는가. 토정 이지함(1517~1578)이 의학·복서·음양·술서 등등에 능통하다하여 토정비결로 기본금 육생량의 향방을 가리켜준들 쓸 줄 몰라 어려움이 찾아온다는 원리를 깨우쳐주지 못하면 무슨 소용 있겠는가. 허준(1539~1615)은 2안의 정신량으로 발생하는 병은 그렇다 치고 그나마 동의보감을 방편으로 1안의 육생물질 조제로 육신의 고통이나 면케라도 해주기라도 했지, 물론 육생량을 제시했을 뿐 정신량이 배제된 상황이라 삶의 나아짐이 없음은 매마찬가지라는 것이다. 가지는 육생을 위해 살아가도 그만이다. 그러나 몸통·두둑은 육생량을 방편으로 인생을 살아가야 하므로 정신량 없이는 육생에 머물 터이니 뿌리를 북돋을 수밖에 없는 일이다. 뿌리가 집착해 머물면 몸통·두둑도 거기에 머물러야 하는 거라 항시 부추켜야 하는 것이 그들의 일이기도 하다.

두둑의 항명 임진왜란의 진정성을 바로 보지 못한 결과가 불과 40여년 만에 드러났는데 그것이 바로 몸통의 항명 병자호란이었다. 핵심몸통의 기운이 쇄하는 것은 뿌리가 소임을 배임한 결과이고, 무엇보다 핵심몸통은 직접적으로 뿌리에 항명을 하지 않는다는 사실이다. 그 역할을 북방이나 변방몸통이 해 왔었고 1차적으로 찾아온 변화의 물결시대에서는 몸통인 듯 몸통이 아니고 뿌리인 듯 뿌리도 아닌 순환민족 여진족이 그 역할을 맡은 것이었다. 물론 금나라 때에도 없지는 않았지만 16세기 초 1차로 맞이한 서세동점 시대와는 판이하다. 변방몸통 청나라가 가지의 육생량을 받아드리는 시대인 만큼 뿌리도 흡수해야 했는데 여전히 일편단심 민들레라고 사대의 예를 구가하려다보니 거기에 머무를 수밖에 없었다.

하여튼 7년 전쟁 임진왜란을 호되게 치르고 1607년 14대 왕 선조(40) 때 태어난 인물이 하나 있었으니 그가 바로 우암 송시열(1607~1689)이다. 1627년 1차 정묘호란을 겪은 나이가 약관 20세였고 1636년 2차 병자호란을 겪을 때의 나이가 바른 뜻을 세운다는 입지의 나이 30세였다. 문신이자 성리학자이며 정치가인 우암에게 치욕을 보여주고 안겨준 이유를 알고 있느냐는 것이다.

한편 강화도는 금성탕지(金城湯池)요 남한산성은 천혜의 요새였건만 변방몸통 청나라에게 두 달 남짓 만에 두발 두 손을 다 들고 말았다. 이는 사실 그들이 강해서가 아니라 뿌리가 시대의 흐름에 편승하지 못하자 일깨우기 위해 대자연이 가한 채찍질이었다. 고려와 거란(변방몸통 요나라)과의 3차에 걸친 전쟁도 그렇고, 고려와 북방몸통 원나라와 28년 동안 6차에 걸친 전쟁도 그렇고, 뿌리조선과 두둑열도와 7년이나 치룬 임진왜란도 마찬가지로서 강화도만큼은 허락지 않았다. 헌데 강화도가 무너졌다는 것은 뿌리의 치부를 완전히 들어낸 것이라, 이쯤 되면 사태의 심각성을 짐작해 대안을 마련해야 했었다. 허나 몸통핵심사상 유교의 덫에 걸려 서양가지 2차 변화에 편승치 못하자 그로인해 1897년 26대 왕 고종(1863~1907) 때 끝내 대한제국의 수의를 갈아입어야 했다.

문신이자 성리학자 송시열이 입지의 나이에 치렀던 병자호란 덕택에 핵심몸통 명나라를 향한 존주대의(尊周大義)와 변방몸통 청나라에 대한 북벌의지를 드러냈으니 참으로 통탄할 노릇이다. 인조반정과 병자호란은 속국의 치닫는 과정이므로 이는 육생량과 정신량의 뛰어난 분별기운을 타고난 우암에게 던져진 공부였었다. 이와같은 일련의 행보는 힘을 우선하는 육생살이 모순을 바로보아 덕이라는 정신량을 마련하여 하나 되어 살아가는 방도를 마련키 위함에 있었다. 또 하나는 19세기에 2차로 다가올 서세동점을 맞이하기 위한 것에 있었는데 적개심만 불태워 보수적 성리학자가 되버리고 말았으니 오랜 시간 청나라를 오랑캐나라 정도로 생각할 수밖에 없었던 모양이다. 아무리 핵심몸통의 성리학이라 해도 그렇지 뿌리에서만큼은 하나 되어 살아가야 하는 것이 근본이 아닌가.

화이(華夷)는 육생량으론 분명 둘이겠지만 정신량으론 0의 차원이라 이를 분별치 못하면 가지의 육생문화를 받아드리기는커녕 그들과 노상 부딪칠 수밖에 없으며 또 그리 따진다면 뿌리와 몸통도 화의 관계가 아닐 수 없다. 문제는 뿌리와 몸통 누가 전체를 주관하는 운용주체이고 누가 부분을 관장하는 활동주체이냐는 것인데 우암 정도라면 능히 분별하고도 남았을 터 거기에 머물렀으니 뿌리도 성장을 멈추어야 했던 것이었다.

더군다나 16대 인조(1623~1649), 17대 효종(1649~1659), 18대 현종(1659~1674) 3대가 뿌리사상을 곧추세워야 할 왕조임에도 불구하고 1652년 북벌정책을 추진하려 들었으니 예송문제로 1659년과 1674년 2차례에 걸쳐 파벌싸움을 하게 된 것이다. 병지호란과 변방몸통 속국문제가 북벌정책으로 해결될 일이었다면 일어나지도 않았을 것이며, 활동주체 육생민족을 정신량이 자원인 운용주체 인생민족이 힘으로 어찌 할 수 없다는 사실도 알아야 할 것이다.

정신량을 잃고 하나 된 민족국가 고려건국 이후 조선 말기에 이르기까지 속국을 면치 못했기에 뿌리의 근본을 어찌 알 수 있겠으며, 변방에 흡수되어버린 몸통논리에 발목 잡혀 1654년과 1658년 2차례에 걸쳐 나선정벌에까지 나서야 했었다. 물론 제 짓거리 못하면 사자 짓을 하기 마련 아닌가. 결코 뿌리가 해대는 사자 짓은 그 어느 곳에서도 환영받지 못한다는 사실이다. 북방몸통 원나라와 연합하여 두둑열도 정벌에 있어서도 그렇고 고려 말 조선 초의 두둑대마도 정벌에서도 그렇고 변방몸통 청나라와의 나선정벌도 그렇다. 물론 여말선초라고 해야 할까 창궐하는 왜구를 소탕해야 하겠지만 뿌리의 이념은 하나 되어 나가는 것이므로 침략과 정벌과 전쟁등과 같은 유사한 말들이 떠돈다는 것은 뭔가 잘못 되어 나간다는 의미이므로 전혀 이로울 것이 없다. 세종 때야 그야말로 소통과 상생과 화합으로서 뿌리의 이념을 곧추세워야 할 때이므로 힘이라는 육생량보다 덕이라는 인생량을 앞세워야 했는데, 사자 짓 해대는 왜구만 정벌하는 바람에 가깝고도 먼 나라로 살아와야 했던 것이었다. 나머지 정벌은 주권을 잃고 따라했던 일이라 정벌에 의미를 두기 보다는 속국의 의미를 되돌아보아야 한다.

한편 1안으로서의 나선정벌은 청과 러시아의 북경분쟁이겠지만

2안으로서는 뿌리에게 전혀 다른 가외몸통세력이 존재한다는 사실을 아는 과정이기도 했었다. 아울러 몸통에는 뿌리에 가까운 몸통과 가지에 가까운 두 개의 몸통이 공존한다는 사실을 알았다는 것은, 공존의 몫은 뿌리에게 있다는 것이다. 정신량을 흡수하는 몸통과 육생량을 흡수하려는 몸통 이를 혼화해야 하는 것이 뿌리다. 핵심몸통과 변방몸통은 화이(華夷)로서 둘이지만 하나 되어 나가는 것은 뿌리하기 나름이듯 화(華)의 핵심몸통과 나(羅)의 가외몸통은 둘이지만 화나(華羅)가 0차원을 이루느냐 마느냐 하는 것도 뿌리하기 나름이라는 것이다.

화이(華夷)의 몸통전역에서 살아가다 뿌리로 들어온 만큼 변방이(夷)보다 핵심 화(華)의 줄기 성리학에 기댈 수밖에 없었다고 하겠지만 단일민족국가 고조선의 건국에서 잘 나타났듯이 뿌리의 이념은 홍익인간이었다. 세상을 널리 이롭게 살아온 민족이나 내걸수 캐치프레이즈로서 이롭게 한다는 것은 사랑이라는 껍데기에 행위의 알곡을 채워 넣는 일인데, 그 행위의 알곡을 채워 넣고자 뿌리로 들어왔다. 입으로 부르짖는 사랑은 육생량이고, 행위의 알곡을 채워 넣는 일은 정신량이라 껍데기에 알곡을 채울 때가 둘이 하나 되어 나가는 인생량이므로 진정한 행복을 맛보는 순간이다.

둘이 하나 되어 나간다는 것과 육생사랑을 바탕으로 인생행복을 구가해 나간다는 것은 0차원을 이룸이요 이는 곧 몸통의 육생학문을 토대로 뿌리의 정신이념을 부가시켜 나가야 하는바와 같은데 푹 빠지는 바람에 근본도 모른 체 어둠에 장막에 갇히고 말았다. 변방몸통 화(華)는 뿌리기운 정신량70%를 흡수하고 가지기운 육생량30% 흡수하여 0의 차원을 유지하고, 가외몸통 나(羅)는 뿌리기운 정신량30%를 흡수하고 가지기운 육생량70% 흡수하여 0차원을 유지해나간다. 아울러 화의 핵심몸통 기운은 70%가 정신량이고 나의 몸통 기운은 70%가 육생량이라는 것은 화의 정신량과 나의 육생량의 음양비율이 7 : 7이므로 뿌리조율 없이는 음양화합 0의 수를 이루지 못한다는 것이다. 때문에 나선정벌은 뿌리에게 화나가 하나 되어 나가는 대안을 찾아야 한다는 숙제가 주어진 시기였다.

임진왜란과 병자호란은 몸통·두둑의 중심에 서야 할 시점에서 치렀건만 조정의 행위라곤 남인·서인·동인의 붕당정치에 제 잘났다는 힘겨루기 일색이라 1680년 개혁인가 싶은 경신환국이 일렁였지만 아니나 다를까 소론노론에 의논합의는커녕 벽파시파 분열만 일삼은 환국이 연이어 터져 끝내 물갈이 경술국치와 밭갈이 동족상잔 6.25를 치렀음에도 불구하고 작금도 별반 다름없으니 어찌해야 업그레이드 시대상을 바르게 볼 수 있을까.

⸙ 뿌리이념, 몸통이념, 가지이념

임진왜란과 병자호란이 가져다 준 조공과 속국의 의미를 바로 알아야 한다. 물론 육생량의 힘이 받쳐주지 않으면 당할 수밖에 없는 일이지만 소임을 배임하지 않았다면 슬픈 역사는 자리하지 않았을 것이다. 짚고 넘어가야 할 사항은 뿌리는 몸통·가지와는 달리 조공과 속국은 또 다른 의미를 부여하고 있기 때문이다.

뿌리의 영양분으로 살아가는 몸통·가지는, 몸통의 완력으로 뿌리의 성분을 취하려할 때는 분명 전체를 주관하는 뿌리가 부분을 관장해나가는 몸통의 갈등을 해소시켜 주지 못할 때다. 문제는 소임을 잃은 뿌리에게 완력으로나마 필요성분을 얼마나 구할 수 있느냐는 것인데, 전혀 그렇지 못하다는 것에 있다. 소임을 잃지 않았다면 완력으로 필요성분을 빼앗으려 들지 않을 터이고 뿌리는 필요성분을 알아서 스스로 공급할 터이니 속국과 조공은 별의미가 없다. 하지만 소임을 배임한 뿌리로 인해 몸통마저 소임을 배임할 판국이라면 상황은 다르다. 살기 위해 몸통스스로 완력을 쓰기 마련이라는 것인데 완력도 완력이려니와 문제는 어떠한 성분요소가 필요한지 모른다는 것이다. 이를 모르기에 필요성분 축출은 몰라서 못하는 것이 비일비재 할 텐데 기존의 성분만 흡수하는 것도 용타고 하겠으니 더도 덜도 말아야할 몸통이 과부하가 걸렸다면 뿌리는 이미 걸린 상태다. 어찌됐든 뿌리가 소임을 잃으면 몸통도 잃었다 할 것이고, 한편 취할 길이 뿌리밖에 없는 몸통으로서는 닦달할 수밖에 없지 않은가. 무엇보다 뿌리와 핵심몸통은 상호상생관계라 닦달은 하되 표적질은 북방 혹은 변방몸통이 대신한다.

뿌리가 육생량에 밀리어 몸통의 속국은 될지언정 귀속되는 일은 없다. 있다고 한다면 너 죽고 나죽는 일밖에 일어나지 않을 터이고, 어디까지나 몸통살기 위한 방편적 행위라 필요성분을 축출해낼 때까지 지속 될 수밖에 없다. 1603년에 1차 변화의 물결을 몰아쳤을 때는 문무합의를 이루지 못한 뿌리의 조정을 위해 사자로 돌변한 두둑은 1차 정유재란과 2차 임진왜란이라는 표적질을 7년이나 해댔음에도 불구하고 그래도 그대로라 하는 수 없이 요번엔 변방몸통이 사자가 되어 1차 정묘호란과 2차 병자호란이라는 표적질을 하였는데, 이때의 몸통과 두둑의 표적강도는 천양지차였다.

2차 변화의 물결이 몰아쳤을 때는 상황이 다르다. 뿌리로 인해 몸통도 삼하게 부패된 상태라 1894년 청일전쟁을 빌미로 1897년 대한 제국의 수의를 입고 13년 후인 1910년에 경술국치를 치러야 했기 때문이다. 두둑은 1차 가지 변화의 물결에 편승해 1603년 에도 시대를 맞이하여 가지의 육생량을 받아드리다가 아마쿠사(天草)제도의 가혹한 노역과 세금부담 그리고 1612년에 내려진 기독교 금지령과 가톨릭 박해 등에 대한 불만을 품고 일으킨 시마바라의 난(1637~1638) 이후에 쇄국정책을 폈다. 에도 정부가 서양가지 미국과 페리협정(1854.3.31) 맺을 때까지 200여 년은 나름의 태평성대를 누린 시기였었고 1868년 메이지 유신정권이 들어서자 쇄국(1639~1868)도 종결되었다. 가지의 육생량이 두둑을 거쳐 뿌리로 들어오게 되는 것이 자연의 순환법이라 이 시기부터 두둑은 육생문화발전을 1988년 업그레이드 시대까지 장족의 발전을 이룰 수 있었다.

몸통 또한 명나라 수도 베이징을 점령한 홍타이지가 1644년에 청나라를 건국하면서 1차 변화의 물결에 편승하는 듯싶었다. 싶었다가 무슨 소리냐면, 뿌리조선 4대 왕 세종(1418~1450)의 32년 재위기간이나 변방몸통 청나라 4대 강희제(1661~1722)의 61년 재위기간이나 생장기간으로서의 상황은 별반 다르지 않기에 하는 소리다.

다시 말해 업적을 남길 수 있다는 것은 그만한 선천적 육생량을 받아왔기에 가능했었고, 육생량은 그 넘어 기다리는 후천적 인생량을 위해 주어진 기본금인 만큼, 하나 되어 나가는 정신량 마련을 위한 노력을 게을리 하지 말아야 했었다는 것이다. 허나 육생량이 전부인 듯 거기에 머무르는 바람에 세종 붕어(崩御) 후 불과 50여년이 지나면서 내우외환(內憂外患)으로 시들어 가야 하는 것도 그렇고, 청나라도 강희제 붕어 후 70여년이 지나면서 강건성세(康乾盛世)에 금가기 시작한 것도 그렇기 때문이다. 이는 곧 인생살이 정신량에 도달치 못했다고 주어지는 표적인데 시대가 바뀔 때마다 나타나는 불세출이 해야 할 일은 선천적 육생사랑을 위한 업적이 아니라 후천적 인생행복 안위를 위한 업적이어야 한다는 것이다. 물론 가지야 육생안이 최고라 마련했다면 뿌리와 몸통을 쳐다볼 수밖에 없는 일이고, 어디까지나 삶의 근원은 뿌리이기에 몸통 강희제는 그나마 다행이라면 다행이라 할 수 있겠지만 뿌리 세종은 차원이 다르다.

3대 순치제(1643~1661)가 변방몸통 청나라를 통치하면서 1622년에 핵심몸통 명나라 때 가지에서 건너온 독일출신 예수회 선교사이자 로마 가톨릭사제 아담 샬(1591~1666) 등을 등용했는데, 신앙이든 문화든 이념이든 필요하다면 모든 것을 받아드렸음을 알 수 있다. 아담 샬은 병자호란 때 볼모로 잡혀있던 조선의 소현세자(1612~1645)와도 접촉했었다. 8살 때 4대 황제에 즉위한 강희제(1654~1722)는 15세 때부터 친정을 시작하면서 가지 육생문화에 많은 호감을 드러냈다. 반면 예수회 선교사들을 신임하면서도 가톨릭 교리에는 관심을 두지 않았고 불교를 억제하여 유교사상을 중시하는 숭유억불(崇儒抑佛)을 국시로 태평성대에서의 내치를 더욱 견고히 하였다.

강건성세에서 강건(康乾)은 말 그대로 4대 강희제(1661~1722)와 6대 건륭제(1735~1796)의 앞 글자에서 따온 말로서 변방몸통 청나라가 태평성대를 구가한 시기였었다. 뿌리가 편승치 못하면 몸통 홀로 강건성세를 이루기 어려운 법이다. 하나 되어 나가야 하는 뿌리조선의 실상은 내편 네 편 가르기에 혈안이었으니 육생량에 정신량 부가는 개뿔, 조정에서의 의논합의 조차 이루지 못하는 지경이라 몸통은 건륭제를 정점으로 금이 가기 시작했었다. 두둑의 항명 임진왜란의 표적질을 그렇다고 치자, 하지만 몸통의 항명 병자호란이라는 표적질을 새로운 시각으로 받아드렸어야 하는데, 뿌리에서 그만 화(華)의 근본만 쫓으려다 이(夷)의 진정성을 보지 못했으니 뿌리·몸통은 그렇게 부패되어 가고 있었다.

청나라를 오랑캐라고 북벌론 운운하던 송시열(1607~1689)은 17대 왕 효종(1619~1659)의 사부인 덕택에 북벌론으로 조정을 들쑤실 무렵, 청나라의 요청에 의해 1654년 1차 나선정벌에 나서야 했으니 꼬랑지 내린 비속함이야말로 이루 말 할 수 있겠느냐마는 4년 뒤 1658년 2차 정벌에까지 나서야 했으니 짖지나 말았으면 적어도 비굴하지는 않았을 테데 말이다. 불멸의 진리로 전해오는 가르침이든, 개인논리로 치부된 가르침이든, 음양이나 의논합의를 이루지 못하면 육생량이요 합의를 이루면 정신량이 부가된 인생량이다. 핵심몸통 화의 사상을 쫓던, 변방몸통 이의 사상을 쫓던, 자신을 위한 선천적 육생사랑 넘어 기다리는 후천적 인생행복을 영위치 못한다면 그 무엇도 육생논리 법주를 넘지 못한 것이라, 인생진리는 너와 내가 0의 수를 이루어나갈 때 맛보는 차원이다.

진리는 모두가 하나 되어 살아가는 차원을 가리키는 말이다. 그 누구에게도 내게 들어오는 것을 막을 권리를 부여하지 않았다. 들어오는 것은 부분을 관할하는 활동주체의 육생량으로서 전체를 주관하는 운용주체의 정신량과 부합을 위해서인데, 받아드린다는 것은 전체의 운용주체가 부분의 활동주체와 0차원을 이루고자하는 사랑의 차원이다. 이를 막는다는 것은 힘을 위시한 육생량이라 그 누구에게도 이로울 것이 없는데, 이유는 음양이든 의논이든 합의를 이루지 못하면 상호 그에 상응하는 표적이 들어가기 때문이다.

변방몸통 청나라 3대 순치제가 즉위한 1638년부터 6대 건륭제이후 1796년 7대 가경제(1796~1820)가 즉위하기까지 150여 년 동안 호흡을 같이해 나가야 했었다. 호흡을 같이해 나간다는 것은 변화의 바람에 편승하겠다는 소리다. 뿌리조선의 16대 왕 인조(1623~1649) 때는 병자호란 이후 속국의 상태라 어쩔 수 없는 노릇이었다고 치자. 17대 효종이 즉위한 1649년부터 서양가지의 육생문물을 청나라를 통해서건 직접적인 교류를 통해서건 1834년 23대 순조(1800~1834)가 퇴위할 때까지 들어와야 했었는데, 깜깜했으니 180여 년 동안 무엇을 했느냐는 것이다. 청나라가 건륭제이후 가경제부터 급격하게 무너지기 시작한 이유도 다른데 있지 않다. 몸통의 육생량과 서양가지의 육생량 부합치 못해 발생하는 모순들이 곳곳에서 부작용을 일으켰기 때문이었고 특히 신앙부분에 있어서 몸살을 크게 앓았다.

뿌리에도 1831년 순조(31) 때 로마교황청 천주교 조선교구가 설치되면서 1846년 24대 현종(1834~1849) 때 김대건 사건을 비롯하여 26대 고종(1863~1907) 때인 1866년 병인사옥이 발생하였고 1873년이 저물 즈음 그렇게 운을 다해가고 있었다. 한편 메이지 유신으로 육생문물의 꽃을 피운 두둑은 말 그대로 서양가지의 전초기지로서 그 누구와도 어렵지 않게 어울릴 수 있다는 점이 열도의 특징이다. 물론 육생량과 정신량의 교역의 장소 몸통도 뛰어난 비즈니스 능력을 보유하고 있지만 두둑과는 질량이 판이하고 뿌리는 몸통·가지·두둑을 위한 고 질량이라서 체면을 중시하는 문화가 자리했다. 물론 이는 운용주체 지도자들에게 나타나는 특히 성향으로 스스럼없기 위해 낯 아닌 낯을 가리기도 하는데, 뿌리는 운용주체라는 깊이만 들여다봤어도 행위를 다할 수 있었다.

특히 남에게 잘해주겠다기보다는 남에게 잘 보이려는 뿌리의 체면은 목숨과도 같다. 때론 자기 뜻을 받아주지 않은 이들과는 목숨 걸고 맞서는 반면 자신을 따르는 무리들은 목숨 걸고 보호하려드는 것이 지도자 민족에게 나타나는 두드러진 특징이다. 이는 고집이라 할 수도 있고, 독선이라 할 수도 있고, 자존심이라 할 수도 있는 뿌리민족 운용주체 두드러지는 성향이라고 하겠지만 이들을 하나로 이끌어나갈 방안이 없는 한 따로따로 놀아야 한다는 것보다 슬픈 일은 없다. 가느다란 뿌리줄기마저도 몸통의 핵심기운일진대 뿌리가 따로 논다는 것은 몸통도 따로 놀아야 한다는 것이므로 뿌리가 부패한 만큼 몸통도 곳곳에서 부패한 부분이 들어나기 마련이다.

두둑의 항명 임진왜란이 일어났을 때 핵심몸통 명나라의 군사지원이 절실했었고, 변방몸통의 항명 병자호란으로 오갈 데 없는 절박함에 절규했음에도 불구하고 체면치레만 하려든다면 무얼 어찌하라는 소리인가. 체면이 희망은 아닐진대, 희망만 품는다고 성공하는 것도 아닐진대, 여하튼 육생성공의 의미는 인생행복을 위한 것에 있다고 했듯이 하나 되어 나가지 못하면 이룰 수 있는 것이라곤 없다.

육생량을 담당하는 가지, 육생량과 정신량의 교역의 장소 몸통, 정신량을 창출해내야 하는 뿌리이고 보면 역시나 보호막 두둑의 질량은 뿌리에 가깝다. 분명한 것은 2차 변화의 물결 기계화시대에 가지의 열강세력이 두둑으로 몰려드는 이유는 뿌리로 진출을 위한 것이었다. 그렇다고 해서 두둑이 가지의 육생량에 완전히 물드는 것도 아니다. 뿌리가 육생량을 완전 흡수할 즈음이면 정신량을 채워야 하는 두둑의 위치라, 변방몸통 청나라의 양무운동이 실패할 수밖에 없었다. 물론 대내외적으로 크고 적은 원인이 적지 않았겠지만 중요한 것은 뿌리가 부패했는데 몸통이 부패하지 않을 수가 있겠으며, 뿌리가 죽을 지경인데 몸통의 양무운동이 어찌 성공할 수 있겠느냐는 것이다. 뿌리갈이를 할 시간이 다가왔는데 몸통갈이 시간이 아니 찾아올 수 없는 법이므로 두둑만 잘한다고 해서 메이지 유신이 성공할 수 있겠느냐는 것이다. 깨어나지 못한 뿌리를 깨우기 위해 일어나야만 했던 일련의 상황으로 뿌리·두둑전쟁(조일전쟁)을 수반한 몸통·두둑전쟁(청일전쟁, 1894~1895)에서 거대몸통이 두둑에게 항복할 수밖에 없었다.

평계를 대자면 가지의 열강세력중의 하나인 영국과의 두 차례 아편전쟁(1839~1842, 1856~1860)에서 패했다는 점과 태평천국의 난(1851~1864)으로 인해 봉건주위 체제가 위기에 빠졌다는 점인데 이는 사실 부패정도를 나타내는 표적이었고 뿌리·몸통 갈이 할 시간이 다가옴에 따라 어찌 할 수 없는 노릇이었다는 것이다. 또 이를 극복하고자 양무운동(군사중심의 근대화운동)을 전개했으나 오히려 청일전쟁의 패배로 1895년 뿌리와 밑둥치부분 만주까지 두둑의 지배세력을 뻗게 한 시모노세키 조약이 체결되었다.

사실 뿌리와 밑둥치는 떼래야 뗄 수 없으며 몸통만주 이(夷)는 그야말로 핵심몸통 화(華)와 직접적인 연결고리로서 둘이 아닌 하나다. 두둑열도에 의해 핵심연결고리 이가 갈려나갔다는 것은 뿌리의 숨은 끊긴 상태이고, 몸통 화도 숨이 머져가고 있는 중이다. 물론 1911년 신해혁명을 통해 쑨원(1866~1925)이 1912년 변방몸통 청나라를 몰아내고 핵심몸통이 아시아 최초의 중화민국 공화국을 건국했지만 밑둥치부분 만주가 떨어져나간 상태이므로 사실상 긴 잠에 빠져든 상태였었다. 만주족(여진족)이 건국한 변방몸통 청나라는 본래 핵심몸통 세력을 위한 자리로서 뿌리행위 여부에 달려있다.

한편 밑둥치 세력 청나라가 지워졌다는 것은 뿌리갈이 후 분발을 촉구하는 사항이었다. 가지이념과 뿌리이념은 결국 신앙(천주교)탄압을 촉발시켰으며 1866년 병인사옥이 발생하여 뿌리조선과 가지프랑스와 군사적 충돌을 빚어야했다. 5년 후엔 제너럴셔먼호 사건으로 곁가지의 핵심 미국과 마찰을 빚어 1871년 신미양요가 발생하였고 이를 계기로 흥선대원군(1820~1898)은 쇄국 정책을 펴기까지에 이르렀던 것이었다. 한편 1875년 강화해협을 불법 침입한 두둑의 운요호 사건을 계기로 1876년 강화도조약이 체결되면서 뿌리의 쇄국정책은 막을 내렸다고 말을 하지만 사실 막이 내려진 것이 아니다. 뿌리의 자위권을 이른지 오래라 막은 이미 내려져 있었다. 가지 열강세력에 대처할 능력이 없다보니 1882년에 발생한 임오군란이 1884년 갑신정변으로까지 이어졌던 것이었다. 1894년 청일전쟁의 원인이었던 갑오농민전쟁은 이씨왕조가 1897년 대한제국의 수의로 갈아입기 위한 과정의 하나로서 그들 나름의 이념은 자리했었다.

이념이란, 사상이란, 법이란 처한 상황에 따라 달리 나타나므로 뿌리·몸통·가지 3개의 차원으로 나뉜 세상에서 전체를 주관하는 인생자리 뿌리에서 살아가는 민족은 정신량을 운운할 터이고, 정신량과 육생량이 교차하는 몸통에서 살아가는 민족은 행위 론을 운운할 터이며, 부분적 육생량 결실을 맺기 위해 살아가는 가지민족은 육생 그 힘을 위시한 사랑을 운운하며 살아갈 터이니 그에 걸맞은 이념과 사상과 나름의 법은 자리하기 마련이라는 것이다. 말하자면 가지는 가지에 맞는 법이 필요하고, 몸통은 몸통에 맞는 법이 필요한 것이며, 뿌리는 뿌리에 맞는 법이 필요하다는 것이다. 가지의 육생살이 양의 기운이 넘쳐나는 시대가 업그레이드 시대인바 음의 기운을 부가코저 해 돋는 땅 뿌리로 밀려드는데 이는 하나 되어 나가기 위해 벌어지는 자연발생적인 현상이다.

육생과 인생의 연결고리는 정신량인바 뿌리·몸통·가지 세 개 차원으로 나뉜 인간세상을 사람 사는 세상으로 만들어가야 하는 몫은 정신량을 담당하는 뿌리에게 주어졌기 때문이다. 뿌리가 살아야 몸통이 사는 법이다. 기계화시대였던 1897년 두 번째 서세동점을 맞이하여 두둑강점기를 맞이하기까지 13년 동안 뿌리가 살아야 몸통이 사는 법이므로 몸통은 뿌리를 살리려 부단히 노력했었다. 그리고 뿌리도 몸통 살리기 위한 노력을 게을리 하지 말아야 했는데 이미 늦었고 1988년 전후로 시작되는 세 번째 서세동점에서나 가능한 일이었다. 이 시기가 바로 양의 기운이 넘쳐나는 업그레이드 시대다.

한편, 몸통의 이념을 바로 알아야 뿌리이념을 곧추세울 수 있기에 간단하게 훑 터보면, 핵심몸통 남송의 유학자 주희(1130~1200)는 공자사상과 맹자사상을 집대성하여 주자학(성리학)을 창시하였고, 핵심몸통 명나라의 왕수인(1472~1529)은 양지(良知)가 바로 천리(天理)라는 심성(心性)을 담은 양명학을 창시하였다. 말하자면 주희는 성즉이설(性卽理說) 격물치지(格物致知)를 근본으로 삼았으며, 왕수인은 심즉이설(心卽理說)로 심학(心學)을 근본으로 삼았기에 주자학과 양명학은 대립양상을 띠어왔다. 문제는 적대적 관계는 상호보완을 이루어 나가는 이원화체제라 진보의 성향이 나타나기 마련인데, 견제상태 거기에서 그렇게 멈췄다는데 있다. 왜 그런 것일까.

그 나머지 부분은 뿌리의 몫이라서 그렇다.

　두둑의 항명 임진왜란이나 몸통의 항명 병자호란이 일어날 즈음이 아마 뿌리의 모순이 크게 불거졌을 때다. 당시 형식주의로 흐르던 핵심몸통 남송시대의 주자학을 비판하면서 핵심몸통 명나라 때 양명학이 들고 일어났는데, 이도 마찬가지다. 격물치지든 심학이든 하나 되어 나가지 못하면 모순은 불거지기 마련이라 주자학의 모(矛)와 양명학의 순(盾)을 한데 묶어 나갈 학문이 뿌리에서 싹이 터야했으나 몸통사대에 묶이는 바람에 화이차원을 넘지 못했다. 하지만 화이사상을 벗어나고자 16세기 1차 세세동점에서 19세기 2차 서세동점에 이르기까지 대두되었던 학문이 있었는데 그것이 바로 실학(實學)이다. 학문은 사회에 이바지하는데 실질적인 이익이 있어야한다는 경세치용(經世致用)과 기구를 편리하게 쓰고 의식주가 넉넉해야 한다는 이용후생(利用厚生)을 부르짖었던 만큼이나 실제가 없는 주자학의 공리공담(空理空談)을 배격하면서 사실을 토대로 진리를 탐구해야 한다는 실사구시(實事求是)를 내세웠다. 무엇보다 2차 서세동점을 맞이하기에 앞서 불세출이 있었는데 바로 다산 정약용(1762~1836)이다. 1801년 23대 순조(1800~1834) 때 조선의 로마가톨릭을 박해한 신유사옥으로 유배생활을 시작하면서 500여권에 이르는 실학사상을 집대성했다. 허나 조선후기에 성리학을 정학(正學)으로 성리학적 질서를 정도(正道)라 규정하고 그 이외의 모든 종교와 사상을 이단적 사학(邪學)으로 규정하여 배척하는 위정척사운동을 전개했었다.
　서학(西學)을 통해 천주교가 자리하고 어느 즈음인가 몸통의 화이와는 질량이 판이한 뿌리의 실학이 대두되기 시작하자 이를 사도(邪道)로 몰아붙이면서 국교로서의 유교를 수호하려는 운동이었다. 뿌리의 상황이 이렇다보니 2차로 불어오는 기계화시대의 변화의 바람 서세동점에 편승키 어려워 정약용은 책만 남기고 미완으로 남아야 했었다. 물론 시대가 원하는 리더는 모든 상황을 주도해 나가는데 있기에 영웅은 시대가 만든다고 했지 않은가. 그러나 정약용의 3차로 불어오는 서세동점 업그레이드 시대를 위해서리도 가야만 했던 것이고, 그가 남긴 방대한 불량의 실학사상은 받아온 육생량 선천적인 것에 불과하다는 점을 감안해야 한다.

양의 기운이 넘쳐나는 시대에 음의 기운을 불어넣어야 하는 일은 후세가 해야 할 일이고, 음의 기운을 불어넣는다는 것은 후천적 정신량을 부여하는 일인데, 이 일을 과연 누가 할 수 있느냐는 것이다. 불세출이냐 아니냐는 문제는 그의 사상을 추종하는 자들의 행의 여부에 달려있다.

대한제국의 수의로 갈아입을 시간에 다다를수록 뿌리사회 모순을 빌미로 더해만 가는 두둑의 내정간섭과 가지육생문화와 순수서학 열풍이라면 모를까. 로마 가톨릭의 침투로 뿌리신앙은 퇴보일로여서 만백성은 안식처를 찾아 헤매야 했다. 이때 불현듯 나타난 이가 있으니 바로 동학을 제창한 최제우(1824~1864)다. 1860년 서학에 맞서나가기 위해 풍류 사상과 유·불·선 교리를 토대로 천심즉인심(天心卽人心)의 이념을 전개하였다. 신앙으로서의 동학은 내 안에 하나님을 모신다는 시천주(侍天主) 사상을 깔아 두어 기복에 얽매인 듯싶었으며, 2대 교주 최시형(1827~1898)은 사람을 하늘처럼 섬겨야 한다는 사인여천(事人如天) 사상으로 변화를 꾀하였고, 3대 교주 손병희(1861~1922) 때에 이르러 사람이 곧 하늘이라는 인

내천(人乃天) 사상을 전개하였다. 이후 최제우는 혹세무민의 죄로 처형당하였으며 최시형도 동학혁명으로 처형당하자 손병희에 의해 동학은 1905년 천도교(天道敎)로 개칭하였다.

일찍이 동학발전에 이바지한 이용구(1868~1912)가 친일노선으로 퇴출당하면서 1906년에 따르는 무리를 모아 시천교(侍天敎)를 세웠다. 이 시기에 동학은 천도교와 시천교로 분열되었다. 한편 민족종교로 자리매김한 대종교는 독립 운동가였던 나철(1863~1919)이 세운 신앙으로서 단군을 통해 민족정신을 함양하고자 1909년 단군교를 선포하여 1대 교주가 되었다. 뿌리가 두둑에게 침식당한 1910년 경술국치에 일제탄압을 예상하여 교명을 대종교로 바꾸어 오늘에 이르렀다고 한다. 대종의 이치는 셋과 하나일 뿐(大倧之理三一而己)이라는 삼일신사상(三一神思想)에 근거하여 신앙으로 출발하였지만 두둑강점기였던 탓에 항일운동에 기여로 인해 대표적인 민족종교로 자리하였다. 셋과 하나일 뿐이라는 대종의 이치를 살펴보면 한인, 한웅, 한검의 삼신은 곧 일신의 삼위로서 한얼이라, 즉 하나만 있고 셋이 없으면 그 쓰임이 없을 것이요, 셋만 있고 하나가 없으면 그 몸이 없을 것이라 하여 하나는 셋의 몸이 되고 셋은 하나의 쓰임이 된다는 것이다. 그래서 세검한몸(三神一體)인 한배검(天祖神)이 지닌 권위와 우위성은 절대적인 것이라고 가르친다. 우주와 세상만물을 창조한 조화주인 한인, 인간 세상에 내려와 만백성을 가르쳐 깨우친 교화주인 한웅, 만물과 백성을 기르고 다스리는 치하주인 한검, 세검은 한배검으로 숭배하고 있다.

1916년 박중빈(1891~1943) 창시한 원불교의 연원은 불법에 두고는 있으나 불교와의 역사적 교섭관계가 전혀 없는 만큼 신앙대상의 상징이 다르다는 점이 특히 사항이다. 근본적 진리는 상통하나 모 방을 통해 창조개혁을 시도 불법을 주체로 모든 종교의 장점을 취 하여 시대에 발맞추기 위해 정신개벽을 표방하고 나섰다. 또한 그 가 깨달은 진리를 ○으로 나타내고 있는데, 일원상(一圓相)의 진리는 만사만리(萬事萬理)의 근원이요, 만생령(萬生靈)을 움직이는 생성력 (生成力)의 근본으로 삼는다는 것이다. 말하자면 진리적 종교의 신앙 과 사실적 도덕의 훈련으로써 파란고해(波瀾苦海)의 일체생령(一切生 靈)을 광대무량한 낙원으로 인도하기 위하여 개교한 것이라고 말 한다. 이에 10여년 앞서 1902년 강일순(1871~1909)이 증산교를 창시 했다. 그는 동학혁명 이후에 사회적 혼란과 참상을 보고 인간과 세 상을 구원할 새로운 신앙을 세울 결심으로 모악산 대원사에 들어가 수도 끝에 만고(萬古)에 없는 무극대도(無極大道)라고 읊었을 뿐인데, 추종세력이 그의 호를 따서 증산교라 불렀다고 한다.

인존(人尊) 사상, 해원(解冤) 사상, 민족주체(民族主體) 사상 세 가지 가 증산사상으로서, 핵심은 천지공사에 있다. 천지는 크게 선천과 후천으로 순환하며 지금이 선천의 끝자락에서 후천으로 바뀌는 때 이고, 천지 모든 신명들이 원한이 가득 차 있을 때라 큰 괴질을 돌 려 인간이 멸종위기에 처하게 된다는 것이다. 증산을 옥황상제나 구천상제로 신앙하는 한편, 구천상제의 권능으로 천지의 운도를 뜯 어고쳐 말세의 재앙과 불행을 제거하고 후천개벽을 한다면 이것이 야말로 인류구원사업이 아니겠느냐는 것이다. 한편 1969년 대순진 리회를 창시한 박한경(1917~1996)은 1947년 조철제(1895~1958)가 세 운 태극도의 전신 무극대도에 입도하였다. 도주 조철제가 사망하 자 추종세력을 이끌고 나와 1969년에 교단명칭을 대순진리회로 바 꾸었다. 교리는 천지공사이며 종지는 음양합덕, 신인조화, 해원상생, 도통진경이고 성(誠)·경(敬)·신(信)을 수도의 요체로 하고, 안심(安心) 안신(安身)의 두 율령을 수행의 훈전으로 삼아 무자기 지상신선실현 지상천국건설을 신앙의 목적을 두었다.

최초 뿌리에서 하나 된 민족국가 고려를 개국한 왕씨 일가는 474년 동안 다스려왔으며 이씨 일가가 조선을 건국하여 통치해온 518년까지 도합 1천여 년의 세월동안에 수많은 외침을 당해왔는데 그 이유를 어디에서 찾아봐야 하는 것일까. 특히 뿌리가 몸통에게 사대의 예를 갖춤에도 불구하고 속국을 면치 못했다는 사실을 어떻게 받아드려야 하느냐는 것이다. 물론 핵심몸통 화(華)가 아니라 북방 혹은 변방몸통 이(夷)에게 받아야만 했던 속국의 표적이고 보면 뿌리민족이 뿌리에서 본연의 삶을 살았더라면 과연 있을 수나 있었겠느냐는 것이다. 뿌리의 법을 찾으려 하지 않고 오직 몸통의 법에만 매달리는 통에 껍데기 붕당놀음에 하나 되어 살아갈 수 없었다는 것이다.

음양이든 의논이든 합의된 사항은 0차원의 알갱이로서 껍데기 붕당에 불어넣기만 하면 되는데 게다가 이 방도를 구하고자 뿌리로 들어왔는데 몸통의 사대라는 사상의 늪에 빠져 그만 놓치고 말았다. 이는 곧 왕씨 가문의 몰락으로 이어졌고 이 대안을 찾고자 이씨 가문이 정권을 물려받았고 고려는 멸망했으나 신흥종교의 난립은 없었다. 하지만 대안을 찾고자 고려 왕씨 가문에서 정권을 물려받은 이씨 조선의 붕괴는 차원이 다르다. 무엇보다 뿌리는 운용주체인 데다가 팔도로 나뉜 만큼이나 개성이 뚜렷할 터이니 숙원은 하나 되어 나가는 것에 있었다. 이쯤에서 새겨 볼 일은 열국보다 삼국보다 남북국보다 하나 된 민족국가를 이루어 살아가는 고려와 조선시대에 들어 몸통의 속국을 면치 못한 이유를 알고 있느냐는 것이다.

운용주체는 지도자라 곧 죽어도 머리 숙일 수 없는 입장을 감안하면 팔도의 운용주체가 하나 되어 나간다면 몸통·가지가 뿌리보다 강할 수는 없다. 하지만 저마다 대장이라 팔도가 하나 되어 나가지 못해 속국을 면치 못한 것이었다. 뭉치면 죽고 흩어지면 사는 민족이 분명하나 무엇보다 업그레이드 시대는 흩어져야 사는 민족에서 뭉쳐야 사는 민족이 되어야 한다는 것이다. 손에 손잡고 나가자는 인류숙원이야말로 뿌리의 숙원이 아닐 수 없으니 하나 된 민족국가를 이루어 살아가는 동안 숱한 외침에다 속국을 면치 못했던 이유도 다름 아닌 하나 된 듯싶었지만 하나 되지 못했기에 받아야했던 표적이었다.

완벽한 조건을 갖춘 조선은 고려와는 상황이 다르다. 조선의 이씨 왕가는 몸통육생 행위법에 뿌리의 정신량을 전적으로 부가해 나가야 했던 시대였으나 오히려 몸통육생 행위법에 목을 매야 했으니 뿌리가 몸통에 의해 사달나지 않을 수 없었다. 사실 몸통이 뿌리를 사달 내는 만큼이나 몸통도 사달이 난다는 것인데, 뿌리고려가 핵심몸통 송나라에 의지하다가 북방몸통 원나라의 속국이 된 처지와 뿌리조선이 핵심몸통 명나라에 의지하다가 변방몸통 청나라에 속국이 된 처지 때와의 강도는 전혀 다르다는 점이다.

불완전한 고려는 완전한 조선으로의 항해 중이었다며 완전한 조선의 항해는 동북아의 삼국의 구심점이 되기 위한 항해였었기 때문이었다. 아울러 고려 왕씨 가문의 몰락은 조선 이씨 가문이 기다리고 있어서라고 하겠으며 완벽한 조건을 갖춘 조선 이씨 가문은 도대체 누가 기다리고 있기에 몰락했느냐는 것이다. 하나 되어 나갈 대안을 마련해야 할 이씨 조선의 문무대신들 조차 하나 되지 못해 받아야하던 표적이 뿌리민족의 주권피탈이었다. 1897년 대한제국의 수의로 갈아입어야 할 시간이 다가오자 1882년에 임오군란이 일어나 1884년 갑신정변으로 이어지면서 뿌리의 마지막을 알리는 1894년에 동학혁명을 발발하자 두둑에게 1910년 뿌리민족 운용주체의 왕관을 **빼앗기어** 강점기를 맞이하고 말았다. 사태를 이 지경까지 몰고 간 이들이 과연 누구인가. 또 민란과 혁명과 전쟁으로 피폐해진 민초들의 삶을 누가 긇어 않아야 한단 말인가.

상층과 중층이 어울리지 못할 때마다 코피는 하층이 터지고 상층의 문무대신들이 합의점을 찾지 못할 때마다 중층과 하층의 **뼈**골을 갈아내야 했었다. 조정의 문무대신들 조차 대안을 몰라 이 지경까지 몰고 왔는데 그렇다면 최소한이라도 민초들을 어루만져야 하는 일은 누가 해야 하느냐는 것이다. 하층구조 몰락은 중층구조의 부실로 이어져 상층구조 붕괴는 **빤한** 일인데, 구한말 전후로 뿌리에 보내진 이들이 있었으니 그들이 바로 신흥종교를 일으킨 교주다. 이들은 이미 보내진 이들이었으며 받아온 기본의 육생량은 도술(道術)이었다. 생각차원이 남달라 당장에 고달픈 민초들을 어루만지기에 딱 좋은 사상을 들먹이는 교주행위 여부에 사실상 뿌리의 이념이 자리하느냐 못하느냐가 달려있었다. 동족상잔 6.25전후에도 다름 아니다. 이들 교주는 정신량을 책임질 지도자들이라 뿌리의 군웅할거 시대였었고 개중에 하나만이라도 받아온 육생량 도술(道術)에 놀아나지 않았다면 뿌리의 이념을 마련했을 텐데 안타깝게도 선천적 술(術)에 놀아나고 말았으니 후천적 법(法)에 까지는 이르지 못해 육생신앙에 머물고 말았다.

☾ 육생신앙 인생종교

육생량의 기운이 가득 찬 서양의 가지와 음의 정신량이 충만한 동양의 뿌리와의 만남은 세 차례의 서세동점으로 이루어졌다. 그 세 번째 시기가 1988년 전후로 시작된 업그레이드 시대다. 그야말로 업그레이드 시대는 가지의 육생량이 양의 기운으로 꽉 차있어 음의 기운이 충만한 동양의 뿌리로 몰려드는 시대를 말한다. 가지에서 기른 과일에 영양성분을 주입코자 뿌리로 찾아드는 일은 자연스러운 현상이다. 물론 육생살이 필요한 모든 육생량은 1차 개척이 끝난 상태로서 앞으로서는 육생물질 발명이라는 개념보다는 업그레이드시키는 개념이 맞지 않을까 싶다. 분명 육생량에 육생물질을 업그레이드시키는 것도 필요하지만 육생살이를 위한 것에 불과하므로 인간이 육생량에 꺼둘리는 삶이 전부일 수밖에 없다.

힘의 논리가 잠재한 활동주체 양의 기운 육생량에 운용주체 음의 기운 정신량을 부가시켜 나가지 못한다면 양과 양의 충돌 즉 양양상충(陽陽相沖)은 불 보듯 빤한 일이다. 이쯤 된다면 이기적 육생논리가 빚어낸 돌연변이 삶을 살아가야 할 터이니 그야말로 참상이 아닐 수 없다. 사람으로 승화하기 이전의 인간은 육 건사가 우선일 터이니 이기적 육생을 살아갈 터이고, 사람으로 승화했다면 정신량이 부가된 상태라 이타적 인생을 살아갈 것이다. 다시 말해서 어린육생시절은 육 건사가 우선이라 너를 위해 살아간다 한들 나를 위한 행위 밖에 될 수밖에 없기에 자격은 육을 성장시킨 성인인생시절이 되고나서나 주어진다.

육생 넘어 인생이라 육 건사 안위를 갖추고 나서나 정신량을 거론하게 되는 것처럼, 천재지변은 물론이요 민란과 환란과 전쟁으로 삶이 피폐해져 육 건사 행위조차 힘들어 졌다면 신에게 빌어서라도 목숨을 부지해야 하는 것이 육생살이 인간이다. 천제지변은 업그레이드 시대라고 한들 피해갈수 없지만 대량생산하는 시대이므로 육 건사에 목을 매지는 않을 터, 필요한 것은 하나 되어 나가는 인생의 법도(法道)이지 육 건사를 위한 육생의 술도(術道)가 아니라는 것이다. 육 건사가 우선인 육생시대에서나 육생신앙을 통해 육생술도를 찾기 위해 골골이 산천을 헤매다 기도나 치성으로 간혹 채우기도 했었겠지만 양의 기운이 넘쳐나는 업그레이드 시대는 음의 기운을 부가시켜 인생법도를 이루어야 하는 시대이므로 육생신앙 행위로 구할 수 있는 것은 그 무엇도 없다.

어려워졌다는 것은 고통스러워졌다는 것은 내 앞의 인연과 하나되어 나가지 못할 때마다 쌓인 혹은 바르게 처리하지 못한 때가 쌓여 폭발한 표적이다. 보다 나은 삶을 영위코자 한다면 하나 되지 못한 이유와 그 때의 일을 바르게 처리하지 못한 이유를 밝혀내는 일인데 밝혀내지 못한다면 나아짐이 없으리라는 것이다. 어려움이란 어느 날 갑자기 주어지는 고통이 아니다. 그렇다고 전생의 업으로 인해 닥친 일도 아니라는 것이다(전생과 윤회와 업을 논하자면 한 권 분량의 이면도 모자랄 터이니 이쯤에서 접자).

나 하기 나름에 달리 나타나는 상대성원리가 인간생활에 적용된다는 사실을 인정하기만 한다면 삶의 향상은 그리 어려운 일만도 아니다. 설마와 우연으로 치부하기 일쑤라 거기에 멈추어 진보하지 못하고 있는 것이다. 인간사 적대적이자 상호보완적인 관계는 나 하기 나름에 따라 스스로 풀리는 차원에서 적용되는 작용반적용의 법칙은 0차원을 이루기 위한 일렁이는 물살일 터이고, 인생방정식은 육생량의 저울일 터이니, 0차원의 행복을 영위시키기 위한 사랑 그 행위를 아름답게 승화시켜 나가기 위해 주어진 과제가 상대성이라는 것이다.

절대분별의 삶을 살아가야 하는 인간에서 있어서 둘이 하나 되어 나가는 사랑의 과정 그 껍데기에 머물러선 0차원의 알곡 그 행복을 맛볼 수 없다는 것이다. 사랑의 알곡을 채워 넣을 때에서나 영위할 수 있는 행복은 선천적 육생기본금 사주를 바탕으로 정신량을 부가시켜 나가는 후천적 삶의 질량이므로, 육생량을 찾아가는 선천적 행위에 정신량을 부가시키는 후천적 행위에 대한 분별을 해내야 한다는 것이다. 머물러 집착하지 마라는 것은 선천적 육생량에 머물면 내가 만들어나가는 후천적 차원의 맛을 볼 수 없기에 하는 소리다.

육생량은 인생량을 위해 그 쓰임을 다해야 하는 것이므로 이를 첨가해 나갈 정신량을 창출해야 하는데, 후천적 행위는 순수 인간의 몫으로 주어진 사안이므로 신(神)이 해야 할 일이 아니라는 것이다. 이미 선천적인 육생량은 태어나면서 기본금으로 받아온 터라, 가뜩이나 양의 기운이 넘쳐나는 업그레이드 시대인데, 정신량을 기도나 빌어서 구할 수 있는 그 무엇으로 생각했다면 대자연을 몰라도 너무 모른다. 분명 당대의 정신량은 후천적인 요소이고 업그레이드 시대 또한 후천적인 요소인바, 음양화합 0차원은 후천적 삶을 영위해 나가는 세대의 몫이라는 것이다.

선천적 질량 받아온 육생의 기본금 사주가 껍데기라는 것은 인연을 불러들이는 방편에 불과할 뿐이라서 하는 소리다. 불러들인다는 것은, 찾아오게 만든다는 것은, 찾아오면 도와주겠다는 소리가 아닌가. 이때 호주머니만 노린다면 찾아든 인연의 볼멘소리는 커져갈 터이고 그렇다면 커진 만큼의 표적은 분명하게 들어갈 것이다.

찾아온다는 것은 도움 받고자 하는 의미도 있지만 통해보자는 의미도 있다. 이때 맞이한다는 것은 하나 되어 살아가보자는 것인데, 그저 행위만 있고 실지가 없는 껍데기에 소통, 화합, 융합의 알곡을 누가 채워 넣어야 하느냐는 것이다. 이 알곡을 채워 넣지 못한다면 정신량 부재로 육신만 비대해 어른애 삶을 살아갈 수밖에 없는데 실제로도 그러하다. 이미 만들어진 말은 선천적인 상태라 너와 내가 사랑하며 살아간다면 채워지기 마련이나 문제는 사랑은 한다하나 상호 이로움이 배제됐다면 육생량의 껍데기라는 것이다. 그러면 어떻게 해야 행복의 알곡을 채워 넣을 수 있느냐 인데, 선천적인 수단에 후천적인 대안 없이는 껍데기에 불과할 뿐이라, 아마 만족은 할 수 있을 런지 몰라도 결코 행복할 수는 없다.

선천적 양의 기운 껍데기 사랑행위에 후천적 음의 기운 정신량의 알곡을 채울 때 행복을 만끽하게 되는 것이다. 분명한 사실은 이미 있거나, 주어졌거나, 받아온 것이라면 선천적 육생량에 정신량이 가미되지 않은 육생량만으론 느낄 수 있는 행복은 그 무엇도 없다는 것이다. 그래도 있다고 우긴다면 행복과 분별키 어려운 만족을 두고 하는 말이다. 나만을 위한 육생만족 말이다.

정신량이 배제된 만족은 자기만의 포만감으로서 받아온 육생량만으로 충분이 느낄 수 있는 그 무엇이라 하겠지만 역시나 육생만족은 깨지기 쉬운 질그릇이라 하겠으니 삶이 다할 무렵 다들 부질없다고 말한다. 이렇듯 만족마저도 선천적 육생량에 놀아나는 꼴이고 보면 후천적 인생량 행복과 분별치 못하는 것도 자기 뜻대로

됐다 싶을 때 느낄 수 있는 차원이라서 더욱 그렇다. 남 탓이나 해 댈 때가 자기 뜻대로 안 될 때이다. 그렇다면 내 뜻대로 될 때가 언제이며 어떻게 해야 내 뜻대로 될 수 있는지 알고 타박 하는 것 일까. 사랑행위는 고사하고 만족이라도 느껴보려 한다면 이 또한 하나 되는 차원을 알아야 하는데, 이를 모르고선 이도저도 곤란하 다. 후천적인 행복은 내가 만들어나가는 이상향으로서 지금 여기 에 있는 너와 0차원의 합의를 이루어낼 때 맛보는 황홀경이라 할 것 있다.

선천적 육생시대는 육 건사가 우선이었던 만큼 받아온 육생량에 필요한 육신신앙도 함께 해야 했으니 정신량이라 한들 육생량에 국한 될 수밖에 없다. 무엇보다 은근한 힘이 가미된 육생 정신량에 는 너를 위한다고는 하나 태반이 나를 위한 행위라 적대적 공존이 니 상대적 빈곤이니 하는 상반된 모순을 빚어내고 있다.

인간의 군상은 천태만상이라 충돌하며 살아갈 수밖에 없다는 말 들을 곧잘 하는데, 사실 육생살이 가치관에 묶여있어 하는 소리다. 산모가 출산의 고통을 겪고 하나 되고자 할 때 성장통을 치러야하 는 것처럼 육생지식과 인생지혜는 혼화의 과정에서 빚어지는 충돌 은 자연발생적이지 인위적 현상이 아니라는 것이다. 단지 지식이 지혜마냥 나대다보니 지혜가 주눅이 들어 지식에 얹혀사는 꼴을 보이는 것 뿐 육생과 인생의 충돌도 없다. 충돌은 하나 되는 방 법을 몰라 몸소 체험하는 고통이고 보면 그 고통으로 무르익은 육 생량속에 육생 정신량마저도 그렇게 무르익는다.

작금도 인생살이 정신량 창출기간이라 육생살이 정신량에 의지 할 수밖에 없기에 선천적으로 주어진 육생의 기본 자리에 올라선 것을 가지고 성공을 운운한다. 육생넘어 인생이라 육생량은 인생량을 위한 것이므로 사주 그 기본의 자리에 올라섰다는 것은 그만큼의 인연을 맞이할 수 있는 조건을 부여받았다는 것뿐인데, 그때부터 인생살이 시작되는 것인데, 그렇다면 그에 걸맞은 사고와 인성까지 갖추어야 하는데 이를 준비해 왔느냐는 것이다.

실패는 기본 자리에 올라선 후 하나 되어 나가지 못해 받아야 하는 표적이라는 점에서 선천적 육생성공은 사랑을 쌓기 위해 올라선 과정이고 인생출세는 행복하기 위하여 만들어 나가는 후천적인 차원이라는 것이다. 인연맞이 조건을 갖춘 육생성공 또한 불러들인 인연들과 하나 되어 나갈 때 인생출세가 성립되므로 필요한 것은 성공과 출세를 연계해줄 정신량이다. 양의 기운이 차오른 업그레이드 시대에 창출해야 할 것은 인간에서 사람으로 승화시켜줄 후천적 인생법을 전개시킬 정신량이다. 육 건사가 우선이었던 육생시대는 육 건사 육생량이 필요할 터이니, 이미 있거나 받아온 선천적인 질량이 모자란다거나 부족할 땐 신에게 빌어서라도 구할수밖에 없었기에 육생신앙은 그렇게 자리해 왔던 것이었다. 예나지금이나 변함없는 점은 고통은 행복하지 못해 받는다는 것이고, 어려움은 사랑하지 못해 겪는다는 것이다.

이기적일 수밖에 없는 인간들이 신에게 의지해왔던 육생시대의 육생신앙은 육생량을 해결하기 위함 이었다면, 사람답게 살아갈 정신량 창출은 엄연한 인(人)의 몫이므로, 업그레이드 인생시대를 맞이하여 인생종교가 해야 할 일이 바로 이 일이었다. 선천적 육생신앙과 후천적 인생종교의 차이는 다름 아닌, 신앙이 사랑의 껍데기라면 종교는 행복의 알곡으로 육생이 인생이 될 때 신앙이 종교가 된다는 것이다.

　모순은 언제나 둘이 하나 되어 가고자 할 때 빚어지므로 의논이든 음양이든 합의치 못한 모순을 바로잡아줄 방도가 필요한데, 후천적 실지 법안은 인생종교가 마련해야 한다는 것이다. 사실 언제나 늘 그러했듯이 아쉬워 찾아오는 것이 활동주체 양의 기운 육생량이므로 언제든지 음의 기운 운용주체는 이들을 위한 정신량도 머금고 있어야 한다. 도움주기 위해 찾기보다 아쉬움을 달래고저 찾는 게 태반이라 육생량 추구하는 해 지는 서양에서 해 돋는 동양으로 찾아 든 시기가 1차 서세동점이었던 명말청초 때쯤이었다고 앞선 장 밝힌바 있다.

　이는 양의 기운 서양이 음의 기운 동양을 움켜쥐고자 찾아 온 것이 아니고 육생량이라는 껍데기에 정신량의 알갱이를 채워야 할 시기가 다가옴에 따라 찾아든 것이었다.

　한편 서양가지는 육생 문예부흥 시기라 일컫는 르네상스 시대였으며, 로마 가톨릭교회가 개신교를 탄압하면서 종교개혁이 시작되는 때였고, 이를 단초로 개신교가 자리하였다.

　또한 대항해 시대에 발맞추어 로마 가톨릭교회가 뿌리로 입성키 위해 해상 실크로드가 개척되어 동남아를 거쳐 동북아에 입성하여 몸통·두둑에 자리하기 시작하였다. 육상 실크로드는 핵심몸통에서 북방몸통 몽골을 거쳐 유라시아로 전계되므로 로마 가톨릭교회보다 1천여 년 앞선 핵심몸통 당나라(618~907) 635년 태종(재위 626~649)9년 때 네스토리우스(386?~451)파 선교사들이 장안에 도착하고 3년이 지난 638년 대진사 경교(景敎)를 세웠다. 이후 16세기 초 1차 서세동점 때 핵심몸통 명나라(1368~1644) 말기에 마테오리치(1552~1610) 신부 등의 예수회(1534년 성 이나시오 설립) 선교사들이 전교(傳敎)활동을 했으며, 개신교는 18세기나 되서야 변방몸통 청나라에 들어왔다.

육상 실크로드는 단순히 육생량만을 위한 육상 교역로가 아니다. 무엇보다 중요한 사항은 먼저 서에서 동으로 육생량이 들어온 교역로 이기보다 동에서 서로 정신량이 나가면서부터 사통팔달 하나 되기 위한 교역로였다는 것이다. 동서육상 교역로가 자리 잡을 무렵에 서양가지는 르네상스에 대항해 시대를 맞이하여 로마 가톨릭교회가 육생신앙을 싣고 항해에 나섰다. 몸통에는 이미 1세기 후반 한나라(서한 206~9, 동한 25~220) 명제(재위 57~75) 때 실크로드를 통해 육생불교가 전파되었다. 14세기에 르네상스 문예부흥운동이 일어났다는 것은 육생물질문명 1차 향상시대가 도래했음을 의미하고 있다. 이에 맞물려 종교전쟁이 일어났다는 것은 육생신앙일망정 일정기간 동안은 이에 대한 정신량은 불가분의 요소라 충돌은 불가피한 일이었다.

동북아가 맞이한 1차 서세동점은 가지 육생물질문명의 개화기라고 하겠지만, 로마 가톨릭교회 신앙을 전파하기 위함이자 음의 기운을 맛보기 위함이었고, 훗날 뿌리에 개신교가 자리하기 위함에 있었다고 해야 할 것 같다. 한편 동북아 구심점 뿌리는 몸통의 육생량에 취해 질량을 잃어가는 동안에 두둑은 에도 시대를 구가하여 나름의 육생문명을 구가해 나갔었다. 250여년이 흐른 뒤 가지사회의 육생량의 중심축 영국에서 산업혁명이 일어나면서 육생경제구조뿐만 아니라 귀족과 지주지배 체제가 무너지면서 자유경제 체제가 자리하기 시작했었다. 하지만 어찌된 영문인지 노동자들의 삶의 질은 갈수록 떨어지자 자본주의를 반대하는 사회주의 운동물결이 일기 시작하였고, 그 무렵 육생살이 차원을 둘로 갈라놓을 이가 나타났는데 그가 바로 카를 마르크스(1818~1883)였다.

18세기 중반 가지에서 자본주의와 사회주의의 갈등이 빚어졌다는 것은 양의 기운 육생물질문명 2차 향상시대가 도립했음을 알리는 바였고, 급변하는 육생살이 양의 기운을 싣고 음의 기운이 잠재하고 있는 동북아로 찾아들었다는 것은 앞으로의 기계식 시대를 예견하는 바였다. 이 시기가 뿌리·몸통·두둑의 2차 서세동점인데 변화의 물결에 편승치 못한 뿌리는 치옥의 물갈이 경술국치 시대를 맞이했다. 한편 육생량이 산업혁명으로 대량생산되는 만큼 수요공급이 원활치 못한 기현상으로 가지권 곳곳에서 끊임없이 혁명이 일어나고 있었다.

가지의 모순까지도 육생량에 싫고 동북아로 찾아드는 시점이 두둑에 의해 뿌리가 절단 나고 몸통도 사단이 날 무렵이었다. 물론 몸통은 1911년 신해혁명을 통해 1912년 쑨원이 중화민국을 건국했지만 뿌리와 만주일 때를 두둑에게 귀속시킨 상태라 상아(象牙)를 잘린 코끼리가 울부짖다 잠자는 형국이었다. 그리고 뿌리는 수의로 갈아입은 지 13년 만인 1910년 두둑강점기를 맞이하면서 뿌리와 몸통은 그렇게 긴 잠에 빠져들었다.

돌이켜보면 하나 된 민족국가를 이룬 고려와 조선 1천 년 동안 몸통의 속국을 면치 못했고 두둑의 왜인들에게까지 시달림을 당해왔다. 왜 그런 것일까. 고조선 패망 이후 열국에 이은 삼국 그리고 남북국시대까지는 기실 뿌리민족이 하나 되기 갈망하며 살아온 시대는 속국은 있을 수도 없는 일이다. 마침내 밑동 부분이 깊숙이 파여 나갔어도 하나 된 민족국가 고려를 건국하였다. 불완전함은 완전함을 위한 것이라, 조선은 음양화합 0의 수가 나오는 뿌리지형을 복원하기 위함이었고 또 복원 된 뿌리 지형에서 살아가는 만큼 삶의 질량도 화합을 위한 의논합의 0차원을 이루는 시대를 열어가야 했었다.

하나의 차원으로 복원된 뿌리에서 하나 되어 살아가야 하는 시대가 바로 조선시대로서 그에 걸맞은 걸출한 위인들을 보냈음에도 불구하고 붕당정치에 놀아나 뿌리보호막에게 주권까지 빼앗기는 지경에까지 이르렀다. 무엇보다 고려(高麗)는 수면으로 떠오른 조선(朝鮮)현용(見龍)이 되기 위한 잠룡(潛龍)의 시기였다고 할까. 현용조선이 기다리고 있었기에 새로운 이념을 불어줄 육생신앙도 출현하지 않았다. 고려는 뿌리의 역량을 직접적으로 발휘하기보단 0차원을 이루어 나가기 위한 잠룡의 위치였고 현용(見龍)이 된 조선은 재전(在田)으로서 이견(利見)하려면 대인(大人) 즉, 육생량을 거부하기 보다는 받아드려야 하는 입장이었다. 이를테면 조선은 밭에 나타난 용이었으니 대인을 만나야 이롭다고 하는 위치였다고 할까. 이쯤에서 생각해 볼 문제는 조선이라는 현용이 만나야 하는 대인이 도대체 누구냐는 것이다.

때를 기다리며 힘을 비축한 고려잠룡이 승천을 위한 조선현용이 되어 밭에 머물렀다는 것은 대인을 만나기 위함이었다. 대인을 만난다는 것은 당대 인간에서 사람으로 승화하여 사람처럼 살아가는 법의 토대가 될 안건이었다. 뿌리는 운용주체, 몸통·가지는 활동주체다. 그렇다면 운용의 주체인 뿌리 조선현용이 승천하기 전에 밭에 머물러 기다렸던 대인이 과연 누구냐는 것이다. 핵심몸통 명나라도 그렇고 변방몸통 청나라도 그렇고 두둑은 더더욱 아닐진대 무신일까 문신일까 아니면 정신적 지도자를 자처하는 이들일까.

분명 밭은 70% 육생량을 주관하는 곳일 터 그렇다면 정신량을 주관하는 운용주체 뿌리가 또 다른 30% 정신량을 주관하는 대인을 만나야 한다는 것일까. 그렇다면 그가 누구일까. 과연 이 땅에 있기라도 하는 것일까. 밭은 수많은 인연이 몰려드는 대평원이기도 하므로 조선현용이 머물러 기다렸던 것은 16세기 명말청초에 1차 서세동점에 찾아든 가지의 육생량이었다. 문제는 고려가 잠룡이었다는 사실을 몰랐기에 조선이 현용이었다는 사실을 모를 수밖에 없었다는 것이다. 그래서 이견대인을 몸통으로 알 수밖에 없었던 모양이다. 안다한들 사대에 목을 맨 관계로 더구나 사람의 연으로만 알고 찾으려 들었을 터이니 승천은 힘든 일이었다.

가지의 육생량이 대인이라는 소리가 얼토당토 않겠지만 뿌리는 운용주체인지라 활동주체 몸통·가지의 인연이 대인이 될 수는 없다. 허나 30% 정신량을 70% 육생량에 부가시킬 때 운용주체 행위를 하게 되는 법이라 30% 정신량의 행위를 다할 수 있게 찾아온 70%육생물질문명이 대인이라는 것이다. 음의 기운 운용주체가 행하려 해도 행할 대상자인 양의 기운 활동주체가 없다면 하고자 해도 할 수가 없다. 육생량에 정신량을 채우려오는 활동주체가 있기에 운용주체가 소임에 임하게 되는 것이라고 하겠으니 본연의 삶을 살아가려 한다면 운용주체 민족은 대인이 꼭 사람의 연이어야 한다는 관념부터 바꿔야한다. 물론 고려잠룡을 통해 조선현용이 되었기에 이견대인이 무신이든, 문신이든, 정신적 지도자 등등 있을 수도 있다고도 하겠지만 18세기에 들어서는 불세출의 명맥이 끊긴지 오래다. 그들을 대신해 신흥종교 교주들이 자리하기 시작하였으나 때는 이미 대한제국 수의를 갈아입을 즈음이라 대인으로까지 자리할 수는 없었다.

몸통·가지 활동주체의 육생량으론 뿌리 운용주체의 정신량을 품어 안고 가지 못한다. 사람의 연으로서의 대인은 육생량을 다루는 활동주체들 끼리라면 모를까 정신량을 다루는 운용주체의 이견으로서의 대인은 될 수는 없다. 활동주체의 대인은 엄연히 운용주체인데 그렇다면 운용주체를 승천시키기 위한 대인이 과연 누구여야 하느냐는 것이다. 뿌리가 해야 할 일은 몸통·가지에 정신량을 불어넣는 일이고, 가지가 해야 할 일은 육생량을 생산하는 일이며, 몸통은 정신량과 육생량의 교역의 장소이니 만큼 승천일은 몸통·가지와 0차원을 이루는 그 날이며, 그 날이야말로 몸통·가지가 비상하는 날이다. 이는 곧 세 개의 차원으로 나뉜 세상이 하나로 통하는 날이라 하겠으니 육생량에 정신량이 부가되는 날이요 현용이 승천하는 날이다. 조선현용의 재전은 16세기 명말청초 1차 서세동점이었으며 대인의 대상은 바로 대항해시대 가지의 육생물질문명을 받아드리는 일이었다. 2차 서세동점을 맞이하기까지 250여 년 동안 몸통에 의지한바가 너무 크다보니 고려잠룡에서 현용이 된 조선은 승천을 위해 뭍에 올라온 형국이었는데, 오히려 권리를 빼앗기고 수의로 갈아입어야 했었다.

사실 1차에서 2차 서세동점에 이르기까지 군자 종일 건건 석척약려 무구(君子 終日 乾乾 夕惕若 厲 无咎)의 시기였어야 했다. 운용의 주체 뿌리가 온종일 활동주체 몸통·두둑의 안위를 돌보며 밤늦은 시간까지도 노력을 아끼지 않았더라면 부딪치기보단 하나 되어 살아왔을 것이라는 소리다. 이처럼 하나 된 민족국가를 이루어야 하는 이유를 고려 잠룡시절에 밝혀냈더라면 초기에 변방몸통 거란의 침입을 바로 보았을 테고, 현용이 된 조선도 임진왜란과 병지호란 그리고 1차 서세동점을 바르게 보았을 것이었다. 그리됐더라면 2차 서세동점을 맞이하여 활동주체 가지의 육생량에 정신량을 가미시켜을 것이며 혹약재연 무구(或躍在淵 无咎)라, 업그레이드 시대를 향한 뿌리는 약용(躍龍)이 되어 뭍을 힘차게 차오를 기회를 충분히 마련하고도 남았다. 허나 잠룡이었던 고려가 북방몸통 몽골항명의 의미조차 모르는데 조선이 현용이 되었다한들 두둑열도의 항명 임진왜란의 의미를 어찌 알겠으며 변방몸통 청나라의 항명 병자호란의 의미 어찌 알 수 있겠느냐는 것이다. 1차 서세동점은 뿌리개혁을 위한 것이었으나 의미조차 몰랐으니 2차 서세동점을 맞이하여 수의를 갈아입어야 했던 것이었다. 이는 물론 뿌리의 주권을 빼앗기 위함이었지만 한편으론 재도약의 기회를 주기 위해서였다.

두둑강점기를 얼마 앞둔 구한말 신흥종교가 자리하기 시작했던 이유를 여기에서 찾아볼 수 있다. 물론 밭갈이 동족상잔 6.25 이후에도 신흥종교가 출현했지만 구한말 때와의 차원이 전혀 다르다. 무엇보다 처음으로 신흥종교가 대거 출현했을 당시가 주권을 잃기 시작할 무렵이었으며. 두 번째가 광복과 동족상잔 6.25를 치룬 후 공산·민주 두 개의 이념이 자리했었다는 점에서부터 다르다. 주권을 잃을 때와 다시 찾을 무렵이라는데 있어서의 의미가 확연히 다르다. 그리고 보면 왕은 물론이요 붕당으로 나대던 문무대신과 정신적 지도자들 마저도 궁궐에서 쫓겨날 무렵이었으니 신흥종교 출현은 뿌리이념 토대마련을 위한 것에 있었던 것이었다. 육생 넘어 인생이듯 도술 넘어 도법인데 기본으로 받아온 술에 취한 교주가 육생의 술을 인생의 법으로 착각했으니 신으로 군림하려 들 수밖에, 그로인해 자기도취에 빠진 교주는 기복이나 부추겨야 했으니 뿌리이념은커녕 미신과 사이비로 치부당할 수밖에 없으며 그 무렵 개신교가 뿌리에서 활동을 전개했다.

한편, 쫓겨난 궁궐의 지붕은 왕관이요 궁궐자체가 곤룡포였으며, 한옥의 지붕은 사모요 한옥자체가 관대 단령포였다는 사실을 알고 나 있을까. 이후 지방각처의 서원이나 학당이나 기타 곳곳에서 후학을 양성하여 조정으로 올려 보내는 일이 완전히 끊기고 말았다. 왜 그런 것일까. 구한말 때 신흥종교는 주권을 빼앗긴 뿌리이념을 인식시키기 위한 정신량이어야 했으며 2세대 새날의 씨앗 베이비부머를 키워낼 두둑강점기 1세대 기계식의 이념이어야 했었지만 파종조차 못했다. 물론 동족상잔 6.25 이후에 출현한 신흥종교도 마찬가지다. 2세대 새날의 씨앗 베이비부머에게 뿌리이념을 고취시켜 주기 위한 정신량으로 자리해야 했었지만 우상숭배와 신격화로 거기에서 그렇게 멈춰야 했던 것이었다. 그러고 보면 1, 2차로 출현한 신흥종교는 모두 2세대 새날의 씨앗을 위한 것이었음을 알 수 있는데, 교주들이 하나같이 육생의 술로 굴림 하려는 바람에 정신적 지도자의 위치는 쳐다보지도 못하고 사이비 소리나 들어야 했으니 환장할 노릇 아니겠는가.

한편, 두둑강점기에 이은 광복과 동족상잔 6.25를 거치면서 민주·공산 두 개의 이념이 자리했다. 공산이념을 채택한 북쪽이야 노동자를 위한 주체이념이라 민초들의 호응이 컸던 만큼 나름의 방식을 구가해나갔다. 남쪽은 사유재산을 인정하는 민주이념을 채택하여 지식인과 부르주아가 공존하는데도 불구하고 사실상 이념의 공백기였었다. 물론 민주나 공산이나 육생량을 담당한 육생 정신량에 불과해 부딪침의 모순이 불거져 나올 터이고, 불거져 나온 모든 모순은 정신량의 토양으로서, 이 토양을 받아먹으며 자라날 세대가 바로 새날의 씨앗 베이비부머다. 이와 때를 같이해 신흥종교가 출현했으나 1차 출현 때와는 상황이 전혀 달랐다. 뿌리에 사상을 두려했던 유·불·선과 그리고 가지사상 기독교에서 분파한 육생신앙의 출현으로 삼파전 양상을 띠기 시작하였다. 민주·공산이 대립으로 뿌리 홍익사상과 몸통 유·불·선 사상 그리고 가지사상 기독교의 출현으로 뿌리는 어느덧 사상·이념·신앙의 각축장이 되어가고 있었다.

이 무렵 유독 창출2세대 베이비부머만이 육생 어린 시절과 인생 성인시절을 모든 것이 뒤죽박죽 섞여버린 시대에서 자라나야 했었다. 물론 베이비부머가 업그레이드 시대의 핵심 기성세대여야 한다는 것은 그럴만한 이유가 충분히 있겠지만 낭만을 찾아 유토피아를 꿈꿔온 것도 이 때문이라고 하겠다. 미륵세상은 어떻고, 십승지는 어디며, 정도령 출현을 귀에 딱지가 않도록 들어야했으니 말이다. 1세대나 3세대보다 유독 2세대가 자라나며 듣고 겪어야 했던 일이며 지금까지도 벌어지고 있는 이유가 분명 있을 터인데, 각설하고 이념의 공백기라는 것은 많은 사상과 이념과 신앙이 난무하는 시대였기에 하는 소리다.

사상이 바로 섰다면 이념의 혼동을 일지 않았을 것이며 신앙도 그다지 필요하지도 않을 것이다. 사상이 부재하면 주관은 핫바지라 그만큼 소통의 걸림이 많을 터이니 어려움은 따 놓은 당상이고 그렇다보면 늘 그렇게 빌면 도와줄 육생신앙의 대상을 찾아 헤매게 되어 있다. 쏠림이 심화될수록 민초들의 **뼈골 빠지는** 이유에 대해서는 소통부재로 벌어지는 일이라고 말하는데, 이는 이념부재로 일어나는 일이다. 인생을 살아가야 할 민족이 육생에 머물렀다면 어려움은 당연지사 이를 헤쳐 나가려 한다면 인생과 육생을 연계할 정신량이 필요한 것이 아닌가. 이념부재를 육생신앙에 매달려 왔고 또 거기에서 찾으려 했기에 주눅이 든 역사가 전부일 수밖에 없다.

8. 대한제국의 수의를 입다
-대한제국-

    잠룡위치에까지 오른 고려는 변방몸통 거란 침입에 이은 북방몸통 몽골과 치른 전쟁은 조선현용이 되기 위한 과정이었다고 치자. 그렇다면 현용이 된 조선시대에 1차 서세동점을 알리는 두둑의 항명 임진왜란으로 혹독한 대가를 치렀고, 핵심몸통 명나라가 변방몸통 청나라에게 침식당하는 걸 봤음에도 불구하고 끝내 병자호란으로 두 발 두 손 다 들어야했다는 사실을 어찌 받아드려야 할까. 이후 두둑은 에도 시대를 맞이해 나름의 삶을 영위했으며 고려잠룡이나 조선현용은 핵심몸통 화(華)도 아닌 북방과 변방몸통 이(吏)에게 대한제국 수의를 입기까지 속국신세를 면치 못했다. 이보다도 대한제국의 수의는 뿌리가 두둑에게 매몰되는 형국이라 험한 꼴은 이루 말할 수 없었다. 열국에 이은 삼국 그리고 남북국시대까지의 1천 년 동안은 속국의 개념은 없었다. 하나 된 민족국가를 이루어 살아온 고려·조선의 1천여 년의 세월동안 뿌리의 자주권을 빼앗겼는데 어찌된 영문인가. 정신량만이 재원인 뿌리이기에 육생량을 평계 대서는 곤란하다. 현용이었던 조선의 재전은 명말청초 16세기 1차 서세동점이었고, 이견의 대인이었던 가지서양의 육생문물을 무조건 배척했던 결과가 19세기 2차 서세동점을 맞이해서 대한제국의 수의로 갈아입는 것이었다.

이는 뿌리가 두둑에 매몰되어 숨이 멎어감에 따라 조선현용의 자격도 박탈당했고 그렇게 뿌리의 주권은 두둑에게 넘어가고 있었다는 것이다. 한편 대한(大韓)의 국명은 고구려·백제·신라가 하나로 어울린 삼한에서 유래한 것이라고 하며, 국호를 제국(帝國)이라 선포하여 대한제국(1987~1910)이 되었고, 광무개혁(1897~1904)과 단발령 등을 선포하여 나름 근대화를 추진했긴 했던 모양이다. 개혁의 추진원칙이라고 해야 하나 옛 법을 근본으로 하고 새로운 제도를 참작한다는 구본신참(舊本新參)을 내세웠으나 불세출과 인걸 모두 떠난 후라 공염불에 불과했었다. 한편 나름의 척양정책을 써왔던 두둑은 메이지 정부(1868~1912)가 들어서면서 육생문물을 받아드려 짧은 시간 내에 육생산업국가의 면모를 갖추었는데, 1897년 대한제국이 광무개혁의 기본원칙 구본신참과 1868년 두둑이 부르짖은 메이지 유신과는 차원이 다른 이유가 어디에 있을까.

물론 30년 앞서 받아드렸다는 이유도 성립되지만 언제나 그렇듯이 두둑은 뿌리의 보호막이자 가지와 직접 연계하는 위치이므로 2차 서세동점의 의미는 3차 서세동점 업그레이드 시대를 위해 준비해야 하는 해양세력 두둑이라서 그렇다. 이를테면 두둑이란 말 그대로 육생량을 받아드려 뿌리를 깨워야하는 위치이고, 러일전쟁 후 밑둥치 만주가 잘려나가면서 긴 잠에 빠져든 몸통을 깨우는 일은 뿌리가 해야 할 일이다. 이후 뿌리·몸통·가지 세 개 차원으로 나뉜 세상은 하나 되기 위해 몸통은 육생량과 정신량의 교역의 장이 될 터인데 뿌리는 이를 대비해야 했었다. 양의 기운 육생량이 넘쳐남에 따라 적대적 공존과 상대적 빈곤이 적나라하게 드러나는 때이기도 하므로 뿌리가 해야 할 일은 적대적 공존과 상대적 빈곤을 아우를 음의 기운 정신량 창출이다. 몸통에 기대온 세월만큼이나 두둑이 30여년 앞서 받은 것이라고 할 수도 있겠지만 때가 되어 받은 것이었고, 뿌리에는 불세출과 인걸들이 떠난 후라 받았다한들 받으나마나 했었다. 가지의 육생량을 뿌리의 정신량에 부합시킬 인걸이 떠났다는 것은 조선현용의 위치를 잠정적으로 정리했음을 뜻하는 바라, 이념을 잃은 뿌리는 육생이념으로 가득 메운 두둑의 지배하에 들어가지 않을 수 없었다.

한편 1884년 갑신정변과 1894년 동학혁명 그리고 1894년 갑오개혁과 1895년 을미사변은 사람답게 살고자하는 민초들의 피눈물이었듯이, 청일전쟁(1894~1895)을 변방몸통이 이길 수 없는 이유와 러일전쟁(1904~1905)을 가외몸통이 이길 수 없는 분명한 이유가 있었다. 물론 정해진 것은 아니었다. 나 하기 나름에 따른 사항이라 제 짓거리 못하여 받는 표적은 분명한데 이면엔 뿌리가 썩으면 몸통은 물론 두둑까지도 쓸모없어진다. 뿌리를 살리려면 어떠한 행위가 가장 효과적일까. 활동주체가 썩는다면 운용주체 책임이 큰바 활동주체를 나무라기보다 운용주체 자신을 되돌아보고 향후 논의를 해야 하겠지만, 운용주체가 썩는다면 활동주체도 따라서 썩음으로 항명할 수밖에 없을 터이고, 항명마저도 부질없을 땐 극단의 조치를 취할 수밖에 없다.

대다수가 부분을 관장하는 활동주체로서 썩었다면 간단한 집도로 회생 가능하지만 전체를 주관하는 운용주체는 극히 소수인바 수술만 하려해도 헤아릴 수 없는 활동주체의 희생이 따라야 하므로 결정이 그리 쉬운 일이 아니다. 육생 넘어 인생이라 말하는 것도 육생량에 정신량을 불어넣어줄 운용주체가 있기에 0차원의 삶이 가능한 것이므로, 대다수의 활동주체를 위해 살아가는 소수의 운용주체를 어찌하지는 못한다는 것이다. 업그레이드 시대 이후에 육생량을 생산해내는 서양가지가 할 일은 정신량을 창출해낼 뿌리를 독려하는 일밖에 없다. 그러다가 자칫 뿌리에서 소임을 잊기라도 하는 날에는 크고 작은 표적을 날릴 터이지만 민주·공산 이념을 달리하여 첨예한 삶을 살아가는 이유는 다름이 아닌 정신량 창출을 위해 주어진 시간이라서 그렇다. 예언적인 발언이 아니라 하나 된 민족국가를 이루어온 1천여 년의 역사에 잘 나타났듯이 소임을 잃고 받아야 했던 표적이 속국이었다.

물론 속국관계도 육생량을 다루는 민족끼리야 사상과 이념이 육생량에 국한되어 있으니 얼마든지 입에 맞는 음식을 꺼내 먹을 수 있다. 그러나 뿌리는 다르다. 음의 기운 정신량이 응집한 곳이므로 양의 기운 육생량이 응집한 몸통이나 두둑에 귀속된 상황이라면 정신량을 창출한다 하더라도 있는 듯 없는 듯 힘의 논리 육생량을 머금었을 터이니 치우칠 수밖에는 없는 일이다. 분명 속국은 하나 된 민족국가를 이루어 살아갈 때 일어난 일이므로, 두둑강점기와 동족상잔 6.25 후에 민주·공산으로 나뉘어야 했던 것은 이런 나름의 이유가 있었다. 뿌리에 걸맞게 차지한 민주진영은 가지열강에서 민주주의 표방하는 만큼 보호하려 들 터이고, 공산진영은 몸통열강에서 공산주의를 부르짖는 만큼이나 보호하려 들 터이니 하나

의 열강세력에 종속되는 일은 없다. 누군가는 민주·공산 각각의 열
강세력에 종속된 것이 아니냐고 하겠지만 의미는 전혀 다르다. 민
주·공산 두 개의 열강이 팽팽히 맞선만큼 균형은 유지해 나갈 터
이니 한시적이나마 무력충돌은 없다. 이틈이 바로 인류의 영약(靈
藥) 정신량을 마련해야 하는 시기다. 더구나 민주·공산 두 개의 이
념은 활동주체 육생량으로서 뿌리하기 나름에 열강은 달리 나타날
테니 속국은 있을 수 없다.

민주·공산이 첨예한 대립을 보이고 있지만 한시적이나마 무력충
돌이 없을 것이라고 한 이유는, 양의 기운이 넘쳐나는 업그레이드
시대는 둘이 하나 되어 나가는 시대이므로 제한된 시간동안 두 개
의 모순된 이념을 통해 상호 이로움을 줄 수 있는 대안을 마련해야
한다는 것이다. 아울러 양의 기운 활동주체 육생량이 넘쳐흐를 즈
음이 업그레이드 시대라는 것에 있다. 이에 따라 음의 기운 운용주
체의 정신량을 첨가시키지 못하면 육생량에 육생량 즉, 양의 기운
에 양의 기운을 부가하는 꼴이라 양양상충 돌연변이 사상을 도출
시킬 것은 빤하다. 이로 말미암아 몸통·가지가 어찌 돌변할지 모른
다는 것이다.

한편 대한제국은 본연의 삶을 잃고 갈아입어야 했던 수의라 광
무개혁이 실패할 수밖에 없었는데, 몸통의 양무운동이라고 성공할
리 있겠는가. 이때 육생량을 받아드려 잘살아보겠다고 발버둥치는
두둑을 타박할 이유도 없다. 무엇보다 수의를 입고 두둑강점기를
맞이할 때까지 1천여 년 동안 몸통이 뿌리를 주도해 왔다는 점
이다. 그러나 1988년에 시작된 3차 변화의 물결 서세동점은 업그
레이드 시대이자 둘이 하나 되어 나가야 하는 시대이므로 뿌리가

몸통을 주도해 나가야 하는 때다. 또한 대한제국의 수의를 입은 1897년부터 두둑강점기에서 벗어난 1945년까지 약 48년간의 세월은 다시 태어나기 위한 1차 물갈이 기간이었다. 나머지 잔상을 털어내기 위한 벌인 2차 밭갈이 기간이 바로 1950년에 발발한 동족상잔 6.25의 3년의 기간이었다. 뿌리의 광복은 통일 후에나 있을법한 일이라 오늘날까지 찾아오지도 않았다.

하나 되어 살아가지 못해 두둑강점기를 맞이했었던 것이었고 하나 되어 살아가지 못해 사상 전쟁을 치러야 했던 것이었다. 이로 인해 두 집 살림을 해야 했으니 진정한 광복은 하나 된 민족국가를 이루어 살아가는 바로 그날이다. 그리고 통일을 위해 해야 할 일은 남북화합에 있는 것이 아니라 동서화합에 있다. 조선시대의 붕당놀음이나 현시대의 동서갈등이나 별반 다를 바가 없다. 기실 붕당은 하나 되어 나가기 위해 자연스럽게 형성된 이원화체제임에도 따로따로 논다는 것은 화합을 위한 합의를 도출해낼 이념의 부재로 벌어지는 일이라 하겠고, 이로 인해 맞이한 강점기임에도 타박밖에 할 일이 없다면 물갈이 강점기와 밭갈이 동족상잔 6.25를 되돌아 볼 일이다. 분명 창출2세대로 태어난 베이비부머 그대들이 누구인지 알 수 있을 테니 말이다.

필자가 집필하는 동안 제일 많이 쓴 용어가 듣기에도 생소한 운용주체와 활동주체이며 인생량(인생질량)과 육생량(육생질량)과 정신량(정신질량)이었다. 그리고 이에 따른 법칙이 반드시 적용되는데 개중에 나 하기 나름에 달리 나타나는 작용반작용의 법칙 상대성원리와 인생방정식이었다. 사람으로 승화하기 이전의 인간은 이기적일 수밖에 없다는 데에서 출발하여 먼저 육생을 살아야 하는 관계로 이로움의 상대를 찾아 나서기 마련이라는 것과 언제나 도움받기 위해 찾아다니는 이들을 가리켜 육생량을 담당하는 활동주체라고 했다.

이로움을 줄 것 같은 이들을 가리켜 정신량을 담당하는 운용주체라고 불렀는데, 특히 찾아다니기 보다는 활동주체를 맞이해야 하는 이들이다 보니 화합이든 합의든 하나 되어 나가는 0의 수를 도출시켜내야 한다. 하나 되어(도움받기) 보겠다고 찾아가는 이들이 활동주체이고, 하나 된 차원(도움주기)으로 주도해 나가야 하는 이들이 운용주체다. 누가 육생의 기본금 사주를 많이 받아왔느냐에 따라 달리 나타나는 부분인데, 정확히 어디에서는 운용주체이고 어디에서는 활동주체가 되므로 이에 따라 받아온 육생량 사주는 기본금으로서 너와 나를 인연 짓게 하는 방편에 불과한 것이라고 말해왔다. 내가 너를 찾은 것도 아쉬움 때문이라고 하겠는데 이때 아쉬움을 채워줄 수 있느냐 없느냐가 하나 되어 나가느냐 못 나가느냐가 달려있는 문제다.

늘 그렇듯이 활동주체가 아쉬운 것은 육생량이고 운용주체는 아쉬운 것은 정신량이라, 육생량을 수급해야 하는 활동주체보다 정신량을 마련해야 하는 운용주체의 책임량이 막대하다. 그래서 육생의 기본금 사주를 더 받아온 운용주체에게 화합의 몫이 주어졌기에 활동주체의 몫은 육생량 생산에 있다. '덕(德)으로 살아가니 득(得)이 되더라'는 것은 운용주체 행위는 이로운 것에 있는 것이요, 활동주체의 삶은 득이 되는 것에 있다. 해서 아쉬움을 채워준다고는 하나 도리어 아쉬워진다면 아쉬움을 채워주는 행위에 문제가 있다고 하겠으니 운용주체 행위를 되짚어볼 일이다. 운용주체의 덕 된 삶은 득을 낳기 마련이요, 활동주체의 득 된 행위는 육생량이므로 덕을 낳지 못하나 득이 되므로 합의든 의논이든 도출점을 찾기 마련인데, 분명한 것은 운용주체 행위여부에 따라 활동주체 행위가 달라진다는 것이다.

운용주체가 활동주체와 하나 되어 나간다면 상호상생이요 그렇지 못하면 상호반생이라 사실 상호반생은 일방적인 행위라고 하겠으니 표적질 이외 무엇이 있을까. 다시 말해서 부딪칠 일밖에 없다는 것이다. 또한 표적질은 대부분 아쉬움을 채우지 못한 활동주체들이 해대기 마련인데, 표적은 직접적으로 받든지 제3자를 통해 받든지 여하튼 표적질 해대는 사자는 운용주체가 만든다는 것이다.

뿌리·몸통·두둑의 삼국체제 소통의 해법은 뿌리가 본연의 삶을 살아갈 때 몸통질서 체제는 스스로 잡혀지기에 몸통이 뿌리보호를 자처한 것이고 이쯤 되면 두둑의 삶도 뿌리·몸통 못지않을 터이니 삼국관계가 하나 되어 나가는 것은 그리 어려운 일이 아니다. 삼각구도의 중심 뿌리가 기력을 잃으면 몸통도 따라 잃게 되는 것은 당연지사, 이미 사자가 되어버린 두둑이기에 청일전쟁(1894~1895)에 변방몸통이 패할 수밖에 없었고, 1895년 시모노세키 조약으로 뿌리와 밑둥치 만주가 두둑에게 갈려나가자 업그레이드 시대까지 몸통은 긴 잠에 빠져야 했던 것이었다. 그 이전에 본가지의 핵심 영국에게 두 차례 아편전쟁(1차 1839~1842, 2차 1856~1860)에 패하여 질서체제는 흔들리기 시작했을 때, 뿌리는 홍선대원군(1820~1898)이 사대교린을 고수하며 1876년 강화도조약이 체결될 때까지 쇄국정책을 실시했었다. 이후 1884년 갑신정변과 1894년 동학혁명, 1894년 갑오개혁과 1895년 을미사변으로 말미암아 수의로 갈아입고 강점기를 기다리는 중이었다. 물론 잠에 빠져들게 만든 단초는 뿌리가 제공했던 만큼 1897년 대한제국의 수의로 갈아입은 해에서부터 1953년 동족상잔 6.25 휴전협정이 체결될 때까지 56년의 세월은 뿌리민족의 성찰기간이었었다. 이후 1988년 전후로 시작된 업그레이드 시대까지 36년의 세월은 도약의 기간으로서 뿌리로 인해 잠들어야 했던 몸통을 깨워야 했었다. 뿌리 없는 몸통은 있을 수 없다. 몸통 없는 뿌리는 있을 수 있다. 허나 그루터기가 전부일 터이니 5천년의 역사를 뒤돌아보라는 것이 아니라 수의를 입고 맞이한 능욕의 시대에서 전후 태동기를 거쳐 뿌리의 생기가 넘치는 업그레이드 시대까지의 90여년의 세월을 되돌아보자는 것이다.

뿌리가 뿌리의 삶을 살아간다면 몸통도 몸통의 삶을 살아가게 될 것이고 두둑도 이에 발맞추어 두둑의 삶을 살아가게 될 것이다. 운용주체 뿌리는 정신량을 주관하므로 활동주체 가지의 육생량에 부가시켜 나가기 위해 주어진 장소가 몸통이고, 시기는 업그레이드 시대다. 이를 위해 대한제국에서 업그레이드 시대까지 90여년 인고의 세월을 견디어야 했던 것이며, 이 무렵부터 뿌리를 짊어지고 나갈 3대가 태어나기 시작했다. 1세대가 두둑강점기에 태어난 개척세대이고, 2세대가 새날의 씨앗 전후(戰後)세대 베이비부머 창출세대이며, 3세대는 미래의 꽃 업그레이드 시대 전후로 태어나기 시작한 에코세대다. 시대마다 등장했으니 이쯤 해두고, 표적질을 해대는 두둑이나 표적을 받는 뿌리이나 결과는 폐허 속의 부활이라 이로울 게 없었듯이 인간관계에 있어서도 마찬가지다. 상호상생을 하지 못해 걷는 길이 반족반생이라 하겠지만 이는 너 따로 나 따로 놀아나는 형국이라 누구에게 이로울 수 있겠는가. 있다고 한다면 육생살이 힘의 논리일 터이니 쌍방 간에 코피는 기정사실이다.

한편 수의를 입으면서 시작된 2차 변화의 물결로 공급된 양의 기운 서양가지의 육생문화는 정신량을 창출해야 하는 음의 기운 동양 뿌리에게 있어서는 반드시 먹어야만 했던 피로회복제였었다. 뿌리의 정기가 끊긴 두둑강점기를 맞이하기 전에 뿌리의 정신량과 가지의 육생량에 대한 분별을 밝혀줄 두 인물이 태어났는데 바로 우남 이승만(1875~1965)과 백범 김구(1876~1949)다. 이승만은 강화도조약 이후에 서양 곁가지의 핵심 미국 육생문화를 싣고 올 기운을 머금고 태어난지라 서학과 횡성기독교 청년회(YMCA)간사로서 개신교 보급에도 앞장섰으며 1919~1925년 임시정부 대통령직을 역임했다. 두둑이 물러간 이후 1948년 대한민국 초대 대통령으로 당선되었고 1960년까지 3대 12년 동안 대통령직을 역임했다. 이에 반해 김구는 동학농민운동에 참가하였다가 불법에 귀의 이후 개신교로 전향하여 신민회에서 활동하다가 천주교신자가 되기도 했었다. 독립운동 이후 하나 된 민족국가를 이루어야 한다는 염원을 간직한 채 안타깝게 생을 마감하자 동족상잔 6.25가 발발하였다.

피를 나눈 형제 못지않게 정을 주고받았던 의형제 사이였다고 전해지는 우남(雩南)과 백범(白凡)은 나란히 과거 낙방 후 가지의 서학으로 친미노선을 걸었던 현실의 정치가가 우남이었다면 몸통의 유불선과 동학으로 친중노선을 걸었던 백범은 이상의 혁명가였다고 볼 수 있다. 능욕의 시대를 맞이하여 현실과 이상이 공존한다는 것은 외부적으로 아무런 형체도 드러나지 않은 태아시기에 양생준비를 위한 뿌리사상의 공급원을 의미하는 것인데 진정으로 상호보완적인 관계였다면 아마 독립운동의 진정성까지도 바로 보았을 것이다. 가뜩이나 가지의 민주이념과 몸통의 공산이념이 자리하는 형국에 그리됐더라면 진통은 그나마 덜했을 터이고 현실적 육생문화를 몰고 온 우남과 그 너머의 것을 꿈꾸어온 백범정도라면 아마 인류백신의 단초를 제공했을는지도 모를 일이다. 민주·공산도 모두 이기적 차원을 넘지 못한 육생이념이라 제 잘난 모습만 비추려 하는 통에 상호보완은커녕 적대적으로 머물고 말았다. 현실적 육생과 이기와의 상관관계를 들춰내지 못한다면 정신량 마련은 어려울 터이니 이상적 이타와 인생은 꿈에 불과할 터이고 여전히 힘으로 으르렁 대야하는 활동주체 육생량에 미련을 두고 살아가야 할 것이다. 조선의 개국공신 정도전과 무학이 쌍두마차였다고 한다면 두둑강점기에 민족혼을 불어넣어줄 쌍두마차는 이승만과 김구다. 하지만 개국과 망국의 차이라고 할까. 조선의 현용이 가지의 육생문물을 이견대인해야 하는 시점하고, 뿌리기운이 포박된 강점기 시점하고는 기운질량은 엄연히 다르다.

고려잠룡에서 조선현용시대의 이념과 망국이라는 능욕의 시대를 맞이하여 세워야 하는 이념과는 천양지차라는 것이다. 물론 이를 위해 가지의 육생량 양의 기운 민주와 몸통의 육생량 양의 기운 공산이 뿌리에 자리한 것인데, 양과 양끼리 나름의 양기를 흡수하면서 민족의 얼을 되찾아보겠다고 독립운동에 혈안이 되었던 것이라 뭐라 할 수 없는 노릇이지만 그로인해 여기에까지 미치지 못한 것이었다. 한편 가외몸통 러시아에서 오매불망 카를 마르크스(1818~1883)를 선망한 이가 있었으니 그가 바로 블라디미르 레닌(1870~1924)이었으며, 마르크스 공산주의를 실현시킬 방법을 구체화 무렵 마르크스-레닌주의가 몸통에서 움트고 있었다.

1897년 이 영향을 받을 이오시프 스탈린(1879~1953)이 가외몸통 러시아에서 태어나자 1893년에는 변방몸통 청나라에서 마오쩌둥 (1893~1976)이 태어났다. 또한 뿌리에 민주주의와 공산주의가 태동할 즈음에 태어난 인물이 있었으니 그가 바로 김일성(1912~1994)이었다. 한편 1910년 두둑강점기에 접어들면서 1911년 핵심몸통 쑨원(1866~1925)이 변방몸통 청나라를 무너뜨리고 중화민국을 수립케 한 신해혁명이 일어났으며, 이보다 6년 앞선 1905년 가외몸통 러시아에도 대변혁을 일으킬 피의 일요일이라는 유혈사태가 발생했다. 뿌리에는 국민의 주권을 행사한다는 가지의 육생사상 민주체제와 자원의 공동생산과 공동소유를 주장하는 갓 태어난 몸통의 육생사상 공산체제가 자리하기 위해 벌어진 일련의 과정이었다. 물론 제2차 세계대전에서 패한 아돌프 히틀러(1889~1945) 치하의 나치독일(1933~1945)이 1945년 5월에 항복하고 4년이 지나자 1949년 동·서로 민주·공산이념이 자리했으며, 동북아도 두둑 일본제국 (1868~1947)이 1945년 8월에 항복하고 3년이 지난 1948년 뿌리에는 남·북으로 민주·공산이념이 자리했다.

몸통의 중화민국도 1949년 공산당이 국공내전에서 승리하면서 중화인민공화국이 자리했으며 내전에서 패한 국민당은 타이완으로 건너가 중화민국체제를 유지해야 했다. 동남아의 호찌민(1890~1969) 또한 레닌의 향기의 취해 1945년 베트남 민주공화국을 개창하고 1954년 제네바협정에 따라 북베트남엔 공산이념이 남베트남엔 민주이념이 자리했었다. 말하자면 1948년 뿌리에서 시작하여 1949년엔 몸통과 가지로 번졌으며 1954년에 이르러 베트남으로 되돌아왔다는 것인데, 이는 나비의 날갯짓이 시작됐음을 알리는 바였다. 뿌리·몸통·나무 세 개의 차원으로 나뉜 세상은 뿌리하기 나름에 따라 차원이 달리 나타나므로 뿌리는 사소할지언정 몸통을 거쳐 가지로 올라갈수록 질량이 비대해 질 수 있다는 것이다. 그야말로 뿌리의 실바람이 몸통을 거쳐 가지에 다다르면 강력한 폭풍우가 된다는 것인데, 가지권의 민주와 가외몸통의 공산이 뿌리에서 대립하면서 몸통의 유·불·선과 가지의 로마 가톨릭교회와 그리고 개신교가 뿌리에서 대립양상을 띠기 시작했었다. 이는 화합 아니면 각자도생을 위한 행보지만 누구에게도 이롭지 못하면 각자파멸의 길을 자처하게 될 것이다.

9. 두둑강점기
-경술국치-

가지 민주와 몸통 공산의 이원화체제가 상호보완적인 관계를 유지해 나가지 못한다면 종례에는 부딪칠 일밖에 없는 사실을 모르지는 않을 터, 그렇다면 가지의 육생사상은 양기요 몸통의 육생사상도 양기라 상호보완적인 관계를 유지해나간다 해도 결국엔 양과 양의 화합은 불가라 바람 잘일 없을 거라는 사실도 알고 있어야 하지 않을까. 나를 위한 육생부터 살아가야 하는 인간이라 이기적일 수밖에 없을 터이고, 정신량을 부가시켜야 이타적 사람으로 승화하여 비로소 너를 위한 인생을 살아갈 수 있는 바라, 해서 인간은 사람을 지향하듯 이기(利己)는 이타(利他)를 위해 진보하기 마련인데, 문제는 이기가 어떻게 해야 이타로의 승화가 가능한지를 모른다는 것이다.

옳다는 것과 그르다는 것 그리고 선하다(善)는 것과 바르다(正)는 것에 대한 분별이 바로 서지 않고서는 육생량과 정신량의 분별도 희박할 수밖에 없다. 운용주체와 활동주체를 이해할 즈음에나 육생량에 대한 분별이 설 터이니 이쯤이나 돼야 정신량을 가늠할 수 있는 법인데, 그러고 보면 육생 넘어 인생이 기다라고 있다는 사실도 정신량을 가늠할 쯤에서나 알게 되어있다. 물론 입으론 먹은 육생 다음에 귀로 정신량을 먹게 되는 법이고, 그 이후에 인생을 살아가게 되는데 이처럼 입과 눈과 귀가 하나 되어나가는 분별량은 다른데 있지 않다. 너를 위한 행위였다고는 하나 결국엔 나를 위한 행위였다는 사실을 아는 일이다. 다들 육생을 살아가는 동안 나를 위해 한 행위를 가지고 너를 위해 한 행위로 알고 있어, 속지 않겠다고 타박이나 해대며 살아가게 되는 것이다.

삶은 다원화체제에서 비롯되어 상중하 삼원화체제로 형성되기 마련이고, 또다시 이원화체제로 이루어지기 마련인데 이때 중층이 상하층의 균형잡이 노릇을 얼마나 하느냐에 따라 상중하 삶의 질이 달리 나타난다. 분명 하나 되어 나가기 위함에 있어서의 이원화체제이고 보면 이때의 질량은 그야말로 육생량에 정신량이 부과된 인생량이어야 한다는 것이다. 음양이든 화합이든 합의를 이루는 근본원리는 음이 양을 품어 안을 때이거나 운용주체가 활동주체를 주도해 나갈 때이다. 혹여 양이 음을 품어 안는다거나 활동주체가 운용주체를 주도해 나가는 일은 힘이 가미된 육생행위라 쏠림이 가중되어 결국 피 흘리며 살아가는 일밖에는 없다.

오늘날까지 인간의 역사가 육생살이였기에 피의 역사였던 것이었고, 고작 해봐야 육생량에 육생량을 부가시켜 왔기에 정신량 부재로 사소한 것까지도 신에게 의지하려 들고 있다. 이보다 더 큰 문제는 육생살이 쾌락은 정신량을 발목 잡는 요지경이라서 한번 빠지면 헤어 나오지 못한다는 것이다.

한편 어린 시절은 너를 위해 살고 싶어도 살 수 없는 육생시절인 관계로 나를 위해 살아갈 수밖에 없었다는 사실을 인식해야 한다. 성인이 되고나서야 너와 내가 하나 되어 나가는 인생을 살아갈 수 있는 자격이 주어진다고 하겠는데, 살펴볼 일은 어린 육생시절은 성장발육을 위해 입으로 먹는 육생물질 만큼이나 귀로 먹는 정신질량도 필요한 것이므로, 그만한 정신발육의 영양소도 준비되어 있느냐는 것이다. 입으로는 양의 기운 육생물을 섭취하여 육을 살찌우는 만큼이나 귀로는 음의 기운 정신량을 청취하여 음양화합 0의 수가 채워진 성인으로 성장했을 때만이 사람으로 승화했다고 말한다. 양기 가득한 가지에서 활동주체의 삶을 살아가는 육생살이 민족이야 정신량을 마련해본들 육생 정신량에 국한될 수밖에 없으니 향방도 육생량 생산에 맞춰져 있을 수밖에 없는 일이고, 음기 가득한 뿌리는 운용주체의 삶을 살아가야 하는 만큼 육생량을 바탕으로 정신량으로 모두를 아우르며 인생을 살아가야 한다.

그 시기가 고려잠룡에서 조선현용이 되어 육생량을 이견대인 해야 하는 시점이므로 16세기 명말청초 즈음에 찾아든 1차 서세동점이었다. 이를테면 열국에 이은 삼국에서 남북국시대를 맞이하기까지가 유년기와 청소년기를 거쳐 청년기를 맞이한 시점이라 할 수 있어, 고려잠룡의 성인식을 거쳐 맞이한 조선현용은 둘이 하나 되어 인생을 살아가할 시기였다할 것인데, 오직 몸통사랑이라 가지의 육생량을 받아드리지 못했던 것이었다. 성인식을 거치고 반드시 음양화합(결혼)을 이루어야 하는 것은 행의 현장(사회)으로 진출하여 육생량을 거둬드려야 하기 때문이다. 하지만 음의 기운 정신량이 양의 기운 육생량을 배척하고 말았으니 19세기말 2차 서세동점을 맞이하여 수의로 갈아입어야 했던 것이고 이후 두둑이 뿌리를 침식한 강점기는 뿌리 본연의 삶을 위해서라도 당할 수밖에 없는 일이었다. 물론 뿌리가 살아야 두둑이 살고 가지도 사는 법이므로 수의를 갈아입은 구한말에 육생신앙이 대거 출현했던 것이며 민주·공산의 장벽이 쳐진 동족상잔 6.25 이후에도 또다시 육생신앙이 대거 출현했었다. 사실 뿌리에 민주·공산이 자리한 것이나 육생신앙이 대거 출현한 것이나 이유는 단 한 가지다. 육생이념을 넘어 기다리는 인생이념을 위해 필요한 것은 인생종교 바로 그 '법'이였기 때문에 육생신앙이 대거 출현했던 것이었다.

 뿌리의 신앙은 뿌리민족 본래의 기운이며 또 대거 출현했다는 것은 그 쓰임을 다할 때가 도래했음을 뜻하는 바다. 육생신앙 즉, 받아온 육생의 도술(道術) 거기에서 멈추어 인생의 도법(道法)까지 다다르지 못해 기복과 미신으로 천대받았으며 정신량을 거론해야 할 교주가 사이비로 전락하고 말았다. 물론 훗날 2세대 새날의 씨앗 창출세대가 풀어나가야 할 육생신앙이기도 하지만 교주의 행태로 말미암아 곱지 않은 시선으로 바라 봤으니 진정성이 들어날 리가 없다. 더군다나 두둑강점기에 태어난 개척1세대에서 천주교를 토착화시키지 못하자 하나둘씩 개신교 신학에 빠지는가 싶더니 이윽고 창출2세대도 입문하기 시작하였다. 기실 황무지나 다름없던 뿌리에 가지의 육생신앙 개신교와 몸통의 유·불·선이 반드시 동행해야할 이유가 있었기에 개척세대가 개척해 놓은 육생교회를 창출세대가 대형육생교회로 성장시킬 수 있었던 것이었다.
 육생경제에 있어서도 다를 바 없다. 민주·공산의 팽팽한 대립 속에 개척세대의 뼈골을 묻어 육생경제의 기틀을 마련하자 창출세대가 글로벌코리아를 외칠 정도로 성장시켰다. 문제는 육생경제에 정신량을 배제시키고 육생량만을 부가시킨 것이었다. 개척세대에게 물려받은 개척육생교회를 창출세대가 활성화시켜 대형육생교회까지 성장시켜 놓은 것이나, 육생량 개척세대에게 물려받은 육생경제를 창출세대가 나름의 육생경제를 활성화시켜 놓은 것이나 정신량이 배제되었다는 사실에서는 별반 다를 바 없다.

다시 말해 양의 기운 가지의 육생신앙에 활동주체 육생 정신량을 부가시킨 것이 전부라 하겠으니, 음의 기운 정신량 부족으로 거기에서 멈추어야 했다는 사실을 모르는 것이나, 개척세대의 육생량에 창출세대의 정신량이 첨가되지 않아 멈추어버린 것이나, 그로인해 3대 계승에 많은 문제점이 도출된다는 사실을 모르는 것이나 원인은 하나라는 것이다.

그렇다면 몸통의 육생신앙 유·불·선과 가지의 육생신앙 기독교 즉, 개신교와는 물과 기름이라 하나 되어 나가지 못할 것은 자명한데 적대적으로 뿌리에서 함께 해 나가야 하는 이유를 어디에서 찾아봐야 하는 것인가. 내 앞의 인연이 내 모습이라고 하는 것은 네 행위 속에 숨어있는 내 모습을 엿볼 수 있기 때문이다. 이는 곧 네 모순이 내 모순이기도 하다는 것으로서 이원화체제는 나 하기 나름에 따라 달리 나타나는 절대구도이므로 적대적이 될 수도 있고 상호보완적인 관계도 될 수도 있기 때문이다.

육생신앙이 먼저 자리한다는 것은 인생종교로 진화하기 위함이다. 법으로 진화하는 중에 술 거기에 멈췄다는 것은 필요량의 에너지를 충전시키지 못해 벌어진 일이다. 두둑강점기 세대는 육생량 개척세대이고 동족상잔 6.25 후에 태어난 베이비부머는 정신량 창출세대인 만큼 1세대가 개척한 육생량에 반드시 2세대는 창출한 정신량을 부가시켜야 한다는 것이다.

뿌리의 이념부재로 능욕의 시대를 맞이한 것이므로, 능욕의 기간은 모든 것이 끊긴 포(胞)의 상태다. 허나 태(胎)를 위해 씨앗을 틔우고 양(養)의 생(生)을 기다리는 중이라 하겠으니, 뿌리이념 재건을 위해서라도 가지의 육생물질문명과 모든 논리까지도 들어와야 했었던 것이었다. 내 모순은 언제나 네 모순 속에 있기에 네 행위 속에서 내 행위를 채워나가지 못하면 세상을 널리 이롭게 하는 이념을 곧추세울 수 없다.

삼원화체제가 이원화체제로 된다는 것은 하나 되어 나가고자 함에 있기에 이원화체제야말로 상호보완적인 체제이지만 부딪침의 모순이 잦아진다면 적대적인 관계가 아니 될 수 없다. 그리고 상호작용반작용의 법칙이 상대성으로 일어나므로 네 모순이 내 모순이라는 사실을 받아들여야 하나 되어 나갈 수 있다는 것이다. 당연히 내 정신량이 채우고서야 네 정신량을 거론할 수 있는 것처럼 내 육을 건사하고 나서나 네 육 건사를 돌봐줄 수 있을 터, 정신량은 창출이고 육생량은 받아온 기본금이라 누구에게라도 손쉽게 구할 수 있다. 하지만 정신량은 육생량을 토대로 창출해야 하는 부분이라 손쉽게 구할 수 있는 그 무엇이 아니라는 것이다. 말하자면 입으로 섭취하는 육생의 배는 누구나가 채워줄 수 있지만 귀로 청취하고 눈으로 흡수하는 정신의 배는 누구나가 채워줄 수 없다는 것이다. 해서 입으로 먹여 육생의 배를 불려놓은 만큼 눈과 귀로도 먹여 정신량을 채워줘야 하는데, 눈과 귀까지 육생의 정신량을 먹인다면 정신수준은 미달일 터이고, 가뜩이나 양의 기운이 넘쳐나는 활동주체라면 폭발은 시간문제다.

양의 기운이 넘쳐나는 시대가 의미하는 바는 음의 기운을 첨가시켜 하나 되어 나가기를 뜻하고, 하나 되어 나간다는 것은 육생량에 정신량 즉, 음양화합을 시켜야 한다는 것으로 그렇다면 개척세대가 개척한 육생량에 정신량을 창출하여 첨가시켜 나갈 창출세대 새날의 씨앗 베이비부머가 누구인지를 바로 알아야 한다.

이 세대는 계속 회자될 터이니 이쯤 해두고, 수의를 갈아입기 전까지는 뿌리가 몸통에 의지해온 세월이었다. 갈아입었다는 것은 뿌리가 몸통에 고질량의 에너지를 불어넣어줄 때가 다가왔음을 알리는 바인데 두둑강점기는 하나 된 민족국가를 이루고 살아온 1천 년의 세월을 뒤돌아보기 위해 주어진 시간이자 뿌리의 운동을 잠시 맞추고 양의 기운을 불어넣기 위해 주어진 시간이었다 해도 무방하다고 해야 할까. 물갈이 시간이었다.

이보다 앞서 1895년 변방몸통 청나라가 두둑과의 전쟁(청일전쟁)에서 패하여 만주와 펑후 제도와 타이완을 두둑에게 할양, 1945년 제2차 세계대전에서 패할 때까지 50년의 세월을 두둑의 지배하에 있었다. 이는 뿌리·몸통·가지 세 개 차원으로 나뉜 세상의 변화의 바람을 알리는 표적이었다는 사실. 따라서 몸통의 섬 타이완이 1895년 두둑에게 침식당하자 1897년 뿌리는 대한제국의 수의를 갈아입어야 했었다. 13년 후 1910년 완전 침식되고 맞이한 강점기는 대자연이 뿌리에 가한 국치였으며 가지권에서는 쇄신이 일어났는데, 그것이 바로 4년 4개월간 지속된 제1차 세계대전(1914~1918)이었다. 두둑의 반란으로 동북아의 삼국이 따로따로 노는 형국이라 가지권에서도 연합국(본가지 영국, 프랑스, 가외몸통 러시아)과 동맹국

(독일, 오스트리아, 헝가리)으로 나뉘어 하나 되어 나가는 해법을 찾고자 벌이는 전쟁이었다.

1차 서세동점을 맞이하여 0의 수가 완전하게 드러났던 뿌리의 조선현용에게 이견대인이었던 가지의 육생량을 받아드리기만 했어도 대충돌을 빚지 않고서도 대량생산 육생 산업혁명을 충분히 이루어 갈 수 있었다. 기계화 혁명은 그야말로 육생인권 혁명이었다. 뿌리에서 정신량을 몰각하자 가지에서의 대충돌이 일어나야 했던 것이며 뿌리 국치와 강점기의 진정성을 모른다면 본연의 삶을 되찾기는 힘들다. 이 무렵 업그레이드 시대까지 뿌리사회를 이끌어나갈 두 인물이 태어났는데 바로 박정희(1917~1979)와 김대중(1924~2009)이었다. 보여 지는 관계는 분명 물과 불 사이라고 하겠지만 이면에는 떼래야 뗄 수 없는 사이였다. 상반상성(相反相成)이라 육생량을 통해 정신량을 함양해야 하는 인걸은 분명했으나 아쉬운 건 거기에서 그렇게 멈춰야 했다는 것이었다.

무엇보다 대한제국의 수의로 갈아입기 2년 전인 1895년 뿌리민족 스스로 단발령을 내렸다는 건 사실 선장이 항로를 잃어버렸을 때 취하는 행위지만 운용의 주체 민족은 죽으면 죽었지 머리만큼은 자르지는 않았다. 어린 육생시절 때에는 댕기를 드리다가 장가를 들면 정수리에 틀던 상투에는 망건을 쓰고 동곳을 꽂아 매는데, 이는 분명 운용주체 지도자임을 드러내는 표상이 아닐 수 없다. 앞선 장에서도 언급한 바와 같이, 궁궐의 지붕은 왕관이요 그 자체가 곤룡포이며, 한옥의 지붕은 사모요 그 자체가 단령포였다는 사실에 입각하여 두둑강점기에 머리 깎고 쫓기어나다시피 하여 모든 행정을 조선총독부(1910~1945)에서 맞아서 관할하니 지위와 권한

마저도 그렇게 일어가야 했던 것이다. 이후 지방각처의 학당이나 서원에서 후학을 양성하여 조정으로 올려 보내는 일이 완전히 끊기었다. 물론 음의 기운 뿌리가 살기 위해서라도 가지서양의 육생문화를 배우고 받아드리기 위해 벌어진 일이지만 한시적인 업그레이드 시대까지였다. 이후에는 뿌리의 정신량을 되살려 당연히 운용주체의 궁궐로 입성해야 하는 것이고, 함께 해나갈 인제도 양성해야 하므로 이에 따른 준비도 해나가야 했었다는 것이다. 이처럼 머리는 운용의 주체 표상인데다가 머리를 깎는다는 것은 곧 죄인을 뜻 하는 바라 이후 뿌리의 보호막 두둑이 감히 창씨개명(1940~1945)을 종용하기까지에 이르렀었다. 그렇다고 뿌리가 두둑에게 어찌 될 수 없는 노릇이고 더욱이 두둑이 뿌리가 될 수는 없다.

한편 제1차 세계대전을 통해 육생문물이 혁신적으로 발명되면서 바다 속은 물론 하늘을 나는 데까지 눈을 떴지만 16세기 1차 서세동점 명말청초 때 뿌리·몸통·가지·두둑의 교류가 원만히 이루어졌어도 자연히 개발될 육생문물들이다. 받아온 기본금 육생량에 따라 운용주체와 활동주체로 나뉜 것은 쌍방합의를 통해 하나 되어 나가고자 함에 있었다. 해서 육생량은 너와 나를 만나게 하는 수단에 불과한 것이므로 운용주체인 내가 활동주체인 너를 이끌지 못하는 것도 육생량의 방편으로 인해 내 삶 자체는 이미 황폐화되었기 때문이다. 1안의 육생량이든 2안의 정신량이든 묶이거나, 잠기거나, 고이기라도 하는 날에는 썩어버리는 것처럼 인간관계도 막히면 썩는 법이라 썩었다면 소통을 위한 표적이 들어가기 마련이다.

뿌리엔 아무 이상이 없고 몸통이나 가지 부분이 썩어들어 간다면 그럴 리도 없겠지만 썩은 부위만 도려내면 그만이다. 이때 뿌리에 미치는 영향은 미미하지만 뿌리에서의 이상 징후는 몸통을 통해 가지로 전위되는 동안 확장된다. 물론 몸통도 몸통만을 위한 삶이 아니고 가지도 가지만을 위한 삶이 아니겠지만 특히 정신량을 위해 살아가는 뿌리는 몸통·가지의 생명의 원천이므로 삼각체제의 균형까지 유지해 나가야 하는데 중심비율은 뿌리 대 몸통·가지의 인구비율이다. 자료에 의하면 2012년 세계총인구 70억 5천 210만 명이라고 한다. 남한은 4,860만 명에 북한인구 2,469만 명을 더하면 총인구가 7,320만 명이다. 여기에 세계총인구 70억 5천 210만 명을 빼면 69억 7천 8백만 명인데 가지·몸통·두둑 총인구 69억 7천 8백만 명에 뿌리인구 7,320만 명을 나누면 1 : 95.4% 즉 뿌리민족 1인이 잘못된다면 몸통·가지·두둑 모두 합쳐 95.4명이 잘못된다는 것이다. 1 : 95.4명이라면 거의 1 : 100으로 뿌리의 강점기가 시작되면서 제1차 세계대전이 발발한 것도 뿌리가 정화되는 만큼 몸통·가지도 정화되어야 하므로 그 시기부터 인구비례수가 1 : 100의 비율로 맞춰가고 있었다.

업그레이드 시대의 나비효과의 근원지는 뿌리인바 즉, 한류열풍의 메카 서울나비의 날갯짓이 몸통을 거쳐 가지에 다다른다면 열광의 도가니가 된다. 나비효과는 기상학적인 연구에서 비롯된 말로 혼돈 이론의 선구자로 널리 알려진 미국의 수학자이자 기상학자인 에드워드 노턴 로렌츠(Edward Norton Lorenz)가 12개 방정식으로 이루어진 기상예측모델을 만들어 초기치를 1천분의 1씩 다르게 주었더니 결과에서 엄청난 차이가 나는 것을 발견했다. 대기현상은 초기 조건에 매우 민감해 시간이 지날수록 예측의 정확도가 급격히 낮아지는 이 원리는 카오스 이론으로 발전해 여러 학문 연구에 두루 쓰이고 있으며 이처럼 무시할 만큼 작은 변수지만 전혀 다른 결과를 초래할 수 있다는 것이 나비효과다. 또한 혼돈 속에 감춰진 질서가 카오스 이론의 전제가 되어 경제학과 일반 사회학 등에서 광범위하게 쓰이고 있다지만 사실 뿌리를 거쳐나가는 몸통·가지의 상생의 예보도에 비하면 미미할 뿐이다.

다소 황당무계할지 모르나 태양과 태양의 중력장 안에 있는 행성·위성·운석·혜성과 행성 간 티끌·기체의 집합체를 태양계라고 정의하고 있다. 사실 태양계는 우주의 개념보다는 인간이 살아가고 있는 지구와 함께 하고 있으니 우주는 태양계를 벗어나야 적합한 소리지 않을까라는 필자의 소견이다. 유한(有限)의 은하를 품어 안은 대우주, 개중에 하나 태양계를 품어 안은 은하가 있기에 육의 생명수 물을 품고 있는 티끌만한 지구가 안주하는 그곳에서 만물과 더불어 인간인 우리가 살아가고 있다. 우주의 뿌리가 태양계라면 그 태양계를 품어 안은 은하가 밑둥치일 터이고 그렇다면 지구의 중심은 지판의 뿌리 아닐까라는 생각을 해본다. 그래서 하는 말인데 그곳에서 살아가는 민족이 뿜어대는 기운이야말로 인간세상을 좌지우지할 수도 있는 일이라 나비효과는 이미 지각변동으로 지판의 뿌리가 드러날 즈음에 일어나고 있었던 일이라는 것이다.

껍데기 육생을 살아가는 곳이 양의 기운 가지권이라서 1960년에 1차 육생현상을 밝혀냈을 뿐이다. 사실 기쁨이건 슬픔이건 뿌리에서 일어난 일은 몸통을 통해 가지로 전위되는 걸로 봐서 제1차 세계대전은 1 : 100이라는 뿌리와 몸통·가지의 인구비율까지 맞추어 가려 했던 모양이다. 한편 1918년 곁가지의 핵심 미국 23대 대통령 윌슨이 제1차 세계대전의 종전이 다가오자 민족자결주의를 제창하였고, 가뜩이나 뿌리의 독립을 외쳐대며 이슬처럼 사라진 투사들이 많은데다가 따끈하게 가슴까지 덥혀놨으니 1919년 3.1만세운동이 일어나지 않을 수 없었다. 게다가 1945년 제2차 세계대전에서 두둑이 패망하여 본국으로 돌아갈 때까지 대한독립을 외쳐대며 쓰러져간 투사들이 부지기수다. 조국과 민족을 위해 초개와 같이 한 목숨 바치는 일은 누구나 할 수 있는 일이 아니기에 이보다 거룩한 행위는 있을 수 없다.

하나 된 민족국가를 이루어 살아온 고려·조선의 자닝한 1천 년의 세월을 냉철히 되돌아보면 대한제국의 수의를 갈아입어야 했던 이유와 뿌리가 두둑에게 침식당할 수밖에 없었던 이유가 드러나 있지 않은가. 몇몇 독립투사들의 의로운 죽음과 만세운동으로 회복될 국권이었다면 두둑강점기는 있지도 않았을 것이다.

무장들이야 난리가 나 싸우다 죽으면 나름의 의무를 다했다고 할 수도 있겠지만 문관들은 무엇을 했느냐는 것이다. 그만한 기본금 육생량을 받아왔기에 무장이 되었던 것이고 문관이 되었던 것이 아닌가. 시대마다 허구와 실체를 바로 볼 수 있는 걸출한 인물까지도 함께 보냈으나 육생안위에 다들 놀아났으니 두둑강점기의 본질을 잃고 말았다. 만백성이 잘못하여 국난을 맞이했던가. 국가가 위기에 처할 때마다 민초들의 애국심만 부추기는 그대들은 누구이냔 말이다. 누굴 믿고 따라야 하느냐는 것이다. 만백성의 피와 살로 살아가는 그대들이 아닌가. 문무대신들보다 더 큰 질량을 받아온 이들이 있었으니 그들은 바로 정신적인 지도자를 자처하는 이들이다. 무장이야 문관을 우선하면 될 터이고 나라님은 문관의 권유에 따라 국정을 도모하면 그만일 터인데 그렇다면 문관의 에너지원은 누구였느냐는 것이다. 민초들은 물론이요 문무대신들 조차 어려우면 찾아가는 곳이 있다. 그곳이 과연 어디며 누가 살아가고 있느냐는 것이다. 고려·조선의 1천 년의 세월이야 그렇다고 치자. 대한제국의 수의를 갈아입었던 13년의 세월이 짧지는 않았을 터인데, 그리고 맞이한 두둑강점기 36년의 세월이 더디기만 했을 터인데, 그렇게 깊은 성찰의 시간을 주었음에도 불구하고 강점기의 실체를 들어다보지 못했으니 두둑이 물러간 후에 동족상잔 6.25가 터진 건 당연하지 않은가. 이로 인해 또다시 숱한 민초들이 이슬처럼 살아져가야 했다. 남북으로 민주·공산의 장벽이 처지면서 흩어져야만 했던 이산가족의 비애는 하나 되어 살아오지 못해 받아야 하는 천형의 표적이다. 독립운동만으로 국권을 회복할 수 있었을지도 모른다는 생각을 떨치지 못하고 나랏일을 도모한다면 광복은 기약이 없다. 만백성의 피와 땀으로 살아온 이들이라면 그리고 살아가고 있는 이들이라면 뿌리의 광복은 침탈한 두둑을 물리치는 것에서 오는 것이 아니라 본연의 삶을 살아갈 때 스스로 찾아드는 것임을 알아야 한다.

참으로 말은 쉽다. 뿌리 본연의 삶을 살아갈 때 광복이 찾아온다는 소리 말이다. 그 누구도 뿌리 본연의 삶이 무엇인지 모를진대 입으로 지껄여대는 모양새 하고는. 그러니 어찌 하나 되어 나가는 삶의 참맛을 알겠는가. 0차원을 이루지 못해 침식당해야 했던 뿌리이다. 하나 되지 못해 찾아든 강점기라 동족상잔 6.25를 치르고 남북은 이념 때문에 갈리어야 했고 동서는 지역감정으로 갈리어야 했는데 어찌 광복이 찾아왔다고 난리를 치는지 모르겠다. 사통팔달해도 시원치 않을 판국에 오히려 사분오열 형국이라 통일을 운운하기보다 광복의 진정성부터 알아야 하지 않을까. 두둑강점기에 발발한 제1차 세계대전은 뿌리정화를 위해 벌어진 전쟁으로서 1차로 뿌리광복을 위한 명분으로 수구세력과 지식인들이 독립을 외치며 죽어가야 했었다.

한편 1919년 3.1만세운동부터 1939년 제2차 세계대전이 발발하기까지 20년간은 뿌리의 존재가치를 가지권에 알리는 시기이었다. 살아가는 모양새와 생활패턴이 바뀐다고 해서 결코 두둑이 뿌리의 의식을 지배할 수는 없다. 하지만 본연의 삶을 다하지 못했다고 해서 운용주체의 표상이었던 상투를 스스로 자르고 비굴하게시리 무릎까지 꿇었다는 것은 두고두고 가슴에 새겨야할 일이다. 그러고 보면 유독 두둑에게만 욕보이게 만들었을까. 몸통은 뿌리와 떼래야 뗄 수 없는 관계에 있다. 그럼 누굴 시켜야 한단 말인가. 뿌리의 보호막이자 육생량의 교두보로서의 양의 기운 육생문화를 받아드릴 수 있는 최적지이고 보면 그만한 사자 역할의 적임지도 없다.

한편 가지에서는 그 무엇이 개발되더라도 육생살이 육생량일 수밖에 없는 터라 뿌리에서 인생살이 정신량의 검증이 꼭 필요하다는 것이다. 무슨 소리냐면 가지의 육생 결과물에 뿌리의 정신량을 불어넣을 수 있느냐 인데, 가지에서는 분명 전체를 위한 것을 만들었다고 하겠지만 부분을 주관하는 활동주체일 수밖에 없어 정신량 첨가 없이는 일부분만을 위한 것에 지나지 않아서 그렇다. 한편 가지에서 들어오는 육생량을 통해 뿌리의 육생경제 토대를 세울 인물이 태어났는데 그가 바로 이병철(1910~1987)이다. 개척세대로서 양의 기운 육생기업의 기틀을 마련하고 나름의 음의 기운 정신량을 부가시키고자 애썼지만 안타깝게 육생사업가에 그치고 말았다.

두둑강점기에 태어난 세대가 개척세대라 육신의 뼈골을 갈아서라도 육생경제의 틀을 업그레이드 시대까지 마련해야 하는 소임을 부여받았다고 할 것이다.

한편 제2차 세계대전의 막이 내리고 동북아의 뿌리는 남·북으로, 서양가지 독일은 동·서로, 몸통 동남아 베트남은 남·북으로 이념의 장벽이 쌓이면서 태어난 세대가 있는데 바로 새날의 씨앗 창출세대 베이비부머. 개척세대가 개척한 육생량 위에 창출세대가 창출한 정신량을 부가시켜 나갈 때 이를 실어 나를 세대가 태어났는데 그들이 바로 3세대 에코부머. 1988년 전후로 태어나기 시작한 업그레이드 세대이기도 한 3세대 미래의 꽃은 육생량 개척이나 정신량 창출을 위해 태어난 세대가 아니다. 뿌리의 기운을 퍼나르기 위해 태어난 메신저 세대이다.

중요한 사실은 개척세대가 마련한 육생량에 창출세대가 정신량을 부가시킬 때 에코부머가 제 소임을 다할 수 있다는 것인데, 창출세대가 소임을 잃는 바람에 미래의 꽃 에코부머가 미래를 잃어버리는 초유의 사태가 벌어지고 말았다. 한편 이 시기부터 여성들이 양성평등을 부르짖으며 팔 걷어붙이고 한 푼 더 벌어보겠다고 사회로 진출하기 시작할 무렵이었으며, 발맞춰 한류열풍이 부는가 싶더니 어느덧 다문화가정이 자리하면서 뿌리 구석구석에 몰아친 축제열풍으로 창출세대 가정이 무너지기 시작하였다. 이에 대한 자세한 설명은 다음 장으로 미루고, 사실 그 이면엔 이태백이니 삼팔선이니 사오정이니 오륙도니 하는 실업 관련 신조어를 숱하게 만들어낸 베이비부머가 귀농열풍까지 몰고 왔다. 왜 하필이면 이들 세대에서 그것도 미혹되지 아니한다는 불혹의 나이 40세 무렵에 육생경제 한파의 표적을 받아야만 했던 것이며, 하늘의 뜻을 안다는 지천명 50세에 이르러 주저앉아야 했느냐는 것이다. 이보다 더 큰 문제는 새날의 씨앗 에코부머가 맞이한 인생 성인시절에 고용불안에 시달리면서 88만원 세대라는 신조어들 만들어내야 했느냐는 것이다. 이후 두둑에서 사토리 세대라 하여 절망적인 미래의 헛된 욕망을 버리고 만족하며 살자는 달관세대가 나타난 듯싶더니 뿌리에서는 대학을 졸업해도 취업이 어려워 연애, 결혼, 출산을 포기했다는 3포세대가 나타났다. 얼마 지나지 않아 인간관계에 내 집 마련까지 포기했다는 5포세대가 나타나더니 꿈과 희망마저 포기한 7포세대가 나타났다. 급기야 모든 걸 포기한 N세대가 등장하면서 흙수저 금수저를 운운하더니 최고의 스펙은 탯줄이라면서 음양합의 0의 수를 이룬 뿌리를 헬조선이라 부르기에 이르렀다.

헬(hell)조선(朝鮮)이라는 소리는 2013년에 여성 대통령이 들어서고 임기가 반 즈음 지난 2015년 여름에 들려왔다. 업그레이드 시대에 들어 업그레이드 세대가 직면한 작금을 가감 없이 만들어낸 말이다. 양의 기운이 넘쳐나는 시대에 양의 기운이 넘쳐나는 세대가 태어났으니 이들 세대에게 필요한 것이 무엇인지 알아야 하는데 아는 이가 없다. 풍요 속에 빈곤이라 육생량에 넘쳐나는 시대임에도 육 건사를 위해 입으로 먹는 육생물질을 걱정해야 한다면 무엇이 잘못되어도 단단히 잘못된 것이 아닌가. 이는 분명 물갈이 두둑강점기와 밭갈이 동족상잔 6.25의 진정성을 잘못 이해한 탓에 양의 기운 육생량만 불려놓은 결과물일 텐데, 밀려오는 양의 기운 육생문물에 음의 기운 정신량을 불어 넣고자 여성 대통령을 자리에 앉힌 사실을 아는 관료가 없어 뼛골은 민중이 빠지고 가자미눈의 공무원과 밉살맞은 눈총에도 끄덕 안하는 정치권만 뭐라 할 수도 없는 노릇이다. 왜냐하면 누구 하나에 의해 잘못된 것이 아니라 36년 동안 한 세대에 의해 잘못되어가고 있기 때문이다. 개척세대는 받아온 육생량이라도 장만했지만 정신량을 창출해야 하는 창출세대는 개척세대의 육생량에 놀아나 소임을 잃다보니 에코세대 최고의 스펙은 탯줄이라는 소리가 나돌고 있다. 정신량을 창출해 본들 양기 육생량에 양기 육생량을 부가시킨 꼴이라 양양상충(陽陽相沖)은 따 놓은 당상 육생경제도 거기에서 멈추어야 했었다. 실제가 이러한데 제아무리 육생의 일거리를 마련해본들 부족하기 마련이고 목이 터져라 창조경제를 외쳐봤자 정신량이 부가되지 않은 양양상충의 소산물 육생량에선 찾아낼 것은 아무것도 없다.

응당 입으로 육생량을 섭취하는 만큼 귀로도 정신량을 흡수해야 하지 않겠는가. 입으로 잔뜩 양의 육생량을 먹이고 귀에까지 양의 육생논리만을 먹인 결과가 3세대 에코부머에 이르러 나타나고 있는데 그것은 바로 불협화음 미래불감증이다. 물론 창출부분은 기본금 넘어서의 정신량이라 어렵다할 수도 있겠지만 창출세대는 그만한 기운을 받아왔기에 하는 소리다. 개척세대의 노인복지도 그렇거니와 창출의 소임을 저버린 결과가 온갖 풍상도 모자라 미래의 꽃 에코세대의 고달픈 여정까지 더해졌는데 이보다 더 괴로운 것은 그 끝이 보이지 않는다는 것이다. 정신문화콘텐츠는 개척세대에 의해서 해결될 문제가 아니라 창출세대 새날의 씨앗에 의해 다듬어지면서 에코세대 미래의 꽃에 이르러서야 완성되어가는 인류 구원의 프로젝트다. 대자연이 뿌리에 심어놓은 백년대계는 정확히 3대 108년 동안에 이루어져야 하는 일로써, 그 핵심의 축 창출세대 하기 나름에 달려있다.

각설하고, 제1차 세계대전(1914~1918)은 민주와 공산사상을 적대적으로 대립시키기 위한 과정이었다면 제2차 세계대전(1939~1945)은 냉전시대 모드로 전환하여 상호모순을 드러내 보이기 위한 일련의 과정이었던 것이었다. 해서 제1차 세계대전은 가지·몸통·뿌리 삼원화체제가 하나 되기 위해 태동하였고, 본가지의 중심 영국을 위시해 프랑스와 곁가지의 핵심 미국은 민주주의 체제를 확고히 다지는 한편, 뿌리를 대신하여 두둑이 그 역할을 해나감에 따라 가지와 밀접한 관계를 이루는 계기를 마련했다. 이는 곧 승승장구한다는 소리인데 뿌리와 몸통은 외부적으로 단절된 상태에서 생장을 위해 힘을 비축하는 상태다. 즉 두둑은 말 그대로 가지와 직접적인 교류가 가능한 상태이고, 뿌리와 몸통은 양의 기운 육생량을 비축중이라서 그렇다. 달이 차면 기울듯이 해가 중천이면 지기 마련 아닌가. 지나치게 욕심을 부려 화를 자초하는 두둑의 행위가 시작되었거늘 그것도 운용주체 뿌리에서 물극필반(物極必反)을 모를리 없을 터이고 하나 힘으로만 물리치려 들었으니 흐름을 읽어 낼수 없었던 것이었다. 물론 두둑이 본국으로 물러가야 할 시점이 다다라 벌어진 일이기도 하겠지만 1894년에 발발한 청일전쟁은 두둑 강점기를 알리는 절망의 표적이었다면, 1937년에 발발한 중일전쟁은 그 끝을 알리는 희망의 표적이었다. 1931년에 발생한 만주사변의 불똥이 태평양전쟁(1941~1945)으로 튄 것이 화근이었지만 살펴볼 일은 뿌리와 만주와 몸통과의 상관관계다.

몸통이 청일전쟁 패배로 1895년 랴오둥 반도를 두둑에게 할양하여 만주까지 세력이 뻗치자 뿌리와 몸통이 긴 잠에 빠졌다는 점이다. 그러고 보면 제2차 세계대전은 두둑의 도발로 몸통의 환부가 구석구석을 도려내지고 국공 내전(1946~1949)으로 말미암아 마오쩌둥(1893~1976)이 1949년에 수립한 중화인만공화국은 사실 쇄국이 아닌 쇄국의 시대를 위한 맞이하기 위한 과정이었던 것이었다. 장제스(1887~1975)가 이끄는 중화만국 정부가 타이완에서 그나마 체제를 유지해 왔다는 것은 1948년 뿌리에 먼저 민주·공산 두 개의 사상이 자리했기에 불가피한 일이었다.

무엇보다 뿌리와 몸통은 떼래야 뗄 수 없는 사이지만 밑둥치 만주여하에 따라 삶의 질량이 달리 나타난다는 것이다. 1949년 핵심 몸통은 중화인민공화국을 선포하면서 조선민주주의 인민공화국과 수교하였고, 대한민국은 타이완 중화민국과 수교하여 몸통과의 명맥을 유지해 나가고 있다가 43년이 흐른 1992년 8월에서야 중화인민공화국과 수교하였다. 그렇다고 해서 만주지역이 활성화되는 것은 아니며 그리고 훗날을 위하여 타이완 중화민국과의 단절은 어쩔 수 없는 일이다. 무엇보다 뿌리·몸통의 연계지역인 만주는 인체에 비유하자면 목이라 할 수 있어 단순한 교역로가 아닌 하나의 연결 선상이라 만주를 떼어놓고 뿌리와 몸통이 할 수 있는 일이라곤 무엇도 없다.

따라서 만주사변은 뿌리·몸통의 숨통을 트기 위한 과정이자 절멸된 상태에서 희망의 싹을 틔워주는 일련의 행보였기에 제2차 세계대전은 뿌리와 몸통 두 개의 역사를 새롭게 써나가야 할 시간이 다가옴에 따라 일어난 전쟁이었다. 이후 남·북으로 대치한 민주·공산사상은 뿌리 본연의 삶을 되찾기 위해 주어진 숙제라 광복이라 말하면 곤란하다. 정신량을 추구해 나가야 하는 뿌리가 육생량에조차 안주하지 못해 피눈물을 흘려야 했던 36년 천형의 세월이고 보면 1945년 8월 15일은 거듭나기 위해 주어진 날 일 뿐이다. 이후 가외몸통 소련과 곁가지 미국의 간섭 아래 이념의 벽이자 통곡의 벽이 쳐지고 말았으니 고려·조선 하나 된 민족국가를 이루어 살아 온지 1천 년 만에 하나 되어 살아가는 법을 잊어버리고 받은 표적이 강점기였음을 알아야 한다.

이남지역은 1948년 8월 15일 대한민국 민주공화국을 수립하였으며 이북지역은 1946년에 북조선인민위원회를 창립한 후 1948년 9월 9일 조선민주주의 인민공화국을 수립하였다. 한편 이북지역은 압록강과 두만강을 경계로 밑둥치 만주와 가외몸통 러시아 연방에 인접했음으로 인해 핵심몸통과 가외몸통의 원조를 받았으며, 이남지역은 태평양 건너 가지권의 원조를 두둑을 거쳐 부산을 통해 받았다. 두둑의 역할이 태평양의 거센 기운으로부터 뿌리를 보호하는 것이므로 태평양 건너 가지권에서 들어오는 육생문물도 두둑을 거쳐 뿌리로 들어와야 했기에 패망 이후 장족의 발전을 이룰 수 있었던 것이었다.

1세대의 성장 사이클은 36년이다. 국가의 육생발전도 개척세대에서 비롯하여 육생경제를 이룩하는 데까지가 36년 걸렸다. 이후 창출세대의 정신량 창출기간도 36년이 주어진다고 하겠는데 이는 분명 음의 기운을 창출해내는 뿌리의 몫이니 이쯤 해두고 1차 육생경제의 사이클이 36년이므로 그 다음 2차로 36년 동안 창출해내야 하는 것은 양의 기운 육생량이 아니라 음의 기운 정신량이다. 허나 가지의 소임은 1차 생산 육생량이기에 2차 창출 정신량에서 막힐 수밖에 없음으로 인플레이션이니 디플레이션이니 하는 육생 정체기에 주기적으로 빠져들고 있다. 시간이 흐르면 흐를수록 경기는 둔화되고 물가는 지속적으로 오르는 스태그플레이션이라는 돌연변이 현상까지 나타나고 있다. 이는 사실 정신량이 배제된 상태에서 육생량에 육생물질만을 부가시킬 때 일어나는 양양상충 현상이다.

육생 넘어 인생이라는 말은 육생량과 정신량의 비율을 맞춰나가야 한다는 말이다. 육 건사를 위한 육생량은 나를 위한 것이고 소통의 정신량은 너를 위한 차원이므로 아리스토텔레스(B.C. 384~322)가 인간은 사회적동물이라고 말했다. 물론 나를 위한 본능적 차원은 내 생각대로 살아가느냐 아니면 너를 위한 절대분별의 차원 마음의 지혜로 살아가느냐에 달린 문제이긴 하지만 이도 여기서 다룰 문제가 아니니 이쯤에서 접자.

두둑의 육생경제 성장은 업그레이드 시대 전후까지라고 말한 바는 이후에 발전량은 뿌리에서 정신량을 충전시키느냐 못시키느냐에 달려있기 때문이다. 또 두 개의 이념이 자리한 뿌리는 동고서저(東高西低)의 특성이 나타나는 만큼 이북엔 핵심몸통과 가외몸통을 경계로 압록강과 두만강이 백두산에서 발원하여 동서로 나뉘어 흐르고 있으며, 압록강을 경계로는 핵심몸통 중화인민공화국이 자리하고, 두만강을 경계로는 소비에트 사회주의 공화국 연방(구소련)이 자리하고 있다는 사실을 앞선 장에서 설명한 바 있다. 왜일까.

그러니까 공산진영 이북지역의 육생량 공급은 압록강과 두만강을 통해 교역이 이루어졌음을 뜻하는데 뿌리이북과 핵심몸통 가외몸통 동북아 공산삼국의 발전은 1970년 중반까지였었다. 이후에 중단될 수밖에 없는 가장 큰 이유 중에 하나가 육생부터 살아가야 하는 인간은 이기적일 수밖에 없다는 사실을 간과해 버린 것이었다. 그 누구도 예외 없이 받아온 육생의 기본금으로 살아가는 동안 인생을 예찬하기 마련이다. 그래본들 알쏭달쏭한 육생살이 육생량에 휘말려 육생논리 힘에 전전긍긍하다가 개인주체에 따른 정신량 한계에 부딪쳐 육생살이에 주저앉고 말았다. 육생량과 정신량을 분별치 못한다면 그 넘어 인생을 알 수 없고, 운용주체가 활동주체를 이끌어야 한다는 원리를 모른다면 인간 그 육생기본의 자리에서 잠시 머물다 가야 한다는 것이다. 민주든 공산이든, 자본주의든 사회주의든 인간으로 태어나 사람으로 승화되어 사람들과 사람답게 살아가고자 만들어낸 사상이 아니고서는 분열되기 마련이다.

주목해야 할 점은 누구나 때가 되면 받아온 육생의 기본 자리에 오르게 된다는 것인데 하나같이 오른 후에 무엇을 해야 할지 몰라 실패, 좌절, 고통, 어려움 등을 겪는다. 특히 거기에서 나는 망했다고 하는 수많은 모순을 양산해 내고 있다는 것이다. 하나 되기 위해 계급이 없는 민중사회를 부르짖어도, 다수결의 민주주의를 부르짖어도, 기본의 자리에 올라섰을 때 그에 따른 향로를 제시해주지 못하면 한낱 백일몽에 불과한 것이다. 그야말로 육생 넘어 인생이 유토피아인줄 모른다면 사회주의 형평성을 따져본들 자본주의 효율성을 따져본들 이기적인 차원에서부터 시작해야하는 육생살이 인간습성이 첨가되지 않았다면 공염불에 불과하다는 것이다. 공무(公務)나 공유(公有)나 공동(共同)이나 어느 지점에 다다르면 한계를 드러내는 이유도 마찬가지다. 육생의 기본 그 자리에 오른 후 무엇을 해야 한다는 표적이 주어지지 않는다면 육생안위에 머무를 테고 너 보다 나를 위한 삶을 살아갈 테니 모든 발전이 그 시점에서 멈출 수밖에 없다는 원리다.

책임의식은 가지려 해서 가지게 되는 것이 아니다. 개개인 나름의 받아온 육생의 기본의 자리에 오르려 할 때 혹은 오르고 나서 절박함이나 절심함을 느낄 때마다 생겨나는 것으로 그때의 위기를 극복한다면 발전 속도는 이루 말할 수 없다. 절실했다는 것은, 절박했다는 것은 이리해서 이리됐다는 분명한 표적이라, 절박해 보지 않고선, 절실해 보지 않고선 여간해서 삶의 질을 높이긴 어렵다.

한편 1970년대 중반부터 이북 공산주의 육생경제가 멈춰 설 즈음에 이남 민주주의 육생경제에 불붙기 시작했었다. 뿌리 이북의 육생경제가 멈추었다는 것은 압록강과 두만강 건너의 핵심몸통과 가외몸통의 육생경제도 침체기를 맞이했다는 것을 뜻한다. 정신량의 발원지는 3면이 바다로 둘러싸인 뿌리 이남이라는 사실이 드러내는 장면이다. 두둑의 위치는 태평양 건너 가지와 뿌리의 중간기착지로서 업그레이드 시대까지 육생량 공급원이어야 하므로 그 덕택에 육생경제를 가지와 나란히 가져갈 수 있는 혜택을 받았다.

그 기간은 전후 개척세대가 36년 동안 육생경제 토대를 마련할 때 까지였었다. 이후 육생경제의 둔화하기 시작하여 두둑의 혜택 기간이 업그레이드 시대까지라는 추론이 따라 붙지만 육생량에 정신량을 부가시켜 나갈 때 까지다. 1992년 8월에 핵심몸통과 뿌리의 수교(한중수교)가 이루어짐으로서 태평양 건너 두둑을 통해 뿌리로 이어진 육생교역루트가 뿌리·몸통으로 직접 열려서 불황은 더욱 더했다. 사실 뿌리와 핵심몸통과의 교역은 압록강을 건너 만주지역을 통해 직접적인 교류가 이어져야 하는 것이지만 준비가 미약한 상태여서 통일을 논하기엔 아직은 이르다.

하나 되어 살아오다가 언제부터인가 하나 되어 살아가는 법을 잊고 둘로 갈라져야 했던 만큼 하나 되는 법을 찾지 못하고 하나 되었다면 시간이 문제지 둘로 갈라질 것은 빤하지 아니한가. 정녕 하나 되어 살아가길 원한다면 남북 이념화합이 우선이 아니라 동서 지역감정 해소가 먼저 아닐까. 활동주체 육생량으로 통일을 일구어 낸다 하더라도 힘의 논리가 가미된 양의 기운 육생량에 불과할 뿐인데다가 음의 기운 정신량 창출을 위해 두 개의 양의 이념이 자리했던 것이므로 육생량만으론 어림도 없다. 물론 한중수교가 정상화되기 2년 앞서 1990년 가지 독일은 육생량만으로도 동서화합을 이루었지만 본래 활동주체 육생민족이라 육생량만으로도 충분하다. 동남아 몸통베트남은 30여 년간 피 흘리며 싸우다가 1976년에 남북화합을 이루어 베트남 사회주의 공화국을 이루었지만 뿌리민족 개척세대도 피 흘리며 죽어가야 했었다. 왜 그래야만 했던 것일까.

육생경제의 사이클이 1세대 36년인 만큼 정신량 창출기간도 1세대 36년이며 몸통을 통해 가지로 알리는 기간도 1세대 36년이다. 3대 108년 동안 뿌리 본연의 삶을 되찾기 위해 물갈이를 통해 육생량 개척세대가 태어났으며 밭갈이를 위해 동족상잔 6.25 터졌다. 그리고 창출세대가 태어났다. 수구세력과 식자층이 독립운동이라는 미명하에 두둑강점기로 인해 1차 죽음을 맞이했으며, 2차는 동족상잔 6.25로 인해 잔여의 수구세력과 지식인들이 사상전쟁의 희생양이 되었는데 뿌리에 양질의 토양을 불어넣어 주기 위해서였다. 결론은 물갈이 개척세대의 자식이 밭갈이 창출세대이고 밭갈이 창출세대의 자식이 업그레이드 시대 에코부머라는 것이다.

이유야 어찌됐건 2세대의 새날의 씨앗의 맥을 같이해 나갈 3세대는 미래의 꽃으로 활짝 피어나야 할 에코부머인데, 육생량에 부가된 정신량의 메아리를 울려야 하는 세대답게 소임은 육생량 정신량에 있지 않다. 오직 개척세대가 개척한 육생량을 창출세대가 창출한 정신량을 가미시킨 인생량을 몸통·가지로 실어 나르는 데 있으니, 메신저 세대다가 아닐 수 없다.

허나 정신량이 부가되지 못한 상태인지라 무기력하기 그지없는데, 해서 3세대 미래의 꽃은 2세대 새날의 씨앗 하기 나름에 달려 있다는 것이다. 육생량에 부가된 정신량은 하나 되어 살아가는 인생차원이므로 물갈이 때와 밭갈이 때에 하나 되어 나가지 못한 수구세력과 식자층이 조국과 민족을 위한다는 명분으로 산화해 갔다는 것이다.

한편 구한말 때 1차 출몰한 육생신앙과 전후에 2차 출몰한 육생신앙은 창출세대에 의해 인생종교로 승화될 부분이었는데 안타깝게 멈추고 말았다. 서양 가지사상과 이념을 비롯하여 신앙, 정치. 경제, 사회, 철학, 인문, 과학 등의 서적이 봇물처럼 밀려들어 왔었다. 이후 불어 닥친 유학열풍의 중심에는 베이비부머가 있었다.

새날을 창출할 씨앗이기에 낭만을 가르쳤던 것이었고, 창출세대이기에 육생량을 밀어줄 개척세대가 자리했던 것이며, 인류희망을 싹 틔울 세대이기에, 미래의 꽃을 만개시킬 에코부머가 함께 하고 있다. 전후 36년이 지난 시점에 다다르면 개척세대가 육생살이 인프라를 구축해놓을 때이자 창출세대가 36년 동안 정신량의 씨를 틔울 때로서 메신저 세대 에코부머가 36년 동안 사랑의 꽃씨를 실어 나르면 인류 미래의 꽃을 피울 수 있다는 것이다.

10. 동족상잔 6.25
-잠룡의 출현-

19세기 기계화시대를 알리는 2차 서세동점에 편승치 못해 13년 동안 갈아입어야 했던 대한제국의 수의 이후 두둑강점기 36년 능욕을 당하고 맞이한 1945년 8월 15일은 뿌리의 거듭됨을 바라며 주어진 날이다. 3년 후 1948년 8월 15일 대한민국 정부를 수립한 건 양의 기운이 넘쳐나는 업그레이드 시대 3차 서세동점을 맞이하기 위함에 있었다. 뿌리의 광복은 동서화합을 통해 남북이념이 하나 되어 나가는 그날이지 두둑이 물러갔다고 해서, 대한민국 정부를 수립했다고 해서, 광복이 된 것은 아니다. 하나 된 민족국가를 이루어 살아오다 하나 되어 나가는 법을 잊어버려 찾아든 강점기라 광복은 하나 되어 살아가는 바로 그날이다.

한편 뿌리의 건국은 강점기에 태어난 개척세대의 육생 개척활동이 시작됐음을 의미하고, 잠룡(베이비부머)의 출현을 예견하는 바다.

물론 열국에 이은 삼국에서 남북국시대까지가 하나 되기를 갈망해온 1천 년의 기간이었다. 애달픈 고려 5백 년은 하나 된 민족국가를 이루어온 과정이었다면, 고달픈 조선 5백 년은 하나 된 삶을 견고히 다져나가는 시기이어야 했었다. 비록 뿌리지형 밑둥치가 깊숙이 패여 나간 고려의 건국이기는 했으나 잠룡은 분명했었다.

이쯤에서 살펴 볼 일은 고려잠룡과 동족상잔 6.25 이후의 잠룡이다. 말 그대로 고려의 잠룡은 고려시대 자체가 잠룡이었다는 것이며, 분명한 것은 이때 개국군주와 개국공신도 함께 했었다는 것이다. 열국에서부터 시작된 1천 년 시대의 흐름이 고려를 잠룡의 위치에까지 올려놓기 위한 과정이었기 때문에 개국군주를 보필할 개국공신들이 시대의 흐름에 편승했더라면 조선시대의 현용은 이견대인을 하고도 남았다. 허나 고려잠룡이 변방몸통 거란의 침입조차 바르게 해석치 못하는 바람에 북방몸통 몽골의 침입을 받아야 했던 것이었고 결과는 뿌리의 황폐화였다. 제아무리 조선이 현용이었다고 한들 이견대인이었던 16세기 초 대항해시대이자 1차 서세동점 육생물질문명 향상시대를 맞이하고도 사대교린만이 살길로 생각했던 터라 이견대인이 가지의 육생량임을 알 수 없었던 것이었다.

명말청초 두둑이 임진년에 일으킨 왜란이나 변방몸통 청나라가 병자년에 일으킨 호란이나 몸통과 두둑으로부터 받았던 표적의 의미는 변화의 흐름에 편승하지 못한 데 있었다. 그리고 1천 년이 지난 20세기에 제차 잠룡시대를 맞이한 것이 아니라, 현용재전 즉, 업그레이드 시대를 열어갈 잠룡세대를 동족상잔 6.25를 치르고 보냈다고 할 수 있는데, 그 잠룡세대가 바로 새날의 씨앗으로서 창출세대 베이비부머다. 첫 번째 1천 년 밀레니엄을 맞이하면서 건국한 하나 된 민족국가 첫 번째 고려·조선의 잠룡시대에 이은 두 번째 맞이하게 될 2천 년 밀레니엄 시대를 앞두고 두 개의 이념이 공존하는 가운데 두 번째는 잠룡국이 아닌 잠룡세대가 출현했다. 하나 된 민족국가를 이루어 살아온 1천 년의 세월동안 하나 되어 살아가는 뿌리의 법을 마련치 못하면서 대한제국의 수의로 갈아입어야 했던 것이므로, 두 개의 이념을 공존시키기 위해 두둑강점기를 맞이했던 것이었다.

동족상잔 6.25를 통해 몸통·가지의 열강세력에게 뿌리는 분단국가라는 사실을 알리지 않으면 안 되었다. 이후 마르크스레닌주의를 표방한 열강세력인 핵심몸통과 가외몸통이 3·8 이북의 뿌리 보호를 자처하고 나섰으며, 곁가지가 주체가 되어 본가지와 열강세력들이 3·8 이남의 뿌리 보호를 자처하고 나서 동족상잔 이후에 몸통공산과 가지민주가 냉전체제로 도립했었다. 즉 대륙세력 몸통·해양세력 가지, 미 자본주의와 소 공산주의의 경쟁이 시작된 것으로 얼핏 보기에는 뿌리가 가지열강과 몸통열강세력의 각축의 장이 된 듯싶지만 이면은 그렇지 않다. 제아무리 강한 상대라 하더라도 힘의 균형이 막상막하라면 으르렁거리기만 할 뿐 명분 없는 싸움, 즉 손해 볼 짓을 하지 않는다는 것이다. 특히 뿌리는 태평양 건너의 가지해양세력과 압록강을 건너 만주를 통해 몸통대륙세력으로 이어지는 요지도 요지이지만 음의 기운 정신량을 창출해내야 하는 곳이므로 한시적이나마 공산·민주의 전쟁은 일어나지 않는다고 봐도 무방하다.

잠룡세대가 현용재전 업그레이드 시대의 이견대인을 위해서라도 나를 위한 어린 육생시절을 거쳐 너를 위한 성인 인생시절로 성장하기까지 민주·공산과 자본·사회주의의 상대적 모순을 보고 자라나는 건 정신량 창출 부분에 있어서 필요사항이다.

작용반작용의 법칙 상대성원리에 의하면 내 앞의 인연이 내 모습이라고 하는 것은 나 하기 나름에 따라 행위를 달리하기 때문이다. 이는 곧 내 모순이 네게 투영되어 너를 통해 내 모습이 그대로 비쳐진다는 원리인데, 뿌리와 가지 사이의 중간몸통에서 일어나는 중동전쟁은 뿌리가 육생량에 정신량을 첨가시킬 때까지 흘려야 하는 피로써, 사상 전쟁이기 보다는 육생신앙끼리의 충돌 의미가 커 뿌리에게 주어진 공부다. 육생신앙 넘어 인생종교가 자리한다는 것은 부분을 관장하는 육생신앙 교주의 교리 그 범주를 넘어설 때만이 전체를 주관하는 인생종교에 다가설 수 있다. 하나 되어 나가는 정신량이 첨가되지 않으면 신을 흠모하는 육생신앙에 머무를 수밖에 없다. 육생신앙의 교리는 정신량이 첨가되기 전이라 하드가 아닌 소프트를 위한 것에 불과하다는 것인데, 이를테면 교리는 신앙의 매체 술법(術法)에 의해 만들어지고 그 교리를 믿고 따르는 신도들에 국한된 사항이라서 언제든지 자기 교리의 우월성을 입증해 보이려고 양면의 칼을 들이밀기 마련이라는 것이다. 예언자가 다르기에 교리도 다르고 사후세계도 다르게 적용되는 것인데, 전체를 아우르는 인생종교가 아닌 이상 부분을 관장하는 육생신앙에서의 평등은 있을 수도 없는 일이다. 자칫 부분을 관장하는 술법교리로 인해 천당지옥을 거론하고 죄와 벌을 운운하면서 인간의 기본 욕구마저 박탈시키겠다고 으름장을 놓기라도 하는 날에는 교주의 교리에 묶여 기복에 심취되어 살아갈 런지도 모른다. 게다가 보이지 않는 세계를 거론하는 만큼 내 것이 맞으니 내 말을 믿어야 한다고 세치 혀로 자기계산을 늘어놓기 십상인데 분별이 주지적일 수 있겠는가.

중동전쟁에서 피 흘리며 죽어가는 자의 절규나, 피 흘려가며 죽게 만든 자의 환호성이나 한결같이 신은 위대하다고 외쳐댄다. 사랑하며 살아가고 싶기에, 사람답게 살아가고 싶기에 분명 외쳐대는 소리인데 행복은 고사하고, 사랑은 고사하고, 사람답게 사는 법이라도 가르쳐 달라고 지르는 고함은 죽어가는 자와 죽이는 자의 소리에 뒤엉켜있다. 누구 들으라고 지르는 것일까. 들기라도 한다면 사람답게 살아가는 법을 가르쳐 주기라도 하는 것일까. 이기적 육생살이 인간의 역사가 피로 얼룩진 전쟁의 역사임을 볼 때 죽이면서 또 그렇게 죽어가면서 지르던 절규가 유상의 3차원은 물론이요, 무상의 4차원까지도 차고도 남음이 있을 텐데 신은 어찌하여 인간의 절규를 외면하는지 모르겠다. 아니면 지금까지도 듣지 못하는 것은 아닐까. 분명 그건 아닐진대, 사상과 이념이 육생신앙으로 죽이지 못하면 죽어가야 하는 이유가 어디에 있는가 말이다. 너희 교리가 우수하다면 그만큼의 사랑이라는 껍데기에 행위에 알곡을 채워주면 될 텐데 무조건 내 말이 맞는 말이니 묻지도 따지지도 말고 믿고 따라야 하는 것이라면 나 하기 나름에 달리 나타나는 인생방정식은 그들에게 있어서만큼은 성립되지 않는 것이라야 한다.

민주사상을 붙잡고 쏠림의 유세를 떠는 서양가지의 자본주의나, 공산주의 허세에 사회주의 병폐를 들어내는 몸통권이나 다들 하나 되어 살아가는 방법을 모르기에 제 잘났다고 큰소리치는 것과 별반 다르지 않다. 가지의 사상이나 육생신앙교리나, 몸통의 사상이나 육생신앙교리나 전체이기를 갈망하는 부분의 교리이므로, 사랑 그 껍데기 알곡을 불어넣는 행위는 얼마든지 가능하지만 합의차원 에서 이루어지는 행복의 알곡은 뿌리에서나 창출할 수 있는 이념 이므로, 구한말 때 대거 출현한 육생신앙이나 동족상잔 6.25 후에 출현한 육생신앙이나 교리는 만백성의 행복이었다.

육생부터 살아가야 하는 인간에서 비롯된 것이 신앙이고, 정신 량을 부가시켜 인생을 살아갈 이들을 위해 마련한 것이 종교다. 육 건사를 위해 살아가는 것은 육생이자 이기요 하나 되어 살아가는 것은 인생이자 이타라 사람답게 살아가는 법도 이에 준한다. 아울 러 인성도 나 하기 나름에 달리 나타나는 상대성원리를 일깨워 주 는 것인데, 작용반작용의 법칙 인생방정식은 하나 되어 나가느냐 못 나가느냐에 대한 행위법칙이라, 인성(人性)도 하나 되어 나가지 못하면 육성(肉性)일 수밖에 없다. 인성과 육성의 차원은 정신량을 가미했느냐 못했느냐의 차이다. 자기 생각차원 본능적 이기행위에 정신량을 가미한 이들에게서 나타나는 행위가 이타인데, 너를 위 한 삶이 무엇인지를 생각한다는 것이다. 말 그대로 육생은 육 건사 가 우선이라 사랑의 행위도 육성의 육생량으로 육생살이에 도움 됐다면 나름의 행위를 했다고 할 수 있다. 그러나 지금 당장 허기 진 배를 채워준다는 것은 육 포만감에 대한 만족일 뿐이지 사람답 게 살아갈 때 찾아드는 행복은 아니다.

나를 위한 만족은 육생량만으로도 얼마든지 채울 수 있지만 너 를 위한 행복은 육생량에 정신량이 첨가된 상태라 육생량 만으론 어림도 없다. 만족은 육성에 의한 육생량이므로 부분이지 정신량 이 가미된 인성에 의한 인생량의 전체가 아니며, 문제는 육생행위조차 못하면 기본금마저도 채울 수 없다는 것이다. 이렇듯 육생물질은 정신질량을 찾기 위한 방편이자 수단이 있었음에도 인류가 이제야 육생시대를 건너는 중이라 자기만족을 위한 행위를 가지고 네 행복을 위한 행위였다고 말하며 살아왔었고 또 그리 알고 있다. 엄밀히 따지면 육생사랑 그 행위는 내 만족을 채우고자 한 것이었지 네 만족을 채워주기 위한 행위가 아니었다는 것이다. 물론 상호지간의 육생행위도 상호육성(이기적)에서 비롯되므로 원하는 만큼 채워지지 않는다면 계약은 깨지기 마련이다. 이기와 이기끼리의 계약은 언제든지 산통이 깨지게 되어있다. 간혹 이기적인 인간주제에 도왔다고 말하는 이들이 있는데 어떻게 도왔냐고 물어보면 네 형편을 고려치 않고 내 뜻대로 도운 것뿐이라 결국 자기 속 편키 위한 행위였다는 사실이다.

자기만족을 위해 해대는 사랑, 그 껍데기에 행복의 알곡을 채워 넣지 못한다면 오늘의 동업자가 내일의 경쟁자가 될 수 있고 혹은 어제의 경쟁자라 할지라도 만족의 보따리를 채워주기라도 한다면 오늘의 동업자가 될 수 있다. 사랑은 행복하기 위해 하는 행위인데 행복이 무엇인지 모르고 그저 사랑해 보겠다는 것은 육성에서 뿜어지는 이기행위라 만족하지 못하며 염증을 느낀다. 음양이든 의논이든 0차원의 합의를 이루는 것은 네 주머니에 내 행위의 알곡을 채워줄 때나 가능하다. 이는 인성에서 내품는 이로운 행위라 인간은 본능적 생각차원 육성에 의한 움직임이고 사람은 생각차원에 정신량이 가미된 인성 즉, 절대분별의 차원 마음에 의해 움직인다. 육생을 살아가는 인간이야 사랑 그 행위만으로도 소임을 한다고도 할 수 있겠지만 인생을 살아가야 하는 이들에게는 받아온 기본금 육생량에 머문 행위라 사람답게 살아갈 때까지 표적을 받아야 한다는 것이다. 무엇보다 정신량이 가미되지 않은 육생량만으로 행복의 알곡을 만들지 못할 터이니 사랑을 통해 육생만족과 인생행복에 대한 분별부터 바로 세울 일이다.

1안의 육생만족은 나를 위한 것이라 육생량만 있으며 혼자서라도 얼마든지 가능하다. 반면 얼마 지나지 않아 염증을 느낀다는 것이다. 2안의 행복은 너를 위한 것이므로 육생량이 제아무리 많아도 혼자서는 불가능하나 0차원을 이루었다면 말로 형용할 수 없다. 당연히 싫증이나 염증은 느끼지 못할 터이고, 행복한 삶을 영위코자 한다면 음양화합은 물론이요 의논합의를 이끌어 내야 하는데 이도 운용주체와 활동주체의 분별이 설 때만이 가능하다.

육생살이 인간이라 육성에 의한 움직임은 본능적 행위인바 이타에 앞서 이기가 우선인 만큼 득 볼 요량으로 찾아가고 득 볼 요량으로 만남을 유지하는 것이므로 이성간의 사랑행위도 득 보기 위한 본능적 행위가 전부다. 육생량이건 정신량이건 많으면 많을수록 인연이 많을 터이고 적으면 적을수록 인연이 적은 것이라 남 탓할 일이라곤 없다. 사랑은 행복을 위한 행위이므로 사랑을 했다하나 행복이 찾아들지 않는다면 이타가 없는 이기의 행위만 있을 뿐이라 얼마나 부딪쳤는지를 되돌아 볼 일이다. 찾아가는 자가 활동주체요 맞이하는 자가 운용주체라 사랑은 득볼 심산으로 찾아다니며 하는 것이라면 행복은 찾아오는 이와 하나 되어 살아가는 일이다.

한편, 가지의 사상이나 육생신앙이나 몸통의 사상이나 육생신앙이나 전체를 주관하는 인생법도에 다다르기까지 뿌리를 대신하여 몸통 중동국가에서는 그들만의 신을 부르며 싸우다가 얼마나 죽어가야 할는지 모른다. 이처럼 신을 부르다 죽어가는 자는 누구이며,

신을 부르며 죽이는 자는 또 누구이고, 신 앞에서 죽이지 않으면 죽임을 당한다고 부추기는 자는 또 누구인가. 동족상잔 6.25도 마찬가지다. 뿌리의 이념을 상실하자 몸통·가지의 사상이 쳐들어와 치러야 했던 동족상잔이었음에도 그 누구도 누굴 위한 전쟁이었는지 말하는 이가 없다. 그것은 모순의 역사를 간직한 뿌리 구석구석을 피눈물로 씻어 낸 후에 잠룡세대를 보내기 위함이었으며, 개신교가 유·불·선 견철을 위해 자리매김을 하기 위해서였다. 왜일까. 여기에서의 견철은 무조건 견제를 의미하는 것이 아니다. 적대적이지만 상호보완적인 관계를 유지해 나가자는 것이다. 육생신앙 넘어 인생종교 그 법을 창출할 때까지 말이다.

잠룡세대의 어린 육생시절은 작금의 풍요 속에 빈곤과는 달리 폐허 속에 무한한 희망이 쏟아나 생기로 가득 찼었다. 그 무렵 양의 기운이 넘쳐나는 업그레이드 시대의 음의 기운 정신량을 채워나갈 잠룡세대가 태어났는데 그가 바로 박근혜(1952~)다. 대한민국 제18대 여성 대통령으로서 아버지는 대한민국의 제5·6·7·8·9대 대통령을 역임한 박정희(1917~1979)다. 그야말로 양의 기운이 차오르는 업그레이드 시대에 음의 기운을 부가키 위해 음의 기운 운용주체가 권좌에 오른 것인데, 이를 우연이라 치부하는 하는 이들이 있을까. 말하기 나름이라고 하겠지만 이미 2009년 오만원권 화폐의 모델이 음의 기운 신사임당(1504~1551)이다. 뿌리의 화폐 중에 가장 큰 액수이자 활동주체 육생량의 소통의 수단 중에 가장 으뜸이 바로 돌고 돈다는 돈이 아닌가. 양의 기운이 넘쳐나는 시대에 육건사 육생물질을 바르게 소통시키지 못하면 쏠림 현상이 심화될 것은 빤하고, 역시나 양의 기운을 다스리는 건 음의 기운이라 하겠으니 음양이 합의치 못하기라도 하는 날에는 상대적 박탈감이 난

무한 불신의 시대를 살아가야 한다.

　무엇보다 오만원권 화폐가 발행됐을 때에는 이미 양의 기운 활동주체 육생량이 넘쳐나 쏠림 그 심화의 골이 파일 때로 파인 상태였으며 지금도 별반 다름없지만 음의 기운 운용주체의 정신량이 시급했었다. 시대가 대세라고 양의 기운 육생량에 치우치지만 않았다면 정신량을 마련할 음의 기운이 권좌에 오를 것이라는 것쯤은 뿌리민족이라면 누구라도 알 수 있을 터, 하지만 양의 기운 육생량을 생산하는 활동주체와 음의 기운 정신량을 마련해야 하는 운용주체에 대한 사항을 바르게 알고 있는 이가 있느냐는 것이었다. 분명 1안으로서는 양의 기운 육생량 소통을 위한 뿌리의 화폐 중에 가장 큰 액수에 음의 기운을 불어넣었다.

　그리고 2안으로는 너와 내가 하나 되어 살아가기 위한 정신량을 마련키 위해 권좌에 오른 음의 기운 운용주체가 2013년부터 업무에 들어갔다는 것이다. 음의 기운 뿌리는 양의 기운 몸통·가지의 운용주체이므로 뿌리민족은 그야말로 음기 가득한 운용주체 민족이 아닐 수 없는데다가 음의 기운 운용주체 여성이 통치자가 되었다는 것은 무엇을 의미하겠는가.

　이는 곧 가지의 양의 기운 육생량이 음의 기운 뿌리로 찾아드는 것에서 원인을 찾아볼 수 있는데, 이를 위해 우선해야 할 일은 음의 기운 운용주체 여성의 소임부터 바르게 아는 일이다. 음양이든 의논이든 0차원의 합의를 이루어 하나 되어 나가는 세상은 대자연이 그려나가는 청사진으로서 언제나 화합은 기다리는 운용주체가 찾아오는 활동주체를 품어 안을 때 이루어진다. 양의 기운은 부분을 관장하는 육생의 활동주체요 음의 기운은 전체를 주관하는 인생의 운용주체다. 뿌리에서 음의 기운으로 태어났다는 것은 운용주체로서 해야 할 일이 있기 때문이요, 양의 기운으로 태어났다는 것은 활동주체로서 해야 할 일이 있기 때문이다. 이치란 순리에 어긋나지 않는 것을 말하는데, 양의 기운 활동주체는 음의 기운 운용주체가 될 수 없다는 것이요, 음의 기운 운용주체도 양의 기운 활동주체가 될 수 없다는 것인데, 단지 활동주체 행위는 어느 정도까지는 허용된다는 것이다.

특히 뿌리가 음의 기운 운용주체인 만큼이나 뿌리민족의 여인은 음에 음을 품어 안았으니 대자대비 관음의 화신이 아닐 수 없다. 그리고 분명 타고난 명이 아니고서는 활동주체의 부분적 육생행위를 한다는 것은 전체를 위한 운용주체의 인생행위를 다하지 못하는 것이므로 풍상고락은 따 놓은 당상이다. 누군가는 활동주체 행위를 할 수밖에 없는 지경으로까지 몰려 어쩔 수 없었다는 단서를 붙이기도 하는데, 그렇다면 그 지경에까지 내몰린 이유가 어디에 있었는지를 냉철히 돌아보자. 분명 지아비가 반 백수이거나 아니면 수입이 현저히 떨어진 상태이거나 둘 중 하나일 테고 혹자는 사교육비를 거론하는데 이 문제는 부모욕심으로 해대는 일이니 접어두자. 육 건사가 우선인 만큼 어쩔 수 없이 활동주체 행위를 해야 할 입장이라면 해야 하겠지만 양의 기운 활동주체인 지아비를 그대로 방치해서는 안 된다는 소리다. 활동주체 지아비는 운용주체 지어미의 에너지를 충전할 때 비로소 활동의 영역을 넓혀 갈 수 있는 양의 기운이라, 지어미가 운용주체 소임을 놓고 활동주체 행위에 빠져든다면 활동주체 지아비는 그대로 사장되어 버리게 되어있다.

음양이든 의논이든 0차원의 합의를 이끌어 낼 수 있는 것은 운용주체이지 활동주체가 아니다. 따라서 육생량을 극복하기 위한 얼마간의 기간이라는 합의하에 행한다면 제기의 발판을 마련하겠지만, 활동주체 지아비를 무시한 채 활동주체의 육생영역까지 차지하려 든다면 육생살이에 뼈골은 운용주체 지어미가 빠지고, 무능의 극치는 활동주체 지아비가 달리니 어찌 가정이 온전할 리 있겠는가. 무엇보다 활동주체 지아비가 왜 그 지경이 됐느냐는 것인데, 내 앞의 인연이 내 모습이듯이 운용주체 지어미에게 주어진 표적이라는 것을 알아야 한다. 사실 음의 기운 지어미를 이기는 양의 기운 지아비는 없다. 한순간 육생량 힘으로 밀어붙이면 그 힘에 의해 잠시 주춤거릴지는 몰라도 결국엔 음의 기운에 사장될 수밖에 없는 것이 양의 기운이라 하겠으니 활동주체의 영역을 넓히느냐 못 넓히느냐는 운용주체 행위여부에 달려 있는 문제라는 것이다.

한편, 운용주체 지어미가 활동주체의 행위를 해대다가 분에 이기지 못 할 때마다 해대는 소리가 "내가 누구 때문에 이 고생을 하는데"라는 말이다. 당연히 음의 곱디고운 기운 정신량으로 살아가야 하는 운용주체가 육생살이 활동주체의 행위를 하다보면 힘에 부치는 건 당연한 일이다. 삶의 질량에 따라, 행위의 정도에 따라, 쓰임의 질에 따라 지혜와 능력과 골격도 달리 주어지는 법인데 운용주체가 활동주체의 육생행위를 해대는 만큼 어찌 힘이 들지 않겠으며 고생스럽지 않겠는가. 허나 이쯤 됐다면 활동주체 지아비도 제 짓거리나 하고 있을까. 물론 육신의 힘든 것보다는 제 짓거리 못하는 활동주체 지아비를 보는 일이 더 힘든 것은 당연지사, 만약 이쯤 됐다면 누굴 위해 운용주체가 활동주체의 일을 해야 하는가를 되새겨 볼 일이다.

지아비가 꼴도 보기 싫을 정도라면 지어미의 꼴도 형편없을 터이니 삶의 희망이 있을 턱이 있나, 그러다 보면 자식이고 나발이고 나 몰라라 하기 일쑤다. 운용주체가 활동주체의 일을 해야 한다는 것은 전체를 주관해야 하는 이가 부분을 관장하는 꼴이라 이보다 손해 보는 일이 어디에 또 있겠는가. 하물며 0차원의 가정을 위한 일이어야 하는데 태반이 자신을 위해 일할 수밖에 없다보니 그나마도 거기에 머물면 다행이라는 것이다.

가정은 운용주체하기 나름에 따라 달리 나타나는 0차원이므로 음양화합을 위해 의논합의를 이끌어낼 때나 가능한 일이므로 부부 간의 신뢰는 운용주체 지어미가 활동주체가 되는 순간부터 깨졌다고 해도 과언이 아니다. 가뜩이나 모든 활동주체의 육생량까지 책임져야 한다면 운용주체의 소임을 이미 잃은 것이라, 중요한 것은 활동주체 지아비의 재기가 힘들다는 것이다. 물론 있다고 하는 이도 없지는 않겠지만 그쯤 되면 활동주체 지아비는 설명한 딸깍발이 신세 면치 못한 상태일 것이다. 운용주체의 활동역량은 받아온 육생의 기본금이라는 사실인데, 그 정도라면 찾아다니기보다 찾아오는 이들을 위해 진정한 운용주체가 되어야 한다. 이 차원은 분명 타고난 명이라 하겠으니 한 사람을 위한, 한 가정을 위한 음의 기운 운용주체이기보다, 만인을 포용하는 운용주체이어야 하니 보다 큰 정신량을 마련을 한다면 삶의 질적 향상은 이루 말할 수 없다.

가정이나 기업이나 매 같은 이치다. 즉 기업의 최고경영자가 운용주체의 본분을 잊고 활동주체의 행위나 해댄다면 그 기업은 이미 어찌 된 상태이거나 아니면 앞으로 어찌 될 상태에 놓인다는 표적임을 알아야 하다. 운용주체 CEO는 CEO의 격에 맞는 법이 주어지기 마련이고, 이사는 이사의 본분에 맞는 행위가 주어지기 마련이며, 과장은 과장으로서의 해야 할 일이 주어지기 마련이다. 기업 전체를 주관해 나가야 하는 CEO가 이사의 일을 맡아본다거나 이사가 과장의 부분의 일을 맡아본다면 부분의 일마저 잃어버린 과장은 도대체 어떤 일을 해야 하느냐는 것이다. CEO가 비능률의 극치를 달릴 때에는 이미 기업의 기운은 쇠락(衰落)기라 하겠으며, 활동주체인 이사진마저도 육생량의 에너지를 소진중이라 0차원의 기업은 그렇게 막을 내리는 것인지도 모른다.

　운용의 주체 국가와 활동주체 국민의 관계에 있어서도 마찬가지다. 활동주체 국민이 운용주체 국가를 사랑하는 만큼 국가도 이에 발맞추어 사랑의 주머니에 행복의 알곡을 채워줄 때 국민은 더욱더 국가에 헌신한다. 사랑은 행복하기 위해 행하는 것이라고 누누이 강조한 바도 다름 아닌 사랑을 하되 행복하지 않다면 사랑의 행위를 달리해 나가야 한다는 말이었다. 전체를 주관해 나가는 운용주체 국가가 부분을 관장하는 활동주체 국민을 주도하여 부분 부분의 육생행위를 하나로 엮어 나가는 방책을 마련하지 못하면 행복은커녕 사랑조차 바로 할 수 없다는 사실이다. 부분의 육생량에 전체의 정신량을 부가시켜 사랑의 행위를 할 때 행복의 알곡은 스스로 채워지기 마련이다. 사실 관료의 정(政)과 CEO의 경(經)에 있어서의 관계는 운용주체는 CEO여야 하고, 활동주체가 관료들이어야 하나 전관예우로 인해 CEO가 활동주체로 전락하면서 관료들이 운용주체로 자리했다. 무슨 소리냐면 CEO는 직접적인 경제활동을 통해 육생량을 마련하는 반면에 관료들은 CEO들이 마련한 육생량을 방편으로 정신량을 마련해야 하는데 권력이라는 통치수단으로 위세만 떨었을 뿐이지 정신량을 제공해 주었느냐는 것이다.

운용주체인 기업의 총수가 육생량을 방편으로 활동주체 직원들에게 일을 시키는 것이나 세금으로 관료들에게 일을 시키는 것이나 이치는 별반 다르지 않다. 단지 국가적 차원에서 일을 한다는 부분이 차이라면 차이라고 할까. 따지고 보면 운용주체인 총수나 활동주체인 직원이나 국가를 위해 세금을 낸 만큼 국가를 위한 일이지 누구를 위한 일인가. 기업총수의 세금이나, 직원의 세금이나, 만백성의 세금이나 관료들이 이를 방편으로 국가를 운영하여 국위선양을 한다는 것인데, 그렇다면 과연 국위선양이 누구를 위한 것인지 되새겨 볼 일이다. 또한 기업이 세금을 낸다는 것은, 국민이 세금을 낸다는 것은 기업이나 국민이 대처할 수 없는 상황을 맞이하게 될 때 국가가 이를 대신하기 위함인데, CEO가 활동주체가 되는 바람에 되려 운용주체가 되어버린 관료들의 눈치나 봐야할 실상이라 육생량도 그렇고 정신량도 그렇고 거기에서 멈추어야 했던 것이다.

　대기업 CEO나, 중기업 CEO나, 소기업 CEO나, 소규모 업장을 운영하는 사장이나 절박하고 절실함을 넘어설 때 성장한다는 사실을 누구보다도 잘 알고 있다. 이때 운용주체 국가는 활동주체 기업을 위해 무엇을 해주어야 하는가? 활동주체 직원들이 절박하고 절실할 때 운용주체 CEO가 무엇을 해주어야 하느냐는 것이다. 절박함과 절실함이 성장의 표징인 만큼 운용주체를 자처한 국가가 해결해 주지 못한다면, 협력업체 CEO마저도 해결치 못한다면, 새날의 씨앗은 미래의 꽃을 피워보기도 전에 묻혀버리고 말 것이다. 아니 새날의 씨앗이 묻히는 것이 문제가 아니라 미래의 꽃을 피워야 하는 세대가 봉우리조차 맺을 기회가 주어지지 않는다는 사실이 더 슬프기에 하는 소리다.

크건 작건 직접적으로 육생경제 활동에 임하는 활동주체의 절박함이나 절실함을 운용주체인 관료나 공무원들이 함께 하지 못한다거나 고통을 느끼지 못한다면 앙숙의 골은 깊어만 갈 것이다. 좌절은 절박함과 절실함을 넘지 못할 때 받는 것이므로 이러한 활동주체가 늘어날수록 불신은 늘어날 텐데, 행의 현장이기는 하나 운용주체가 되어야 하는 사회는 0차원의 합의를 이루어 나가지 못하는 만큼 혼란만 가중될 뿐이다.

만백성이 절박할 때가 언제인가? 기업이 절박할 때가 언제인가? 국가가 절박할 때가 언제인가? 활동주체 만백성의 문제야 개인에 따른 문제라고 치자, 활동의 주체 기업도 CEO에 따른 문제라고 치자, 그렇다면 국가가 절박해 졌다면 국가에 따른 문제가 분명한데 관료들이 국위선양과 국가권익을 위해 일하는데 절박해 질 이유가 어디에 있겠으며, 절박해 졌다면 누구의 잘못이겠느냐는 것이다.

만백성이 절박할 땐 개개인들이 해결해 나섰고, 기업이 절박할 땐 CEO와 직원이 해결했는데, 그렇다면 국가가 절박할 때는 통치자와 관료들과 공무원들이 해결해야 할 문제가 아닌가. 허나 애국심을 부추기며 하나 되어 나가야 할 때라고 분명 만백성에게 호소할 텐데, 국가가 절박해진 이유가 어찌 개개인의 잘못에 의해 비롯된 일인가. 일개의 기업이 잘못해서 그런 것인가 말이다. 분명 통치자와 관료들의 잘못에 의한 것임에도 불구하고 만백성이 왜 당신들의 절박함까지 책임져야 하느냐는 것이다. 개개인이 절박하다고 구원의 손을 내밀 때 무엇을 했으며, 기업이 절박할 때마다 무엇을 하고 있었는가. 만백성의 피와 살로 살아가는 이들이 누구냐는 것이다. 사람은 고사하고 인간답게 살아갈 길이라도 열어 달라고 피와 살은 잘라 주었건만 절박할 땐 다들 어디가고 오히려 국가의 절박함이 심각할 지경이라 이는 어찌된 노릇인가. 통치자와 더불어 관료들이 운용주체라면 활동주체인 기업과 CEO를 주도해 나가도 시원치 않을 판국에 권력이나 행사하려 들었으니, 0차원이어야 하는 정경은 유착은커녕 비리의 온상이 되고 말았다.

한편 운용주체로서의 기업은 활동주체인 노동자와의 합의사항도 분명 유착관계인데 이렇다 할 비리가 없으며 운용주체인 지어미와 활동주체 지아비와의 음양화합도 유착관계일진대 이렇다 할 비리가 없다. 왜일까. 물론 정부나 기업이나 사회나 활동주체들이 나름의 역량을 발휘하는 행의 현장이다. 그렇다면 모든 행의 현장에서의 운용주체는 과연 누구이겠는가. 통치자도 분명 음의 기운 정신량을 충전해야 할 텐데 그곳이 과연 어디이겠느냐는 것이다. 게다가 사회와 기업은 활동주체들의 행의 현장으로서 모든 이들의 출발점은 활동주체로부터 시작하여 분명 어느 자리에선 운용주체였다가 어느 자리에선 활동주체가 되는 이들 모두의 에너지 충전소는 운용주체 지어미가 이끄는 0차원의 가정이다. 그렇다면 운용주체 지어미는 과연 어디에서 정신량을 충전하느냐는 것이다.

갑이 운용주체요 을이 활동주체로서 갑이 을에게 정신량을 제공해주는 대신 을은 갑에게 육생량을 제공한다. 무슨 말이냐면 활동주체 개개인들이 운용주체 기업을 위해 일하는 듯싶지만 기업은 사회의 일환으로서 활동주체이지만 통치자가 누구이냐에 따라 사회는 운용주체였다가 때론 활동주체가 되는 양성화 반응을 일으킨다는 것이다.

사회적 기업은 운용주체인 사회가 활동주체의 기업을 보호할 때

가능하다는 것이다. 일개 기업의 구성원이 전체사회의 구성원이
듯, 운용주체로서의 사회가 활동주체의 개개인을 보살피지 못한다
면 사회적 기업은 있을 수도 없다는 것이다. 물론 사회는 활동주체
가 모여 행하는 현장이기에 양의 기운이 넘쳐나는 곳이라서 활동
주체가 되기라도 하는 날에는 양양상충을 일으켜 혼란은 걷잡을
수 없다. 이렇듯 운용주체 사회와 기업은 떼래야 뗄 수 없는 관계
로서 사회혼란은 즉, 양양상충 활동주체가 되어버린 사회와 활동
주체 기업이 하나 되어 나가지 못할 때 일어나는데, 원인은 양성화
반응을 일으키는 사회적 모순을 바로 보지 못하는 데 있다. 게다가
양의 기운 활동주체들이 활동하는 행의 현장인 사회와 기업 모두
양의 기운인데다가 양의 기운이 꽉 찬 낮에 활동한다는 것은 육생
량이 극에 달하는 현상과 같은 것이므로 무엇보다 정신량 음의충
전이 절실하다.

그렇다면 음의 기운 정신량을 충전해야 할 곳이 어디에 있느냐
는 것이다, 1차적인 곳이 바로 운용주체 지어미가 0차원을 이루어
나가는 가정이다. 아울러 국가나 사회나 기업이나 가정이나 모두
마찬가지다. 활동주체가 운용주체의 정신량을 충전할 때나 0차원
의 합의를 도출해 낼 수 있는 것이므로, 0차원의 가정을 이루느냐
못 이루느냐는 운용주체 지어미 하기 나름에 달린 일이다. 지아비
는 지위고하를 막론하고 가정으로 돌아가면 활동주체가 되는데,
음의 기운이 충만한 가정일수록 활동주체의 영역이 그만큼 넓어지
게 되어있다. 모든 이들이 행의 현장에서 운용주체가 될 수도 있고
활동주체가 될 수도 있지만 가정에서 만큼은 운용주체 지어미의
위치는 불변이다. 단지 정신량을 충전하기 위한 정신적 지도자 앞
에서는 활동주체이겠지만 가정이 있기에 기업이 돌아가는 것이고,

그 기업을 통해 사회가 움직이는 것이므로, 활동주체 지아비를 위한 운용주체 지어미의 자리는 불변한 것이다.

　운용주체 지어미에 있어 중요사안은 활동주체 지아비는 행의 현장, 즉 활동주체끼리 행하다보면 풀지 못한 문제를 가슴에 담고 들어오게 마련이다. 큰 문제일수록 크게 힘들어 할 터이니 함께 모색한다면 이보다 좋을 수는 없다. 만약 함께 해도 풀지 못하는 문제가 있다면 정신적 지도자를 찾아가 자문을 구해야 하는데 이는 순수 운용주체 지어미가 할 일인지라 2차 정신량을 충전하는 곳은 바로 정신적 지도자를 만나는 일이다. 사실상 지어미에게 있어 운용주체는 정신적 지도자뿐이고 육생경제를 담당하는 기업총수는 육생량의 운용주체라고 해야 할까? 그 다음의 정치 관료순은 활동주체로 자리한다.

　한편 가지는 본디 양의 기운으로서 육생량을 추구하는 활동주체 민족이 살아가는 곳인 만큼 활동주체 음의 기운 여인들은 뿌리에서 정신량을 마련해야 하는 운용주체 음의 기운 여인들과의 삶의 질량의 차이가 크다. 활동주체 가지민족의 여인들이야 행의 현장에서의 활동주체 행위가 어느 정도 가능하지만 운용주체 뿌리민족의 여인들은 그렇지 않다는 것이다. 가지는 본래 양의 기운 육생량을 추구하는 활동주체인데다가 여인으로 태어난 것은 활동주체에 음의 기운을 부여한 것이므로 주어진 육생량만큼 활동주체 행위를 해도 무방하다.

　반면 뿌리는 음의 기운인데다가 몸통·가지를 위한 운용주체이므로 뿌리에서 태어났다는 것은 운용주체의 뿌리민족을 뜻한다. 더구나 음의 기운을 머금은 뿌리에서 음의 기운 여인으로 태어난 것은 음에 음을 더한 생장(生長)을 위한 수장(受臟)을 의미하는 바라, 지혜의 화신이자 정신량의 보고가 아닐 수 없다. 획일적인 것도 관념적인 것도 없으니 이상할 것이 하나 없다. 그야말로 인류 최상의 기운을 머금고 태어난 이들이 운용주체 뿌리민족 여인들이라는 것인데, 해서 소임은 활동주체 육생행위에 있는 것이 아니라 운용주체 인생행위 정신량 마련에 있다는 것이다. 그러므로 육생경제활동의 주역이 되는 것이 아니라 정신경제활동의 주역이 되어야 한다는 것이다.

우리 민족은 본디 음의 기운 운용주체라 활동주체 지아비에게 운용주체 지어미의 지혜 그 정신량을 가미시킬 때 음양화합이 이루어졌다고 말한다. 가지에서 육생살이 활동주체 민족으로 태어났다면 응당 필요한 만큼 육생량이 가미되어 육생활동을 해야 하겠지만 뿌리에서 인생살이 운용주체 민족으로 태어났다면 정신활동의 주역이어야 한다. 뿌리민족의 지혜는 운용주체 지어미로부터 비롯되기에 지어미의 행의 여부에 따라 가정과 가문의 흥망은 물론 그 영향은 사회까지 미친다. 이는 곧 몸통·가지에까지도 영향이 미친다는 소리인데 뿌리에서 음양행위가 바뀌었다는 것은 가정 혹은 가문의 몰락을 의미하는 바라 특히 뿌리민족의 여인들 중에서도 상층과 하층을 연계해 나가는 중간계층의 여인들이 바로 서야 한다. 물론 상층의 여인들이 깨어난다면 두말할 나위 없겠지만 상·중·하 계층은 피라미드 구조라 중층이 연계치 못하면 상쇄된다. 어찌된 노릇인지 오히려 인생살이 정신량을 추구해 나갈 운용주체 지어미가 육생살이 활동주체가 되어가고 있다. 정녕 뿌리에서 음의 기운 정신량을 필요로 할 때가 1988년 전후로 시작된 업그레이드 시대였다.

육생경제가 최고조에 달한 시대인 만큼이나 창출세대 베이비부머 지어미들이 운용주체 소임을 버리고 한 푼 벌어볼 요량으로 활동주체 행위를 시작한 때다. 풍요의 시작임에도 불구하고 빈곤의 파동이 일기 시작했음을 어찌 알 수 있겠는가. 운용주체 정신량을 충전시키지 못한 활동주체 지아비들 사이에서 풀지 못하는 문제들이 하나둘 산출하나 싶더니 급기야 1997년 IMF 사태를 겪고 말았다. 작금까지도 뿌리가 몸통·가지의 운용의 주체인지 모르고 살아온 대가가 육생강국 사이에서 피멍과 주눅의 세월이었다는 사실을 안다면 정신량을 추구해야 하는 운용주체가 육생살이에 매달린다면 그 자체가 고통일 수밖에 없지 않은가. 혹자가 말하길 IMF는 정경유착 때문이라는 둥 과잉투자 때문이라는 둥 경상수지 적자로 인해 일어난 일이라는 둥 저마다 자기 계산법을 들이밀었는데 살펴보면 여하튼 다 막을 수 있었던 일이다. 하지만 왜 터져야 했느냐는 것인데 위의 사항 1안은 방편이고 2안은 본연의 삶을 구현키 위한 표적이었다는 사실이다.

그 무렵이 아마도 창출세대 베이비부머가 기성세대의 핵심일 즈음이라 돌이켜 보면 무엇을 의미하는지 알 수 있지 않을까. 개척세대가 마련한 육생량에 창출세대가 마련한 정신량을 부가시켜 나가야 하는 세월이 속절없이 흐른 후였고, 창출세대는 마냥 육생량에 놀아나고 그들의 지어미마저 활동주체가 되어가고 있었으니 총체적 난국에 빠질 수밖에 없었다. 3세대 미래의 꽃을 싹을 틔울 무렵이기도 했으나 2세대에 대한 표적이 슬슬 3세대에게 가는가 싶더니 두둑강점기와 동족상잔 6.25 이후에 피눈물을 쏟으며 살아야 하는 환난시대를 맞이하고 말았다. 나 하기 나름에 달리 나타나는 작용반작용의 법칙에 인생방정식을 대입해보면 어느 세대가 어떠한 삶을 살아가야 하는지가 나온다. 물론 대자연은 손과 발이 없다. 가슴 아파하는 자가 환자라 그만한 능력을 기본금으로 받아온 베이비부머 소임을 위해 표적은 에코부머가 받기 마련이다. 표적은 하나 되어 살아가는 정신량을 마련할 때까지 지속될 텐데 운용주체 지어미가 본연의 삶을 되찾으려 하지 않는 이상 활동주체 지아비의 고통은 끝이 없으리라 말한다.

1안의 육생량은 2안의 정신량을 위한 방편이라 힘의 논리로 치우친 세상은 정신량이 부가되지 않는다면 바르다는 기준을 육생에서 찾으려 할 터이고, 바르다는 것도 육생논리에 준할 텐데 몸통·가지의 운용주체 뿌리가 육생량에 혈안이 되다보니 남북은 이념으로 동서는 갈등으로 사분오열되었다는 심각성을 모르는 모양이다. 업그레이드 시대 전까지는 육생살이 육생시대라 육생만족을 위한 행위만 오갈 뿐이었고, 업그레이드 시대에 들어서는 정신량을 부가시켜 하나 되어 살아가는 인생시대를 열어가야 하는데도 둘이 하나 되어 나가는 행위가 무엇인지 모르고 있다. 육생만족을 위해 살아가는 육생시대는 나를 위해 살아가려 했을 터이니 모순은 이루 말할 수 없을 터이고 가뜩이나 둘이 하나 되어 살아가는 행위를 육생량에 찾으려든다면 인생이 무엇인지 정신량이 무엇인지 어찌 알 수 있겠는가.

게다가 정신량이 부가되지 않았는데 바르다는 행위를 알 턱이 있겠나. 바른 행위가 무엇인지 모른다면 바르지 않다고 말하는 행위가 바르다는 행위로 둔갑할지도 모를 일이라, 바르지 않다는 육생행위가 무엇인지부터 알아야 한다.

2안의 운용주체 정신량은 1안의 활동주체 육생량을 위한 아드레날린(adrenaline)이고 둘이 하나 되어 살아갈 때 엔도르핀(endorphin)이 솟는 법이라 바르다는 아드레날린의 정점은 1안의 육생살이 인프라를 업그레이드시켜 엔도르핀 시대를 맞이하는 날이다. 해서 엔도르핀이 무르익은 업그레이드 시대야 말로 개벽(開闢)이 아닐 수 없다. 1안의 육생시대야 신에 의해 창조됐다 할지언정 2안의 인생시대의 개벽은 신(神)이 구축한 1안의 육생량에 인(人)이 창출한 2안의 정신량을 업그레이드시켜 나가는 시대, 너와 내가 하나 되어 나가는 시대이므로 유리알보다 투명한 시대가 펼쳐지지 않을까.

한편 진화의 속도는 인터넷 광케이블 속도와도 같아 정신량이 이에 발맞추어 나가지 못하면 어떠한 변이가 일어날지 모른다. 육생량을 위한 가지는 정신량도 육생에 국한되었기에 업그레이드 질량도 육생량의 물질이 전부인 것이라 개벽을 맞이하기 위해 가지에서 생산한 모든 육생량을 뿌리로 들여오고 있다. 사고 또한 육생의 껍데기에 불과해 뿌리처럼 사고가 복잡하거나 단순하지 않다. 전체와 부분, 겉과 속, 단순과 복잡, 사랑과 행복, 가지와 뿌리 등이 하나로 어울릴 때가 육생량에 정신량이 부가된 상태다. 이 미션을 달성하기 위해 태어났다고 해도 과언이 아닌 베이비부머 창출세대를 공부시키기 위해 대한제국을 통해 두둑강점기와 동족상잔 6.25라는 과제가 부여됐다.

베이비부머의 환란시대는 무엇을 의미하는 것일까. 개척세대는 기초연금도 모자라 종이박스를 주워 생계를 연명하는 모양세고 3세대 에코세대는 등록금 빚잔치에 취직은커녕 아르바이트마저 구하기 힘들어 좌절하는 모양새라 풍요 속에 빈곤, 아니 쏠림의 극치를 드러내고 있다. 창출세대가 기성세대의 핵심이 되면서부터 내내 맞벌이를 해왔건만 생활은 점점 척박해져가고 있으니 이는 또 어찌된 노릇인가.

쏠림의 심화는 양양상충(陽陽相沖) 현상이다. 물론 음음상극(陰陰相剋) 현상도 만만치 않지만 여하튼 소통치 못하면 막힌다는 것인데, 육 건사를 위해 입으로 섭취한 음식을 오장육부가 소화치 못하면 육신의 병이 들듯, 소통을 위해 귀로 청취한 말을 생각차원이 소화치 못하면 마찬가지로 부딪치기 마련이다. 1안의 육 건사야 오장육부기능 저하로 벌어진 일이라고 하겠지만 사실 내 앞의 인연과 소통치 못해 부딪칠 때면 내장기능도 따라서 저하되기 마련이다. 문제는 대화가 막힌다는 것인데 육생살이가 고달플 때마다, 내 뜻대로 안 될 때마다, 남 탓이나 해대는 것은 생각차원 양의 기운에 정신량 음의 기운이 첨가되어 있지 않기 때문이다. 누군가가 때린다면 누군가는 말려야 하는데도 함께 때린다면 맞는 이는 골로 갈뿐만 아니라 때린 자들의 화풀이에 불과해 의미조차 없을 터이니 손해지 득일 리는 없다. 비유컨대 없어서 어려워진 것이 아니라 쓸 줄 몰라 어려워지는 것이므로 활동주체 지아비가 가정을 위해 육생량을 벌어드린다면 운용주체 지어미는 가족의 안위를 위해 소비를 바르게 해야 한다.

전혀 소통시킬 줄은 모르고 운용과 활동이 합심하여 마냥 거두어들이기만 한다면 이는 분명 썩는데, 양양상충은 상호지간의 막힘을 뜻하는 바라 버는 것이 대수가 아니라 쓰는 것이 대수라는 것이다. "덕 되게 사니 득이 되더라"라는 것은 상호상생으로서 지어미의 행위는 활동주체가 되어 벌어들이는 것에 있는 것이 아니라 운용주체로서 쓰는데 있다는 것을 뜻한다. 지어미가 가족의 안위를 위해 육생량을 소통할 때 지아비는 그만큼의 육생량을 거두어 드리게 되어있으므로 국가든 사회든 가정이든 쏠림현상은 쓸 줄 몰라 이는 현상이지 벌 줄 몰라 이는 현상이 아닌 것이다. 물론 어려워졌을 땐 얼마의 기간을 정해놓고 맞벌이를 할 수도 있다. 하지만 써야하는 운용주체 지어미가 벌고자 하는 활동주체에 머문다면 훗날 형편이 나아지기보단 오히려 어려워지는데 이는 소통치 못해 벌어지는 일이다. 누군가는 분명 시국 타령을 하겠지만 그렇다면 나라가 왜 이 지경으로까지 몰린 원인을 알고 있느냐는 것이다. 버는 것은 활동주체의 수단이요 쓰는 것은 운용주체 활용이라 배움의 방편은 하나 되기 위함으로서 나 하기 나름이란 어떻게 활용하느냐에 달린 문제다.

맞벌이가 유행처럼 뿌리에 자리하면서 도지기 시작한 병이 있는데 그것은 바로 힘들고(difficult), 위험하고(dangerous), 더러운(dirty) 일을 기피하는 3D기피현상이었다. 양양상충을 일으켜 1997년 IMF를 겪었음에도 불구하고 3D기피현상이 일어났다는 것은 정신량은 빈곤한데가 육생량이 넘쳐나는 풍요 속의 빈곤을 슬슬 외칠 때였었고 다문화가정이 자리할 무렵이었다. 게다가 1997년 전후로 벤처기업 붐까지 일어났으니 정신량을 추구해야 하는 민족이 육생의 배움량으로 넘쳐날 때이므로 저마다 눈높이에 맞는 육생 고급일자리 찾기에 바빴다. 업그레이드 시대임에도 활동주체 육생량으로 뿌리의 삶을 다하려 했기에 없어서 사단이 나야 했던 것이 아니라 여기저기에 묵혀두어 사단이 나야 했던 것이다. 그러다 어느덧 다문화가정이 정착하면서 3D기피현상은 사라지고 에코부머 문제가 도마 위에 오르기 시작했다. 특히 우리 민족은 육생량으로 가지에서 살아가는 민족이 아니라 정신량을 바탕으로 뿌리에서 살아가는 민족이다. 때문에 제아무리 활동주체 육생의 일거리를 창출한다 해도 운용주체 정신량을 외면하고서는 부족할 수밖에 없다. 이유는 1안의 육생 행위는 2안의 정신량을 위한 수단일 수밖에 없음으로 일정시간동안 쓰임을 다하면 없어지기 마련이기 때문이고, 무엇보다 뿌리 본연의 행위에서 멀어진다면 표적을 받아야 한다는데 있다.

1안의 육생살이 일거리 창출은 2안의 정신량을 첨가해 나갈 때 행의 현장에서 활동의 판로가 열리게 되어있다. 이렇듯 정신량을 무시한 육생 일거리 창출만으론 마냥 부족할 수밖에 없는 노릇이다. 웃기는 일은 맞벌이를 하면서 자기자식 취직 안 된다고 사회를 탓하고 둘이 벌어도 부족할 판인데 놀아서 되겠냐고 치근대는 일인데, 더 웃기는 일은 배운 것이 도둑질이라는 둥 사는 게 전쟁이라는 둥 해대면서 벌 수 있는데 까지 벌어야 하지 않겠냐고 정색하는 일이다. 누가 벌지 말라는 소리를 했나. 벌 수 있으면 벌어야지. 허나 그리 벌어봤자 모이지 않을 터이니 소통하는 법을 배우라는 소린데 말이다. 역시나 자기만족 육생량이라 전쟁과 도둑질이라는 소리를 서슴지 않고 해대는 마당에 활동주체 지아비는 거두어드리는 행위자요, 운용주체 지어미는 정신량을 가미하여 소비하는 지출자임 어이 알겠는가.

사실 논다는 개념과 번다는 개념을 이해치 못하면 정색할 수밖에 없다. 그렇다면 맞벌이로 얼마나 벌었는가를 물어볼 일이다. 논다는 개념은 육생에 부대낀 이들이 습관처럼 내뱉는 말로서 운용주체 지어미의 소임을 잃어버린 이들에게 자주 듣는 소리다. 그리고 자식이 직장을 구하지 못해 놀고 있다는 것이 큰 문제라도 하는데 앞서 밝힌 바처럼 육생 일거리가 만들어지는 만큼 비례하여 없어진다는 사실도 알아야 한다.

가뜩이나 운용주체가 무엇인지도 모르는 판국에, 정신량이 무엇인지도 모르는 판국에, 뿌리민족 모두를 육생살이 활동주체로 만들려 하니 양양상충 쏠림이 심화될 수밖에 없다. 아마 육생량에 빠지다보면 그 만족의 쾌락이 이루 말할 수 없기에 지아비도 돈 벌고, 지어미도 돈 벌고, 자식들도 안정된 직장생활을 하는 것이 소박한 꿈이라고 하지만 참으로 욕심이 과하다. 만에 하나 그리되면 얼마나 좋을까마는 운용주체 소임을 잊고서는 그리 될 수 없음을 모르고 하는 모양이다. 특히 음의 기운 운용주체는 놀 때에 정신량이 창출되므로 한 푼 더 벌어볼 심산으로 육생행위에 빠져 있다면 꿈도 꾸지 못할 일이다. 번다는 개념은 활동주체에게나 맞는 말이고, 운용주체는 쓴다는 개념을 바로 새겨야 한다. 특히 베이비부머 창출세대가 미혹되지 않는다는 불혹의 나이 40세에 명퇴로 치맥집을 운영하다 하늘의 뜻을 안다는 지천명 50세에 귀농을 생각하는 이유가 어디에 있겠는가. 어느 누구한테서 나온 개념일지는 모르나 육생량에 정신량을 가미시켜 나가야 하는 운용주체 민족을 고작 육생량을 위해 살아가는 활동주체 민족으로 격하시키려 하는지도 모르고 육생 일거리 창출에만 초점을 맞추고 있다.

뿌리의 산천을 파헤쳐 가며 구석구석에 세운 육생살이 농공단지밖에 없으니 정신량이 그만큼 사장되었다는 사실을 알고 있을까. 정신량을 추구해나갈 산천에 정신량을 사장시키고 세운 육생 농공단지로 우리네 생활이 나아진 것이 무엇이 있던가. 앞으로 얼마나 더 농공단지를 세우려 할는지 모르나 육생살이 농공단지가 들어서면 들어설수록 뿌리의 삶이 피폐해진다는 사실을 알아야 한다. 있는 육생량 마저도 제대로 쓰지 못하는 판국에 새로운 일거리 창출을 핑계로 농공단지를 거론하는 한 베이비부머 창출세대의 환란 그 시대의 끝은 없다.

달리 삼천리금수강산이라는 말이 이유 없이 만들어지는 줄 아는가. 누군가는 지역경제 활성화를 거론하겠지만 그래서 구석구석 요 모양 요 꼴이란 말인가. 무엇이 나아졌다고 저러는지 모르겠다. 누구를 위한 것이냐 말이다. 2안의 정신량을 창출해 나가야 하는 배움의 터전이 뿌리임에도 불구하고 운용주체 민족이 육생질량 곶감에 홀려 하는 행위들이 가관이 아니다. 물론 활동주체 육생살이 학교밖에 없어서 벌어지는 일이기도 하겠지만 사단은 있어서 나야 했듯이 나아짐이 없다면 거기에서 멈추어 지금 것이라도 제대로 쓰기 위한 노력을 게을리 하지 말아야 한다는 것이다.

육생지식을 배운 결과가 인생지혜의 소멸이라, 지식에 지식만을 더해본들 양양상충은 빤한 일, 육생 그 지식 너머에서 기다리는 인생 지혜를 찾으려 들지 않는 한 육생량의 영원한 꼬봉(똘마니)일 수밖에 없다. 1안 다음에 2안, 육생 넘어 인생의 범주를 예를 들자면 1안의 성형술사는 넘쳐나는 마당에 2안의 성형술사는 존재하지도 않는다는 것이다. 물론 활동하는 데 있어서 얼굴은 가장 큰 자산이자 방편이므로 소통하는 데 지장이 있다면 당연히 해야 한다. 하지만 성형은 1안의 육생안으로서 인연을 만나기 위한 방편일 뿐이지 2안으로 하나 되어 나갈 수 있는 그 무엇이 아니라는 사실을 알아야 한다.

작용반적용의 법칙 나 하기 나름에 달리 나타나는 인생방정식의 적용은 인성은 갖춘 이에 한한 것이므로 2안은 인생안으로서 정신량의 성형술사가 과연 있느냐는 것이다. 육생량이 많든, 잘생겼든, 연기를 잘하든, 노래를 잘하든, 운동을 잘하든 등등의 행위는 받아왔으니 가능한 일이고, 환호하는 이들과 더불어 살아가느냐 못 사느냐는 나 하기 나름의 정신량을 부여해줄 성형술사가 있느냐에 따라 달라진다. 좌절은 1안의 육생안의 성형술사만 있고 2안의 정신량의 성형술사가 없어서 겪는 일이다. 부딪침이 잦은 이들일수록 인성을 상실했다는 소리를 듣는데 인성(人性)이란 예의를 지키는 것만이 아니다. 이는 기본덕목이고 하나 되기 위한 품성을 함양하는 일이다. 제아무리 예의를 지켜본들 하나 되어 나가지 못한다면 무슨 소용이 있겠는가.

해서 육성(肉性)은 나만을 위한다는 것이요 인성(人性)은 너와 함께 한다는 것인데 동물들이야 언어가 미숙한 관계로 사회적이지 못할 뿐만 아니라 삶의 질량도 육생이 전부일 수밖에 없어 육 건사 행위가 전부다. 이에 반해 인간은 언어가 발달한 관계로 입으로 섭취하는 수단은 육 건사 행위이고, 사회라는 행의 현장에서 살아가는 만큼 소통량을 눈과 귀로도 흡수하여 입으로 소통하며 살아가는데, 육생살이 인간에서 사람들과 사람처럼 살아가는 인생살이 사람으로 승화의 수단이 바로 정신량이다.
인간은 무엇으로 사느냐를 물어보면 육생만족을 위해 사는 것이라 답하겠고, 사람은 무엇으로 사는가를 물어보면 사랑을 통해 행복을 영위하기 위해 사는 것이라고 답하겠다. 아울러 활동주체 육생살이 정신량은 만족을 행복으로 알 터이고, 운용주체 인생살이 정신량은 사랑을 통해 행복을 추구할 터이니, 1안의 술사만 있는가 아니면 2안의 술사도 함께 하는가에 따라 삶의 질은 확연히 차이난다.

한편 입으로 육생량을 먹고 육 건사를 시켰다면 귀로는 정신량을 먹고 인생량을 키워야 하는데 귀로 먹는 정신량이 턱없이 부족하다보니 저마다 소통하는데 어려움을 호소하고 있다. 1안의 성형술사가 늘어나는 만큼이나 1안의 셰프도 그만큼 늘어나고 있다. 정신량을 고쳐시킬 2안의 술사와 셰프가 없기에 멋지고, 아름답고, 잘생기기까지는 했지만 문제는 덩치 큰 어른애라는 것이다. 사교육비를 아무리 늘려본들 행복을 사랑을 통해 영위한다는 이치를 깨닫지 못한다면 부모는 큰 어른애와 그렇게 원수지간으로 살아가야 한다.

전문의를 위한 육생교육이 전부는 아닐진대 껍데기 전문의가 전부인 마냥 기를 쓰고 가르치니 자기육신도 가누지 못할 덩치 큰 어른애가 운용주체 자리에 앉아 자기 뜻대로 안될 때마다 때를 써대곤 하니 정의가 살아졌다고 난리가 아닌가. 덩치 큰 어른애를 누가 만들어 놓았는가. 1안의 성형술사인가 아니면 1안의 셰프인가. 아니다. 순전히 2안의 성형술사와 셰프를 양성치 못한 국가의 책임이다. 그렇다면 국가는 누가 운영해 나가는 것인가. 누가 운용의 주체라는 것이냐. 1안의 술사들이 자리한 만큼 2안의 술사로 자리해야 하는 창출세대 베이비부머가 1안의 술사로 주저앉아 버렸으니 환란의 골만 파여 가고 있다.

한강의 기적은 잃어버린 삶을 살아가기 위한 후광이었다. 뿌리물갈이 개척세대는 나름의 육생량을 구축하여 전체가 아닌 부분을 담당하는 육생의 전문직을 수없이 마련했다. 부분을 관장하는 전문직 육생량에 전체를 주관하는 정신량을 첨가시켜 나가야 하는 세대가 베이비부머이다. 잠룡세대이기에 개척세대의 피와 살로 업그레이드 시대까지 현용으로 성장해 올 수 있었다. 해서 업그레이드 시대는 현용(見龍)이 재전(在田)하여 이견대인(利見大人)하는 일만 남았었다. 개척세대가 잠룡세대를 현용으로 성장시켜 맞이한 업그레이드 시대는 재전으로서 현용이 된 창출세대에게는 이견대인 하는 일만 남았었고 3차 서세동점에 밀려오는 서양가지의 육생물질문명이 바로 이견대인이다. 현용이 된 창출세대가 해야 할 일은 이견대인 즉, 육생물질문명과 하늘로 비상하는 일인데, 이때 필요한 질량은 정신량으로서 잠룡에서 현용이 되어 뭍에 오를 때까지 키워온 절대분별의 양을 가리킨다. 이는 육생량이 뚜렷하게 무엇인지 아는 세대만이 창출 가능하므로 재전 그러니까 업그레이드 시대를 맞이한 것이었고, 때를 같이해 그 시대의 기성세대의 핵심으로 자리했던 것이었다.

3세대 에코부머는 미래의 꽃으로서의 소임이 육생량 개척에 있는 것도 아니요 그렇다고 정신량 창출에 있는 것도 아니다. 오직 육생량에 가미된 정신량을 실어 나르기 위한 메신저 세대라 이들에게 부여한 육생의 기본금은 개척세대와 창출세대에게 찾아볼 수 없는 뛰어난 외모와 타인의 이목을 집중시키는 능력이다. 문제는 이견대인은 했으나 창출세대가 정신량을 마련치 못한 관계로 에코부머가 메신저의 행위를 그저 받아온 기본금 육생량으로 치르고 있다는 것인데, 정신량으로 받쳐주지 못하면 한류열풍의 후폭풍은 두둑강점기보다 동족상잔 6.25보다 더하면 더했지 덜하진 않을 것이다. 창출세대가 제 짓거리 못하면서 일으킨 귀농열풍이 귀양살이인줄 모른다. 소임을 저버린 세대에게 노년의 호사가 주어지기라도 할까. 행의 현장 사회보다도 피눈물을 더 흘려야 할 터이니 귀양의 진정성을 바로 알아야 한다. 정신량 창출을 위한 마지막 기회를 주었다는 사실을 밀이다.

11. 업그레이드 시대
-현용재전 이견대인-

　1897년 대한제국의 수의입고 1910년 두둑강점기와 1950년 동족상잔 6.25를 치르고 1988년 업그레이드 시대를 맞이하기까지 90년의 세월이 흘렀다는 것은 2차 서세동점에서 3차 서세동점을 맞이하기 위한 세월을 말한다. 두둑강점기에 개척세대가 태어나면서부터 새로운 기운이 감돌았고, 동족상잔 6.25를 치르고 베이비부머 창출세대가 태어나면서 희망이 묻어났다. 개척세대가 잠룡세대 베이비부머를 현용이 되어 재전에 오르기까지 먹이고, 입히고, 가르치고 육생경제를 재건하기까지 30여년이 흐르자 한강의 기적이 일어났다. 잠룡(潛龍)이 현용(見龍)이 되어 재전(在田)에 오르자 세계인의 축제 1988년 서울올림픽을 치르기에 이르렀다. 이들이 기성세대의 핵심이 될 무렵에 터트린 축포는 온 인류가 인간에서 사람으로 승화되어 사람들과 사람처럼 살아가고자 하는 열망이 서려 있었다. 하나 되어 나가야 하기에 손에 손잡고를 그토록 목이 터져라 불렀던 모양이다.

개척세대가 일군 육생경제의 성과를 알리기 위해 쏘아 올린 축포이기도 했지만 무엇보다 그 바통을 이어받은 창출세대가 정신량을 첨가시켜 나가야 하기에 시대상도 아날로그에서 디지털로 바뀌어 가고 있었다. 육생시대에서 인생시대의 개혁기를 위한 첫 번째 단계라 할 수 있는 두둑강점기는 기계식 시대이었던 만큼이나 강산은 10년 만에 변했었다.

동족상잔 6.25를 치르고 맞이한 아날로그 시대는 두 번째 단계로써 3년 만에 강산이 변하는 듯싶더니 업그레이드 시대에 이르러서는 석 달 열흘 만에 변하기 시작했다. 이에 반해 정신량은 수의를 입었던 대한제국 그 시절에 머물고 말았으니 세대마다 빚어낸 모순의 골은 매우 심각한 상태다. 한편 개척세대는 창출세대를 뼈골로 키워야 했으며, 배급받은 밀가루와 옥수수 가루로 끼니를 때울 그 시절 "혼식 분식에 약한 몸 없다"라는 노래를 잠룡세대가 부르곤 할 때마다 꿀꿀이죽으로 영양을 섭취하곤 했었다. 단칸방에 7~8형제는 기본이라 "옹기종기 모여 앉아 꽁당보리밥", "보리밥 먹은 사람 신체 건강해"라는 노래를 부르며 먹은 꽁보리밥에 열무김치는 그나마 형편이 나은 집에서나 먹었지 않았나 싶다.

"모자라는 흰쌀에만 마음 쏠리던 연약한 지난날 이제는 안녕"이라는 가슴 아픈 가사는 아마도 '우리는 민족중흥의 역사적 사명을 띠고 이 땅에 태어났다'는 국민교육헌장을 외우면서 불러왔던 노래다. 육생량을 통한 육 건사의 소중함과 정신량의 지표를 세워나가야 할 잠룡세대였기에 어린 시절의 유행어였었다. 금기시되었던 막스와 레닌, 유물론과 변증법을 눈동냥에 귀동냥할 즈음에 트위스트(Twist)와 고고(Go-Go)에서 비롯된 가지의 육생문물을 그렇게 접해야했던 모양이다. 생소한 컨트리 송(Country Music)에 뭔가 되는 것 마냥 두 눈 지긋이 감아보기도 하고 비틀즈(The Beatles)의 예스터데이(Yesterday)나 렛 잇 비(Let it be) 등을 한글로 토 달아 의미도 모르고 오만상을 써가며 주절거리기도 했었다. 오 슈지 큐(Oh Susie Q)하면 코미디언 이주일(1940~2002)의 희한한 몸동작이 떠오르지만 킵 온 러닝(Keep on Running)과 함께 선풍적인 인기몰이를 했으며 C.C.R(Creedence Clearwater Revival)그룹의 헤이 투나잇(Hey Tonight) 모리나(Molina) 등의 팝은 잠룡세대의 고고 춤(Go-Go Dancer)으로써 이견(利見)인냥 싶더니 대인(大人)을 만나기 위한 유학열풍이 잔잔하게 일렁였다. 그렇게 나팔바지와 도리구찌, 장발과 도끼빗, 청바지와 통키타, 미니스커트와 생맥주, 막걸리와 선술집이 잠룡세대의 표상이었다.

장발단속에 '존' 나게 쫓기던 어느 날 디스코(disco)로 '존' 트라볼타(John Travolta 1954~)가 토요일 밤의 열기(Saturday Night Fever)를 부추기더니 미래의 꽃 3세대 에코부머가 태어나기 시작했다. 이는 곧 육생물질문명을 접하기 위해 하나둘 가지로 떠난 잠룡들이 현용이 되어 이견대인을 위해 다시 뿌리로 돌아올 시점이 되어 간다는 소리다. 뿌리민족 역사상 가지의 육생문물을 처음으로 잠룡세대가 접한다는 것은 하나 되어 살아가기를 갈망하는 업그레이드 시대를 위한 것이었다. 문제는 가지의 전체적인 흐름을 보고 와야 하는 잠룡들이 육생량 한 분야 전문의 취득에 혈안이었으니 육생량이 껍데기라는 실체를 보지 못한 채 부분이 전체인 것 마냥 자리한 활동주체 육생량에 주저앉아야 했던 것이었다.

운용주체 음의 기운은 본래부터 활동주체 양의 기운의 밝은 곳을 훤하게 내다봐왔듯이 몸통·가지의 실체를 뿌리는 본디부터 알고 있었다. 하지만 몸통·가지는 뿌리의 실체를 본래부터 볼 수 없었기 때문에 플래시(flash) 정도를 발명하여 일부분을 비쳐보는 정도가 전부일 텐데, 맹인모상(盲人摸象)이라 해야 할까. 결코 장님이 코끼리 더듬는 격으로는 뿌리의 실체를 알 수 없다. 물론 1안 육생으로써야 가지가 코끼리이겠지만 그 실체는 업그레이드 시대 즈음이면 속속들이 드러날 터이고, 육생량으론 정신량을 알 수 없는 바라 전체를 주관하는 음의 기운 정신량이나 되어야 부분을 관장하는 양의 기운 육생량을 볼 수 있을 터, 때가 되면 육생량은 정신량을 얻기 위해 찾아들게 되어 있다. 유의사항은 육 건사 육생량을 통해 정신량을 마련해야 한다는 점인데, 너나 할 것 없이 아차하면 처음 접해본 육생물질문명을 인생사로 착각하기 쉽다는 점이다.

언제나 황홀경은 육생쾌락이기에 빠지다보면 이 편안한 세상을 외칠 것이고, 그리된다면 정신량도 육생안에 맞추어 나갈 터이니, 육생 넘어 인생을 분별치 못한다면 혼돈 그 끝은 없으리라 말한다. 분명 너를 위해 나아가고자 하는 나를 위한 질량이 육생살이다. 여기에서 나온 육생논리를 가지고 너를 위한 정신량이라고 떠들어대고 있다. 부분의 육생을 전체의 인생으로 알고 살아온 세월만큼이나 활동주체 육생이 온 세상을 덮을 것 마냥 피로 물들이더니, 여전히 플래시로 코끼리 다리만 더듬고 있다. 육생 정신량이 무엇인지 모르는데 인생 정신량을 알 수 없을 터, 기실 정신량은 육생량이 무엇인지 바로 알고 나서나 창출가능하다.

육생교육을 마치고 현용의 중심세대가 행의 현장으로 나설 무렵이 뜻을 세운다는 입지(立志) 30세쯤이고 이에 발맞추어 가지·몸통,

너 나 할 것 없이 뿌리에서 축포를 쏘았으니 세계인이 현용세대에게 거는 기대가 이루 말할 수 없었다. 한편 이견대인을 위한 재전의 마당 뿌리가 인연맞이 준비가 되어 있느냐는 것이데, 1안의 육생량으로서는 준비를 했다나 2안의 정신량으로서는 준비된 바가 하나 없었다. 혹자는 뿌리의 얼을 운운하겠지만 육생량에 국한된 껍데기라 민족혼이 무엇인지 모르고 벌인 축제에 불과해 잘난 것도 없는데 민족얼을 운운하며 보여주기식 행사이자 주머니만 노리는 행사에 지나지 않는다.

한편, 의복은 상대방을 존중하고 배려하는 수단이자 자신의 품위를 드러내는 수단이므로 행위까지도 그에 걸맞을 때가 비로소 운용의 주체가 된다. 또한 1안으로 드러나는 의복만큼이나 중요한 것은 인연을 맞이할 장소다. 신토불이란 1안의 육생(肉生)을 위해서라도 필요하지만 2안의 인생(人生) 즉, 육성(肉性)의 의복을 갖춘 만큼에 인성(人性)도 함께 갖춰야 한다는 것이다. 최고급 주택에 최고급 승용차를 타고 최고급 음식점에서 최상층의 인연을 만나 최고 질량의 담소를 나눈다는 것은 최상위의 운용주체가 해야 할 바인데, 최고질량의 담소라는 것은 그만큼 믿고 따르는 활동주체를 위한 행위여야 한다는 것에 있다. 하지만 최상의 의식주 육생량으로 치장한다한들 하는 행위가 고작 2류 만도 못하다면 치장한 만큼의 무게에 짓눌리고 말 터이니 최상의 육생량 의식주를 영위하는 만큼 최상의 정신량의 의식주를 갖춰야하는데 이것이 문제다.

언어의 표현 즉, 입에서 나오는 말(言)을 있는 그대로 글(語)로 담아내는 민족일수록 육생과 인생의 분별이 뛰어난 건 당연지사, 육생의 의식주를 갖춘 만큼 정신량의 의식주도 갖추려하기 마련이다. 또한 언어가 일치하는 만큼 언행도 일치시키려드는데, 인연을 맞이하는데 있어서도 껍데기 육생을 펼쳐놓은 만큼 알갱이 인생도 갖추어 함께 하기 마련이라는 것이다. 뿌리사회 인연을 맞이하기 위한 육생의 의복이라 할까, 경복궁이라는 훌륭한 장소가 있음에도 불구하고 이와 같은 처지로서 쓸 줄 아는 인물이 없었다는 것이다. 고려잠룡 때는 도읍지를 개경(開京)으로 삼았으며, 조선현용 때에 한양(漢陽)으로 도읍지를 정하여 태조3년 때인 1394년에 신도궁궐조선도감(新都宮闕造成都監)을 열어 경복궁 창궐(創闕)을 시작하였다. 이듬해인 1395년에 완성 도성의 북쪽에 위치하여 북궐(北闕)이라 불렀다.

그만큼 경복궁은 조선현용의 이견대인 재전의 장소로서 뿌리민족을 대표하는 곤룡포이자 왕관이었다. 16세기 무렵 서양가지의 대항해시대에서 비롯된 1차 서세동점에 편승치 못하여 겪어야 했던 1592년 두둑왜란(임진왜란, 1592~1597)으로 인해 창덕궁과 창경궁까지 전소되었다. 그야말로 조선현용의 재전의 장소였던 북궐, 대인을 이견조차 못하고 아니 무엇인지조차 모르고 사대교린에 목을 매야 했으니 사자로 돌변한 두둑이 왜란을 일으켜 남긴 표적이었다. 이후 1636년에 터진 몸통호란(병자호란, 1636~1637)은 동북아 삼국 뿌리·몸통·두둑의 변화를 예고하는 표적이었다는 것은 앞선 장에서 서술한바와 같다.

조선현용의 1안의 육생의복 북궐과 창덕궁과 창경궁 등이 한꺼번에 전소됐다는 것은 1차 서세동점의 재전을 통해 이견대인할 장소였다는 사실을 몰랐기 때문이요, 이보다 더 큰 문제는 고려가 잠룡이었다는 사실보다 조선이 현용이 되어 뭍에 올랐다는 사실조차 몰랐다는 것이었다. 게다가 뿌리의 정사를 돌보는 궐이 전소되었다는 것은 두둑·몸통의 변화의 바람이 불어 올 것이라는 표적이었고, 왕의 주거 공간인 궁이 전소되었다는 것은 현용이 재전(인연맞이)의 소임에서 말소됐다는 뜻이었다. 그리고 열도는 두둑왜란을 끝으로 아즈치 모모야마 시대(1573~1603)에서 1603년 에도 시대(1603~1863)를 열었으며, 조선현용이 1636년 변방몸통 청나라(1644~1911)에게 호되게 당하고 난 후 핵심몸통 명나라(1366~1644)까지도 모든 주권을 이양했었다. 운용주체인 뿌리가 활동주체 몸통에게 의지할 판국이라 조선현용의 자격은 박탈되었으며 이후 이견대인할 재전의 마당 북궐은 전소된 채 오랜 세월을 방치되어 왔었다.

타박할 일이라곤 아무것도 없다. 필요치 않아 방치된 것이었고, 필요하면 중건될 터인데, 사실 전소된 북궐을 보고 누군가가 느꼈다면 민족혼을 되살리려 했을 것이 아닌가. 하지만 여전히 양택이 이렇고 음택이 이렇다는 둥의 풍수지리에 묶여 북궐(경복궁)보다는 1609년엔 창덕궁을, 1615년엔 창경궁을 중건했으며 270년이 흐른 1867년 흥성대원군 이하응(1820~1898)이 경복궁 중건에 나서 1868년 고종(1863~1907)5년 때 거처를 옮겼다. 그러나 안팎으로 2차 서세동점의 물결이 세차게 밀어닥칠 무렵이라 정사를 본다한들 큰 의미가 없었다. 아마도 기세등등한 입궐이었다면 이 모든 사실을 알았을 터이고 무엇보다 현용이 재전하기 위해 대대적인 개혁정치를 펼쳐야 했으나 이미 현용은 잠룡도 아닌 병(病)의 상태였었다. 그 무엇도 스스로 해결할 수 없는 그러한 의지조차 소멸된 병입고황(病入膏肓)이었으니 1895년 을미사변(명성황후시해사건)으로 1896년 고종이 이어(移御)한 지 27년 만에 거처를 러시아 공관으로 옮겨 현용의 뭍이자 이견을 위한 재전의 장소 경복궁에서 모든 운용주체

세력이 쫓겨나면서 1987년 대한제국의 수의를 갈아입었다.

 뿌리는 음의 기운으로 가득 찬 운용의 주체인데다가 명성황후
(1851~1895)라고 한다면 비록 현용의 위세는 꺾이었으나 조선의 국
모이자 지혜의 화신이 아니겠는가. 운용주체 뿌리의 정사를 돌보는
왕은 분명 만백성은 운용의 주체이지만 왕비 앞에서는 활동주체일
뿐이다. 최고의 음의 기운을 머금은 만백성의 어머니가 그것도 재
전의 마당 경복궁에서 보호막 두둑 열도낭인에 의해 시해 당했다는
것은 운용주체 음의 기운을 완전 상실했음을 의미하는 바다. 15년
이 흐른 1910년 두둑강점기를 맞이했고 뿌리는 병(病)에서 사(死)의
시기로 완전히 접어들었다. 열도왜란(임진왜란) 이후 270여년 만에
이견을 대인하기 위한 재전의 장소 경복궁을 중건하였으나 주객이
전도되었으니 활동주체 두둑의 열도인들이 운용주체로 변신하여
재전의 마당 경복궁에서 이견을 대인하기에 이르렀다. 돌이켜보면
16세기 1차 대항해시대 서세동점 때도 그렇고 19세기 2차 기계화
시대 서세동점 때도 그렇고 가지와의 연결목이자 보호막으로 자리
한 두둑으로 인해 뿌리의 재전으로 창건한 경복궁이 제구실을 다
하지 못하였다. 오히려 두둑의 재전의 마당이 되어 버렸으니 무엇
이 잘못된 것일까.

 몸통·가지의 운용주체인 뿌리가 그것도 보호막 두둑에게 매번 막
히고 말았다. 조선현용이 뭍에 올라 인연맞이 재전의 장소 경복궁을
1395년 창건하여 1592년 두둑왜란으로 전소될 때까지의 190년 동안
은 건재했었다. 짧은 시간이 아니었던 만큼 국경 없이 시대상에 걸
맞은 육생량과 정신량을 주고받아야 했었다. 허나 붕당의 진정성
을 헤아리지 못하는 바람에 오늘날까지도 그 쓰임을 다하지 못하

고 있다. 1안으로서 육생의 의복 경복궁을 갖추었다면 2안의 정신량의 의복도 갖추어야 했건만 속빈 강정이라 아마 두둑은 뿌리가 그 속을 채워 넣을 때까지 사자 짓을 할 것은 분명하다. 그리하여 19세기 서세동점 기계화시대를 맞이하면서 재전의 장소 경복궁을 두둑이 먼저 써야 했던 것이었고, 물론 이견대인 가지의 육생물질 문명을 받아드리기 위해서겠지만 그 이면엔 미워서 미워지도록 그러나 마냥 미워만 할 수 없는 그들의 사자 짓을 누가 하게 만든 것일까.

이쯤에서 1897년 대한제국의 수의를 입을 때의 실상을 보면 270여 년을 방치한 경복궁만큼이나 정신량도 그대로 방치했다는 사실이 드러난다. 1안의 육생의복 경복궁의 핍박은 곧 2안의 뿌리민족 정신량의 핍박이 아닐 수 없기에 의복의 쓰임을 다하지 못한 만큼이나 정신량의 소임도 잃고 만 것이었다. 그러니까 16세기 명말청초 무렵에 정신량이 멈추었다는 소린데, 변방몸통 청나라나 두둑의 에도 시대나 육생의 발전을 이루었을지는 몰라도 마찬가지로 정신량은 그 시대에 그대로 멈추어 있다. 19세기에 불어 닥친 2차 변화의 물결에 편승치 못한 이유가 여기에 있다. 명성황후시해사건으로 이어(移御)한 지 불과 27년 만에 경복궁을 비워야 했었던 것은 뿌리의 보이지 않는 정신량을 배제하고 보이는 몸통의 육생량에 사대의 예만 고수하려 들었던 것이 큰 문제였다. 1910년 조선총독부가 들어설 무렵부터 지방각처의 고을마다 서원과 서당 등지에서 인재를 양성하여 조정으로 올려 보내는 일도 그렇게 멈추어 가고 있었던 것이었다.

앞선 장에서도 밝힌 바처럼 궁궐은 곤룡포요 지붕은 왕관이며

한옥은 관대 단령포요 지붕은 사모라 했듯이 지체 높은 운용주체
자일수록 한옥의 위세도 대단했었다. 그러나 경복궁은 위세는커녕
조선현용이 병(病)의 상태로 머물다가 대한제국 사(死)에서 두둑강
점기 묘(墓)로 빠져들어 갔던 것처럼 초라하게 자리나 지켜야 했는
데, 뿌리민족 운용주체와 별반 다를 바 없는 사항이다. 육생 넘어
인생의 과정의 키를 뿌리가 쥐고 있었기에 핵심부위에 자리한 경
복궁은 뿌리사상의 보고이어야 했었다. 이후 두둑이 용맥을 끊어
뿌리현용의 기를 누르고자 경복궁 앞에는 청사를 짓고 뒤편에는
총관사를 지었다. 이보다 더 험한 꼴은 1910년 창경궁에 이왕가박
물관을 비롯해 식물원과 동물들을 들여서 창경원이 됐다는 것이
다. 운용주체가 제 짓거리 못하면 하극상이 일어나기 마련이라고
는 하지만 세종원년인 1418년 상왕 태종을 모시기 위해 지은 수강
궁이었고, 성종 14년 때인 1483년 대왕대비인 세조의 비(妃) 등을
모시기 위해 수강궁을 확장하여 별궁으로 건립한 창경궁이었다.

이렇듯 뿌리조선의 상왕이나 대왕대비가 거처하는 곳이었건만
동물들을 들였다는 것은… 복장이 터져 이를 어찌 표현해야 할는
지 모르겠다. 게다가 이왕가(李王家)란 뿌리의 조선왕가가 두둑에게
침식당해 격하된 대한제국의 고종과 순종의 가족을 이르는 말이
다. 내림따 귀싸대기라도 한방 날려 해결된 일이라면 그리 해보겠
지만 사자가 된 두둑만 나무랄 수 없는 일이다. 경복궁은 업그레이
드 시대부터 재전으로서 이견대인을 위해 또 다시 부각될 텐데, 한
번 실수 병가지상사를 넘어 두 번이나 실패했다. 이를 거울삼아도
육생의 모순을 보지 못한다면 뛰어넘기 어렵다. 허나 세상사 삼세
번인 만큼 육생의 모순을 바로보아 이번엔 반드시 정신량을 첨가

시켜야 한다. 또 한 가지 살펴볼 일은 창덕궁은 태종 5년 때인 1405년 법궁 경복궁에 이어 두 번째로 세워진 궁궐이지만 재전의 장소 법궁을 제쳐두고 역대 왕들이 주로 정무를 창덕궁에서 봐왔다는 점이다. 1395년에 완공하여 1592년 임진왜란으로 전소될 때까지 190년 동안 왜 그리 찾지 않았던 것일까.

창덕궁은 전소된 지 17년 만에 복구했으며 창경궁은 23년 만에 복구했으나 경복궁은 풍수지리상 불길하다는 이유 하나만으로 전소된 지 270여 년 만에 중건했다. 바람을 막고 물을 얻는다는 뜻의 장풍득수(藏風得水)의 줄임말이 풍수(風水)인데, 이를 1안의 육생안과 2안의 인생안으로 나누어 보자. 육생신앙과 인생종교도 의미는 같은 바라, 나를 위한 육생을 살아가는 시대는 받아온 기본금에 충실할 수밖에 없던 삶이었다. 어렵고, 힘들고, 고통스러워졌을 때마다 이유와 원인을 불문하고 무조건 신에게 빌어 소원한 것을 구하지 않을 수 없었을 터, 1안의 육생의 인프라가 구축되기 전에는 성품도 육성에 가까웠다고 할 수 있다. 육생 인프라가 구축된 업그레이드 시대는 어렵고, 힘들고, 고통스럽다는 이유까지도 속속들이 밝혀질 터이니, 빌어서 구할 수 있는 시대가 아니라는 것이다. 지금까진 나를 위해 살아갈 수밖에 없는 어린 육생시절이었다고 한다면 지금부턴 너를 위해 살아가야 하는 성인 인생시절을 맞이해서 그렇다는 것이다.

육생을 살아가는 데 있어 육생신앙과 육생풍수는 나 밖에 모르는 행위의 바람이고 인생을 살아가는 데 있어 인생종교와 인생풍수는 하나 되어 살아가기를 염원하는 바람이다.

전문분야의 업데이트는 전체의 업그레이드를 위한 행위여야 하듯이, 육생의 진화도 인생량에 다가서는 데 있어야 한다. 풍수, 즉 장풍득수를 1안 그대로 해석하자면 장풍(藏風)-바람을 품어 안고 득수(得水)-얼을 물을 구한다는 것이다. 어디에서, 그것은 바로 대자연에서 인데 산세(山勢), 지세(地勢), 수세(水勢)를 판단하여 길흉화복과 연결시키고 있다. 장풍득수(藏風得水)의 기본조건으로는 배산임수(背山臨水)지형을 꼽는다. 배산임수란 산을 등지고 물을 내려다본다는 것이다. 그야말로 산 좋고 물 맑고 양지바른 곳엔 풍광도 좋기 마련 아닌가. 이쯤 된다면 1안의 기운만큼이나 2안의 인연들도 자연스럽게 모여드는 곳이다.

산세, 지세, 수세는 대자연으로부터 받아놓은 기본 육생량이고 문제는 바람이다. 추운 겨울에 산꼭대기에서 부는 바람은 칼바람이요, 한여름에 부는 바람은 고맙고 시원한 바람일진대, 과연 오고 가는 바람이 전하는 의미가 무엇이냐는 것이다. 그 어디에서 불어와 어디로 가고 어디에서 소멸되고 또 무엇을 위해 생성되느냐. 큰 산에는 큰 강이 휘감아 돌듯이 바람도 크게 휘몰아치며, 도시가 크면 클수록 강물도 커지는 만큼이나 바람도 따라서 크게 불게 마련이다. 바람은 풍파를 의미한다. 그야말로 물과 바람은 적대적이자 상호보완적인 면을 풍수에서 그대로 드러내 놓았다.

육생량의 장풍득수 배산임수는 업그레이드 시대를 맞이하여 나하기 나름에 달리 나타나는 작용반작용의 법칙을 일깨워주기 위해 함께 해왔다. 물은 만물의 근본이요 모든 생명의 종실이라는 말이 전해 오듯이, 큰 산일수록 다양한 생명체가 널리 분포되었을 터이니 물의 양도 그만큼 필요할 터이고, 도시가 크면 클수록 다양한 인연이 많이 살아갈 터이니 그만한 양의 물이 필요한 법이다. 물은 산세와 지세에 따라 구석구석 흘러들어가기 마련인지라 양지바른 곳의 생명체의 번식률이 그만큼 높을 수밖에 없다. 사회생활을 하는 인간도 다를 바 없지만 육생을 살아가 동식물은 대자연이 하기 나름이고, 인생을 살아가야 하는 인간은 자기하기 나름이지만 실상의 모든 책임은 자연과 더불어 살아가는 인간에게 달려있다.

그래서 풍수도 업그레이드 시대에 들어서는 1안과 2안으로 비추어 나타나는데, 동식물은 본디 거기에서 살아가야 하기에 육생의 안이 성립되는 것이고, 인간은 스스로 찾아들어가서 인간끼리 살아가야 하기에 인생의 안이 성립된다는 것이다. 본능으로 살아가는 동물과 절대분별로 살아가야 하는 인간과의 차이는 독립생활이냐 사회구성원이냐에 따라 달리 나타난다. 동물들이야 독립적 육생을 사는 까닭에 성장하기 전이나 성장한 후나 삶은 별반 다르지 않다. 그러나 인간은 사회생활을 해야 하는 까닭에 어린 시절은 너를 위해 살고 싶어도 살 수 없는 육생시절이다. 분별력도 성인이 되고서나 바로 설 터이니, 바른 행위를 가르치기 전에 유사한 착한 것이 무엇인지부터 가르친다. 인간은 어디까지나 성인으로 성장한 후에나 너를 위해 살아갈 수 있는데 그것은 '다르고' '바른 것'에 대한 분별력이 향상되었기 때문이다. 분별이 바로 서지 못하고선 의논합의를 이룰 수 없음으로, 0차원의 가정을 이루어 행의 현장으로 진출했다면 성인 인생시절은 시작되었다. 이는 곧 업그레이드 시대의 의미와도 같은 바라, 어린 육생시절은 성장 중이므로, 잘못은 분별이 서지 못해 벌어지는 일이므로 빌면 용서를 구할 수 있다. 그러나 성인 인생시절에 들어서는 다르다. 하나 되어 살아가기 위한 나름이 분별력이 선 상태라, 잘못의 질량의 분별이 아니라 욕심에서 저지르는 것이므로 빌면 용서를 받을지는 모르나 도움 받지는 못한다. 어렵다거나, 힘들다거나, 고통스럽다는 것도 성인 인생시절에 벌어지는 일이므로 자신의 행위를 바로잡아 나가지 않으면 벗어나기 어려운 문제다.

한편 풍수는 기본으로 주어진 육생량이자, 재전한 현용의 의복과도 같아 쓰임은 분명 자기하기 나름에 달렸다. 살고, 입고, 먹고, 쓰고 행하는 만큼 정신량마저도 일치시킬 때 육생 너머의 삶을 살아가게 되는데 의복이 수단인 것처럼 풍수도 방편으로 주어졌다. 육생시대였던 만큼이나 하나같이 나를 위하고자 하는 방편과 수단뿐이라 형상에 빠지고 경에 빠지고 만 것이 아닌가. 인생은 사람들과 사람답게 살아가고자 함인데, 그야말로 인생시대에 한 발짝 다가선 업그레이드 시대는 찾아다니며 베푸는 시대가 아니다. 내 앞의 인연과 하나 되어 살아가는 세상인지라 남녀노소 할 것 없이 스마트폰을 가지고 다니고 있지 않은가. 그렇다면 전화는 누가 먼저 하게 되는 것일까.

아쉬운 이가 찾아오듯이 아쉬운 이가 전화하는 법이고, 찾아가는 이가 활동주체요 맞이하는 이가 운용주체다. 의논합의는 찾아오는 이와 이룰 수 있는 차원이고, 이루었다면 나름의 소임에 임한 것이라 이쯤이면 적어도 그를 통해 찾아드는 어려움은 없다. 어려워졌다는 것과, 힘들어졌다는 것과, 고통스러워졌다는 것은 내 앞의 인연과 하나 되어나가지 못할 때 받아야 하는 표적이다. 이를 빌어서 해결할 수 있다면 업그레이드 시대는 도래하지도 않았을 것이다. 빈다는 것은, 기도한다는 것은 간절히 구원의 손길을 기다리고 있다는 것인데 그렇다면 구원을 누가하는 것일까. 성인 인생시절을 맞이하여 자기모순을 보지 못한다면 간절함으로 애만 탈

뿐이지 이루어짐이 없음이라고 말한다.

기도는 비나리 육생에서 행하리 인생을 만들어가기 위한 등불이다. 내 앞에 네가 오는 순간부터 언제나 나의 기도는 시작되기에 하나 되어 살아가는 행위를 배우는 것이 기도여야 한다. 육생량은 너와 나를 만나게 하는 방편이라면 기도는 쓰는 행위를 배우는 것이어야 하므로 만약 구하고 가두어 둔다면 아니 구한 만 못하리라. 따라서 오늘날 모든 육생신앙 단체는 자기모순을 깨우쳐가는 사회대학이어야 하며 상반상성(相反上成)을 통해 상호상생(相互相生)을 배우는 곳이어야 한다. 본래 법당이든, 신당이든, 예배당이든 소원하는 바에 대한 가르침 받으러가는 곳이었었지 빌어서 구하는 곳이 아니었다.

혹자는 인간이기에 어쩔 수 없는 일이지 않겠느냐고 반문하겠지만, 이도 맞는 소리다. 인간이기에 어쩔 수 없는 일이었다. 적어도 업그레이드 시대 이전까지는 그랬었다. 언제부터인가 노인들은 청소년들에게 버르장머리 없는 놈들이라고 소리나 치고, 청소년들은 재수 없다고 뒤돌아서 눈이나 흘기고, 기성세대는 이도저도 귀찮고 나 몰라라 살아가니 사실 밤길은 청소년들이 무서워서 다니지 못하는 시대가 돼버리고 말았다. 2세대가 제 짓거리 못하니 1, 3세대가 사자가 되어 버린 것이므로 이 또한 빈다고 해결될 일인가. 여전히 육생량 치료제를 개발하지 못하여 갈수록 새로운 모순들이 여기저기서 불거져 나오는 판국에 고작 치료제를 육생량에서만 찾으려 한다면 재전의 마당 경복궁이 또 비굴해져야 할런지 모른다.

육생신앙이 인생종교로 승화하지 못하면 모순은 심화될 터이고, 당(堂)은 그저 쪼그려 앉아 빌어대는 그 이상을 분명 넘지 못할 텐데, 그리되더라도 어려워지고 찾는 곳이 아니라 어려워지기 전에 찾는 곳이어야 한다. 생업에 종사하는 활동주체의 행의 현장이야 말로 하나 되어 나가야 하는 장소이니 만큼 도량이 아닐 수 없으며, 직장은 저마다 0차원을 이루어야 하는 곳이므로 법당이 아니고 무엇이겠는가. 산세나, 지세나, 수세를 살피고 들어앉은 건물은 인연을 불러들이는 1안의 육생풍수 수단에 불과하므로 정신량을 부가치 않으면 2안의 인생풍수 즉, 뿌리의 도량으로서 자리하지 못한다는 것이다. 인생풍수 질량이 무엇인지 몰라 제 속 편하자고 육생풍수만 거론해온 결과가 육생살이 농공단지와 묘지만 넘쳐날 판국이다. 물론 명당을 찾는 만큼이나 육생량의 재력을 뽐내는 이들이겠지만 육생량은 받아온 기본금인데다가 명당도 주어진 육생의 기본터이고 보면 음음상극은 불 보듯 빤한 일이다.

너를 위한다는 음의 기운을 불어넣을 때 그 소임에 임하는 바라, 음음상극 현상은 2대에 막혀 결국 3대에 들어 운을 다하게 된다.

어느 가문이나 마찬가지로 1대 36년의 기간이 육생량 개척시기이며, 2대 36년은 정신량을 부여키 위해 주어진 시간이고, 3대 36년 동안은 찾아온 이들과 하나 되어 나갈 때 108년의 결실을 맺는다. 하나같이 개척1세대에게 물려받은 육생량에 창출2세대의 육생살이 놀음에 결국 3세대에 나타나는 양양상충으로 가문의 몰락을 맞는다.

육생을 살아가는 시대야 육생량을 위한 터전이었겠지만, 정신량을 부가시켜 나갈 인생시대는 하나 되어 나가기 위한 수단으로 자리하므로, 인연을 불러들이는 간판의 의미를 바로 알아야 한다. 앞서 스마트폰의 예를 든 것처럼 아쉬운 이가 연락하듯 아쉬운 이가 찾아가기 마련이다. 이는 득이 될까 싶어 하는 행위인데 그렇다면 간판은 분명 "무엇을 도와 드릴까요"라는 행의 이정표가 아니겠는

가. 물론 간판을 건 분야에 있어서만큼은 잘해주겠다는 분명한 의미이기도 하지만 이는 1안의 기본의 육생안이고 정신량으로 무엇을 잘해 주겠다는 것인가.

간판 경쟁에서 밀린다는 것은 타고난 재주와 재주끼리의 경합에서 밀렸다는 의미다. 기본금 육생량끼리의 대결에서는 밀어낸 자도 밀려난 이와 마찬가지로 얼마가지 못한다. 받아온 육생자리에 올라서고 제 짓을 다하지 못할 때 너보다 더 나은 자들은 얼마든지 나타나기 마련인데, 이는 상대성으로 적용되는 표적의 일환이다.

하나 되어 나가지 못하는 이상 육생의 기본금만으로 밀어낼 수 있는 것은 아무것도 없다. 기업도 마찬가지다. CEO의 이념이야말로 소비자와 기업을 하나로 연결시켜주는 정신량의 산물이자 운용주체와 활동주체를 지탱케 하는 원동력이므로, 그저 먹고살기 위한 육생직장에서 하나 되어 나가는 인생도량으로서의 전환은 최고경영자가 해야 할 일이다. CEO가 걸어 놓은 간판으로 말미암아 활동주체가 찾아들고 소비자가 생겨나는 것이므로, 기업이념은 삼각체제를 이루어 이원화체제를 통해 일원화체제를 이루어 나갈 수 있는 조건을 마련해야 한다. 찾아오면 도와주겠다고 업주가 걸어 놓은 간판은 수단이고, 찾아가는 이들은 방편이라 하겠으니 업주의 조건과 사원의 방편이 0차원을 이룬다는 것은 곧 회사발전을 의미한다.

인생시대의 기업이념이 육생이념에 국한되었다면 사원복지도 육생에 국한되어 있을 터인데, 둘이 하나 되어 나가는 정신량이 마련될 리 만무다. 인생시대의 기업의 이미지는 사원들에 의해 비춰지게 되는 것처럼, 실개천이 강을 만나 바다로 흘러들어가는 시대이므로, 소상인은 중상인을 통해 그리고 중상인은 대상인과 자연스럽게 어우러져야 하는 시대다. 사업장이 대형화되어가는 추세라기보다는 최고가 되어가는 추세이므로, 사명감 없이 받아온 육생의 기본금에 의지한 채 독단적 경영을 하려 한다면 어려움은 따 놓은 당상이다. 무엇보다 소상인은 중상인과 중상인은 대상인과의 유기적인 협력체제가 필요한 시대에서는 받아온 육생의 기본금으로 독단적인 경영을 취하려 할 때 유의할 점이 있다. 그것은 바로 육생의 기본금은 나를 위한 양의 기운이므로 너를 위한 음의 기운이 가미되지 않으면 양양상충을 친다는 것이다. 한결같이 간판을 걸고 '망했다'고 말하는 이유도 이를 극복하지 못해 하는 소리다. 근기에 따라 사업장의 크기는 차이가 나겠지만 찾아오면 도와주겠다는 간판을 걸어 놓은 만큼 행을 다할 수 있느냐가 관건이다.

인간의 행위는 전적으로 이기적인 잣대에서 비롯되지만 이기적 행위는 이타적 행위를 위한 것이므로 이기의 육생량에서 이타의 정신량을 발휘하지 못한다면 이타마저 나를 위한 행위가 될 터이니 사실상의 이타는 없다고 할 것이다. 특히나 부분의 육생량을 다루는 전문의 분야에서 내건 간판들이 그렇다. 이는 받아온 육생의 기본금일 따름인데 순수 자기 노력의 결실로 받아드린다는 것이 문제다. 물론 노력 없이 받아온 기본의 자리에 오를 수는 없지만 근기마다 달리 주어지는 것이므로, 받아온 기본의 자리 육생량은 누구나가 노력하면 찾을 수 있는 자리다. 이때 경쟁자는 상대성으로 생기기 마련이다. 기본의 자리는 경쟁을 통해 찾아 들어가게 되는 법이고, 둘이 하나 되어 나가는 것은 만들어 나가는 차원이다. 물론 육생 기본금을 찾는 것도 나 하기 나름이고 인생살이 하나 되어 나가는 것도 나 하기 나름이지만 이땐 사고가 바로 서있어야 가능하다.

받아온 기본금은 어떻게 찾는 것이냐고 묻는다면 스스로 알아서 찾아들어 가게 되어있다고 말하리라. 문제는 참견과 간섭으로 도중에 좌초한다는 것이다. 특히 부모의 뜻대로 어찌 해보려다가 그르치기 다반사라 자식의 소신에 자신감을 불어넣어주는 일이 무엇보다 중요하다. 물론 받아온 육생분야는 자신의 노력만으로 얼마든지 가능하지만 정신분야는 혼자 노력한다고 해서 취할 수 있는 그 무엇이 아니다. 정신량은 극히 소수자에 한하여 가능한 일이므로, 상호상생은 육생량 교환을 가리키는 말이기도 하지만 음이 첨가되지 않은 양과 양의 교환은 상충을 친다는 의미가 더 크다. 상생은 본래 음양화합을 가리키는 말이자 육생분야에 정신분야가 혼화될 때서나 소통, 상생, 융화가 일어나게 되어있다. 물론 정신량을 창출하는 이들의 육생행위는 서툴 수밖에 없으니 육생량과 정신량을 교환하며 살아가야 한다는 것이다.

무한경쟁사회는 전문분야에서 종사하는 이들에 의해 만들어진 말이다. 그리고 이미 주어진 육생량은 경쟁할 그 무엇이 아니다. 받아왔기에 올라섰고, 주어졌기에 가능했던 것이므로 제아무리 육생살이 노력을 한다 해도 정신량이 가미되지 않는다면 올라선 후에 뒤쳐질 수밖에 없다. 경쟁사회는 나만 잘한다고 해서 잘될 리도 없거니와 하나 되기 위한 경합은 상대적인 것이므로, 육생살이 실패와 좌절은 정신량의 부재로 받아야 하는 표적임을 알아야 한다. 이는 기업이나 국가나 다를 바 하나 없다.

한결같이 하나 되기 위한 인생 정신량을 접하기 위해 육생을 살아야 했던 것이건만 은근히 힘이 가미된 가지의 육생논리에 부합된 육생 정신량으로 뿌리의 기강을 잡으려고 한다. 고작 받아온 육생의 기본 자리이건만 올라가서 거들먹거리는 행위들이 가관이다. 받아왔기에 이룬 일이거늘, 주어졌기에 가능한 일이거늘, 누구에게나 기회가 주어진다면 그 정도야 기본이거늘, 지 좋아서 한 일 가지고 너를 위한 일이었다고 떠벌이는지 모르겠다. 뻐기지만 않으면 좋으련만 정신량을 첨가시키려 들지는 않고 육생의 기본 자리에 올라섰다고 간판만 내거는 형국이라 인연을 맞이할 줄이나 아나. 그러니 겨우 3개월 정도 버티고 세상타박만 하고 있지 아니한가.

간판으로 인연을 불러들이는 자는 운용주체요 그것을 보고 찾아가는 자는 활동주체라, 도와주겠다는 의미의 간판을 보고 찾아 갔는데 호주머니만 노리고 있으니 간판 내릴 일도 시간이 문제다. 크고 작은 업소도 마찬가지다. 삶의 이정표여야 하는 간판의 의미와 업주의 이념이 부합치 못하면 자기 먹고 살기 위한 행위일 수밖에 없다. 분명 득이 되지 않는 운용주체에게는 활동주체가 따르지 않는 법이다. 아울러 회사가 도량이고 업소가 법당인 시대는 찾아오면 도와주겠다는 간판의 의미만큼이나 도량주가 얼마나 그에 따른 행위를 다하느냐가 흥망의 관건이다.

육생신앙은 더하면 더했지 덜하진 않을 것이다. 하나둘 인연들이 떠난다는 것은 도량주의 행위가 소원해졌을 때인데 이는 그만큼 이로움을 주지 못했다는 반증이다. 득 될 성 싶어 찾아가고 득될 성 싶으니 만남을 지속하기 마련이듯, 득이 된다면 어느 누가 천리타향 마다하겠느냐마는 신뢰가 문제다. 쌓기는 어려워도 무너지는 것은 한순간인데, 뒤돌아보면 쌓을 때는 너를 우선할 때이고 무너질 때는 나를 위할 때가 아니던가. 어떻게 득이 되는데 찾아가지 않겠으며 득이 되는데 외면할 수 있겠느냐는 것이다. "덕 되게 사니 득이 되더라"는 운용주체의 이념은 푸념과 남 탓 해대는 습성을 치유함은 물론이요 곤란해졌다거나, 어려워졌다거나, 나는 망했다는 굴레에서 벗어나게도 만든다.

제아무리 목 좋은 명당자리를 선점했다 한들 육생안에 머물면 톨톨 다 털리기 마련이다. 1안의 명당자리에 2안의 정신량이 가미된다면 이보다 좋을 일이 어디에 있겠는가. 명당이란 무엇인가. 많은 인연들이 오고가는 자리를 말하는 것이 아닌가. 이 또한 받아온 이들에 한해서 이겠지만 이쯤에서 영산명산(靈山名山)의 길지(吉地)마다 어떠한 이들이 간판을 걸어놓았는가를 보자. 도심지 곳곳의 명당 터마다 어떠한 이들이 간판을 걸어놓았는가를 생각해보자는 것이다. 진정 도와주겠다는 간판의 의미를 바로 알고 있는지 모르겠다.

정신량을 자처하는 2안의 운용주체이거나 육생량을 자처하는 1안의 운용주체이거나 목 좋은 자리에 선점했다는 것은 그만한 인연을 맞아드리겠다는 것이 아닌가. 그렇다면 찾아간 이들에게 과연 무엇을 해주었단 말인가. 어렵고, 힘들고, 고통스러워서 찾아가거늘, 사람답게 살고 싶어 찾아가거늘, 정녕 도움이 되었다면 작금의 세태로 피를 말리지는 않았을 것이다. 그토록 매달리고 애원했건만 요 모양 요 꼴이라면 무엇을 잘못해서 이리됐다는 것인가. 치성을 잘못 드려 이리된 것인가. 예배를 잘못 드려 이리된 것인가 말이다. 절박한 활동주체는 운용주체에게 순종하기 마련이다. 1안의 운용주체야 육생의 배라도 불려주지만 정신량을 채워줘야 하는 2안의 운용주체는 다 어디로 갖느냐는 말이다.

각설하고, 뿌리의 심장부에 자리한 경복궁만이라도 제대로 활용해야 하는데 그 시간마저도 벌써 20여년이 훌쩍 지나버렸다. 두둑의 열도인들이 그토록 탐냈던 이유가 뿌리의 심장박동은 핵심몸통 북경을 가로질러 본가지(영국)를 통해 곁가지(미국)의 육생량에 생기를 넣어주기 때문이다. 이러한 뿌리의 정기를 끊어보겠다고 영산명산 혈(穴)이 흐르는 곳곳에 박아놓은 쇠말뚝을 뽑았다는 소리를 접할 즈음이 1991년 청와대 본관을 준공할 무렵이었다. 1993년 경무대가 철거되면서 여기저기서 곧잘 듣는 소리였었는데 1995년 조선총독부 청사를 철거하면서부터는 도마 위에 올랐다.

사서 기록에 의하면, 뿌리의 정기를 끊고자 하는 행위는 명초 때에도 일어난 모양이다. 1797년 정조(21)가 우의정 이병모(1742~1806)를 불러 놓고, 조선에 인재가 없는 것은 명나라 초기에 도사(道士) 서사호(徐師昊)가 단천(端川) 현덕산(懸德山)에 천자의 기운을 느껴 다섯 개의 쇠말뚝을 박아놓고 떠나서 그런 것이라고 한탄하며 말했다는 것이다. 게다가 수십 년 전에 북한산성 아래에 소금을 쌓고 태워서 염산(鹽山)을 만들어 삼각산의 맥이 끊겨서 한양에 인재가 없다는 말까지 덧붙였다고 한다. 1370년 7월 홍무(洪武) 연호를 시행한 명 황제(주원장)는 고려 말경 조천궁(朝天宮) 도사 서사호를 보내어 산천에 제사를 지내고 돌을 세워 기록하였다고 조경남(1569~1641)은 〈역대요람(歷代要覽)〉에서 밝혔다. 조선의 22대 정조(1776~1800)왕 때라면 조선현용이 16세기 1차 변화의 물결 서세동점에 편승치 못하여 쇠(衰)하다 병(病)으로 접어든 시기 아닌가. 대한제국의 수의를 갈아입어야 하는 사(死)의 시각이 다다르고 있었다고도 하겠지만 사실상 조선의 인재는 명말청초 현용이 잠룡이 되는 순간부터 끊기었다.

풍수지리상으로야 어느 것이라도 이유가 아니 되겠느냐마는 1안의 육생안에 불과할 터이니 방책을 강구한들 육생안일 터, 2안의 인생의 흐름에 순응하는 것이 육생의 흐름이지, 인생의 흐름이 육생의 흐름에 적용되는 법은 없다. 예나 지금이나 경복궁의 기운은 한 사람의 진인(眞人)에 의해 다스려질 그 무엇이 아니라 1세대 36년 3대가 108년 동안 함께 해 나갈 뿌리의 정기로 자리해왔다. 이후 하나 되어 나간다면 인류 정신량의 요람이 될 것이다. 업그레이드 시대를 통해 뿌리·몸통·가지와 하나 되어 나가지 못한다면 고려·조선의 비굴했던 1천 년의 세월이 헛될 것이라고 말한다. 이런 연유로 두둑강점기에 경복궁 앞쪽에는 조선총독부 청사가 뒤쪽에는 조선총독부 관사를 들어서게 했던 모양인데, 정확히 그 세월 동안 뿌리의 심장은 멎어있었다. 동족상잔 6.25를 치르던 중에 조선총독부 청사 내부가 완전 소실되었다는 것은 멈추었던 뿌리의 심장이 박동하기 시작했다는 표적이었다.

전후 창출세대 베이비부머가 태어나면서 심장박동에 생기가 돌자 육생량을 배우러 가지로 하나둘씩 유학을 떠나는가 싶더니 업그레이드 시대를 맞이해 관사였던 경무대를 헐었고 청사였던 중앙청마저 헐어버렸을 때 어느새 뿌리의 심장은 가지를 통해 몸통으로 힘차게 울리고 있었다. 청와대도 새롭게 단장하여 국내외 귀빈 인사를 맞이할 즈음 베이비부머도 기성세대로 자리하였다.

한편, 2차 변화의 물결 서세동점에도 편승치 못해 1897년 대한제국의 수의를 갈아입을 때는 경복궁은 사실상 두둑 열도인들이 차지했었고, 지방각처 서원, 서당, 학당 등은 따라서 간판을 내려야 했었다. 수의를 입었다는 표현과 간판을 내렸다는 표현은 다름 아닌 하나 되어 살아가는 뿌리민족의 혼을 되살리고자, 물갈이 두둑 강점기와 밭갈이 동족상장 6.25 이후에 태어난 베이비부머 새날의 씨앗이 가지의 육생량 흡수하기까지 90여년의 세월이 걸렸다는 표현방법이다. 뿌리의 정신량도 가지의 육생량을 만날 때서나 소임을 다할 수 있는 법이므로 1, 2차 변화의 물결에 편승치 못해 흡수치 못했던 육생량을 흡수해야만 했었는데 이는 세 번째로 다가오는 변화의 물결 업그레이드 시대를 위해서다. 1, 2차 때와는 달리 3차 때는 1안의 육생의 인프라가 구축이 된 상태라 2안의 인생의 인프라 구축을 위해 반드시 정신량은 창출해야 하는 부분이다. 이를 위해 떼거지로 태어난 세대가 바로 베이비부머 새날의 씨앗이며, 이들이 뿌리의 기성세대로 자리할 무렵 경복궁도 청와대와 더불어 인연맞이를 시작해야 했었다. 물론 경복궁을 시민들에게 개방한 것도 바람직하지만 국내외 귀빈을 맞이하여 정사를 논하는 자리가 되어야 했었다는 것이다. 이리됐다면 지방 도처의 서원, 서당, 학당 등이 활성화 됐을 터이고, 그러했더라면 벌써 인재를 양성해 조정으로 올려 보냈을 것이다.

가지에서 흡수한 육생량은 뿌리의 정신량을 부가시키기 위함이었으니, 육생량이 필요한 시기는 업그레이드 시대 전후까지였었다. 어른애만 넘쳐나는 실상은 창출세대가 육생량에 놀아나는 바람에 그렇게 돼버리고 말았다. 운용주체 정신량을 부가시켜 나가야 하는 시대임에도 활동주체 육생량에다가 육생학문뿐이니 육생정치가 자리했던 것이었고, 육생교육으로 돌연변이 육생 정신량이 자리하면서 육생논리로 뿌리의 인성은 사라지고 가지의 육성이 자리하고 말았다.

경무대와 중앙청이 철거될 무렵부터 경복궁을 국내외 귀빈맞이 장소와 모든 종사를 창덕궁과 창경궁과 경운궁(덕수궁) 등 현존하는 곳곳을 살리어 폭 넓게 활용할 방안을 강구했으면 어떠했을까. 청와대에 국한된 바람에 1975년 여의도로 이전한 국회의사당은 붕당의 요람이 되고 말았다. 여의도는 육생경제의 터전이고 경복궁은 인생경제의 터전이라 작금의 작태로는 국회의사당 스스로 할 수 있는 것이라곤 없다. 경복궁에서 양기 육생량에 음기 정신량을 첨가시킬 때 여의도 국회의사당도 비로소 제 역할을 찾게 된다. 인연맞이 재전으로서의 경복궁보다 뛰어난 곳은 없다. 무엇보다 운용주체 뿌리민족만이 사용할 수 있다는 것인데, 정신량에 배제된 육생량만으로 운영하려 들다간 표적은 응당 들어가기 마련 아닌가. 하지만 화합의 마당을 이룬다면 경복궁의 기세는 그야말로 하늘을 찌를 것이다.

주구장창 입으로 육생량을 먹여대고서는 귀로 먹이는 정신량은 오간데 없으니 실제가 없는 사탕발림으로 어른애만 넘쳐나는 판국에 인재를 기대한다는 것이 우습지 아니한가. 있다한들 부분의 육생량 전문직이 전부일 수밖에 없는데 어찌 인재라 말할 수 있겠는가 이 말이다. 인류를 구원할 구세주는 왔다. 그러나 구세주들이 구세주인줄 모르고 구세주 오기만을 기다리고 앉아있으니 에코부머의 미래만 암담할 뿐이다. 이는 사실 구세주인 베이비부머도 마찬가지 그래도 개척세대의 지긋한 사랑으로 어린 육생시절을 보낼 수 있었다. 21세 성인 인생시절은 음양화합 0차원의 가정을 나름 이루었고, 뜻을 세운다는 입지의 나이 30세에 행의 현장으로 진출할 수 있었다. 파종해야하는 30세를 위해 약관의 나이 20세부터는 눈과 귀로 흡수하는 질량이 달리 주어져야 했겠지만 소화능력이 있느냐가 문제였었다. 30세부터 행의 현장에서의 파종의 질이 달리 나타나는데, 2세대 새날의 씨앗이니 만큼 3세대 미래의 꽃을 활짝 피어오를 수 있는 거름을 주었느냐는 것이다. 정신량의 파종 인생질량의 거름이 아니고서는 에코부머는 만개하지 못한다는 사실이다.

30세에 파종한 씨앗은 그 무엇에도 미혹되지 않는다는 불혹의 나이 40세에 반드시 생장(生長)시켜야 하므로, 새날의 씨앗의 삶 중에서 가장 중요한 시기였다. 하늘의 뜻을 안다는 지천명 50세에 수확을 하느냐 못하느냐는 불혹의 나이에 하기 나름이라서 그렇다. 50세는 그야말로 육순을 바라봄에 따라 수(收) 거두어드려 장(藏) 저장해야 하는 시기다. 만약 50세에 들어 수장하지 못한다면 40세에 생장시키지 못한 결과이고, 3~40대의 행의 결과는 분명하게 50세에 드러나는데 작금의 창출세대에게 정확하게 매치되는 현상이다. 게다가 창출세대 40세 무렵부터 귀농열풍까지 일으켰다.

사실 귀농은 궁여지책 끝에 마련한 도피처이거나 귀양처다. 인간으로 태어났다는 것은 사람으로 승화하여 사람들과 사람처럼 살아가기 위함이라, 생장시켜야 할 나이 혹은 수장할 나이에 귀농한다는 것은 소임을 잃은 이들이 하는 행위다. 물론 아흔을 바라본다는 81세 망구(望九)에 들었다면 마지막을 정리하기 위한 시간이 필요하겠지만 특별한 경우가 아니라면 말은 왜 제주도로 보내고 인간은 왜 서울로 보내야 하는가를 되새겨 볼 일이다. 쫓기듯 시작한 귀농생활 3년이면 행의 현장에서 풀어내지 못한 문제가 산재할 터, 이는 또 어이 풀어나갈까.

오늘날 산천 골골에 자리한 이들이 소통·상생·융합의 대안을 마련하기 위해 태어난 세대다. 분명 내 앞의 인연과 소통치 못해 선택한 길일 터이고, 이 문제를 풀어내기 위한 표적은 어딜 가도 주어질 텐데, 제 속 편코자 귀농 길에 오른 것이 아니라는 사실을 알아야 한다. 왕년에 잘나갔던 그 무렵 언저리에 한류열풍이 몸통을 타고 가지에서 태동하기 시작했었다. 왜일까. 동방에 연약하기 그지없는 그것도 열강세력에 의해 둘로 분단된 작은 반도국가에서 그들을 끌어들이는 에너지가 뿜어 나오는 이유가 무엇인가. 그리고 과연 1안의 육생행위만으로 지속시킬 수 있는 것일까. 있다고 한들 1세대 36년에 불과할 텐데 대안이나 마련하고 있는 것일까.

또 하나 집어볼 문제는 한강의 기적을 일구어낸 시점에서부터 일기 시작한 축제열풍이다. 기실 면(面)은 물론이요 리(里)에서까지 펼치니 아마 365일 축제를 벌이는 곳이 뿌리가 아닐까. 바람직한 현상이지만 사실 축제는 외적 육생량을 추구하는 양의 기운 활동 주체 민족이 벌이는 문화이고, 잔치는 내적 정신량을 추구하는 음의 기운 운용주체 민족이 벌였던 문화이다.

양복 입고 구두 신고 악수하며 서서 음식을 먹으며 치르던 육생 축제가 뿌리·몸통·가지의 심장 경복궁에서 박동이 세차질 무렵이었고, 뿌리와는 크게 의미 없는 흥미나 볼거리 문화로 자리하기 시작했었다. 분명 뿌리민족은 신발 벗고 잔치 상에 둘러앉아 덩실덩실 어깨춤 추며 향연을 벌였던 민족인지라 입으로 먹는 음식만큼이나 귀로도 정신량을 먹었다. 어느덧 음의 기운 잔치의 향연은 오간데 없고 양의 기운 축제 열기로 가득하니 이는 웬일인가. 축제문화가 자리하는 이유는 다른데 있진 않다. 운용주체 민족으로서 인연맞이를 바로 하는 고을이 있나 보기 위해서다. 만약 사람처럼 살아가는 고을이 있다고 한다면 지금 당장이라도 정신량을 몸통·가지에서 실어갈 것이다.

어디를 가나 축제의 수단만 다를 뿐 천편일률적이라 식상하기 그지없다. 연예인들의 재롱잔치 같기도 하고, 각설이들의 콩쿠르 같기도 하고, 잡상인들의 계모임 같기도 하고, 육생량을 추구하는 활동주체 민족도 아닌데 이를 통해 배울 것은 무엇이며 한시름이라도 어찌하면 놀 수 있겠느냐는 것이다. 그 작태하고는 과일이나 채소를 집어 던지는 곳이 없나, 살아있는 생물을 풀어놓고 잡아먹으라는 곳이 없나, 소나무에게 빌어보라는 곳이 없나, 쓸 만한 물건을 깨부수는 곳이 없나, 중국산 농산물을 내다파는 곳이 없나, 활동주체 행위를 운용주체가 그대로 답습하니 도와주고 뺨이나 맞고 있지 아니한가. 골골마다 축제의 행위도 천태만상이듯 하나같이 찾아오는 인연의 호주머니만 노리는 꼴이 가관이라, 그야말로 정나미를 떨어지게 만든다. 가뜩이나 한 번 간 곳은 두 번 가지 않는 성향이 특히 짙은데 그러다가 동네축제라도 변변히 치를지 의심스럽다. 그리고 왜 가느냐면 갈 곳이 없어 가기도 하지만 이웃하기에 심심풀이 땅콩으로 구경 간다는 것이다.

더군다나 고향의 정겨움은 오간데 없고 제 잘났다고 뻐기는 육생살이 행위뿐이라 치르고 나서 욕만 먹고 있지 아니한가. 누구를 위한 축제란 말인가. 군민인가, 면민인가. 최소 한 개의 부락만이라도 돌아가면서라도 살맛이 나야 하건만, 네 편 내 편으로 갈린 마을회관 만큼이나 귀농인들을 개밥의 도토리 신세나 만들고는 농촌인구 유입한다고 말만 해댄다. 만백성의 피와 살로 살아가는 이들이 누구인가. 특히 정신량을 마련하여 인생을 살아가야 하는 뿌리민족은 육생량을 추구하며 살아가는 활동주체 민족과는 성향이 다르다.

정신량이 무엇인지조차 모르고 육생량에 매달려 벌이는 축제와 받아온 기본금 육생량만으로 일으키는 한류열풍과 별반 다르지 않다. 한류열풍은 뿌리의 정신량을 실어 나르기 위한 수단이고, 축제는 인연맞이 대안을 찾기 위한 수단이라는 사실에 있어서 말이다. 이 무렵에 다문화가정도 자리해가고 있었는데 이는 세 번째 변화의 물결을 맞이하면서 유구한 세월을 간직해온 뿌리의 순수혈통이 그렇게 희석되어 가고 있음을 알리는 중이었다. 업그레이드 시대를 맞이하여 몸통이 뿌리에서 융해될 때 뿌리도 몸통에서 희석되므로 하나 된 민족국가 뿌리에 다문화가정의 토대 마련이 시작되었다. 한류스타들이 뿌리의 정신량을 퍼 나르기 위한 메신저라고 한다면 다문화가정의 주역들은 뿌리의 삶을 흡수하기 위해 보내진 혼화의 사절단이다. 동족상잔 6.25를 치른 후 육생량을 아메리카 드림을 통해 배울 수 있었던 것처럼, 몸통권에서도 코리안 드림을 통해 정신량을 실어 나르기 위해 쉴 세 없이 오가는 중이다.

한류열풍과 축제열풍 속에서 베이비부머 창출세대가 비겁하게 일으킨 귀농열풍과 때를 같이해 다문화가정이 자리하는 듯싶더니 뿌리는 어느덧 다문화국가가 되어버렸다. 왜일까. 업그레이드 시대야 말로 현용재전 이견대인의 시대이므로, 재전의 마당 경복궁의 쓰임을 달리 생각할 때이며 현용에게 있어서의 이견대인은 찾아오는 육생량이다. 이는 곧 정신량을 필요로 해서가 아닌가. 작금에 인문학 열풍이 이는 이유도 여기에 있다.

재전의 마당이자 뿌리의 심장부인 경복궁은 주어진 1안의 육생량에 불과하므로 2안의 정신량을 부가키만 한다면 뿌리 심장의 박동은 거침없이 핵심몸통 북경을 통해 본가지 영국과 곁가지 미국으로 울려 퍼질 것이다. 이렇듯 뿌리의 심장이자 정신량의 발원지 경복궁을 현용세대에게 내주었건만 하늘의 뜻을 아는 지천명의 나이에 이들 모두 어디에 가버렸는지 모르겠다. 하나 되어 가야 하기에 육생량을 보내주었건만 이견대인인줄 모르고 육생량만 탐하다가 일으킨 양양상충과 운용주체 지어미들이 행의 현장에서 일으킨 음음상극으로 분별의 촉각이 숙지고 말았다.

군자 종일 건건 석척약 려 무구(君子 終日 乾乾 夕惕若 厲 无咎)라 즉, 현용이 재전에서 육생량을 이견대인 했다면, 현용인 활동주체 지아비가 열심히 일하고 잠들기 전까지 안위를 보살필 수도 있었건만, 양양상충 음음상극이라는 양극화 현상으로 자살과 이혼이 난무하는 뿌리가 되고 말았다. 혹약재연 무구(或躍在淵 无咎)라, 소임을 다할 때 거침없이 발전의 단계에 이르게 이른다는 소리다. 음양화합 0차원의 가정마저도 위태로운 지경이라면 혹(或)은 역시(亦) 나였다. 비룡재천(飛龍在天)의 조화, 그러니까 한류열풍이 만나야하는 이견대인(利見大人)은 육생량에 부가된 정신량이다. 잠룡(潛龍)으로 태어난 베이비부머는 업그레이드 시대 즈음에 현용(見龍)이 되어 뭍으로 올라왔다. 비룡의 재천(在天)은 몸통·가지를 가리킨다. 이를테면 현용의 재전(在田)은 경복궁이며 이견대인은 가지의 육생량이다. 에코부머는 비룡세대이고 이견대인은 현용세대가 마련한 정신량이다. 문제는 현용세대가 정신량을 마련치 못한 것에 있다. 뿌리의 양극화 현상은 양양상충과 음음상극에서 비롯됐음을 받아드리기만 한다면 쏠림을 얼마든지 잡아나갈 수 있으리라는 필자의 소견이다. 우선 현용세대가 붐을 일으킨 귀농열풍으로 골골마다 이들이 살아갈 터이니 이들과 더불어 인연맞이 축제부터 새롭게 부각시킨다면 실낱같은 희망을 그나마 기대해 볼 수 있지 않을까.

귀농은 낙향이 아니라 귀양이다. 한편 이들 세대가 이 문제를 풀어내기 위해 자처한 길이기도 하니 뿌리의 미래가 귀농한 베이비 부머에게 달려 있다고 해도 과언이 아니다. 몸통·가지 사통팔달은 뿌리의 동서화합을 통한 남북통일에 있으며, 정신량이 마련되기 시작한다면 대자연은 항룡유회(亢龍有悔)는 아무런 문제도 되지 않으리라고 가르치고 있다.

에필로그

『뿌리민족의 혼, 업그레이드 시대 역사의 동선』. 내 앞의 인연은 나하기 나름이라는 표현을 줄곧 써왔다. 작용반작용의 법칙과 상대성원리를 운운하며 '인생방정식'에 대입해 보자는 말도 심심치 않았다. 무엇을 가려보자는 말이었을까. 육생량은 1안으로서 보이는 물질만을 대입시켜 육생문화를 발전시켜왔다면, 인생량은 2안으로서 보이지 않는 정신량과 보이는 육생량을 부합시켜 하나 되어 살아가자는 것이다.

'작용반작용의 법칙'은 아이작 뉴턴(Isaac Newton, 1642~1727)의 물체의 운동을 다루는 세 개의 물리 법칙 중에 제3법칙이다. 제1법칙은 관성의 법칙이요 제2법칙은 가속도의 법칙으로써 갈릴레오 갈릴레이(Galileo Galilei, 1564~1642)가 실험으로 증명하였고, 뉴턴이 공식화했다. '상대성 이론'은 특수 상대성 이론과 일반 상대성 이론으로 나뉜 시간과 공간에 대한 물리 이론이다. 1915년에 알버트 아인슈타인(Albert Einstein, 1879~1955)이 제창 발표하였다. 모든 육생량은 서양가지에서 비롯되어 인류역사와 함께 업그레이드 시대로 항해 중이었다.

입으로 섭취하는 육생량을 개척하고서야 귀로 청취하는 정신량에 주목하게 되듯이, 육생량을 담당한 서양의 모든 법칙은 보이는

1안의 물질량을 가리킨다면, 인생량을 담당한 동양의 모든 법도는 보이지 않는 2안이 정신량을 가리키고 있다. 1안의 육생의 인프라가 구축될 즈음에 2안의 정신량을 마련하여 인생량을 충족시키지 못하면 양극화 현상을 빚게 마련이다. 상대성원리와 작용반작용의 법칙 등이 육생문화에 기여했다면 정신량은 인생문화 발전을 위한 요소다. 어린 육생시절을 통해 성인 인생시절을 맞이하듯, 육생 넘어 인생이다.

어떻게 맞이할 것인가. 어떻게 살아갈 것인가. 만남은 선천적 육생량을 통해 이루어진다. 하나 되어 사는 일은 후천적 정신량이 가미되어야 가능하다. 상호상생은 정신량이 부합된 후천적 행의 결과라고 한다면, 반쪽반생은 선천적 육생량 힘의 논리에 따른 결과라고 하겠다. 이는 반드시 작용반작용의 법칙으로 드러나게 되는데 이 법칙을 가리켜 나하기 나름에 달리 나타나는 인생방정식이라고 한다.

상호상생 법도는 먼저 주고 후에 받는 선순환의 이치로써 "덕 되게 사니 득이 되더라", "해 하니 독이 되더라", "무덕하니 무익하더라"는 정의(正義) 순환법이라고 할까. 육생량에 육생량만을 부가시킨다면 외부적 '양양상충'을 일으킬 것이요, 정신량에 정신량만을 가미시킨다면 내부적 '음음상극'을 일으킬 것이다. 육생량은 활동주체 양의 기운이다. 정신량은 운용주체 음의 기운으로서 육생 넘어 인생을 연결해주는 가도이다. 선천적 육생량을 관장하는 이들이 활동주체요, 후천적 정신량을 주관하는 이들이 운용주체인데, 인생량은 바로 선천적 양의 기운 육생량을 관장하는 활동주체와 후천적 음의 기운 정신량을 주관하는 운용주체가 하나 되어 살아가는 차원을 가리킨다. 나를 위한 선천적 육생살이 인간에서 정신량을 부가시켜 너를 위한 후천적 인생살이 사람으로 승화시킨 순수 삶의 질량을 말한다.

정신량을 창출치 못하면 인생량은 없다. 업그레이드 시대에 이쯤 된다면 좀비들의 세상이 아닐까. 사랑을 통해 행복을 영위치 못한다면 내 가정은 물론 이웃과 사회와 조국을 위해 살아갈 방도가 없다. 이로울 법 하니 찾아가고 아쉬우니 찾아간다. 맞이하는 자가 운용주체요 찾아가는 자가 활동주체다. 간판을 내건 자가 운용주체요 간판보고 찾아가는 자가 활동주체라는 것인데, 이 문제를 어찌 해야 풀 수 있을까. 운용주체와 활동주체는 부부지간이자 부모자식지간이며, 주종지간이자 사제지간이며, 이웃지간이자 노사지간 등을 뜻한다. 음양이든 의논이든 합의하여 나가야 하는 것이 인생인지라 본디 내조는 부부지간에만 국한된 것만이 아니다. 삼라만상 음의 기운 운용주체가 양의 기운 활동주체를 이끌어 음양화합을 일으키는 법이 본래 자리하였었다. 이를 깨우치지 못했을 뿐인데 이처럼 내 가정에서 일으킨 사랑이 이웃과 사회와 조국으로 퍼져나가는 원리가 『내조, 지혜의 어머니』에 서술되었다.

지위고하를 막론하고 참견과 간섭은 스스로를 결박하는 꼴이라 상호지간 이로울 게 없다. 나하기 나름에 달리 나타나는 소통법은 본래부터 적용되었기에 이래라저래라 말할 자격은 그 누구에게도 주어지지 않았다. 사람처럼 살아가기 위해 인간으로 태어났다. 이를 위해 해야 할 일은 인생방정식 작용반작용의 법칙을 깨우치는 일이다. 네게 자유롭지 못한 행위는 내게도 결코 자유로울 수 없다. 너를 인정하지 못하는 나를 인정할까. 자유인이 되고자 한다면 자유롭지 못한 행위부터 알아야 한다는 것이다. 거의가 제 속 편키 위한 행위를 해대고서는 너를 위한 행위였다고 우긴다. 도와 달라 청하지 않았다. 그런대도 나섰다면 자기 뜻대로 해보겠다는 것밖에 더 되겠는가. 그 누구와도 거침없이 통하는 이(人)야 말로 자유인이다. 사회라는 행의 현장에서 자유롭게 소통하는 이야 말로 자연과 하나 되는 이다.

　운용주체가 제 속 편키 위한 행위만 해댄다면 활동주체와의 화합은 어렵다. 활동주체야 운용주체 하기 나름이라 그에 따른 소임을 다할 때가 사람답게 살아가는 때다. 제1권『뿌리민족의 혼, 업그레이드 시대 역사의 동선』이 전체를 주관한다면 제2권『내조, 지혜의 어머니』는 화합과 소통의 부분을 다루었으며 제3권『생활의 도, 자유인이 되기 위하여』에서는 운용주체의 자유의 질량이 다루었다. 성리학의 개념 가운데 '사단칠정론(四端七情論)'을 업그레이드 시대에 맞추어 재조명해 보았다. 나옹선사(1320~1376)의 「청산은 나를 보고」와 푸시킨(1799~1837)의 「삶」도 1안의 육생안 넘어 2안의 인생안으로 재해석하였다. 모순을 바로보기 위함인데 아마 육생과 인생의 분별을 위한 주석일 수도 있고, 운용주체와 활동주체를 위한 주석일 수도 있다. 이를 분별치 못하면 정신량을 마련한다 해도 육생량에 가까울 테니 갑질 논란으로 심화되는 쏠림현상을 그저 바라볼 수밖에. 타박이 일상화되어버린 사회는 불신이 유세를 떨 터이니 상식이 통할 리 만무다.

저자소개

1980년대 초 입대를 앞두고 우연히 들어간 암자에서 역서(易書) 몇 권을 훑어본 덕택에 선무당 짓을 해야 했었나보다. 속 빈 강정 채워보려 애썼지만 태반을 기억하지 못한다. 인연도 예외는 아니었다. 그러다가 불쑥 튀어나오는 말문으로 현혹시킨 모양인데, 역시나 사람을 잡는 것은 선무당이다. 30세 즈음인가. 두어 평짜리 역술원 간판을 걸고 병원에 실려 갔었다. 무식한 게 용감한 것이라나 어쨌다나, 그 길로 나와 피 토하도록 술을 마셨다. 꼴에 역술원장이라 꿀리긴 싫었는지 온갖 잡서를 닥치는 대로 읽었다. 내용을 기억하지 못하는 점에선 별반 다르지 않다. 잘나가는 이들만 찾는가 싶었던 어느 날, 찾는 이들마다 형편이 어려워졌다는 소리가 들린다. 왜일까. 글문이나 영통으로 상대방의 앞날을 내다본다 하더라도 때가 되면 어쩔 수 없는 모양이다. 그러던 어느 날 60대 후반의 노파의 사연을 들었다. 막내 다섯째가 세 살 먹은 해에 남편은 죽고, 큰 아들은 서른 즈음에 돌연사 하였다. 둘째 아들은 뇌성마비에 셋째 아들은 유치장을 제집 드나들듯이 한다하고 넷째 아들은 집 나가 몇 해째 소식이 없다는 것이다. 그나마 막내를 의지하며 살아왔는데 척추를 다쳐 장애등급을 받았다는 것이었다. 소설을 쓰는 것일까.

1990년, 기와 명상 열풍이 전국을 강타할 무렵 함석헌 사상을 접하면서 괴테와 쇼펜하우어를 알았다. 헤겔과 키에르케고르와 니체를 알고 에리히 프롬을 통해 라마나 마하르시, 지두 크리슈나무르티, 오쇼 라즈니쉬 등을 접하였다. 새천년을 두어해 앞두고 동해바다와 마주한 태백산, 두타산, 청옥산을 쉽게 오갈 수 있는 곳에 마련된 터전에서 힐링과 웰빙 바람이 불 무렵 정선 움막으로 거처를 옮겼다. 그러다가 사제의 인연을 맺었다. 나름 난다 긴다는 산 속 인연들이 극구 만류했었다. 인간 스승을 두어서는 안 될 이가 두려한다면서 말이다. 정법을 논하는 분이시다. 입 닫고 눈으로 보고 귀로만 듣고 생활하던 어느 날이었다. 나가라고 한다. 2년 남짓 됐는데 쫓겨난 것이었다. 애제자의 항명소리가 들려왔다. 지체 없이 뛰었다. 대다수가 떠나버린 도량은 황량하기 그지없다. 3년이 채 되기도 전에 이상한 소리가 들려온다. 요번엔 내발로 걸어 나가야 할 차례인 모양이다. 지리산에서 집필을 시작하여 계룡산을 거쳐 소백산에서 탈고할 때까지 7년의 세월이 흘렀다. 『뿌리민족의 혼, 업그레이드 시대 역사의 동선』, 『내조, 지혜의 어머니』, 『생활의 도, 자유인이 되기 위하여』도합 세권이 출간되기까지가 19여년의 세월이 흘렀다.